企业会计准则实操要点
案例解析

本书编委会　编著

地震出版社
Seismological Press

图书在版编目（CIP）数据

企业会计准则实操要点案例解析 / 本书编委会编著.
—北京：地震出版社，2022.12
ISBN 978-7-5028-5390-7

Ⅰ.①企… Ⅱ.①本… Ⅲ.①上市公司－企业管理－研究－中国 Ⅳ.①F279.246

中国版本图书馆CIP数据核字（2021）第242551号

地震版　XM5054/F（6191）

企业会计准则实操要点案例解析
本书编委会　编著
责任编辑：李肖寅
责任校对：凌　樱

出版发行：地震出版社
北京市海淀区民族大学南路 9 号　　邮编：100081
发行部：68423031　68467991　　传真：68467991
总编室：68462709　68423029
编辑一部：68426052
http://seismologicalpress.com
E-mail: zqbj68426052@163.com
经销：全国各地新华书店
印刷：河北盛世彩捷印刷有限公司

版（印）次：2022 年 12 月第一版　　2022 年 12 月第一次印刷
开本：787 × 1092　1/16
字数：637 千字
印张：37.75
书号：ISBN 978-7-5028-5390-7
定价：128.00 元

前言
PREFACE

企业会计准则是企业进行会计核算的依据，财务人员对企业会计准则的理解与应用的程度，直接影响了会计工作的质量。可以说，每个财务人员都必须学好企业会计准则、用好企业会计准则。

我们已经出版了多部关于企业会计准则实务解读类的图书，深受读者欢迎。很多读者反映，即便熟知了企业会计准则的内容，但对实际工作中的疑难问题还是不能非常准确地找到有效的处理方法，有一种知而不深、知而不全的无力感。针对读者的这种反馈，本书以企业会计准则为依据，以指导实务操作为目的，针对每一项具体准则中的疑难问题，以案例与问题、规范与要求、解析与说明的形式，将笼统的文字规定转换为清晰、具体的实务操作，帮助会计人员快速、有效地解决企业日常实务工作中的各种疑难问题。

综合来说，本书具有以下特点。

（1）将疑难问题讲透。

将企业会计准则应用于实际，即将理论与实践相结合，是实务中的一大难点。本书从疑难问题入手，针对实务操作中的疑难点，进行详细讲解，让财务人员准确掌握财务合规操作的技巧。

（2）科学设置体例。

本书独辟蹊径，以实务疑难问题为着力点，科学设置“案例与问题、规范与要求、解析与说明”三大板块，不再纠缠于细枝末节，直接面向实务疑难，直奔主题，逐一分析，各个击破，让每一位读者都能够用最少的时间掌握最全面的企业会计准则的要领。

（3）图文并茂，轻松易学。

本书针对每一笔业务，简明扼要地讲解经济业务的来龙去脉，并详细讲解相关账务处理的技巧。采用大量图表说明和实务举例，可以帮助读者轻松学习，快速上手。

（4）案例翔实，提升实操能力。

本书从一个个具有鲜明特色的案例入手，直接找准其相对应的准则，并进行详细解读，有助于读者理解相关知识点。

在编写本书的过程中，我们得到了广大专家的大力支持和帮助。在此，向他们表示衷心的感谢。

由于编者水平有限，书中难免还有疏漏和错误之处，欢迎广大读者批评指正。

编者

2022 年 12 月 31 日

目录
CONTENTS

第一篇 基本规则篇

第 1 章 企业会计准则第 38 号——首次执行企业会计准则

1.1 首次执行日长期股权投资的处理 1
1.2 首次执行日预计资产弃置费用的处理 2
1.3 首次执行日解除劳务关系计划的处理 3
1.4 首次执行日非同一控制下企业合并的处理 4

第 2 章 企业会计准则第 39 号——公允价值计量

2.1 资产或负债的公允价值 6
2.2 存在不同市场时，产品公允价值的确定 7
2.3 同时存在最有利市场和主要市场时，产品公允价值的确定 9
2.4 没有主要市场时，产品公允价值的确定 10
2.5 运用估值技术确认资产的公允价值（收益法、成本法） 12
2.6 使用现金流量折现法进行公允价值估值 14
2.7 非金融资产的公允价值计量 16

第二篇 一般业务篇

第 3 章 企业会计准则第 1 号——存货

3.1 存货可变现净值的确认 18

3.2 关于存货盘亏或毁损的处理……19
3.3 计提存货跌价准备……20
3.4 存货跌价准备转回……21

第4章 企业会计准则第2号——长期股权投资

4.1 购买日或合并日的确定……23
4.2 被合并方净资产为负数时的会计处理……25
4.3 成本法下，现金股利或利润的会计处理……27
4.4 权益法下，投资企业确认投资收益时对被投资单位净损益的调整……28
4.5 权益法下超额亏损的确认……31
4.6 未实现内部交易的会计处理……33
4.7 长期股权投资的处置……35

第5章 企业会计准则第3号——投资性房地产

5.1 投资性房地产的确认……37
5.2 投资性房地产的初始计量……39
5.3 投资性房地产的后续支出……41
5.4 投资性房地产的后续计量……44
5.5 投资性房地产的转换……47
5.6 投资性房地产的处置……52

第6章 企业会计准则第4号——固定资产

6.1 用分期付款方式外购固定资产时的会计处理……55
6.2 固定资产发生可资本化的后续支出时的会计处理……58
6.3 固定资产折旧的会计处理……60
6.4 处置固定资产时的会计处理……62

第7章 企业会计准则第5号——生物资产

7.1 确认外购的生物资产的初始成本……64

7.2 确认消耗性生物资产的成本......65
7.3 确认生产性生物资产的成本......66
7.4 生物资产郁闭或达到预定生产经营目的后的管护费用......68
7.5 生物资产发生减值时的会计处理......69
7.6 消耗性生物资产收获农产品时的会计处理......71
7.7 生产性生物资产收获农产品时的会计处理......72
7.8 生物资产转换的会计处理......73
7.9 处置生物资产时的会计处理......74

第 8 章 企业会计准则第 6 号——无形资产

8.1 无形资产的确认......75
8.2 无形资产的初始计量......78
8.3 无形资产的后续计量......81
8.4 无形资产的处置和报废......83

第 9 章 企业会计准则第 8 号——资产减值

9.1 预计资产未来现金流量......85
9.2 确定资产组的账面价值和可收回金额......87
9.3 资产组发生减值时的会计处理......89
9.4 商誉发生减值时的会计处理......91

第 10 章 企业会计准则第 9 号——职工薪酬

10.1 货币性短期薪酬的确认与计量......94
10.2 带薪缺勤的确认和计量......97
10.3 短期利润共享计划的确认和计量......98
10.4 离职后福利的确认和计量......100
10.5 辞退福利的确认和计量......105
10.6 在其他长期职工福利中的设定受益计划......107
10.7 在其他长期职工福利中的设定提存计划......109
10.8 非货币性职工薪酬的计提......111

第 11 章 企业会计准则第 14 号——收入

11.1 收入应该按照总额还是按照净额确认 113
11.2 收入确认的标准 116
11.3 将交易价格分摊至各单项履约义务 117
11.4 履行每一单项履约义务时确认收入 118
11.5 合同履约成本 120
11.6 合同取得成本 121
11.7 附有销售退回条款的销售 122
11.8 附有质量保证条款的销售 124
11.9 附有客户额外购买选择权的销售 125
11.10 授予知识产权许可 126
11.11 售后回购 128
11.12 合同负债（涉及不同增值税率的储值卡） 129
11.13 合同负债（电商平台预售购物卡） 131
11.14 主要责任人和代理人 132
11.15 客户未行使的权利 133
11.16 无需退回的初始费 134

第 12 章 企业会计准则第 16 号——政府补助

12.1 政府补助的确认 136
12.2 用总额法和净额法进行与资产相关的政府补助的会计处理 137
12.3 用于补偿企业以后期间相关费用的政府补助 140
12.4 用于补偿企业已发生的相关费用的政府补助 142
12.5 已确认的政府补助需要退回时的会计处理 144
12.6 综合性项目的政府补助的会计处理 145
12.7 涉及政策性优惠贷款贴息的会计处理（财政将贴息资金拨付给贷款银行） 147
12.8 涉及政策性优惠贷款贴息的会计处理（财政将贴息资金直接拨付给企业） 151
12.9 政府补助的列报 152

第 13 章 企业会计准则第 17 号——借款费用

13.1 符合借款费用资本化条件的资产 154
13.2 借款费用资本化后的计量 155
13.3 外币借款汇兑差额的资本化金额 157
13.4 暂停借款费用的资本化 159
13.5 停止借款费用的资本化 160

第 14 章 企业会计准则第 18 号——所得税

14.1 资产和负债的计税基础 162
14.2 税法与会计制度差异的处理 163
14.3 确定递延所得税资产 164
14.4 确定递延所得税负债 166
14.5 如何计算所得税费用 168

第 15 章 企业会计准则第 19 号——外币折算

15.1 记账本位币的选择 171
15.2 发生外币交易时的账务处理 172
15.3 使用外币购入的资产发生减值时的会计处理 174
15.4 使用外币购入的相关资产的后续计量 176
15.5 对于我国企业的境外经营，如何将外币财务报表折算成人民币财务报表 182

第三篇 特殊业务篇

第 16 章 企业会计准则第 7 号——非货币性资产交换

16.1 交换以公允价值计量的非货币资产时的会计处理 188
16.2 交换以账面价值计量的非货币性资产时的会计处理 193

第 17 章　企业会计准则第 10 号——企业年金基金

17.1　企业年金基金收到缴费时的账务处理......196
17.2　企业年金取得初始投资时的账务处理......197
17.3　企业年金持有投资标的期间的账务处理......198
17.4　企业年金估值日的账务处理......199
17.5　处置企业年金投资标的时的账务处理......200
17.6　企业年金的账务处理......202
17.7　企业年金管理费的账务处理......203
17.8　企业年金待遇给付及相关账务处理......204

第 18 章　企业会计准则第 11 号——股份支付

18.1　一次授予、分期行权的股份支付计划......207
18.2　附服务年限条件的以权益结算的股份支付......209
18.3　附非市场业绩条件的以权益结算的股份支付......211
18.4　以现金结算的股份支付......213
18.5　期权定价模型下的参数选取......215

第 19 章　企业会计准则第 12 号——债务重组

19.1　以现金清偿债务时的账务处理......217
19.2　以存货抵偿债务时的账务处理......219
19.3　以固定资产抵偿债务时的账务处理......222
19.4　以股票、债券等金融资产抵偿债务时的账务处理......224
19.5　债务转为资本时的账务处理......227
19.6　不附或有条件的债务重组......229

第 20 章　企业会计准则第 13 号——或有事项

20.1　预计负债的确认条件......232
20.2　预计负债最佳估计数的确定......233
20.3　或有事项涉及单个项目时的最佳估计数的确定......237
20.4　或有事项涉及多个项目时的最佳估计数的确定......238

20.5　确定预计负债中的补偿金额……240
20.6　待执行合同变为亏损合同时的处理……240

第 21 章　企业会计准则第 20 号——企业合并

21.1　同一控制下以发行权益性证券为合并对价的企业合并……242
21.2　非同一控制下以支付现金为合并对价的企业合并……245
21.3　非同一控制下以无形资产为合并对价的企业合并……248
21.4　非同一控制下以有价证券为合并对价的企业合并……250
21.5　同一控制下的吸收合并……251
21.6　非同一控制下的控股合并……254
21.7　非同一控制下的吸收合并……257
21.8　反向购买的会计处理……259

第 22 章　企业会计准则第 27 号——石油天然气开采

22.1　转让探明矿区的全部权益的会计处理……264
22.2　转让探明矿区部分权益的会计处理……265
22.3　转让单独计提减值准备的全部未探明矿区权益的会计处理……267
22.4　转让以矿区组为基础计提减值准备的全部未探明矿区权益的会计处理……268
22.5　转让单独计提减值准备的部分未探明矿区权益会计处理……269
22.6　转让以矿区组为基础计提减值准备的部分未探明矿区权益会计处理……271
22.7　油气资产的处置的会计处理……273
22.8　油气资产处置的会计处理……275

第 23 章　企业会计准则第 28 号——会计政策、会计估计变更和差错更正

23.1　会计政策变更的追溯调整法……277
23.2　会计估计变更……281
23.3　不重要的前期差错的识别与更正……283
23.4　重要的前期差错的识别与更正……284

23.5 重要的前期差错更正如何披露......287
23.6 固定资产盘盈时的账务处理......288
23.7 固定资产盘亏时的账务处理......289
23.8 未决诉讼或未决仲裁的账务处理......291
23.9 未来适用法如何实施......293

第 24 章 企业会计准则第 34 号——每股收益

24.1 如何计算基本每股收益......296
24.2 如何计算稀释每股收益......297
24.3 派发股票股利的情况下，如何重新计算基本每股收益......300
24.4 配股的情况下，如何重新计算基本每股收益......301

第 25 章 企业会计准则第 40 号——合营安排

25.1 关于共同控制的判断......303
25.2 合营安排的认定和分类......304
25.3 共同经营涉及投出或出售资产交易时的会计处理......307
25.4 共同经营涉及共同购买资产交易时的会计处理......312
25.5 合营企业合营方的相关会计处理......314

第 26 章 企业会计准则第 41 号——在其他主体中权益的披露

26.1 其他主体中的权益......317
26.2 对控制、共同控制、重大影响的判断......320
26.3 披露使用企业集团资产和清偿企业集团债务的情况......321
26.4 有合同约定情况时，披露纳入合并财务报表范围的结构化主体的相关信息......323
26.5 没有合同约定情况时，披露纳入合并财务报表范围的结构化主体的相关信息......324
26.6 在不丧失控制权的前提下处置所拥有子公司的所有者权益份额......325
26.7 所拥有的子公司的所有者权益份额发生变化且该变化导致控制权丧失......326

26.8 与企业在合营企业和联营企业中权益相关的超额亏损信息……327
26.9 与对合营企业投资相关的未确认承诺……328
26.10 或有负债的披露……329
26.11 未纳入合并财务报表范围的结构化主体的基础信息……330

第 27 章 企业会计准则第 42 号——持有待售的非流动资产、处置组和终止经营

27.1 持有待售的非流动资产、处置组的初始计量……332
27.2 持有待售的非流动资产、处置组的计算……334

第四篇 金融行业篇

第 28 章 企业会计准则第 22 号——金融工具确认和计量

28.1 如何判断一项金融工具是金融资产还是金融负债……337
28.2 以摊余成本计量的金融资产重分类为以公允价值计量且其变动计入当期损益的金融资产……338
28.3 以公允价值计量且其变动计入其他综合收益重分类为以摊余成本计量的金融资产……339
28.4 以摊余成本计量的金融资产……340
28.5 以公允价值计量且其变动计入其他综合收益的金融资产……347
28.6 以公允价值计量且其变动计入当期损益的金融资产……351
28.7 以摊余成本计量的金融负债……353
28.8 以公允价值计量且其变动计入当期损益的金融负债……355
28.9 金融工具如何计提减值准备……358
28.10 如何确定某项金融工具的预期信用损失……360
28.11 如何对已发生减值的金融工具进行会计处理……361
28.12 应当终止的金融工具应如何进行会计处理……363

第 29 章　企业会计准则第 23 号——金融资产转移

29.1 金融资产符合终止确认条件时的会计处理 365
29.2 金融资产不符合终止确认条件时的会计处理 367
29.3 继续涉入被转移金融资产的会计账务处理 368

第 30 章　企业会计准则第 24 号——套期保值

30.1 如何识别被套期项目 371
30.2 如何对公允价值套期进行计量 376
30.3 如何对现金流量套期进行计量 379
30.4 如何对境外经营净投资套期进行计量 381
30.5 套期关系再平衡时的账务处理 383
30.6 被套期项目为风险净敞口的套期的账务处理 384
30.7 套期工具为期权的套期的账务处理 386

第 31 章　企业会计准则第 37 号——金融工具列报

31.1 如何区分金融负债和权益工具 392
31.2 金融资产和金融负债可以相互抵销吗 395
31.3 如何对金融资产的风险进行定性披露 398
31.4 对金融资产转移应该如何披露 401

第 32 章　企业会计准则第 25 号——保险合同

32.1 新准则下保险合同如何进行确认? 405
32.2 新准则下保险合同如何进行分拆? 406
32.3 保险合同负债的初始计量 408
32.4 保险合同负债的后续计量 413
32.5 如何确认保险获取现金流量 424
32.6 如何确认保险服务损益? 428
32.7 保险合同金融变动额的处理 433
32.8 关于具有直接分红特征的保险合同组的会计处理 438
32.9 关于亏损保险合同组的会计处理 442

32.10 关于保险合同组计量的简化处理——保费分配法 446
32.11 关于分出的再保险合同组的会计处理 448

第 33 章 企业会计准则第 21 号——租赁

33.1 租赁识别 455
33.2 租赁合同的分拆、合并 457
33.3 使用权资产及租赁负债的确认 459
33.4 使用权资产的折旧减值 461
33.5 租赁负债的摊销 463
33.6 租赁选择权的变动 464
33.7 余值担保的变动 465
33.8 租赁变更 466
33.9 短期租赁和低价值资产租赁的租赁豁免 467
33.10 融资租赁开始日，出租人对融资租赁的会计处理 468
33.11 融资租赁期内，出租方未实现融资收益的账务处理 472
33.12 融资租赁期满时，出租方的账务处理 473
33.13 出租人对经营租赁的会计处理 474
33.14 售后租回交易的会计处理 476

第五篇 报表准则篇

第 34 章 企业会计准则第 30 号——财务报表列报

34.1 如何编制资产负债表 482
34.2 如何编制利润表 492
34.3 如何编制所有者权益变动表 497

第 35 章 企业会计准则第 31 号——现金流量表

35.1 销售商品、提供劳务收到的现金的会计处理 502
35.2 收到的税收返还的现金流量 503

35.3 购买商品、接受劳务支付的现金流量的会计处理 504
35.4 支付的各项税费 505
35.5 吸收投资收到的现金 506
35.6 分配股利、利润或偿付利息支付的现金 507
35.7 收回投资收到的现金流量的会计处理 508
35.8 取得投资收益收到的现金流量的会计处理 509
35.9 如何编制现金流量表 510

第 36 章 企业会计准则第 29 号——资产负债表日后事项

36.1 资产负债表日后事项涵盖的期间如何确定 522
36.2 资产负债表日后调整事项的处理 523
36.3 资产负债表日后诉讼案件的会计处理 524
36.4 资产负债表日后资产发生减值时的会计处理 528
36.5 所得税清缴之前销售退回的会计处理 530
36.6 所得税清缴之后销售退回的会计处理 533
36.7 资产负债表日后发生重要事项 534

第 37 章 企业会计准则第 33 号——合并财务报表

37.1 合并日资产负债表的编制 536
37.2 购买日后初次编制合并财务报表时应收账款与应付账款的抵销处理 547
37.3 购买日后编制合并财务报表时其他债权与债务的抵销处理 549
37.4 购买日后编制合并财务报表时对当期内部购进商品并形成存货的事项的抵销处理 551
37.5 购买日后编制合并报表时对因内部交易形成的固定资产的抵销处理 552
37.6 购买日后编制合并报表，对于企业集团内部企业将自身的固定资产出售给企业集团内的其他企业作为固定资产使用，由此形成的固定资产在购入当期的抵销处理 554
37.7 编制合并利润表内部交易期末全部实现对外销售的情况的抵销处理 557
37.8 编制合并利润表时内部持有债券的收益与其相对应的发行方利息费用相互抵销 558
37.9 编制合并利润表时对内部持有的长期股权投资的投资收益的抵销 560

37.10 编制合并现金流量表时内部以现金投资或收购股权增加的投资所产生的现金流量应当抵销......561
37.11 编制合并现金流量表时内部当期收益应当与分配股利、利润或偿付利息支付的现金相互抵销......562
37.12 编制合并现金流量表时内部交易所产生的现金流量应当抵销......564
37.13 编制合并现金流量表时通过内部交易处置资产的抵销处理......565
37.14 因子公司的少数股东增资而稀释母公司拥有的股权比例时的处理......567

第 38 章 企业会计准则第 32 号——中期财务报告

38.1 中期财务报告应以什么为基础进行会计计量......569
38.2 应如何确认和计量会计年度中不均匀发生的费用......570
38.3 确定中期合并财务报表的核算范围......571
38.4 中期财务报告附注应当披露哪些信息......572

第 39 章 企业会计准则第 35 号——分部报告

39.1 分部合并的条件......573
39.2 报告分部的确定......576

第 40 章 企业会计准则第 36 号——关联方披露

40.1 关联方的认定......578
40.2 关于子公司的少数股东的披露......583
40.3 关于会计期间发生变化的关联方关系的披露......585

第一篇　基本规则篇

第 1 章
企业会计准则第 38 号——首次执行企业会计准则

1.1　首次执行日长期股权投资的处理

案例与问题

【**例 1–1**】甲公司 2×19 年 1 月 1 日投资于乙公司（不属于企业合并形成的投资），投资成本为 600 000 元，持有乙公司 30% 的股份，对乙公司能够实施控制。甲公司对该投资采用权益法核算。假设乙公司 2×19 年 1 月 1 日所有者权益总额为 400 000 元。股权投资差额按 10 年摊销，已经摊销 6 年。

【问题】2×19 年 1 月 1 日，甲公司执行新的会计准则。按照新准则的规定，甲公司应进行怎样的会计处理？

规范与要求

《企业会计准则第 38 号——首次执行企业会计准则》做了以下规定。

第五条　对于首次执行日的长期股权投资，应当分别下列情况处理：

（一）根据《企业会计准则第 20 号——企业合并》属于同一控制下企业合并产生的长期股权投资，尚未摊销完毕的股权投资差额应全额冲销，并调整留存收益，以冲销股权投资差额后的长期股权投资账面余额作为首次执行日的认定成本。

（二）除上述（一）以外的其他采用权益法核算的长期股权投资，存在股权投资贷方差额的，应冲销贷方差额，调整留存收益，并以冲销贷方差额后的长期股权投资账面余额作为首次执行日的认定成本；存在股权投资借方差额的，应当将长期股权投资的账面余额作为首次执行日的认定成本。

解析与说明

甲公司对乙公司的长期股权投资属于权益法核算的长期股权投资。

投资时股权投资差额 =600 000−400 000×30%=480 000（元）

未摊销股权投资差额 =480 000−（480 000÷10）×6=192 000（元）

甲公司在 2×19 年 1 月 1 日的长期股权投资的账面余额 =600 000−192 000
=408 000（元）

1.2 首次执行日预计资产弃置费用的处理

案例与问题

【例 1-2】甲公司 2×16 年 12 月建造一项大型资产项目，预计使用 20 年，预计弃置费用为 6 000 000 元。此前按照工业企业会计制度的规定，此项预计弃置费用不计入固定资产成本。该公司于 2×19 年 1 月 1 日执行新的会计准则体系，按照新准则的规定，预计弃置费用已满足预计负债的确认条件，应确认相应的负债并应增加该项资产的成本，同时补提折旧调整留存收益。假定预计弃置费用现值为 4 600 000 元，该资产采用使用年限法提取折旧。

【问题】甲公司应进行怎样的会计处理?

规范与要求

《企业会计准则第 38 号——首次执行企业会计准则》做了以下规定。

第七条　在首次执行日，对于满足预计负债确认条件且该日之前尚未计入资产成本的弃置费用，应当增加该项资产成本，并确认相应的负债；同时，将应补提的折旧（折耗）调整留存收益。

企业在预计首次执行日前尚未计入资产成本的弃置费用时，应当满足预计负债的确认条件，选择该项资产初始确认开始至首次执行日期间适用的折现率，以该项预计负债折现后的金额增加资产成本，据此计算确认应补提的资产折旧（或油气资产的折耗），同时调整期初留存收益。折现率的选择应当考虑货币的时间价值和相关期间通货膨胀等因素的影响。

解析与说明

对于满足预计负债确认条件且该日之前尚未计入资产成本的弃置费用，应当增加该项资产成本，并确认相应的负债；同时，将应补提的折旧（折耗）调整留存收益。

2×19年，甲公司将预计弃置费用转入固定资产成本：

借：固定资产 4 600 000

  贷：预计负债 4 600 000

补提折旧调整留存收益：

借：利润分配——未分配利润 1 380 000

  贷：累计折旧 1 380 000

1.3 首次执行日解除劳务关系计划的处理

案例与问题

【例1-3】2×19年1月首次执行企业会计准则时，A公司为鼓励职工自愿接受裁减而提出给予补偿的决议，其中补偿金为5 200 000元。根据规定，在符合企业已制定正式的解除劳动关系计划和企业不能单方面撤回解除劳动关系计划这两个条件时，A公司应确认为负债并列入当期费用。

【问题】此时，A公司应进行怎样的会计处理?

规范与要求

《企业会计准则第38号——首次执行企业会计准则》做了以下规定。

第八条 对于首次执行日存在的解除与职工的劳动关系计划，满足《企业会计准则第9号——职工薪酬》预计负债确认条件的，应当确认因解除与职工的劳动关系给予补偿而产生的负债，并调整留存收益。

解析与说明

根据会计准则规定，在符合企业已制定正式的解除劳动关系计划和企业不能单方面撤回解除劳动关系计划这两个条件时，A公司应确认因解除与职工的劳动关系给予补偿而产生的负债，并调整留存收益：

借：留存收益 5 200 000

  贷：应付职工薪酬——预计负债 5 200 000

1.4 首次执行日非同一控制下企业合并的处理

案例与问题

【例 1-4】A 公司、B 公司同为甲公司的子公司。2×16 年 1 月，A 公司收购 B 公司的全部资产。收购日，B 公司的资产的账面价值总额为 460 000 000 元，负债的账面价值总额为 240 000 000 元；资产评估价值总额为 350 000 000 元，负债评估价值总额为 150 000 000 元。经过多次谈判，最终 A 公司以 270 000 000 元的价格购入 B 公司。2×19 年 1 月 1 日，A 公司执行新的企业会计准则。

【问题】A 公司应进行怎样的会计处理？

规范与要求

《企业会计准则第 38 号——首次执行企业会计准则》做了以下规定。

第十三条　除下列项目外，对于首次执行日之前发生的企业合并不应追溯调整：

（一）按照《企业会计准则第 20 号——企业合并》属于同一控制下企业合并，原已确认商誉的摊余价值应当全额冲销，并调整留存收益。

按照该准则的规定属于非同一控制下企业合并的，应当将商誉在首次执行日的摊余价值作为认定成本，不再进行摊销。

（二）首次执行日之前发生的企业合并，合并合同或协议中约定根据未来事项的发生对合并成本进行调整的，如果首次执行日预计未来事项很可能发生并对合并成本的影响金额能够可靠计量的，应当按照该影响金额调整已确认商誉的账面价值。

（三）企业应当按照《企业会计准则第 8 号——资产减值》的规定，在首次执行日对商誉进行减值测试，发生减值的，应当以计提减值准备后的金额确认，并调整留存收益。

解析与说明

2×19 年 1 月 1 日，A 公司执行新的企业会计准则，而根据新准则的规定，对同一控制下企业合并，原已经确认商誉的摊余价值应进行追溯调整。

A 公司购入 B 公司的商誉价值的计算方法如下。

购入商誉 =270 000 000-（350 000 000-150 000 000）=70 000 000（元）

商誉摊余价值 =70 000 000-（70 000 000÷10）×3=49 000 000（元）

A 公司的会计处理如下：

借：利润分配——未分配利润　　49 000 000

　　贷：无形资产——商誉　　49 000 000

如果按照新准则的规定，属于非同一控制下企业合并的，应当将商誉在首次执行日的摊余价值作为认定成本，不再进行摊销。

第2章 企业会计准则第39号——公允价值计量

2.1 资产或负债的公允价值

案例与问题

【例2–1】甲公司持有一项权益性工具。相关法律法规规定，该项权益性工具在特定期间内不得对外转让，即在特定期间内不得对外转让是该项权益性工具的特征。

【问题】如何确认该权益性工具的公允价值?

规范与要求

《企业会计准则第39号——公允价值计量》做了以下规定。

第六条　企业以公允价值计量相关资产或负债时，应当考虑该资产或负债的特征。相关资产或负债的特征，是指市场参与者在计量日对该资产或负债进行定价时考虑的特征，包括资产状况及所在位置、对资产出售或者使用的限制等。

第七条　以公允价值计量的相关资产或负债可以是单项资产或负债（如一项金融工具、一项非金融资产等），也可以是资产组合、负债组合或者资产和负债的组合（如《企业会计准则第8号——资产减值》规范的资产组、《企业会计准则第20号——企业合并》规范的业务等）。企业是以单项还是以组合的方式对相关资产或负债进行公允价值计量，取决于该资产或负债的计量单元。

计量单元，是指相关资产或负债以单独或者组合方式进行计量的最小单位。相关资产或负债的计量单元应当由要求或者允许以公允价值计量的其他相关会计准则规定，但本准则第十章规范的市场风险或信用风险可抵销的金融资产和金融负债的公允价值计量除外。

解析与说明

甲公司在计量该项工具的公允价值时，可以采用不受转让限制的、相同的权益性工具的公开市场的报价作为计量基础，并对不能转让的法律限制的影响进行一定的调整。该项调整的大小将取决于以下几个因素：该限制的性质和时间；该限制对购买者的影响大小；与该项权益性工具以及其发行者相关的其他因素。《企业会计准则第 39 号——公允价值计量》第六条规定企业以公允价值计量相关资产或负债时，应当考虑该资产或负债的特征。相关资产或负债的特征，是指市场参与者在计量日对该资产或负债进行定价时考虑的特征，包括资产状况及所在位置、对资产出售或者使用的限制等。本案例中的权益性工具是在特定期间内不得对外转让的，应结合该特点对其进行公允价值的确定。

2.2　存在不同市场时，产品公允价值的确定

案例与问题

【例 2–2】假定 A 公司生产并销售一种产品。该产品存在甲、乙、丙三个市场。A 公司均能在这三个市场上销售该种产品。在计量日，A 公司在这三个市场上生产和销售了 100 个产品，具体数量如表 2–1 所示。

表 2–1　产品销售情况

市场类别	销售价格（元）	A 公司分别在各个市场的销售比重	该种产品在各个市场的整体销售比重
甲	27 000	50%	12%
乙	24 000	30%	80%
丙	18 000	20%	8%

【问题】产品的公允价值如何确认？

规范与要求

《企业会计准则第 39 号——公允价值计量》做了以下规定。

第九条　企业以公允价值计量相关资产或负债时，应当假定出售资产或者转移负债的有序交易在相关资产或负债的主要市场进行。不存在主要市场的，企业应当假定该交易在相关资产或负债的最有利市场进行。

主要市场，是指相关资产或负债交易量最大和交易活跃程度最高的市场。

最有利市场，是指在考虑交易费用和运输费用后，能够以最高金额出售相关资产或者以最低金额转移相关负债的市场。

交易费用，是指在相关资产或负债的主要市场（或最有利市场）中，发生的可直接归属于资产出售或者负债转移的费用。交易费用是直接由交易引起的、交易所必需的、而且不出售资产或者不转移负债就不会发生的费用。运输费用，是指将资产从当前位置运抵主要市场（或最有利市场）发生的费用。

第十条　企业在识别主要市场（或最有利市场）时，应当考虑所有可合理取得的信息，但没有必要考察所有市场。

通常情况下，企业正常进行资产出售或者负债转移的市场可以视为主要市场（或最有利市场）。

第十一条　主要市场（或最有利市场）应当是企业在计量日能够进入的交易市场，但不要求企业于计量日在该市场上实际出售资产或者转移负债。

由于不同企业可以进入的市场不同，对于不同企业，相同资产或负债可能具有不同的主要市场（或最有利市场）。

第十二条　企业应当以主要市场的价格计量相关资产或负债的公允价值。不存在主要市场的，企业应当以最有利市场的价格计量相关资产或负债的公允价值。

企业不应当因交易费用对该价格进行调整。交易费用不属于相关资产或负债的特征，只与特定交易有关。交易费用不包括运输费用。

相关资产所在的位置是该资产的特征，发生的运输费用能够使该资产从当前位置转移到主要市场（或最有利市场）的，企业应当根据使该资产从当前位置转移到主要市场（或最有利市场）的运输费用调整主要市场（或最有利市场）的价格。

解析与说明

根据上述信息，乙市场是该种产品的主要市场，原因在于乙市场为市场交易量最大的市场。因此，A公司在计量该种产品的公允价值时，应当以24 000元作为公允价值。

《企业会计准则第39号——公允价值计量》第九条规定企业以公允价值计量相关资产或负债时，应当假定出售资产或者转移负债的有序交易在相关资产或负债的主要市场进行。不存在主要市场的，企业应当假定该交易在相关资产或负债的最有利市场进行。主要市场，是指相关资产或负债交易量最大和交易活跃程度最高的市场。该种产品在乙市场的整体销售比重为 80%，可以判断出该市场即为产品的主要市场；因此应该以产品在乙市场的销售价格作为计量该产品公允价值的标准。

2.3　同时存在最有利市场和主要市场时，产品公允价值的确定

案例与问题

【例 2–3】假定甲公司制造并销售 A 类产品，此种产品存在两个市场：

（1）出口市场。A 类产品在出口市场上的售价较高，但出口数量受到政府出口管制的限制，国内每个制造生产商每年需要向政府申请出口配额。

（2）国内市场。A 类产品在国内市场的售价较低，但销售数量不受政府的管制。甲公司制定的销售策略为：尽可能地获取出口配额，扩大出口销售，剩下的（占大部分）销往国内市场。

【问题】A 类产品的公允价值如何确认？

规范与要求

《企业会计准则第 39 号——公允价值计量》做了以下规定。

第九条　企业以公允价值计量相关资产或负债，应当假定出售资产或者转移负债的有序交易在相关资产或负债的主要市场进行。不存在主要市场的，企业应当假定该交易在相关资产或负债的最有利市场进行。

主要市场，是指相关资产或负债交易量最大和交易活跃程度最高的市场。

最有利市场，是指在考虑交易费用和运输费用后，能够以最高金额出售相关资产或者以最低金额转移相关负债的市场。

交易费用，是指在相关资产或负债的主要市场（或最有利市场）中，发生的可直接归属于资产出售或者负债转移的费用。交易费用是直接由交易引起的、交易所必需的、而且不出售资产或者不转移负债就不会发生的费用。运输费用，是指将资产从当前位置运抵主要市场（或最有利市场）发生的费用。

第十二条　企业应当以主要市场的价格计量相关资产或负债的公允价值。不存在主要市场的，企业应当以最有利市场的价格计量相关资产或负债的公允价值。

企业不应当因交易费用对该价格进行调整。交易费用不属于相关资产或负债的特征，只与特定交易有关。交易费用不包括运输费用。

相关资产所在的位置是该资产的特征，发生的运输费用能够使该资产从当前位置转移到主要市场（或最有利市场）的，企业应当根据使该资产从当前位置转移到主要市场（或最有利市场）的运输费用调整主要市场（或最有利市场）的价格。

解析与说明

在该例子中，出口市场显然是最有利的市场，原因在于甲公司从出口市场中获取的毛利最高。但是，甲公司的A类产品主要销往国内市场，国内市场则是其主要市场。根据案例可知甲公司的产品同时存在最有利市场和主要市场，这时应当选择主要市场的价格来确定产品的公允价值。因此，甲公司应当以国内市场的价格来确定A类产品的公允价值。

2.4 没有主要市场时，产品公允价值的确定

案例与问题

【例2-4】假定A公司拥有一项资产。该资产存在甲和乙两个市场，两个市场的交易量基本相同，只是价格有所不同，相关数据如表2-2所示。A公司在计量日都能够进入这两个市场。该项资产没有主要市场。

表2-2 资产在两个市场上的交易情况

单位：万元

项目	甲市场	乙市场
售价	28	26
运输费用	4	3
合计	24	23
交易费用	3	1
净额	21	22

【问题】如何确认产品的公允价值？

规范与要求

《企业会计准则第 39 号——公允价值计量》做了以下规定。

第十四条　企业以公允价值计量相关资产或负债时，应当采用市场参与者在对该资产或负债定价时为实现其经济利益最大化所使用的假设。

市场参与者，是指在相关资产或负债的主要市场（或最有利市场）中，同时具备下列特征的买方和卖方：

（一）市场参与者应当相互独立，不存在《企业会计准则第 36 号——关联方披露》所述的关联方关系；

（二）市场参与者应当熟悉情况，能够根据可取得的信息对相关资产或负债以及交易具备合理认知；

（三）市场参与者应当有能力并自愿进行相关资产或负债的交易。

第十五条　企业在确定市场参与者时，应当考虑所计量的相关资产或负债、该资产或负债的主要市场（或最有利市场）以及在该市场上与企业进行交易的市场参与者等因素，从总体上识别市场参与者。

解析与说明

如果甲市场为该项资产的主要市场（即交易量最大和活跃程度最大的市场），则该项资产的公允价值为该市场的市场价格；如果再考虑运输费用的话，则该项资产的公允价值为 24 万元。如果该资产的主要市场不存在，则要考虑其最有利的市场。如果考虑运输费用和交易费用，在乙市场出售该项资产所获得的净额最大，因此乙市场为最有利市场。但是，计量公允价值时不能考虑交易费用，因而该项资产的公允价值应该为 23 万元。

《企业会计准则第 39 号——公允价值计量》第十四条规定，企业以公允价值计量相关资产或负债时，应当采用市场参与者在对该资产或负债定价时为实现其经济利益最大化所使用的假设；第十五条规定，企业在确定市场参与者时，应当考虑所计量的相关资产或负债、该资产或负债的主要市场（或最有利市场）以及在该市场上与企业进行交易的市场参与者等因素，从总体上识别市场参与者。在本案例中，显然没有主要市场，所以要考虑分析产品的最有利市场。最有利市场，是指在考虑交易费用和运输费用后，能够以最高金额出售相关资产或者以最低金额转移相关负债的市场。相关资产所在的位置是该资产的特征，发生的运输费用能够使该资产从当前位置转移到主要市场（或最有利市场）的，企业应当根据使该资产从当前位置转移到主要市场（或最有利市场）的运输费用调整主要市场（或最有利市场）的价格。

2.5 运用估值技术确认资产的公允价值（收益法、成本法）

案例与问题

【例 2–5】甲公司以企业合并的方式获取了一项资产组合。该资产组合包括一项由被并购企业内部研发的软件资产，以及相关性互补性资产（比如相关性的数据库）和相关性负债。根据会计准则，甲公司应当按照公允价值模式计量该项软件资产。甲公司认为，该项软件资产与互补性资产及相关性负债组合使用，能为市场参与者创造最大的价值。另外，没有证据表明，该项软件资产的现行用途不是它的最佳用途。因此，我们假定该项资产的最佳用途为现行用途。

目前，甲公司拥有足够的数据来运用收益法和成本法去顶该项软件资产的公允价值，但是现行条件无法运用市场法。分别采用收益法和成本法来确认该资产组合的公允价值。

收益法：采用现值技术运用收益法。该方法所采用的现金流量为该项软件资产在其寿命期所能产生的净现金流量。据此方法计算得出的该软件资产的公允价值为 20 000 000 元。

成本法：通过估算开发类似用途的替代软件资产所需要的支出来计算。运用该种方法计算得出的该软件资产的公允价值为 18 000 000 元。

由于运用成本法时的替代软件资产具有一定的功能独特性，只有使用专有信息才能开发出来，而且不能被轻易复制，因此甲公司认为内部无法开发该项替代软件产品。因此该项软件资产的公允价值应当采用收益法所计算得出的公允价值计量，即为 20 000 000 元。

【问题】如何运用估值技术确认资产的公允价值？

规范与要求

《企业会计准则第 39 号——公允价值计量》做了以下规定。

第十八条　企业以公允价值计量相关资产或负债时，应当采用在当前情况下适用并且有足够可利用数据和其他信息支持的估值技术。企业使用估值技术的目的，是为了估计在计量日当前市场条件下，市场参与者在有序交易中出售一项资产或者转移一项负债的价格。

企业以公允价值计量相关资产或负债，使用的估值技术主要包括市场法、收益法和成本法。企业应当使用与其中一种或多种估值技术相一致的方法计量公允价值。企业使用多种估值技术计量公允价值的，应当考虑各估值结果的合理性，选取在当前情况下最能代表公允价值的金额作为公允价值。

市场法，是利用相同或类似的资产、负债或资产和负债组合的价格以及其他相关市场交易信息进行估值的技术。

收益法，是将未来金额转换成单一现值的估值技术。

成本法，是反映当前要求重置相关资产服务能力所需金额（通常指现行重置成本）的估值技术。

第二十三条　以公允价值计量的相关资产或负债存在出价和要价的，企业应当以在出价和要价之间最能代表当前情况下公允价值的价格确定该资产或负债的公允价值。企业可以使用出价计量资产头寸、使用要价计量负债头寸。

解析与说明

《企业会计准则第 39 号——公允价值计量》第十八条详细说明了企业以公允价值计量相关资产或负债使用的相关估值技术，主要包括市场法、收益法和成本法。对于本案例来讲，现行条件无法运用市场法，所以运用收益法和成本法对相关资产进行估值。收益法，是将未来金额转换成单一现值的估值技术，在本案例中即以该项软件资产在其寿命期所能产生的净现金流量进行公允价值的计算。成本法，是反映当前要求重置相关资产服务能力所需金额（通常指现行重置成本）的估值技术，本案例中通过估算开发类似用途的替代软件资产所需要的支出来计算。结合《企业会计准则第 39 号——公允价值计量》第二十三条，以公允价值计量的相关资产或负债存在出价和要价的，企业应当以在出价和要价之间最能代表当前情况下公允价值的价格确定该资产或负债的公允价值。由于运用成本法时的替代软件资产具有一定的功能独特性，只有使用专有信息才能开发出来，而且不能容易地被复制，因此甲公司认为内部无法开发该项替代软件产品，因此该项软件资产的公允价值应当采用收益法所计算得出的公允价值计量。

2.6 使用现金流量折现法进行公允价值估值

案例与问题

【例 2-6】2×17 年 12 月 31 日，甲商业银行从全国银行间债券市场购入乙公司发行的 10 万份中期票据，将其作为可供出售金融资产持有。该票据的信用评级为 AAA，期限为 7 年，自 2×17 年 12 月 31 日至 2×24 年 12 月 31 日止。该票据面值为人民币 100 元，票面利率为 5%，付息日为每年的 12 月 31 日。2×18 年 12 月 31 日，甲商业银行对该中期票据投资进行公允价值计量。假定该票据没有活跃市场中的报价，甲商业银行能够通过中央国债登记结算有限责任公司公布的相关收益率曲线确定相同信用评级、相同期限债券的市场回报率为 6%。

【问题】如何使用现金流量折现法进行公允价值估值?

规范与要求

《企业会计准则第 39 号——公允价值计量》做了以下规定。

第十九条　企业在估值技术的应用中，应当优先使用相关可观察输入值，只有在相关可观察输入值无法取得或取得不切实可行的情况下，才可以使用不可观察输入值。

输入值，是指市场参与者在给相关资产或负债定价时所使用的假设，包括可观察输入值和不可观察输入值。

可观察输入值，是指能够从市场数据中取得的输入值。该输入值反映了市场参与者在对相关资产或负债定价时所使用的假设。

不可观察输入值，是指不能从市场数据中取得的输入值。该输入值应当根据可获得的市场参与者在对相关资产或负债定价时所使用假设的最佳信息确定。

第二十条　企业以交易价格作为初始确认时的公允价值，且在公允价值后续计量中使用了涉及不可观察输入值的估值技术的，应当在估值过程中校正该估值技术，以使估值技术确定的初始确认结果与交易价格相等。

在公允价值后续计量中使用估值技术的，尤其是涉及不可观察输入值的，应当确保该估值技术反映了计量日可观察的市场数据，如类似资产或负债的价格等。

第二十一条　公允价值计量使用的估值技术一经确定，不得随意变更，但变更估值技术或其应用能使计量结果在当前情况下同样或者更能代表公允价值的情况除外，包括但不限于下列情况：

（一）出现新的市场。

（二）可以取得新的信息。

（三）无法再取得以前使用的信息。

（四）改进了估值技术。

（五）市场状况发生变化。

企业变更估值技术或其应用的，应当按照《企业会计准则第 28 号——会计政策、会计估计变更和差错更正》的规定作为会计估计变更，并根据本准则的披露要求对估值技术及其应用的变更进行披露，而不需要按照《企业会计准则第 28 号——会计政策、会计估计变更和差错更正》的规定对相关会计估计变更进行披露。

第二十七条　企业只有在相关资产或负债不存在市场活动或者市场活动很少导致相关可观察输入值无法取得或取得不切实可行的情况下，才能使用第三层次输入值，即不可观察输入值。

不可观察输入值应当反映市场参与者对相关资产或负债定价时所使用的假设，包括有关风险的假设，如特定估值技术的固有风险和估值技术输入值的固有风险等。

第二十八条　企业在确定不可观察输入值时，应当使用在当前情况下可合理取得的最佳信息，包括所有可合理取得的市场参与者假设。

企业可以使用内部数据作为不可观察输入值，但如果有证据表明其他市场参与者将使用不同于企业内部数据的其他数据，或者这些企业内部数据是企业特定数据、其他市场参与者不具备企业相关特征时，企业应当对其内部数据做出相应调整。

解析与说明

本案例中，甲商业银行可根据该中期票据约定的合同现金流量即利息和本金，运用回报率进行折现，得到的该中期票据的公允价值为 1 001 万元。具体计算如表 2-3 所示。

表 2-3　公允价值计算表

年份	2×18	2×19	2×20	2×21	2×22	2×23	2×24	合计
现金流量（万元）	50	50	50	50	50	50	1050	
折现率（6%）	1	0.9434	0.8900	0.8396	0.7921	0.7473	0.7050	
现值（万元）	50	47.2	44.5	42	38.6	37.4	740.3	1 001

《企业会计准则第 39 号——公允价值计量》第十八条中规定，企业以公允价值计量相关资产或负债时，应当采用在当前情况下适用并且有足够可利用数据和其他信息支持的估值技术。企业使用估值技术的目的，是为了估计在计量日当前市场条件下，市场参与者在有序交易中出售一项资产或者转移一项负债的价格。企业以公允价值计量相关资产或负债时，使用的估值技术主要包括市场法、收益法和成本法。企业应当使用与其中一种或多种估值技术相一致的方法计量公允价值。企业使用多种估值技术计量公允价值的，应当考虑各估值结果的合理性，选取在当前情况下最能代表公允价值的金额作为公允价值。该中期票据分析没有活跃市场中的报价，但能够通过中央国债登记结算有限责任公司公布的相关收益率曲线确定相同信用评级、相同期限债券的市场回报率。因此，甲商业银行可以根据该债券市场回报率使用现金流量折现法来计算该中期票据的公允价值。

2.7 非金融资产的公允价值计量

案例与问题

【例 2-7】甲公司拥有一项投资性房地产，具体为一块土地以及土地上所建造的旧冷库。该块土地可用来重新建造一个休闲场所，其市场价值远高于其作为一个冷库的价值。甲公司管理层不知道该如何确定该项投资性房地产的公允价值。

【问题】如何确定该投资性房地产的公允价值？

规范与要求

《企业会计准则第 39 号——公允价值计量》做了以下规定。

第二十九条　企业以公允价值计量非金融资产时，应当考虑市场参与者将该资产用于最佳用途产生经济利益的能力，或者将该资产出售给能够用于最佳用途的其他市场参与者产生经济利益的能力。

最佳用途，是指市场参与者实现一项非金融资产或其所属的资产和负债组合的价值最大化时该非金融资产的用途。

第三十条　企业确定非金融资产的最佳用途，应当考虑法律上是否允许、实物上是否可能以及财务上是否可行等因素。

（一）企业判断非金融资产的用途在法律上是否允许，应当考虑市场参与者在对该资产定价时考虑的资产使用在法律上的限制。

（二）企业判断非金融资产的用途在实物上是否可能，应当考虑市场参与者在对该资产定价时考虑的资产实物特征。

（三）企业判断非金融资产的用途在财务上是否可行，应当考虑在法律上允许且实物上可能的情况下，使用该资产能否产生足够的收益或现金流量，从而在补偿使资产用于该用途所发生的成本后，仍然能够满足市场参与者所要求的投资回报。

第三十一条　企业应当从市场参与者的角度确定非金融资产的最佳用途。

通常情况下，企业对非金融资产的现行用途可以视为最佳用途，除非市场因素或者其他因素表明市场参与者按照其他用途使用该资产可以实现价值最大化。

第三十二条　企业以公允价值计量非金融资产，应当基于最佳用途确定下列估值前提：

（一）市场参与者单独使用一项非金融资产产生最大价值的，该非金融资产的公允价值应当是将其出售给同样单独使用该资产的市场参与者的当前交易价格。

（二）市场参与者将一项非金融资产与其他资产（或者其他资产或负债的组合）组合使用产生最大价值的，该非金融资产的公允价值应当是将其出售给以同样组合方式使用该资产的市场参与者的当前交易价格，并且该市场参与者可以取得组合中的其他资产和负债。其中，负债包括企业为筹集营运资金产生的负债，但不包括企业为组合之外的资产筹集资金所产生的负债。最佳用途的假定应当一致地应用于组合中所有与最佳用途相关的资产。

解析与说明

企业以公允价值计量非金融资产时，应当假定非金融资产的最佳用途。在该案例中，重新建造一个休闲场所显然是该项投资性房地产的最佳用途，应以此为依据来认定该资产的公允价值。但是，值得注意的是，重新建造休闲场所需要拆除现有的冷库，因此，在最佳用途假设下，该冷库的市场价值为零。

《企业会计准则第39号——公允价值计量》第二十九条中指出，企业以公允价值计量非金融资产时，应当考虑市场参与者将该资产用于最佳用途产生经济利益的能力，或者将该资产出售给能够用于最佳用途的其他市场参与者产生经济利益的能力。最佳用途，是指市场参与者实现一项非金融资产或其所属的资产和负债组合的价值最大化时该非金融资产的用途。所以在本案例中，重新建造一个休闲场所为该非金融资产的最佳用途。

第二篇　一般业务篇

第3章
企业会计准则第1号——存货

3.1　存货可变现净值的确认

案例与问题

【例3-1】假定A公司2×18年12月31日库存W型机器12台，成本（不含增值税）为360万元，单位成本为30万元。该批W型机器全部销售给B公司。与B公司签订的销售合同约定，A公司应于2×19年1月20日按每台30万元的价格（不含增值税）向B公司提供W型机器12台。

A公司销售部门提供的资料表明，向长期客户——B公司销售的W型机器的平均运杂费等销售费用为0.12万元/台；向其他客户销售W型机器的平均运杂费等销售费用为0.1万元/台。

2×18年12月31日，W型机器的市场销售价格为32万元/台。

【问题】A公司在资产负债表日如何计量存货?

准则规定

《企业会计准则第1号——存货》做了以下规定。

第十五条　资产负债表日，存货应当按照成本与可变现净值孰低计量。

存货成本高于其可变现净值的，应当计提存货跌价准备，计入当期损益。

可变现净值，是指在日常活动中，存货的估计售价减去至完工时估计将要发生的成本、估计的销售费用以及相关税费后的金额。

第十六条　企业确定存货的可变现净值，应当以取得的确凿证据为基础，并且考虑持有存货的目的、资产负债表日后事项的影响等因素。

为生产而持有的材料等，用其生产的产成品的可变现净值高于成本的，该材料仍然应当按照成本计量；材料价格的下降表明产成品的可变现净值低于成本的，该材料应当按照可变现净值计量。

第十七条　为执行销售合同或者劳务合同而持有的存货，其可变现净值应当以合同价格为基础计算。

企业持有存货的数量多于销售合同订购数量的，超出部分的存货的可变现净值应当以一般销售价格为基础计算。

解析与说明

可变现净值是指未来净现金流入，而不是指存货的售价或合同价。企业销售存货预计取得的现金流入，并不完全构成存货的可变现净值。在销售存货的过程中可能发生相关税费和销售费用，以及为达到预定可销售状态还可能发生进一步的加工成本。这些相关税费、销售费用和成本支出，均构成存货销售产生现金流入的抵减项目，只有在扣除这些现金流出后，才能确定存货的可变现净值。

根据本准则第十五条的规定，在资产负债表日，存货应当按照成本与可变现净值孰低计量。存货的成本高于其可变现净值的，按其差额计提存货跌价准备；存货的成本低于其可变现净值的，按其成本计量，不计提存货跌价准备，但原已计提存货跌价准备的，应按已计提存货跌价准备金额的范围内转回。

在本案例中，能够证明 W 型机器的可变现净值的确凿证据是 A 公司与 B 公司签订的有关 W 型机器的销售合同、市场销售价格资料、账簿记录和 A 公司的销售部门提供的有关销售费用的资料等。根据该销售合同规定，库存的 12 台 W 型机器的销售价格全部由销售合同约定。

在这种情况下，W 型机器的可变现净值应以销售合同约定的价格 30 万元 / 台为基础确定。据此可知，W 型机器的可变现净值 358.56（30×12−0.12×12）万元低于 W 型机器的成本 360 万元，应按其差额 1.44 万元计提存货跌价准备（假定以前未对 W 型计提存货跌价准备）。如果 W 型机器的成本为 350 万元，则不需计提存货跌价准备。

3.2　关于存货盘亏或毁损的处理

案例与问题

【例 3-2】甲公司在财产清查中发现 L 材料毁损 300 千克。该材料的实际单位成本为 100 元。经查属于材料保管员的过失造成的，按规定由其个人赔偿 20 000 元，残料已办理入库手续，价值 2 000 元。假定不考虑相关税费。

【问题】甲公司应该如何对其进行会计处理？

准则规定

《企业会计准则第 1 号——存货》做了以下规定。

第二十一条　企业发生的存货毁损，应当将处置收入扣除账面价值和相关税费后的金额计入当期损益。存货的账面价值是存货成本扣减累计跌价准备后的金额。

存货盘亏造成的损失，应当计入当期损益。

解析与说明

存货盘亏或毁损，先转入“待处理财产损溢”科目，待批准处理后再确认为当期损益。

（1）批准处理前：

借：待处理财产损溢　　30 000

　　贷：原材料　　30 000

（2）批准处理后：

①由过失人赔款部分：

借：其他应收款　　20 000

　　贷：待处理财产损溢　　20 000

②残料入库：

借：原材料　　2 000

　　贷：待处理财产损溢　　2 000

③材料毁损净损失：

借：管理费用　　8 000

　　贷：待处理财产损溢　　8 000

3.3　计提存货跌价准备

案例与问题

【例 3-3】丁公司的有关资料及存货期末计量见表 3-1，假设丁公司在此之前没有对存货计提跌价准备。假定不考虑相关税费和销售费用。

【问题】丁公司如何计提存货跌价准备？

准则规定

《企业会计准则第 1 号——存货》做了以下规定。

第十八条　对于数量繁多、单价较低的存货，可以按照存货类别计提存货跌价准备。

与在同一地区生产和销售的产品系列相关、具有相同或类似最终用途或目的，且难以与其他项目分开计量的存货，可以合并计提存货跌价准备。

解析与说明

见表 3-1。

表 3-1　按存货类别计提存货跌价准备

商品	数量（台）	成本		可变现净值		按存货类别确定的账面价值（万元）	由此计提的存货跌价准备（万元）
		单价（万元）	总额（万元）	单价（万元）	总额（万元）		
第一组							
A 商品	400	10	4 000	9	3 600		
B 商品	500	7	3 500	8	4 000		
合计			7 500		7 600	7 500	0
第二组							
C 商品	200	50	10 000	48	9 600		
D 商品	100	45	4 500	44	4 400		
合计			14 500		14 000	14 000	500
第三组							
E 商品	700	100	70 000	80	56 000	56 000	
合计			70 000		56 000	56 000	14 000
总计			92 000		77 600	77 500	14 500

3.4　存货跌价准备转回

案例与问题

【例 3-4】2×17 年 12 月 31 日，甲公司 W7 型机器的账面成本为 500 万元，但由于W7型机器的市场价格下跌，预计可变现净值为400万元，因此计提存货跌价准备100万元。

假定：（1）2×18年6月30日，W7型机器的账面成本仍为500万元，但由于W7型机器的市场价格有所上升，使W7型机器的预计可变现净值变为475万元。

（2）2×18年12月31日，W7型机器的账面成本仍为500万元。但W7型机器的市场价格进一步上升，预计W7型机器的可变现净值为555万元。

【问题】甲公司如何进行存货跌价准备的转回？

准则规定

《企业会计准则第1号——存货》做了以下规定。

第十九条　资产负债表日，企业应当确定存货的可变现净值。以前减记存货价值的影响因素已经消失的，减记的金额应当予以恢复，并在原已计提的存货跌价准备金额内转回，转回的金额计入当期损益。

解析与说明

2×18年6月30日和2×18年12月31日，存货的可变现净值发生改变的，对应计提的存货跌价准备也需随之调整。

（1）2×18年6月30日，由于W7型机器的市场价格上升，W7型机器的可变现净值有所恢复，应计提的存货跌价准备为25（500-475）万元，则当期应冲减已计提的存货跌价准备75（100-25）万元。该冲减额小于已计提的存货跌价准备（100万元），因此，应转回的存货跌价准备为75万元。

会计分录为：

借：存货跌价准备　　750 000

　　贷：资产减值损失——存货减值损失　　750 000

（2）2×18年12月31日，W7型机器的可变现净值又有所恢复，应冲减存货跌价准备为-55（500-555）万元，但是对W7型机器已计提的存货跌价准备的余额为25万元，因此，当期应转回的存货跌价准备为25万元而不是55万元（即以将对W7型机器已计提的“存货跌价准备”余额冲减至零为限）。

会计分录为：

借：存货跌价准备　　250 000

　　贷：资产减值损失——存货减值损失　　250 000

第 4 章
企业会计准则第 2 号——长期股权投资

4.1　购买日或合并日的确定

案例与问题

【例 4-1】甲上市公司（以下简称“甲公司”）于 2×18 年 7 月 20 日对外公告，拟以定向发行本公司普通股的方式自独立的非关联方处收购乙公司、丙公司持有的 A 公司的 100% 的股权。签订的并购合同中约定对标的资产 A 公司的评估基准日为 2×18 年 6 月 30 日。以评估确定的该时点的标的资产的价值为基础，甲公司拟以 6 元 / 股（公告日前 60 天甲公司普通股的平均市场价格）的价格购买 A 公司的全部股份。合同中同时约定，在评估基准日至甲公司取得 A 公司股权之日期间内，A 公司实现的净损益归甲公司所有。该并购重组事项的具体执行情况如下：

（1）2×18 年 7 月 16 日，相关议案获得甲公司的决策部门的同意。

（2）2×18 年 7 月 20 日，甲公司对外公告。

（3）2×18 年 10 月 22 日，甲公司向有关监管机构提交并购重组申请材料。

（4）2×18 年 12 月 20 日，该重组事项获监管部门批准。

（5）2×18 年 12 月 31 日，甲公司取得监管部门批文。当日，甲公司对 A 公司董事会进行改组。在 A 公司 7 名董事会成员中，就有 5 名是甲公司派出的。同时，买卖双方于当日办理了产权的交接手续。

A 公司章程规定：公司的生产经营活动由董事会决策，重大生产经营决策需经参加董事会成员半数以上通过后实施；涉及公司合并、分立、解散、清算等的事项需经董事会全体成员一致通过。

（6）2×19 年 1 月 6 日，注册会计师完成对 A 公司的注册资本的验资程序。A 公司于当日向工商部门申请变更股东并获批准。

（7）2×19 年 1 月 28 日，甲公司完成股东登记手续。

【问题】在购买 A 公司股权的交易中，甲公司应在哪一时点确认对 A 公司的长期股权投资？

规范与要求

《企业会计准则第 20 号——企业合并》做了以下规定。

第五条　合并日，是指合并方实际取得对被合并方控制权的日期。

第十条　购买日，是指购买方实际取得对被购买方控制权的日期。

相应的应用指南指出，同时满足下列条件的，通常可认为实现了控制权的转移：

（1）企业合并合同或协议已获股东大会通过；

（2）企业合并事项需要经过国家有关主管部门审批的，已获得批准；

（3）参与合并各方已办理了必要的财产权转移手续；

（4）合并方或购买方已支付了合并价款的大部分（一般应超过 50%），并且有能力、有计划支付剩余款项；

（5）合并方或购买方实际上已经控制了被合并方或被购买方的财务和经营政策，并享有相应的利益、承担相应的风险。

非同一控制下企业合并中的购买日，也应按照上述规定的条件确定。

解析与说明

长期股权投资的确认，是指投资方能够在自身账簿和报表中确认对被投资单位进行股权投资的时点。

购买方（或合并方）应于购买日（或合并日）确认对子公司的长期股权投资。实务中，对于联营企业、合营企业等投资的确认一般会参照对子公司长期股权投资的确认条件进行。

确定甲公司对 A 公司长期股权投资的确认时点，实际上需要根据交易进行过程中的相关情况，判断该项非同一控制下企业合并的购买日。

该项交易中，甲公司并购重组交易取得内、外部机构批准的时点为 2×18 年 12 月 20 日。至 12 月 31 日，甲公司已经通过派出 A 公司董事会成员，对其生产经营决策进行控制。虽然 2×18 年 12 月 31 日，该项交易并未完全完成，但后续在 2×19 年 1 月完成的工商登记及甲公司股东登记程序原则上在前期条件均已具备的情况下，该程序应为程序性的，对交易本身不构成实质性障碍，亦不会因 2×19 年有关程序未完成而发生交易逆转，因此可以认为 2×18 年 12 月 31 日为该项交易的购买日。

本交易中，在确定购买日时，应关注以下两个问题。

一是在对标的资产的评估基准日至股权转移日之间标的资产的净损益归属问题是否影响购买日的确定。在评估基准日，该项交易尚未实质性进行，有关审批程序、资产转移、对被购买企业生产经营决策权的主导等均未实际发生，因此，未形成控制权的转移，不能将评估基准日确定为企业合并的购买日。双方对过渡期间损益归属的协议约定原则上是对购买方企业合并成本的调整，即被购买企业在此期间实现盈利且归属于购买方的，该盈利应被视为对购买方支付的企业合并成本的抵减；被购买企业在此期间发生亏损的，如该亏损应由购买方负担，则应认为是购买方实际付出企业合并成本的增加。

二是对 A 公司控制权的理解问题，即甲公司在何种情况下能够控制 A 公司。本交易中，A 公司的章程规定：公司的生产经营活动由董事会决策，重大生产经营决策需经参加董事会成员半数以上通过后实施；涉及公司合并、分立、解散、清算等的事项需经董事会全体成员一致通过。在甲公司向 A 公司派出 5 名董事会成员且享有 A 公司生产经营产生的损益后，甲公司是否对 A 公司拥有控制权？章程中规定需要由董事会全体成员一致通过的事项是否说明即使甲公司向 A 公司派出 5 名董事，也不能实际控制 A 公司呢？

不是的，涉及合并、分立、解散、清算等的事项均为相对较为特殊事项。这些事项发生时，有关决策需经董事会一致通过，但并不影响投资方对被投资方的日常经营活动的控制能力。

4.2　被合并方净资产为负数时的会计处理

案例与问题

【例 4-2】A 公司和 B 公司均为 P 集团的控股子公司。C 公司为 B 公司设立的全资子公司。2×18 年 5 月 1 日，A 公司以 1 000 万元的对价取得 B 公司持有的 C 公司的 100% 的股权。合并日，C 公司的账面净资产为 -2 000 万元，其中，实收资本 4 000 万元，未弥补亏损 6 000 万元。合并日，C 公司的净资产的评估价值为 1 000 万元。

【问题】A 公司在其个别财务报表中应该如何确认对 C 公司的长期股权投资？

规范与要求

《企业会计准则第 20 号——企业合并》做了以下规定。

第五条　参与合并的企业在合并前后均受同一方或相同的多方最终控制且该控制并非暂时性的，为同一控制下的企业合并。

《企业会计准则第 2 号——长期股权投资》做了以下规定。

第五条　企业合并形成的长期股权投资，应当按照下列规定确定其初始投资成本：

同一控制下的企业合并，合并方以支付现金、转让非现金资产或承担债务方式作为合并对价的，合并方应当在合并日按照被合并方所有者权益在最终控制方合并财务报表中的账面价值的份额作为长期股权投资的初始投资成本。长期股权投资初始投资成本与支付的现金、转让的非现金资产以及所承担债务账面价值之间的差额，应当调整资本公积；资本公积不足冲减的，调整留存收益。

合并方以发行权益性证券作为合并对价的，应当在合并日按照被合并方所有者权益在最终控制方合并财务报表中的账面价值的份额作为长期股权投资的初始投资成本。将发行股份的面值总额作为股本，长期股权投资初始投资成本与所发行股份面值总额之间的差额，应当调整资本公积；资本公积不足冲减的，调整留存收益。

第十二条　投资方确认被投资单位发生的净亏损，应当以长期股权投资的账面价值以及其他实质上构成对被投资单位净投资的长期权益减记至零为限，投资方负有承担额外损失义务的除外。

解析与说明

A公司和C公司在合并前后均受同一控制方P集团的控制，因此该项交易属于同一控制下的企业合并。因此，A公司个别报表的长期股权投资成本应在合并日按照取得的被合并方（即C公司）的所有者权益的账面价值的份额进行计量。

本案例中，C公司的所有者权益的账面价值为负数，那么，是否在A公司的个别报表上确认长期股权投资为负数呢?

当被合并方的账面净资产为负数时，除合并方负有承担额外损失的义务外，合并方个别报表对被合并方的长期股权投资应减记至零为限，通常不应当出现负数。相应地，按照合并方付出的对价与长期股权投资账面价值零之间的差额，调整资本公积；资本公积不足冲减的，调整留存收益。

A公司的会计处理为：

借：长期股权投资　　0
　　资本公积　　0
　　盈余公积　　0
　　利润分配——未分配利润　　1 000
　　贷：银行存款　　1 000

4.3　成本法下，现金股利或利润的会计处理

案例与问题

【例 4–3】2×18 年 6 月 20 日，甲公司以 1 500 万元购入乙公司 80% 的股权。甲公司取得该部分股权后，能够有权力主导乙公司的相关活动并获得可变回报。2×18 年 9 月，乙公司宣告分派现金股利时，甲公司按照其持有比例确定可分回 20 万元。

【问题】甲公司在乙公司宣告发放的现金股利时应如何进行会计处理？

规范与要求

《企业会计准则第 2 号——长期股权投资》做了以下规定。

第七条　投资企业能够对被投资单位实施控制的长期股权投资应当采用成本法核算。

第八条　采用成本法核算的长期股权投资应当按照初始投资成本计价。追加或收回投资应当调整长期股权投资的成本。被投资单位宣告分派的现金股利或利润，应当确认为当期投资收益。

《企业会计准则解释》指出，采用成本法核算的长期股权投资，除取得投资时实际支付的价款或对价中包含的已宣告但尚未发放的现金股利或利润外，投资企业应当按照享有被投资单位宣告发放的现金股利或利润确认投资收益，不再划分是否属于投资前和投资后被投资单位实现的净利润。

企业按照上述规定确认自被投资单位应分得的现金股利或利润后，应当考虑长期股权投资是否发生减值。在判断该类长期股权投资是否存在减值迹象时，应当关注长期股权投资的账面价值是否大于享有被投资单位净资产（包括相关商誉）账面价值的份额等类似情况。出现类似情况时，企业应当按照《企业会计准则第 8 号——资产减值》对长期股权投资进行减值测试，可收回金额低于长期股权投资账面价值的，应当计提减值准备。

解析与说明

甲公司购入乙公司 80% 的股权后，能够且有权力主导乙公司的相关活动并获得可变回报，说明甲公司能够对乙公司实施控制。这时可采用成本法核算该项股权投资。对于乙公司宣告分派的现金股利，甲公司应当按照其持有比例确认为当期投资收益。

甲公司的相关账务处理如下：

借：长期股权投资　　15 000 000

　　贷：银行存款　　15 000 000

借：应收股利　　200 000

　　贷：投资收益　　200 000

4.4　权益法下，投资企业确认投资收益时对被投资单位净损益的调整

案例与问题

【例 4-4】甲公司于 2×18 年 1 月 10 日购入乙公司 30% 的股份，购买价款为 3 300 万元，并自取得投资之日起派人参与乙公司的财务和生产经营决策。取得投资当日，乙公司可辨认净资产的公允价值为 9 000 万元。除表 4-1 所列项目外，乙公司的其他资产、负债的公允价值与账面价值相同。

表 4-1　乙公司净利润调整基础数据表

项目	账面原价（万元）	已提折旧或摊销（万元）	公允价值（万元）	乙公司预计使用年限（万元）	甲公司取得投资后剩余使用年限（年）
存货	750		1 050		
固定资产	1 800	360	2 400	20	16
无形资产	1 050	210	1 200	10	8
合计	3 600	570	4 650		

假定乙公司 2×18 年实现净利润 900 万元，其中，在甲公司取得投资时的账面存货有 80% 对外出售。甲公司与乙公司的会计年度及采用的会计政策相同。固定资产、无形资产均按直线法提取折旧或摊销，预计净残值均为 0。假定甲、乙公司间未发生

任何内部交易。

【问题】甲公司在确定其投资收益时，应如何对乙公司的净利润进行调整？

规范与要求

《企业会计准则第 2 号——长期股权投资》做了以下规定。

第十一条　投资方在确认应享有被投资单位净损益的份额时，应当以取得投资时被投资单位可辨认净资产的公允价值为基础，对被投资单位的净利润进行调整后确认。

《企业会计准则讲解》指出，采用权益法核算的长期股权投资，在确认应享有或应分担被投资单位的净利润或净亏损时，应在被投资单位账面净利润的基础上，考虑以下因素的影响并进行适当调整。

以取得投资时被投资单位固定资产、无形资产的公允价值为基础计提的折旧额或摊销额，以及以投资企业取得投资时有关资产的公允价值为基础计算确定的资产减值准备金额等对被投资单位净利润的影响。

解析与说明

被投资单位的净利润的相关计算建立在以其持有的资产、负债的账面价值的基础之上，而投资企业在取得投资时，是以被投资单位有关资产、负债的公允价值为基础来确定投资成本的，取得投资后应确认的投资收益代表的是被投资单位的资产、负债在公允价值计量的情况下在未来期间通过经营产生的损益中归属于投资企业的部分。取得投资时，有关资产、负债的公允价值与其账面价值不同的，未来期间，在计算归属于投资企业应享有的净利润或应承担的净亏损时，应考虑对被投资单位计提的折旧额、摊销额以及资产减值准备金额等进行调整。

应予关注的是，在对被投资单位的净利润进行调整时，应考虑重要性原则，不具有重要性的项目可不予调整。符合下列条件之一的，投资企业以被投资单位的账面净利润为基础，计算确认投资损益，同时应在附注中说明不能按照上述规定进行核算的原因：

（1）投资企业无法合理确定取得投资时被投资单位各项可辨认资产等的公允价值。

（2）投资时被投资单位可辨认资产的公允价值与其账面价值相比，两者之间的差额不具重要性。该种情况下，因为被投资单位可辨认资产的公允价值与其账面价值差额不大，要求进行调整就会不符合重要性原则及成本效益原则。

（3）其他原因导致无法取得被投资单位的有关资料，不能按照本准则中规定的原则对被投资单位的净损益进行调整。例如，要对被投资单位的净利润进行调整，需要了解被投资单位的会计政策以及对有关资产价值量的判断等信息，若无法获得被投资单位的相关信息，则无法对净利润进行调整。

甲公司在确定其应享有的投资收益时，应在乙公司实现净利润的基础上，根据取得投资时乙公司有关资产的账面价值与其公允价值差额的影响进行调整（假定不考虑所得税影响）：

存货账面价值与公允价值的差额应调整减少的利润 =（1 050−750）×80%=240（万元）

注：出售存货时，乙公司应作如下会计处理：

借：主营业务成本　　（7 500 000×80%）6 000 000

　　贷：存货　　6 000 000

甲公司则按照购买日净资产的公允价值持续计算，即此时存货在甲公司合并财务报表上的账面价值为 1 050 万元。甲公司应在合并财务报表上进行如下会计处理：

借：主营业务成本　　（10 500 000×80%）8 400 000

　　贷：存货　　8 400 000

所以，由于取得投资时乙公司存货的账面价值低于其公允价值，因此，在售出存货时，结转入营业成本的金额低于其按照公允价值计算的金额（成本少计），从而使得利润偏高。因此，甲公司在确认应享有乙公司的投资收益时，在乙公司个别报表账面净利润的基础上，应当对乙公司由于存货账面价值低于公允价值少计成本而导致利润多计的部分进行调整，即调减利润 240（1 050×80%−750×80%）万元。

此处特别需要注意的是，存货的账面价值与公允价值的差额影响成本而非收入。存货售出时的价格影响营业收入。

按照固定资产账面价值与公允价值的差额，调整增加的折旧额 =2 400÷16−1 800÷20=60（万元）

按照无形资产账面价值与公允价值的差额，调整增加的折旧额 =1 200÷8−1 050÷10=45（万元）

调整后的净利润 =900−240−60−45=555（万元）

甲公司应享有份额 =555×30%=166.50（万元）

确认投资收益的账务处理如下：

借：长期股权投资——损益调整　　1 665 000

　　贷：投资收益　　1 665 000

4.5　权益法下超额亏损的确认

案例与问题

【例 4–5】甲企业持有乙企业 40% 的股权，能够对乙企业施加重大影响。2×17 年 12 月 31 日，该项长期股权投资的账面价值为 6 000 万元。乙企业 2×18 年由于一项主营业务市场条件发生变化，当年度亏损 9 000 万元。假定甲企业在取得该投资时，乙企业各项可辨认资产、负债的公允价值与其账面价值相等，双方所采用的会计政策及会计期间也相同，则甲企业当年度应确认的投资损失为 3 600 万元。确认上述投资损失后，长期股权投资的账面价值变为 2 400 万元。

【问题】（1）如果乙企业 2×17 年的亏损额为 18 000 万元，且没有其他实质上构成对乙企业净投资的长期权益项目，则甲企业应确认的投资损失为多少?

（2）如果甲企业账上有应收乙企业的长期应收款 2 400 万元，则甲企业应确认的投资损失为多少?

规范与要求

《企业会计准则第 2 号——长期股权投资》做了以下规定。

第十二条　投资方确认被投资单位发生的净亏损，应当以长期股权投资的账面价值以及其他实质上构成对被投资单位净投资的长期权益减记至零为限，投资方负有承担额外损失义务的除外。

被投资单位以后实现净利润的，投资方在其收益分享额弥补未确认的亏损分担额后，恢复确认收益分享额。

《企业会计准则第 2 号——长期股权投资》解释中对超额亏损的

（1）投资企业确认被投资单位发生的净亏损，应当以长期股权投资的账面价值以及其他实质上构成对被投资单位净投资的长期权益减记至零为限，投资企业负有承担额外损失义务的除外。

（2）其他实质上构成对被投资单位净投资的长期权益，通常是指长期性的应收项目，如企业对被投资单位的长期应收款，该款项的清偿没有明确的计划且在可预见的未来期间难以收回的，实质上构成长期权益。

（3）企业存在其他实质上构成对被投资单位净投资的长期权益项目以及负有承担额外损失义务的情况下，在确认应分担被投资单位发生的亏损时，应当按照以下顺序进行处理：首先，减记长期股权投资的账面价值。其次，长期股权投资的账面价值减记至零时，如果存在实质上构成对被投资单位净投资的长期权益，应以该长期权益的账面价值为限减记长期股权投资的账面价值，同时确认投资损失。长期权益的账面价值不作调整。最后，长期权益的价值减记至零时，如果按照投资合同或协议约定需要企业承担额外义务的，应按预计承担的金额确认为投资损失，同时减记长期股权投资的账面价值。被投资单位以后期间实现盈利的，应按以上相反顺序恢复长期股权投资的账面价值，同时确认投资收益。

解析与说明

在实务操作过程中，企业在发生投资损失时，应借记“投资收益”科目，贷记“长期股权投资——损益调整”科目。在长期股权投资的账面价值减记至零以后，考虑其他实质上构成对被投资单位净投资的长期权益，继续确认的投资损失，应借记“投资收益”科目，贷记“长期应收款”等科目；因投资合同或协议约定导致投资企业需要承担额外义务的，按照《企业会计准则第 13 号——或有事项》的规定，对于符合确认条件的义务，应确认为当期损失，同时确认预计负债，借记“投资收益”科目，贷记“预计负债”科目。除上述情况仍未确认的应分担被投资单位的损失，应在账外备查登记。

在确认了有关的投资损失以后，被投资单位于以后期间实现盈利的，应按以上相反顺序分别减记账外备查登记的金额、已确认的预计负债、恢复其他长期权益及长期股权投资的账面价值，同时确认投资收益，即应当按顺序分别借记“预计负债”“长期应收款”“长期股权投资”等科目，贷记“投资收益”科目。

上述如果乙企业 2×17 年的亏损额为 18 000 万元，则甲企业按其持股比例确认应分担的损失为 7 200 万元，但长期股权投资的账面价值仅为 6 000 万元，如果没有其他实质上构成对被投资单位净投资的长期权益项目，则甲企业应确认的投资损失仅为 6 000 万元，超额损失在账外进行备查登记。在确认了 6 000 万元的投资损失且长期股权投资的账面价值减记至零以后，如果甲企业账上仍有应收乙企业的长期应收款 2 400 万元（该款项从目前情况看，没有明确的清偿计划），则在长期应收款的账面价值大于 1 200 万元的情况下，应以长期应收款的账面价值为限进一步确认投资损失 1 200 万元。甲企业应进行的账务处理为：

借：投资收益　　60 000 000

　　贷：长期股权投资——损益调整　　60 000 000

借：投资收益　　12 000 000

　　贷：长期应收款　　12 000 000

4.6　未实现内部交易的会计处理

案例与问题

【例 4-6】甲公司于 2×18 年 7 月 1 日取得乙公司 20% 的有表决权的股份，能够对乙公司施加重大影响。假定在甲公司取得该项投资时，乙公司的各项可辨认资产、负债的公允价值与其账面价值相同。2×18 年 10 月，内部交易资料如下：

（1）假定一（逆流交易），乙公司将其成本为 600 万元的某商品以 1 000 万元的价格出售给甲公司，而甲公司将取得的商品作为存货。至 2×18 年 12 月 31 日，甲公司已将该存货的 70% 对外出售，其余 30% 形成存货。

（2）假定二（顺流交易），甲公司将其成本为 600 万元的某商品以 1 000 万元的价格出售给乙公司，乙公司将取得的商品作为存货。至 2×18 年 12 月 31 日，乙公司已将该存货的 70% 对外出售，其余 30% 形成存货。

（3）乙公司 2×18 年实现净利润为 3 000 万元（其中上半年亏损 120 万元）。

【问题】甲公司应如何进行账务处理?

规范与要求

《企业会计准则第 2 号——长期股权投资》做了以下规定。

第十三条　投资方计算确认应享有或应分担被投资单位的净损益时，与联营企业、合营企业之间发生的未实现内部交易损益按照应享有的比例计算归属于投资方的部分，应当予以抵销，在此基础上确认投资收益。

投资方与被投资单位发生的未实现内部交易损失，按照《企业会计准则第 8 号——资产减值》等的有关规定属于资产减值损失的，应当全额确认。

解析与说明

未实现内部交易损益的抵销既包括顺流交易，也包括逆流交易。顺流交易是指投资企业向其联营企业或合营企业出售资产的交易。逆流交易是指联营企业或合营企业向投资企业出售资产的交易。当该未实现的内部交易损益体现在投资企业或其联营企业、合营企业持有的资产的账面价值中时，相关的损益在计算确认投资损益时应予抵销。

（1）对于联营企业或合营企业向投资企业出售资产的逆流交易，在该交易存在未实现内部交易损益（即有关资产未对外部独立第三方出售）的情况下，投资企业在采用权益法计算确认应享有联营企业或合营企业的投资损益时，应抵销该未实现内部交易损益的影响。当投资企业自其联营企业或合营企业购买资产时，在将该资产出售给外部独立的第三方之前，投资企业不应确认联营企业或合营企业因该交易产生的损益中本企业应享有的部分。

因逆流交易产生的未实现内部交易损益，在未对外部独立第三方出售之前，体现在投资企业持有资产的账面价值当中。投资企业在对外编制合并财务报表时，应在合并财务报表中对长期股权投资及包含未实现内部交易损益的资产账面价值进行调整，抵销有关资产的账面价值中包含的未实现的内部交易损益，并相应地调整对联营企业或合营企业的长期股权投资。以下计算和会计分录以万元为单位。

甲公司的个别报表：

调整后的净利润 =3 120-（1 000-600）×30%=3 000（万元）

借：长期股权投资——损益调整　　（3 000×20%）600

　　贷：投资收益　　600

甲公司的合并财务报表：

甲公司如果有子公司，需要编制合并财务报表的，在合并财务报表中，因该未实现内部交易损益体现在投资企业持有存货的账面价值当中，应在合并财务报表中进行以下调整：

借：长期股权投资　　（400×30%×20%）24

　　贷：存货　　24

假定在 2×19 年，甲公司将上年剩余的存货全部对外部独立的第三方出售，因该部分内部交易损益已经实现，所以甲公司在确认应享有的乙公司 2×19 年的净损益时，应考虑将原未确认的该部分的内部交易损益计入投资损益。乙公司 2×19 年实现净利润 3 800 万元。

甲公司的个别报表：

借：长期股权投资——损益调整　　[（3 800+400×30%）×20%] 784

　　贷：投资收益　　784

（2）在投资企业向联营企业或合营企业出售资产的顺流交易中，如存在未实现内部交易损益（即有关资产未向外部独立第三方出售）的情况，投资企业在采用权益法计算确认应享有联营企业或合营企业的投资损益时，应抵销该未实现内部交易损益的影响，同时调整对联营企业或合营企业长期股权投资的账面价值。当投资企业向联营企业或合营企业出售资产，同时有关资产由联营企业或合营企业持有时，投资方因出售资产应确认的损益仅限于与联营企业或合营企业其他投资者交易的部分。在顺流交易中，投资方投出资产或出售资产给其联营企业或合营企业产生的损益中，按照持股比例计算确定归属于本企业的部分不予确认。

甲公司的个别报表：

调整后的净利润 =3 120-（1 000-600）×30%=3 000（万元）

借：长期股权投资——损益调整　　（3 000×20%）600

　　贷：投资收益　　600

甲公司的合并财务报表：

甲公司如需编制合并财务报表，则应在合并财务报表中进行以下调整：

借：营业收入　　（1 000×30%×20%）60

　　贷：营业成本　　（600×30%×20%）36

　　　　投资收益　　24

4.7　长期股权投资的处置

案例与问题

【例 4-7】A 企业原持有 B 企业 40% 的股权。2×18 年 12 月 20 日，A 企业决定出售 10% 的 B 企业股权。出售时，A 企业账面上对 B 企业的长期股权投资的构成为：投资成本 1 800 万元，损益调整 480 万元，其他权益变动 300 万元。A 企业出售该项投资后取得价款 705 万元。

【问题】A 企业处置对 B 企业的长期股权投资时应如何进行会计处理?

规范与要求

《企业会计准则第 2 号——长期股权投资》做了以下规定。

第十七条　处置长期股权投资，其账面价值与实际取得价款之间的差额，应当计入当期损益。采用权益法核算的长期股权投资，在处置该项投资时，采用与被投资单位直接处置相关资产或负债相同的基础，按相应比例对原计入其他综合收益的部分进行会计处理。

解析与说明

企业处置长期股权投资时，应相应结转与所售股权相对应的长期股权投资的账面价值，并将出售所得价款与处置长期股权投资账面价值之间的差额确认为处置损益。

投资方全部处置长期股权投资时，原权益法核算的相关其他综合收益应当在终止采用权益法核算时采用与被投资单位直接处置相关资产或负债相同的基础进行会计处理。因被投资方除净损益、其他综合收益和利润分配以外的其他所有者权益变动而确认的所有者权益，应当在终止采用权益法核算时全部转入当期投资收益。投资方部分处置权益法核算的长期股权投资，剩余股权仍采用权益法核算的，原权益法核算的相关其他综合收益应当采用与被投资单位直接处置相关资产或负债相同的基础处理并按比例结转，因被投资方除净损益、其他综合收益和利润分配以外的其他所有者权益变动而确认的所有者权益，应当按比例结转入当期投资收益。

（1）A企业确认处置损益的账务处理为：

借：银行存款　　7 050 000

　贷：长期股权投资　　6 450 000

　　投资收益　　600 000

（2）除应将实际取得价款与出售长期股权投资的账面价值进行结转，确认出售损益以外，还应将原计入资本公积的部分按比例转入当期损益。

借：资本公积——其他资本公积　　750 000

　贷：投资收益　　750 000

第 5 章
企业会计准则第 3 号——投资性房地产

5.1　投资性房地产的确认

案例与问题

【例 5-1】兴华公司是一家房地产开发公司，其于 2×18 年 5 月 10 日建成一栋写字楼。该写字楼一共 10 层，价值 10 000 万元。随后兴华公司和 A 公司签订了经营租赁合同，约定将第一层出租给 A 公司，租期 3 年，A 公司每月支付给兴华公司租金 10 万元。该栋写字楼的其余楼层将作为兴华公司的办公场所使用。

【问题】对于兴华公司来说，该栋新建成的写字楼是否应该作为投资性房地产核算？

规范与要求

《企业会计准则第 3 号——投资性房地产》做了以下规定。

第二条　投资性房地产，是指为赚取租金或资本增值，或两者兼有而持有的房地产。投资性房地产应当能够单独计量和出售。

第三条　本准则规范下列投资性房地产：

（一）已出租的土地使用权。

（二）持有并准备增值后转让的土地使用权。

（三）已出租的建筑物。

《企业会计准则第 3 号——投资性房地产》对此做出的详细说明如下：

（1）已出租的建筑物和已出租的土地使用权，是指以经营租赁（不含融资租赁）方式出租的建筑物和土地使用权，包括自行建造或开发完成后用于出租的房地产。其中，用于出租的建筑物是指企业拥有产权的建筑物；用于出租的土地使用权是指企业通过受让方式取得的土地使用权。已出租的投资性房地产租赁期满，因暂时空置但继续用于出租的，仍作为投资性房地产。

（2）一项房地产，部分用于赚取租金或资本增值，部分用于生产商品、提供劳务或经营管理，用于赚取租金或资本增值的部分能够单独计量和出售的，可以确认为投资性房地产；否则，不能作为投资性房地产。

第四条　下列各项不属于投资性房地产：

（一）自用房地产，即为生产商品、提供劳务或者经营管理而持有的房地产。

（二）作为存货的房地产。

第六条　投资性房地产同时满足下列条件的，才能予以确认：

（一）与该投资性房地产有关的经济利益很可能流入企业。

（二）该投资性房地产的成本能够可靠地计量。

解析与说明

许多企业通过外购、自行建造或接受投资拥有了自身的房屋建筑、土地使用权，并且根据企业经营业务的不同，将这些房屋建筑、土地使用权作为了企业自身的存货、经营场所或者是通过租赁出租给他人。比如，对于房地产企业来说，若是将拥有的房屋建筑用来出售，则相关房屋建筑作为存货核算；若是用来出租给其他机构或个人，则相关房屋建筑作为投资性房地产核算。因此，房屋建筑、土地使用权是否应该确认为投资性房地产是企业需要考虑清楚的问题。

本案例中，兴华公司的该栋写字楼的第一层应该作为投资性房地产核算，其余楼层作为固定资产核算。

兴华公司所建造的该栋写字楼的第一层出租给了A公司用来收取租金，并且该楼层可以单独计量和出售，因此，该栋写字楼的第一层属于《企业会计准则》规定的投资性房地产的范畴。兴华公司与A公司签订的租赁合同规定了出租该栋写字楼的第一层的租金为每月10万元，表明与该栋写字楼第一层相关的经济利益很可能流入企业；该栋写字楼的价值为10 000万元，表明该栋写字楼的第一层的成本能够可靠计量，因此，该栋写字楼的第一层满足了投资性房地产的确认条件，应作为投资性房地产核算。而其余楼层是作为兴华公司的办公场所来使用，属于自用房地产。自用房地产是指为生产商品、提供劳务或者经营管理而持有的房地产，如企业的办公楼和写字楼、企业生产经营用的土地使用权等，因此该栋写字楼的其余楼层应作为固定资产核算。

5.2　投资性房地产的初始计量

案例与问题

【例 5-2】（1）2×18 年 1 月，A 公司计划购入一栋写字楼用于对外出租。同年 2 月 10 日，A 公司与 B 公司签订了经营租赁合同，约定自写字楼购买日起将这栋写字楼出租给 B 公司，为期 3 年。同年 3 月 1 日，A 公司实际购入写字楼，支付价款共计 1 500 万元。

【问题】不考虑其他因素，假设 A 公司采用成本模式进行后续计量，应该如何进行账务处理？采用公允价值模式进行后续计量又该如何处理？

（2）2×18 年 9 月，A 公司从其他单位购入一块土地的使用权，并在这块土地上开始自行建造两栋办公楼。2×19 年 8 月，A 公司预计办公楼即将完工，与 B 公司签订了经营租赁合同，将其中的一栋办公楼租赁给 B 公司使用。租赁合同约定，该办公楼于完工（达到预定可使用状态）时开始起租。2×19 年 10 月 1 日，两栋办公楼同时完工（达到预定可使用状态）。该块土地使用权的成本为 1 000 万元；两栋办公楼的实际造价均为 2 500 万元，能够单独出售。

【问题】假设 A 公司采用成本计量模式，应该如何进行账务处理？采用公允价值模式进行后续计量又该如何处理？

规范与要求

《企业会计准则第 3 号——投资性房地产》做了以下规定。

第七条　投资性房地产应当按照成本进行初始计量。

（一）外购投资性房地产的成本，包括购买价款、相关税费和可直接归属于该资产的其他支出。

（二）自行建造投资性房地产的成本，由建造该项资产达到预定可使用状态前所发生的必要支出构成。

（三）以其他方式取得的投资性房地产的成本，按照相关会计准则的规定确定。

解析与说明

投资性房地产可以通过外购取得、自行建造、其他方式取得。根据取得投资性房地产的途径，并结合所选择的后续计量模式分别采用不同的初始计量方法。

（1）假设 A 公司采用的是成本模式对投资性房地产进行后续计量，则外购的土地使用权和建筑物应按照取得时的实际成本进行初始计量，实际成本包括购买价款、相关税费和可直接归属于该资产的其他支出。在实务中，企业购入的房地产，若部分用于出租（或资本增值）、部分自用，且用于出租（或资本增值）的部分应当予以单独确认，则应按照不同部分的公允价值占公允价值总额的比例将成本在不同部分之间进行分配。因此，A公司外购的写字楼的实际成本为1 500万元，A公司应借记“投资性房地产”科目，贷记“银行存款”等科目，账务处理如下。

借：投资性房地产——写字楼　　15 000 000

　　贷：银行存款　　15 000 000

假设A公司采用的是公允价值模式对投资性房地产进行后续计量，则外购的投资性房地产应当按照取得时的实际成本进行初始计量，其实际成本的确定方法与采用成本模式计量的投资性房地产的实际成本的确定方法一致。因此，A公司外购的写字楼的实际成本为1 500万元，A公司应当在“投资性房地产”科目下设置“成本”和“公允价值变动”两个明细科目，并将外购的土地使用权和建筑物的实际成本计入“投资性房地产——成本”科目，账务处理如下。

借：投资性房地产——成本（写字楼）　　15 000 000

　　贷：银行存款　　15 000 000

（2）假设A公司采用的是成本模式对投资性房地产进行后续计量，则自行建造的投资性房地产的成本由建造该项资产达到预定可使用状态前发生的必要支出构成，包括土地开发费、建筑成本、安装成本、应予以资本化的借款费用、支付的其他费用和分摊的间接费用等。建造过程中发生的非正常性损失，直接计入当期损益，不计入建造成本。在本案例中，A公司将自行建造的两栋办公楼中的一栋作为投资性房地产出租，所以该栋出租的办公楼的初始计量成本为办公楼的实际造价以及对应的土地使用权成本。土地使用权中的对应部分需转换为投资性房地产，这部分价值500（1 000×（2 500÷5 000））万元。因此，A公司应按照确定的成本，借记“投资性房地产”科目，贷记“在建工程”或“开发成本”科目，账务处理如下。

借：投资性房地产——办公楼　　25 000 000

　　贷：在建工程　　25 000 000

借：投资性房地产——土地使用权　　5 000 000

　　贷：无形资产——土地使用权　　5 000 000

假设A公司采用的是公允价值模式对投资性房地产进行后续计量，则应按照确定的成本，借记“投资性房地产——成本”科目，贷记“在建工程”或“开发成本”科目。

5.3　投资性房地产的后续支出

案例与问题

【例 5-3】(1) 2×18 年 6 月，A 公司与 B 公司的一份关于办公楼经营租赁的合同即将到期。该办公楼按照成本模式进行后续计量，原价为 4 000 万元，已计提折旧 1 200 万元。为了提高办公楼的租金收入，A 公司决定在租赁期满后对办公楼进行改扩建，并与 C 公司签订了经营租赁合同，约定自改扩建完工时将办公楼出租给 C 公司。同年 6 月 10 日，A 公司与 B 公司的租赁合同到期时，办公楼随即进入改扩建工程。同年 10 月 30 日，办公楼改扩建工程完工，共发生支出 200 万元，并即日按照租赁合同出租给 C 公司。

【问题】假设 A 公司采用成本计量模式，那么 A 公司在办公楼到期后所支付的改扩建支出应该作为资本化支出还是作为费用化支出？如何进行财务处理？

(2) 2×18 年 6 月 1 日，A 公司在与 B 公司签订的一份关于办公楼经营租赁的合同即将到期时，打算合同到期后对该办公楼进行改扩建，以提高办公楼的使用效能，并与 C 公司签订了经营租赁合同，约定自改扩建完工时将办公楼出租给 C 公司。2×18 年 6 月 10 日，A 公司与 B 公司的租赁合同到期时，办公楼随即进入改扩建工程。2×18 年 10 月 30 日，办公楼改扩建工程完工，共发生支出 200 万元，即日起按照租赁合同出租给 C 公司。2×18 年 6 月 10 日，办公楼的账面余额为 2 400 万元，其中，成本 2 000 万元，累计公允价值变动 400 万元。

【问题】假设 A 公司采用公允价值计量模式，那么 A 公司在与 B 公司的办公楼租赁合同到期后所支付的改扩建支出应该作为资本化支出还是作为费用化支出？如何进行财务处理？

(3) A 公司是一家房地产开发企业，于 2×17 年 5 月新建完工一栋高端办公楼，并与 B 公司签订了经营租赁合同，约定将该栋办公楼自完工之日起出租给 B 公司，租期 3 年。2×18 年 9 月，A 公司对该出租办公楼进行日常维修，总共发生维修支出 30 000 元，用银行存款支付。

【问题】A 公司对办公楼进行日常维修所发生的支出应该作为资本化支出还是作为费用化支出？如何进行财务处理？

规范与要求

《企业会计准则第 3 号——投资性房地产》做了以下规定。

第六条　投资性房地产同时满足下列条件的，才能予以确认：

（一）与该投资性房地产有关的经济利益很可能流入企业；

（二）该投资性房地产的成本能够可靠地计量。

第八条　与投资性房地产有关的后续支出，满足本准则第六条规定的确认条件的，应当计入投资性房地产成本；不满足本准则第六条规定的确认条件的，应当在发生时计入当期损益。

解析与说明

在对投资性房地产进行确认以及初始计量之后，在其后续存续期间，企业对其日常维护或者改扩建支出的成本称为后续支出。投资性房地产的后续支出，分为资本化支出和费用化支出，其中，资本化支出即计入投资性房地产成本的支出，费用化支出即计入当期损益的支出。企业必须对与投资性房地产相关的资本化支出和费用化支出进行区分。

（1）企业为了提高投资性房地产的使用效能，对其进行改建、扩建或者通过装修而改善其室内装潢，改扩建或装修支出满足确认条件的，应当将其资本化。企业对某项投资性房地产进行改扩建等再开发且将来仍作为投资性房地产的，在再开发期间应继续将其作为投资性房地产核算，不计提折旧或摊销。本案例中，A公司对办公楼的改扩建支出是为了提高该办公楼的租金收入，满足《企业会计准则第3号——投资性房地产》第六条规定的投资性房地产的确认条件，因此属于资本化的后续支出，应当计入投资性房地产的成本。在成本计量模式下，应先将投资性房地产转入改扩建工程，按照其账面价值借记“投资性房地产——在建”，按照其计提的累计折旧借记“投资性房地产累计折旧”，贷记“投资性房地产”；改扩建期间发生的支出借记“投资性房地产——在建”，贷记“银行存款”等；最后改扩建工程完工之后将“投资性房地产——在建”全部转入“投资性房地产”。因此，A公司的账务处理如下。

①2×18年6月10日，投资性房地产转入改扩建工程。

借：投资性房地产——在建（办公楼）	28 000 000	
投资性房地产累计折旧	12 000 000	
贷：投资性房地产——办公楼		40 000 000

②2×18年6月10日至10月30日，建设期间发生的支出计入“投资性房地产——在建（办公楼）”。

借：投资性房地产——在建（办公楼）	2 000 000	
贷：银行存款		2 000 000

③2×18 年 10 月 30 日，改扩建工程完工。

借：投资性房地产——办公楼　　30 000 000

　　贷：投资性房地产——在建（办公楼）　　30 000 000

（2）本案例中，A 公司对办公楼的改扩建支出出于提高投资性房地产的使用效能的目的，满足《企业会计准则第 3 号——投资性房地产》第六条规定的投资性房地产的确认条件，因此属于资本化的后续支出，应当将其计入投资性房地产的成本。在公允价值计量模式下，应先将投资性房地产转入改扩建工程，按照其账面价值借记“投资性房地产——在建”，贷记“投资性房地产——成本”“投资性房地产——公允价值变动”；改扩建期间发生的支出借记“投资性房地产——在建”，贷记“银行存款”等；最后改扩建工程完工之后将“投资性房地产——在建”全部转入“投资性房地产——成本”。因此，A 公司的账务处理如下。

①2×18 年 6 月 10 日，投资性房地产转入改扩建工程。

借：投资性房地产——办公楼（在建）　　24 000 000

　　贷：投资性房地产——成本　　20 000 000

　　　　　　　　　——公允价值变动　　4 000 000

②2×18 年 6 月 10 日至 10 月 30 日，建设期间发生的支出计入“投资性房地产——在建（办公楼）”。

借：投资性房地产——办公楼（在建）　　2 000 000

　　贷：银行存款　　2 000 000

③2×18 年 10 月 30 日，改扩建工程完工。

借：投资性房地产——成本　　26 000 000

　　贷：投资性房地产——办公楼（在建）　　26 000 000

（3）企业对投资性房地产进行日常维护维修等发生的后续支出，由于不满足投资性房地产的确认条件，因此应当在发生时计入当期损益，借记“其他业务成本”等科目，贷记“银行存款”等科目。本案例中，A 公司对出租的高端办公楼进行日常维修所发生的后续支出，由于不满足《企业会计准则第 3 号——投资性房地产》第六条规定的投资性房地产的确认条件，因此属于费用化的后续支出，应当计入当期损益。A 公司的账务处理如下。

借：其他业务成本　　30 000

　　贷：银行存款　　30 000

5.4 投资性房地产的后续计量

案例与问题

【例 5-4】（1）A 公司于 2×18 年 1 月将拥有的一栋厂房出租给 B 公司使用。该栋厂房已确认为投资性房地产。对于该栋厂房来说，其所在地并没有活跃的房地产交易市场，也不能够从房地产交易市场上取得同类或类似房地产的市场价格及其他相关信息。根据 A 公司的会计账面记录，这栋厂房的成本为 3 600 万元，按照直线法计提折旧，使用寿命为 30 年，预计净残值为零。按照经营租赁合同的约定，B 公司每月支付 A 公司租金 12 万元，租期 5 年。当年 10 月，这栋厂房发生减值迹象，经减值测试，其可收回的金额为 1 800 万元。此时厂房的账面价值为 2 000 万元，以前未计提减值准备。

【问题】A 公司对该栋出租的厂房应当采用成本模式进行后续计量还是采用公允价值模式进行后续计量？如何进行会计账务处理？

（2）A 公司为一家从事房地产经营开发的企业。2×18 年 3 月，A 公司与 B 公司签订租赁协议，约定将 A 公司开发的一栋精装修的写字楼自开发完成时开始租赁给 B 公司使用，租赁期为 10 年，每年租金 200 万元。当年 8 月 1 日，该写字楼开发完成并开始出租给 B 公司。该写字楼的造价为 8 000 万元。2×18 年 12 月 31 日，该写字楼在所在的活跃的房地产交易市场上的价格为 8 700 万元。

【问题】A 公司对该栋出租的写字楼应当采用成本模式进行后续计量还是采用公允价值模式进行后续计量？如何进行会计账务处理？

（3）2×17 年，A 公司将一栋办公楼对外出租，采用成本模式进行后续计量。2×19 年 2 月 1 日，假设 A 公司持有的投资性房地产满足采用公允价值模式条件，A 公司决定采用公允价值模式计量对该办公楼进行后续计量。2×19 年 2 月 1 日，该办公楼的原价为 8 000 万元，已计提折旧 300 万元，账面价值为 7 700 万元，公允价值为 8 600 万元。A 公司按净利润的 10% 计提盈余公积。假定除上述对外出租的办公楼外，A 公司无其他的投资性房地产。

【问题】A 公司将该栋出租的办公楼的后续计量由成本模式变更为公允价值模式时，应当如何进行会计账务处理？

规范与要求

《企业会计准则第 3 号——投资性房地产》做了以下规定。

第九条　企业应当在资产负债表日采用成本模式对投资性房地产进行后续

计量，但本准则第十条规定的除外。

采用成本模式计量的建筑物的后续计量，适用《企业会计准则第4号——固定资产》。

采用成本模式计量的土地使用权的后续计量，适用《企业会计准则第6号——无形资产》。

第十条　有确凿证据表明投资性房地产的公允价值能够持续可靠取得的，可以对投资性房地产采用公允价值模式进行后续计量。采用公允价值模式计量的，应当同时满足下列条件：

（一）投资性房地产所在地有活跃的房地产交易市场；

（二）企业能够从房地产交易市场上取得同类或类似房地产的市场价格及其他相关信息，从而对投资性房地产的公允价值做出合理的估计。

第十一条　采用公允价值模式计量的，不对投资性房地产计提折旧或进行摊销，应当以资产负债表日投资性房地产的公允价值为基础调整其账面价值，公允价值与原账面价值之间的差额计入当期损益。

《企业会计准则第3号——投资性房地产》解释规定：根据本准则第十条规定，采用公允价值模式计量的投资性房地产，应当同时满足以下条件：

1. 投资性房地产所在地有活跃的房地产交易市场，意味着投资性房地产可以在房地产交易市场中直接交易。

所在地，通常是指投资性房地产所在的城市。对于大中城市，应当具体化为投资性房地产所在的城区。活跃市场，是指同时具有下列特征的市场：①市场内交易对象具有同质性；②可随时找到自愿交易的买方和卖方；③市场价格信息是公开的。

2. 企业能够从房地产交易市场上取得同类或类似房地产的市场价格及其他相关信息，从而对投资性房地产的公允价值做出科学合理的估计。

同类或类似的房地产，对建筑物而言，是指所处地理位置和地理环境相同、性质相同、结构类型相同或相近、新旧程度相同或相近、可使用状况相同或相近的建筑物；对于土地使用权而言，是指同一城区、同一位置区域、所处地理环境相同或相近、可使用状况相同或相近的土地。

第十二条　企业对投资性房地产的计量模式一经确定，不得随意变更。成本模式转为公允价值模式的，应当作为会计政策变更，按照《企业会计准则第28号——会计政策、会计估计变更和差错更正》处理。已采用公允价值模式计量的投资性房地产，不得从公允价值模式转为成本模式。

解析与说明

按照规定，投资性房地产的后续计量模式分为成本计量模式和公允价值计量模式，企业在不同的条件下采用不同的后续计量模式，并且根据自身情况的变化进行后续计量模式的变更。

（1）根据规定，除非企业有确凿证据表明投资性房地产的公允价值能够持续可靠取得的，否则应当对投资性房地产采用成本模式计量进行后续计量。在本案例中，A公司出租的厂房所在地并没有活跃的房地产交易市场，也不能够从房地产交易市场上取得同类或类似房地产的市场价格及其他相关信息，因此并不满足《企业会计准则第3号——投资性房地产》第十条的规定，即该栋出租厂房的公允价值不能够持续可靠取得，因此不能采用公允价值模式对其进行后续计量，而应该采用成本模式计量。在成本模式下，A公司应当按照《企业会计准则第4号——固定资产》的规定对已出租的厂房进行计量，并计提相应的折旧；同时，当年10月，这栋厂房发生减值迹象，其可收回的金额小于此时厂房的账面价值，因此应计提相应的减值准备。A公司的账务处理如下。

①计提折旧。

每月计提的折旧 =3 600÷30÷12=10（万元）

借：其他业务成本　　100 000

　　贷：投资性房地产累计折旧　　100 000

②确认租金。

借：银行存款（或其他应收款）　　120 000

　　贷：其他业务收入　　120 000

③计提减值准备。

借：资产减值损失　　2 000 000

　　贷：投资性房地产减值准备　　2 000 000

（2）在投资性房地产的公允价值能够持续可靠取得的情况下，企业可以采用公允价值模式对投资性房地产进行后续计量。在确定投资性房地产的公允价值时，应当参照活跃市场上同类或类似房地产的现行市场价格（市场公开报价）；无法取得同类或类似房地产现行市场价格的，应当参照活跃市场上同类或类似房地产的最近交易价格，并考虑交易情况、交易日期、所在区域等因素，从而对投资性房地产的公允价值做出合理的估计；也可以基于预计未来获得的租金收益和相关现金流量的现值计量。

在本案例中，A 公司出租的写字楼于 2×18 年 12 月 31 日在所在的活跃的房地产交易市场上的价格为 8 700 万元，表明该写字楼所在地有活跃的房地产交易市场，并且 A 公司能够从房地产交易市场上取得该写字楼的市场价格及其他相关信息，因此该写字楼的公允价值能够持续可靠取得，满足采用公允价值模式对投资性房地产进行后续计量的条件，所以 A 公司应当对该出租的写字楼采用公允价值模式进行后续计量。在资产负债表日，投资性房地产的公允价值高于其账面余额的差额，借记“投资性房地产——公允价值变动”科目，贷记“公允价值变动损益”科目；公允价值低于其账面余额的差额做相反的会计分录，因此 A 公司的账务处理如下。

①2×18 年 8 月 1 日，A 公司的写字楼开发完成并出租。

借：投资性房地产——成本　　80 000 000

　　贷：开发成本　　80 000 000

②2×18 年 12 月 31 日，以公允价值为基础调整其账面价值，而公允价值与原账面价值之间的差额计入当期损益。

借：投资性房地产——公允价值变动　　7 000 000

　　贷：公允价值变动损益　　7 000 000

（3）按照规定，只有在房地产市场比较成熟、能够满足采用公允价值模式条件的情况下，才允许企业对投资性房地产从成本模式计量变更为公允价值模式计量。在本案例中，A 公司出租的办公楼满足采用公允价值模式进行后续计量的条件，因此该办公楼后续计量模式的变更应当作为会计政策变更处理，并按计量模式变更时公允价值与账面价值的差额调整期初留存收益。A 公司的账务处理如下。

借：投资性房地产——成本　　86 000 000

　　投资性房地产累计折旧　　3 000 000

　　贷：投资性房地产　　80 000 000

　　　　利润分配——未分配利润　　8 100 000

　　　　盈余公积　　900 000

5.5　投资性房地产的转换

案例与问题

【例 5-5】（1）A 公司是一家从事房地产开发的企业。2×18 年 6 月 1 日，A 公司将原本出租给 B 公司的一栋高端精装修写字楼收回，开始将其作为本公司日常经营办公场所使用。该栋写字楼账面价值为 4 200 万元，其中，原价 6 000 万元，累计已提折旧 1 800 万元。假设 A 公司对该项房地产采用成本计量模式。

【问题】对 A 公司来说，该项房地产的转换日应当确定为哪一天？应当如何进行账务处理？若是 A 公司将收回的写字楼作为存货而不是办公场所，那又如何进行账务处理？

（2）A 公司是一家房地产开发企业，拥有一栋写字楼，用于本企业总部办公。2×18 年 3 月 10 日，A 公司与 B 公司签订了经营租赁协议，将该栋写字楼整体出租给 B 公司使用，租赁期开始日为 2×18 年 4 月 15 日，为期 5 年。2×18 年 4 月 15 日，该栋写字楼的账面余额为 56 000 万元，已计提折旧 700 万元。A 公司对出租后的写字楼采用成本计量模式进行后续计量。

【问题】A 公司应当如何进行账务处理？假设 A 公司出租的写字楼原本是用于出售的，不计提折旧也未计提减值准备，那应该如何进行账务处理？

（3）2×18 年 10 月 15 日，A 公司因租赁期满，将出租的写字楼收回，开始作为办公楼用于本企业的日常经营管理。2×18 年 10 月 15 日，该写字楼的公允价值为 5 500 万元。该项房地产在转换前采用公允价值模式计量，原账面价值为 5 200 万元，其中，成本为 4 500 万元，公允价值变动为增值 700 万元。

【问题】A 公司应如何进行账务处理？

（4）2×18 年 6 月，A 公司打算搬迁至新建厂房，因此对于原厂房，A 公司准备将其出租，以赚取租金收入。2×18 年 10 月 30 日，A 公司完成了搬迁工作，原厂房停止自用，并与 B 公司签订了租赁协议，将其原厂房租赁给 B 公司使用，租赁期开始日为 2×18 年 10 月 30 日，租赁期限为 3 年。2×18 年 10 月 30 日，该厂房原价为 7 亿元，已提折旧 26 530 万元，公允价值为 42 000 万元。假设 A 公司对投资性房地产采用公允价值模式计量。

【问题】A 公司应如何进行账务处理？

（5）A 公司为一家房地产开发公司，2×18 年 3 月 10 日，其与 B 公司签订了租赁协议，将其开发的一栋办公楼出租给 B 公司。租赁期开始日为 2×18 年 4 月 15 日。2×18 年 4 月 15 日，该办公楼的账面余额为 52 000 万元，公允价值为 58 000 万元。2×18 年 12 月 31 日，该项投资性房地产的公允价值为 60 000 万元。假设 A 公司对投资性房地产采用公允价值模式计量。

【问题】A 公司应如何进行账务处理？

规范与要求

《企业会计准则第 3 号——投资性房地产》做了以下规定。

第十三条　企业有确凿证据表明房地产用途发生改变，满足下列条件之一的，应当将投资性房地产转换为其他资产或者将其他资产转换为投资性房地产：

（一）投资性房地产开始自用。

（二）作为存货的房地产，改为出租。

（三）自用土地使用权停止自用，用于赚取租金或资本增值。

（四）自用建筑物停止自用，改为出租。

《企业会计准则第 3 号——投资性房地产》解释规定：

1. 投资性房地产开始自用，转换日是指房地产达到自用状态，企业开始将房地产用于生产商品、提供劳务或者经营管理的日期。

2. 作为存货的房地产改为出租，或者自用建筑物或土地使用权停止自用改为出租，转换日应当为租赁期开始日。租赁期开始日是指承租人有权行使其使用租赁资产权利的日期。

3. 自用土地使用权停止自用，改为用于资本增值，转换日是指停止将该项土地使用权用于生产商品、提供劳务或经营管理，且该土地使用权能够单独计量和转让的日期。

第十四条　在成本模式下，应当将房地产转换前的账面价值作为转换后的入账价值。

第十五条　采用公允价值模式计量的投资性房地产转换为自用房地产时，应当以其转换当日的公允价值作为自用房地产的账面价值，公允价值与原账面价值的差额计入当期损益。

第十六条　自用房地产或存货转换为采用公允价值模式计量的投资性房地产时，投资性房地产按照转换当日的公允价值计价，转换当日的公允价值小于原账面价值的，其差额计入当期损益；转换当日的公允价值大于原账面价值的，其差额计入所有者权益。

解析与说明

企业拥有的房屋建筑、土地使用权，随着自身经营状况的需要可能在用途上发生改变，如原本作为企业日常办公经营场所的写字楼停止自用，改为出租给他人赚取租金。这时写字楼就由固定资产转变成了投资性房地产。因此，随着企业房屋建筑、土地使用权用途的变更，相应的会计处理也要随着改变。这里所说的房地产转换是针对房地产用途发生改变而言的，而不是后续计量模式的转变。企业必须有确凿证据表明房地产用途发生改变时，才能将投资性房地产转换为非投资性房地产，或者将非投资性房地产转换为投资性房地产，例如自用的办公楼改为出租等。这里的确凿证据包括两个方面，一是企业董事会或类似机构应当就改变房地产用途形成正式的书面决议；二是房地产因用途改变而发生实际状态上的改变，如从自用状态改为出租状态等。

（1）按照规定，企业将采用成本模式进行后续计量的投资性房地产转换为自用房地产时，应当按该投资性房地产在转换日的账面余额、累计折旧或摊销、减值准备等，分别转入“固定资产”“累计折旧”“固定资产减值准备”等科目；按投资性房地产的账面余额，借记“固定资产”或“无形资产”科目，贷记“投资性房地产”科目；按已计提的折旧或摊销，借记“投资性房地产累计折旧（摊销）”科目，贷记“累计折旧”或“累计摊销”科目；原已计提减值准备的，借记“投资性房地产减值准备”科目，贷记“固定资产减值准备”或“无形资产减值准备”科目。在本案例中，A公司将成本计量模式下的出租写字楼转换为自用办公场所，

转换日应该是A公司开始将原本出租的写字楼用于日常办公经营的场所的日期，即2×18年6月1日。A公司的账务处理如下。

借：固定资产　60 000 000

　　投资性房地产累计折旧　18 000 000

　　贷：投资性房地产　60 000 000

　　　　累计折旧　18 000 000

若是A公司将收回的写字楼作为存货，则在将采用成本模式进行后续计量的写字楼转换为存货时，按照该写字楼在转换日的账面价值借记“开发产品”科目；按照已计提的折旧或摊销借记“投资性房地产累计折旧（摊销）”科目；按其账面余额贷记“投资性房地产”科目。因此，A公司的账务处理如下。

借：开发产品　42 000 000

　　投资性房地产累计折旧　18 000 000

　　贷：投资性房地产　60 000 000

（2）企业将自用土地使用权或建筑物转换为以成本模式计量的投资性房地产时，应当按该项建筑物或土地使用权在转换日的原价、累计折旧、减值准备等，分别转入“投资性房地产”“投资性房地产累计折旧（摊销）”“投资性房地产减值准备”科目；按其账面余额，借记“投资性房地产”科目，贷记“固定资产”或“无形资产”科目；按已计提的折旧或摊销，借记“累计摊销”或“累计折旧”科目，贷记“投资性房地

产累计折旧（摊销）”科目；原已计提减值准备的，借记“固定资产减值准备”或“无形资产减值准备”科目，贷记“投资性房地产减值准备”科目。在本案例中，A 公司将原本用于自身办公的写字楼出租给 B 公司，并用成本模式进行后续计量，相关账务处理如下。

借：投资性房地产——写字楼　　560 000 000
　　累计折旧　　7 000 000
　　贷：固定资产　　560 000 000
　　　　投资性房地产累计折旧　　7 000 000

假设 A 公司出租的写字楼原本是用于出售的，那么企业在将作为存货的房地产转换为采用成本模式计量的投资性房地产时，应当按该项存货在转换日的账面价值，借记“投资性房地产”科目；原已计提跌价准备的，借记“存货跌价准备”科目；按其账面余额，贷记“开发产品”等科目。因此，A 公司的账务处理如下。

借：投资性房地产——办公楼　　560 000 000
　　贷：开发产品　　560 000 000

（3）企业将采用公允价值模式计量的投资性房地产转换为自用房地产时，在转换日，按该项投资性房地产的公允价值，借记“固定资产”或“无形资产”科目；按该项投资性房地产的成本，贷记“投资性房地产——成本”科目；按该项投资性房地产的累计公允价值变动，贷记或借记“投资性房地产——公允价值变动”科目；按借贷方差额，贷记或借记“公允价值变动损益”科目。在本案例中，A 公司将出租的用公允价值模式计量的写字楼收回，作为用于本企业日常经营管理的办公楼，相关账务处理如下。

借：固定资产　　55 000 000
　　贷：投资性房地产——成本　　45 000 000
　　　　　　　　　　——公允价值变动　　7 000 000
　　　　公允价值变动损益　　3 000 000

（4）企业将自用房地产转换为采用公允价值模式计量的投资性房地产时，应当按该项土地使用权或建筑物在转换日的公允价值，借记“投资性房地产——成本”科目；按已计提的累计摊销或累计折旧，借记“累计摊销”或“累计折旧”科目；原已计提减值准备的，借记“无形资产减值准备”“固定资产减值准备”科目；按其账面余额，贷记“固定资产”或“无形资产”科目。同时，转换日的公允价值小于账面价值的，按其差额，借记“公允价值变动损益”科目；转换日的公允价值大于账面价值的，按其差额，贷记“其他综合收益”科目。当该项投资性房地产处置时，因转换计入资本公积的部分应转入当期损益。在本案例中，A公司将原来自用的厂房出租给B公司，并对该投资性房地产采用公允价值模式进行后续计量。在转换日，该厂房的公允价值为42 000万元，小于其账面价值43 470（70 000–26 530）万元，其差额计入“公允价值变动损益”科目。因此，A公司的账务处理如下。

借：投资性房地产——成本　　420 000 000
　　公允价值变动损益　　14 700 000
　　累计折旧　　265 300 000
　　贷：固定资产　　700 000 000

（5）企业将作为存货的房地产转换为采用公允价值模式计量的投资性房地产时，应当按该项房地产在转换日的公允价值入账，借记“投资性房地产——成本”科目；原已计提跌价准备的，借记“存货跌价准备”科目；按其账面余额，贷记“开发产品”等科目。同时，转换日的公允价值小于账面价值的，按其差额，借记“公允价值变动损益”科目；转换日的公允价值大于账面价值的，按其差额，贷记“其他综合收益”科目。当该项投资性房地产处置时，因转换计入资本公积的部分应转入当期损益。在本案例中，A公司将其开发的一栋办公楼出租给B公司，该办公楼的公允价值为58 000万元，大于其账面余额52 000万元，其差额计入“其他综合收益”。因此，A公司的账务处理如下。

①2×18年4月15日。

借：投资性房地产——成本　　580 000 000
　　贷：开发产品　　520 000 000
　　　　其他综合收益　　60 000 000

②2×18年12月31日。

借：投资性房地产——公允价值变动　　20 000 000
　　贷：公允价值变动损益　　20 000 000

5.6 投资性房地产的处置

案例与问题

【例5–6】（1）A公司将其出租的一栋办公楼确认为投资性房地产，采用成本模式计量。租赁期届满后，A公司将该栋办公楼出售给B公司，合同价款为50 000万元，

B 公司已用银行存款付清。出售时，该栋办公楼的成本为 32 000 万元，已计提折旧 5 000 万元。假设不考虑相关税费。

【问题】A 公司该如何进行账务处理?

（2）A 公司为一家房地产开发企业，2×18 年 5 月 20 日，A 公司与 B 公司签订了租赁协议，将其开发的一栋办公楼出租给 B 公司使用，租赁期开始日为 2×18 年 6 月 15 日。2×18 年 6 月 15 日，该办公楼的账面余额为 60 000 万元，公允价值为 72 000 万元。2×18 年 12 月 31 日，该项投资性房地产的公允价值为 78 000 万元。2×19 年 6 月租赁期届满，企业收回该项投资性房地产，并以 86 000 万元出售。出售款项已收讫。A 公司采用公允价值模式计量，不考虑相关税费。

【问题】A 公司该如何进行账务处理?

规范与要求

《企业会计准则第 3 号——投资性房地产》解释规定：

第十七条　当投资性房地产被处置，或者永久退出使用且预计不能从其处置中取得经济利益时，应当终止确认该项投资性房地产。

第十八条　企业出售、转让、报废投资性房地产或者发生投资性房地产毁损，应当将处置收入扣除其账面价值和相关税费后的金额计入当期损益。

解析与说明

企业拥有的投资性房地产在经过一段时间的使用后，出于各种原因，企业可能会选择将其出售或转让给他人，又或者是发生了投资性房地产的毁损或报废。这时便需要考虑将企业拥有的投资性房地产进行处置。处置不同的后续计量模式下的投资性房地产所采用的会计处理方式有所不同。

（1）处置采用成本模式进行后续计量的投资性房地产时，应当按实际收到的金额，借记“银行存款”等科目，贷记“其他业务收入”科目；按该项投资性房地产的账面价值，借记“其他业务成本”科目；按其账面余额，贷记“投资性房地产”科目；按照已计提的折旧或摊销，借记“投资性房地产累计折旧（摊销）”科目；原已计提减值准备的，借记“投资性房地产减值准备”科目。在本案例中，A 公司出租的办公楼采用的是成本模式进行后续计量，因此，在将该栋办公楼出售时，A 公司的账务处理如下。

	借方	贷方
借：银行存款	500 000 000	
贷：其他业务收入		500 000 000

借：其他业务成本 270 000 000

投资性房地产累计折旧 50 000 000

贷：投资性房地产——办公楼 320 000 000

（2）处置采用公允价值模式计量的投资性房地产时，应当按实际收到的金额，借记“银行存款”等科目，贷记“其他业务收入”科目；按该项投资性房地产的账面余额，借记“其他业务成本”科目，按其成本，贷记“投资性房地产——成本”科目；按其累计公允价值变动，贷记或借记“投资性房地产——公允价值变动”科目。同时结转投资性房地产累计公允价值变动。若存在原转换日计入其他综合收益的金额，也一并结转。在本案例中，A公司出租的办公楼采用的是公允价值模式进行后续计量，因此，在将该栋办公楼出售时，A公司的账务处理如下。

①2×18年6月15日，存货转换为投资性房地产。

借：投资性房地产——成本 720 000 000

贷：开发产品 600 000 000

其他综合收益 120 000 000

②2×18年12月31日，公允价值变动。

借：投资性房地产——公允价值变动 60 000 000

贷：公允价值变动损益 60 000 000

③2×19年6月，出售投资性房地产。

借：银行存款 860 000 000

公允价值变动损益 60 000 000

其他综合收益 120 000 000

其他业务成本 600 000 000

贷：投资性房地产——成本 720 000 000

——公允价值变动 60 000 000

其他业务收入 860 000 000

第 6 章
企业会计准则第 4 号——固定资产

6.1　用分期付款方式外购固定资产时的会计处理

案例与问题

【例 6–1】2×18 年 1 月 1 日，甲公司与乙公司签订一项购货合同，即甲公司从乙公司购入一台需要安装的特大型设备。合同约定，甲公司采用分期付款方式支付价款。该设备的价款共计 900 万元（不考虑增值税），在 2×18 年至 2×22 年的 5 年内每半年支付 90 万元，每年的付款日期分别为当年 6 月 30 日和 12 月 31 日。

2×18 年 1 月 1 日，设备如期运抵甲公司并开始安装。2×18 年 12 月 31 日，为使设备达到预定可使用状态，发生安装费 398 530.60 元，已用银行存款付讫。

假定甲公司适用的 6 个月折现率为 10%。

【问题】甲公司该如何进行会计处理？

规范与要求

《企业会计准则第 4 号——固定资产》做了以下规定。

第三条　固定资产，是指同时具有下列特征的有形资产：

（一）为生产商品、提供劳务、出租或经营管理而持有的；

（二）使用寿命超过一个会计年度。

使用寿命，是指企业使用固定资产的预计期间，或者该固定资产所能生产产品或提供劳务的数量。

第四条　固定资产同时满足下列条件的，才能予以确认：

（一）与该固定资产有关的经济利益很可能流入企业；

（二）该固定资产的成本能够可靠地计量。

第七条　固定资产应当按照成本进行初始计量。

第八条　外购固定资产的成本，包括购买价款、相关税费、使固定资产达到预定可使用状态前所发生的可归属于该项资产的运输费、装卸费、安装费和专业人员服务费等。

以一笔款项购入多项没有单独标价的固定资产，应当按照各项固定资产公允价值比例对总成本进行分配，分别确定各项固定资产的成本。

购买固定资产的价款超过正常信用条件延期支付，实质上具有融资性质的，固定资产的成本以购买价款的现值为基础确定。实际支付的价款与购买价款的现值之间的差额，除按照《企业会计准则第 17 号——借款费用》应予资本化的以外，应当在信用期间内计入当期损益。

解析与说明

符合固定资产特征和确认条件的有形资产，应当确认为固定资产；不符合的确认为存货。其次需要确定固定资产是外购还是自行建造。外购固定资产的价款超过正常信用条件延期支付，实质上具有融资性质的，固定资产的成本以购买价款的现值为基础确定。相关会计处理如下。

（1）计算购买价款的现值。

900 000×（P/A,10%,10）=900 000×6.1446=5 530 140（元）

2×18 年 1 月 1 日，甲公司的账务处理如下：

借：在建工程——×× 设备　　5 530 140

　　未确认融资费用　　3 469 860

　　贷：长期应付款——乙公司　　9 000 000

（2）确定信用期间未确认融资费用的分摊额，如表 6-1 所示。

表 6-1　未确认融资费用分摊表

2×18 年 1 月 1 日　　单位：元

日期	分期付款额	确认的融资费用	应付本金减少额	应付本金余额
①	②	③ = 期初⑤ ×10%	④ = ② - ③	期末⑤ = 期初⑤ - ④
2×18.01.01				5 530 140.00
2×18.06.30	900 000	553 014.00	346 986.00	5 183 154.00
2×18.12.31	900 000	518 315.40	381 684.60	4 801 469.40
2×19.06.30	900 000	480 146.94	419 853.06	4 381 616.34
2×19.12.31	900 000	438 161.63	461 838.37	3 919 777.97

续表

日期	分期付款额	确认的融资费用	应付本金减少额	应付本金余额
①	②	③ = 期初⑤ ×10%	④ = ② − ③	期末⑤ = 期初⑤ − ④
2×20.06.30	900 000	391 977.80	508 022.20	3 411 755.77
2×20.12.31	900 000	341 175.58	558 824.42	2 852 931.35
2×21.06.30	900 000	285 293.14	614 706.86	2 238 224.47
2×21.12.31	900 000	223 822.45	676 177.55	1 562 046.92
2×22.06.30	900 000	156 204.69	743 795.31	818 251.61*
2×22.12.31	900 000	81 748.39*	818 251.61	0
合计	9 000 000	3 469 860	5 530 140	0

* 尾数调整：81 748.39=900 000−818 251.61，818 251.61 为最后一期应付本金余额。

（3）2×18 年 1 月 1 日至 2×18 年 12 月 31 日为设备的安装期间，未确认融资费用的分摊额符合资本化条件，计入固定资产成本。

2×18 年 6 月 30 日，甲公司的账务处理如下：

借：在建工程——×× 设备　　553 014

　　贷：未确认融资费用　　553 014

借：长期应付款——乙公司　　900 000

　　贷：银行存款　　900 000

2×18 年 12 月 31 日，甲公司的账务处理如下：

借：在建工程——×× 设备　　518 315.40

　　贷：未确认融资费用　　518 315.40

借：长期应付款——乙公司　　900 000

　　贷：银行存款　　900 000

借：在建工程——×× 设备　　398 530.60

　　贷：银行存款等　　398 530.60

借：固定资产——×× 设备　　7 000 000

　　贷：在建工程——×× 设备　　7 000 000

固定资产的成本 =5 530 140+553 014+518 315.40+398 530.60=7 000 000（元）

（4）2×19 年 1 月 1 日至 2×22 年 12 月 31 日，该设备已经达到预定可使用状态，未确认融资费用的分摊额不再符合资本化条件，应计入当期损益。

2×19 年 6 月 30 日，甲公司的账务处理如下：

借：财务费用　　480 146.94

　　贷：未确认融资费用　　480 146.94

借：长期应付款——乙公司　　900 000

　　贷：银行存款　　900 000

以后期间的账务处理与 2×19 年 6 月 30 日相同，此处略。

6.2　固定资产发生可资本化的后续支出时的会计处理

案例与问题

【例 6–2】某航空公司 2×20 年 12 月购入一架飞机，总计花费 8 000 万元（含发动机），发动机当时的购价为 500 万元。公司未将发动机作为一项单独的固定资产进行核算。2×19 年年初，公司开辟新航线，航程增加。为延长飞机的空中飞行时间，公司决定更换一部性能更为先进的发动机。新发动机的购价为 700 万元，另需支付安装费用 51 000 元。假定飞机的年折旧率为 3%，不考虑相关税费的影响。

【问题】该公司该如何进行会计处理？

规范与要求

《企业会计准则第 4 号——固定资产》做了以下规定。

第十四条　企业应当对所有固定资产计提折旧。但是，已提足折旧仍继续使用的固定资产和单独计价入账的土地除外。

折旧，是指在固定资产使用寿命内，按照确定的方法对应计折旧额进行系统分摊。

应计折旧额，是指应当计提折旧的固定资产的原价扣除其预计净残值后的金额。已计提减值准备的固定资产，还应当扣除已计提的固定资产减值准备累计金额。

预计净残值，是指假定固定资产预计使用寿命已满并处于使用寿命终了时的预期状态，企业目前从该项资产处置中获得的扣除预计处置费用后的金额。

第十五条　企业应当根据固定资产的性质和使用情况，合理确定固定资产的使用寿命和预计净残值。

固定资产的使用寿命、预计净残值一经确定，不得随意变更。但是，符合本准则第十九条规定的除外。

第十六条　企业确定固定资产使用寿命，应当考虑下列因素：

（一）预计生产能力或实物产量；

（二）预计有形损耗和无形损耗；

（三）法律或者类似规定对资产使用的限制。

第十七条　企业应当根据与固定资产有关的经济利益的预期实现方式，合理选择固定资产折旧方法。

可选用的折旧方法包括年限平均法、工作量法、双倍余额递减法和年数总和法等。

固定资产的折旧方法一经确定，不得随意变更。但是，符合本准则第十九条规定的除外。

第十八条　固定资产应当按月计提折旧，并根据用途计入相关资产的成本或者当期损益。

解析与说明

公司的账务处理为：

（1）2×19 年年初，飞机的累计折旧金额 19 200 000（80 000 000×3%×8）元，固定资产转入在建工程。

借：在建工程——×× 飞机　　60 800 000
　　累计折旧　　19 200 000
　　贷：固定资产——×× 飞机　　80 000 000

（2）安装新发动机。

借：在建工程——×× 飞机　　7 051 000
　　贷：工程物资——×× 发动机　　7 000 000
　　　　银行存款　　51 000

（3）2×19 年年初，老发动机的账面价值为 3 800 000（5 000 000−5 000 000×3%×8）元，终止确认老发动机的账面价值。假定报废处理，无残值。

借：营业外支出　　3 800 000
　　贷：在建工程——×× 飞机　　3 800 000

（4）发动机安装完毕，投入使用。固定资产的入账价值为 64 051 000（60 800 000+7 051 000−3 800 000）元。

借：固定资产——×× 飞机　　64 051 000
　　贷：在建工程——×× 飞机　　64 051 000

6.3 固定资产折旧的会计处理

案例与问题

【例 6–3】（1）某企业采用年限平均法对固定资产计提折旧。2×18 年 1 月，根据“固定资产折旧计算表”，该企业确定的各车间及厂部管理部门应分配的折旧额为：一车间 1 500 000 元，二车间 2 400 000 元，三车间 3 000 000 元，厂管理部门 600 000 元。

【问题】该企业如何计提折旧？

（2）甲公司有一幢厂房，原价为 5 000 000 元，预计可使用 20 年，预计报废时的净残值率为 2%。

【问题】甲公司该如何计提折旧？

（3）某企业的一辆运货卡车的原价为 600 000 元，预计总行驶里程为 500 000 千米，预计报废时的净残值率为 5%，本月行驶 4 000 千米。

【问题】某企业如何计提折旧？

（4）甲公司某项设备原价为 120 万元，预计使用寿命为 5 年，预计净残值率为 4%；假设甲公司没有对该机器设备计提减值准备。甲公司按双倍余额递减法计提折旧。

【问题】甲公司如何计提折旧？

（5）沿用（4）的资料，采用年数总和法计算。

【问题】甲公司该如何计提折旧？

规范与要求

《企业会计准则第 4 号——固定资产》做了以下规定。

第十四条　企业应当对所有固定资产计提折旧。但是，已提足折旧仍继续使用的固定资产和单独计价入账的土地除外。

折旧，是指在固定资产使用寿命内，按照确定的方法对应计折旧额进行系统分摊。

应计折旧额，是指应当计提折旧的固定资产的原价扣除其预计净残值后的金额。已计提减值准备的固定资产，还应当扣除已计提的固定资产减值准备累计金额。

预计净残值，是指假定固定资产预计使用寿命已满并处于使用寿命终了时的预期状态，企业目前从该项资产处置中获得的扣除预计处置费用后的金额。

第十五条　企业应当根据固定资产的性质和使用情况，合理确定固定资产的使用寿命和预计净残值。

固定资产的使用寿命、预计净残值一经确定，不得随意变更。但是，符合本准则第十九条规定的除外。

第十六条　企业确定固定资产使用寿命，应当考虑下列因素：

（一）预计生产能力或实物产量；

（二）预计有形损耗和无形损耗；

（三）法律或者类似规定对资产使用的限制。

第十七条　企业应当根据与固定资产有关的经济利益的预期实现方式，合理选择固定资产折旧方法。

可选用的折旧方法包括年限平均法、工作量法、双倍余额递减法和年数总和法等。

固定资产的折旧方法一经确定，不得随意变更。但是，符合本准则第十九条规定的除外。

第十八条　固定资产应当按月计提折旧，并根据用途计入相关资产的成本或者当期损益。

解析与说明

已达到预定可使用状态的固定资产，尚未办理竣工决算的，应当按照估计价值确认为固定资产，并计提折旧；待办理了竣工决算手续后，再按实际成本调整原来的暂估价值，但不需要调整原已计提的折旧额。

（1）本案例采用的是年限平均法计提固定资产折旧，因此，该企业应编制如下会计分录：

借：制造费用——一车间	1 500 000	
——二车间	2 400 000	
——三车间	3 000 000	
管理费用	600 000	
贷：累计折旧		7 500 000

（2）该厂房的折旧率和折旧额的计算如下：

月折旧额：5 000 000×0.41%=20 500（元）

本案例采用的是年限平均法计提固定资产折旧，其特点是将固定资产的应计折旧额均衡地分摊到固定资产预计使用寿命内，采用这种方法计算的每期折旧额是相等的。

（3）该辆汽车的月折旧额的计算如下：

年折旧额 =600 000×（1−5%）÷500 000=1.14（元/公里）

本月折旧额 =4 000×1.14=4 560（元）

本案例采用工作量法计提固定资产折旧。工作量法是指根据实际工作量计算每期应提折旧额的一种方法。

（4）每年折旧额计算如下：

年折旧率 =2÷5×100%=40%

第一年应提的折旧额 =120×40%=48（万元）

第二年应提的折旧额 =（120-48）×40%=28.8（万元）

第三年应提的折旧额 =（120-48-28.8）×40%=17.28（万元）

从第四年起改按年限平均法（直线法）计提折旧：

第四年、第五年应提折旧额 =（120-48-28.8-17.28-120×4%）÷2=10.56（万元）

（5）采用年数总和法计算各年折旧额，如表 6-2 所示。

表 6-2 折旧的计算

年限	尚可使用寿命（年）	原价 – 预计净残值（元）	年折旧率	每年折旧额（元）	累计折旧（元）
第 1 年	5	1 152 000	5/15	384 000	384 000
第 2 年	4	1 152 000	4/15	307 200	691 200
第 3 年	3	1 152 000	3/15	230 400	921 600
第 4 年	2	1 152 000	2/15	153 600	1 075 200
第 5 年	1	1 152 000	1/15	76 800	1 152 000

6.4 处置固定资产时的会计处理

案例与问题

【例 6-4】乙公司有一台设备，使用期满经批准报废。该设备原价为 186 400 元，累计已计提折旧 177 080 元、减值准备 2 300 元。在清理过程中，以银行存款支付清理费用 4 000 元，收到残料变卖收入 5 400 元，应支付相关税费 270 元。

【问题】该公司的固定资产如何进行处置?

规范与要求

《企业会计准则第 4 号——固定资产》做了以下规定。

第二十一条　固定资产满足下列条件之一的，应当予以终止确认：

（一）该固定资产处于处置状态。

（二）该固定资产预期通过使用或处置不能产生经济利益。

第二十二条　企业持有待售的固定资产，应当对其预计净残值进行调整。

第二十三条　企业出售、转让、报废固定资产或发生固定资产毁损，应当将处置收入扣除账面价值和相关税费后的金额计入当期损益。固定资产的账面价值是固定资产成本扣减累计折旧和累计减值准备后的金额。

固定资产盘亏造成的损失，应当计入当期损益。

第二十四条　企业根据本准则第六条的规定，将发生的固定资产后续支出计入固定资产成本的，应当终止确认被替换部分的账面价值。

解析与说明

在本案例中，固定资产终止确认时的账务处理如下：

（1）固定资产转入清理：

借：固定资产清理——×× 设备	7 020	
累计折旧	177 080	
固定资产减值准备——×× 设备	2 300	
贷：固定资产——×× 设备		186 400

（2）发生清理费用和相关税费：

借：固定资产清理——×× 设备	4 270	
贷：银行存款		4 000
应交税费		270

（3）收到残料变价收入：

借：银行存款	5 400	
贷：固定资产清理——×× 设备		5 400

（4）结转固定资产净损益：

借：营业外支出——处置非流动资产损失	5 890	
贷：固定资产清理——×× 设备		5 890

第7章 企业会计准则第5号——生物资产

7.1 确认外购的生物资产的初始成本

案例与问题

【例7–1】2×19年2月，甲企业从市场上一次性购买了6头种牛、15头种猪和600头猪苗，单价分别为4 000元、1 400元和250元，支付的价款共计195 000元，此外，发生的运输费为4 500元，保险费为3 000元，装卸费为2 250元，款项全部以银行存款支付。

【问题】甲企业应如何确定种牛、种猪和猪苗的入账价值？

规范与要求

《企业会计准则第5号——生物资产》做了以下规定。

第六条 生物资产应当按照成本进行初始计量。

第七条 外购生物资产的成本，包括购买价款、相关税费、运输费、保险费以及可直接归属于购买该资产的其他支出。

《企业会计准则讲解》指出，企业外购的生物资产，按应计入生物资产成本的金额，借记“消耗性生物资产”“生产性生物资产”或“公益性生物资产”科目，贷记“银行存款”“应付账款”“应付票据”等科目。企业一笔款项一次性购入多项生物资产时，购买过程中发生的相关税费、运输费、保险费等可直接归属于购买该资产的其他支出，应当按照各项生物资产的价款比例进行分配，分别确定各项生物资产的成本。

解析与说明

甲企业购买的种牛、种猪和猪苗，属于外购的生物资产，应当按照成本进行初始计量。购买过程中发生的运输费、保险费和装卸费应当按照各项生物资产的价款比例进行分配，分别确定各项生物资产的成本。

外购的生物资产的成本包括购买价款、相关税费、运输费、保险费以及可直接归属于购买该资产的其他支出。可直接归属于购买该资产的其他支出包括场地整理费、装卸费、栽植费、专业人员服务费等。

（1）确定应分摊的运输费、保险费和装卸费。

分摊比例 =（4 500+3 000+2 250）÷195 000×100%=5%

因此，6 头种牛应分摊 =6×4 000×5%=1 200（元）

15 头种猪应分摊 =15×1400×5%=1 050（元）

600 头猪苗应分摊 =600×250×5%=7 500（元）

（2）确定种牛、种猪和猪苗的入账价值。

6 头种牛的入账价值 =6×4 000+1 200=25 200（元）

15 头种猪的入账价值 =15×1 400+1 050=22 050（元）

600 头猪苗的入账价值 =600×250+7 500=157 500（元）

甲企业的账务处理如下。

借：生产性生物资产——种牛	25 200	
——种猪	22 050	
消耗性生物资产——猪苗	157 500	
贷：银行存款		204 750

7.2　确认消耗性生物资产的成本

案例与问题

【例 7-2】甲企业于 2×19 年 3 月使用一台拖拉机翻耕土地 100 公顷用于小麦和玉米的种植，其中，60 公顷种植玉米，40 公顷种植小麦。该拖拉机的原值为 60 300 元，预计净残值为 300 元，按照工作量法计提折旧，预计可以翻耕土地 6 000 公顷。

【问题】甲企业应如何确定小麦和玉米的入账价值?

规范与要求

《企业会计准则第 5 号——生物资产》做了以下规定。

第八条　自行栽培、营造、繁殖或养殖的消耗性生物资产的成本，应当按照下列规定确定：

（1）自行栽培的大田作物和蔬菜的成本，包括在收获前耗用的种子、肥料、农药等材料费、人工费和应分摊的间接费用等必要支出。

（2）自行营造的林木类消耗性生物资产的成本，包括郁闭前发生的造林费、抚育费、营林设施费、良种试验费、调查设计费和应分摊的间接费用等必要支出。

（3）自行繁殖的育肥畜的成本，包括出售前发生的饲料费、人工费和应分摊的间接费用等必要支出。

（4）水产养殖的动物和植物的成本，包括在出售或入库前耗用的苗种、饲料、肥料等材料费、人工费和应分摊的间接费用等必要支出。

解析与说明

甲企业种植的小麦和玉米，属于自行栽培的消耗性生物资产，成本包括在收获前耗用的种子、肥料、农药等材料费、人工费和应分摊的间接费用等必要支出。

应当计提的拖拉机折旧 =（60 300−300）÷6 000×100=1 000（元）

玉米应当分配的机械作业费 =1 000÷（60+40）×60=600（元）

小麦应当分配的机械作业费 =1 000÷（60+40）×40=400（元）

甲企业的账务处理如下。

借：消耗性生物资产——玉米　　600

——小麦　　400

贷：累计折旧　　1 000

7.3　确认生产性生物资产的成本

案例与问题

【例 7–3】甲企业自 2×12 年开始自行营造 100 公顷橡胶树，当年发生种苗费 189 000 元，平整土地和定植所需的机械作业费为 55 500 元，定植当年抚育发生肥料及农药费 250 500 元、人员工资等 450 000 元。该橡胶树需 6 年才能达到正常生产期。定植后，甲企业 2×18 年共发生管护费用 2 415 000 元，以银行存款支付。

【问题】甲企业应如何确定橡胶树的入账价值?

规范与要求

《企业会计准则第 5 号——生物资产》做了以下规定。

第九条　自行营造或繁殖的生产性生物资产的成本，应当按照下列规定确定：

（1）自行营造的林木类生产性生物资产的成本，包括达到预定生产经营目的前发生的造林费、抚育费、营林设施费、良种试验费、调查设计费和应分摊的间接费用等必要支出。

（2）自行繁殖的产畜和役畜的成本，包括达到预定生产经营目的（成龄）前发生的饲料费、人工费和应分摊的间接费用等必要支出。

达到预定生产经营目的，是指生产性生物资产进入正常生产期，可以多年连续稳定产出农产品、提供劳务或出租。

解析与说明

甲企业的橡胶树属于自行营造的生产性生物资产。自行营造的林木类生产性生物资产的成本，包括达到预定生产经营目的前发生的造林费、抚育费、营林设施费、良种试验费、调查设计费和应分摊的间接费用等必要支出。

生物资产在郁闭或达到预定生产经营目的之前，经过培植或饲养，其价值能够继续增加，因此，饲养、管护费用应资本化并计入生物资产成本。

未成熟的生产性生物资产达到预定生产经营目的时，按其账面余额，借记“生产性生物资产——成熟生产性生物资产”科目，贷记“生产性生物资产——未成熟生产性生物资产”科目，未成熟生产性生物资产已计提减值准备的，还应同时结转已计提的减值准备。

甲企业的账务处理如下。

借：生产性生物资产——未成熟生产性生物资产（橡胶树）　　945 000
　　贷：原材料——种苗　　189 000
　　　　　　——肥料及农药　　250 500
　　　　应付职工薪酬　　450 000
　　　　累计折旧　　55 500

借：生产性生物资产——未成熟生产性生物资产（橡胶树）　　2 415 000
　　贷：银行存款　　2 415 000

因此，该100公顷橡胶树的成本=189 000+55 500+250 500+450 000+2 415 000=3 360 000（元）。

借：生产性生物资产——成熟生产性生物资产（橡胶树）　　3 360 000
　　贷：生产性生物资产——未成熟生产性生物资产（橡胶树）　　3 360 000

7.4 生物资产郁闭或达到预定生产经营目的后的管护费用

案例与问题

【例 7-4】甲林业有限责任公司（以下简称“甲公司”）下属的乙林班统一组织培植管护一片森林，2×19 年 3 月，发生森林管护费用共计 40 000 元，其中，人员工资 20 000 元，尚未支付；使用库存肥料 16 000 元；管护设备折旧 4 000 元。管护总面积为 5 000 公顷，其中，作为用材林的杨树林共计 4 000 公顷，已郁闭的占 75%，其余的尚未郁闭；作为水土保持林的马尾松共计 1 000 公顷，全部已郁闭。假定管护费用按照森林面积比例进行分配。

【问题】甲公司发生的管护费用应如何进行账务处理?

规范与要求

《企业会计准则第 5 号——生物资产》做了以下规定。

第十五条　生物资产在郁闭或达到预定生产经营目的后发生的管护、饲养费用等后续支出，应当计入当期损益。

《企业会计准则解释》指出，消耗性生物资产郁闭前的相关支出应予资本化，郁闭后的相关支出计入当期费用。

郁闭是判断消耗性生物资产相关支出（包括借款费用）资本化或者费用化的时点。

郁闭之前的林木类消耗性生物资产处在培植阶段，需要发生较多的造林费、抚育费、营林设施费、良种试验费、调查设计费相关支出，这些支出应当予以资本化计入林木成本；郁闭之后的林木类消耗性生物资产基本上可以比较稳定地成活，一般只需要发生较少的管护费用，应当计入当期费用。

解析与说明

甲公司拥有作为用材林的杨树林共计 4 000 公顷，已郁闭的占 75%；作为水土保持林的马尾松共计 1 000 公顷，全部已郁闭。在郁闭后发生的管护费用等后续支出，应当计入当期损益。

未郁闭杨树林应分配共同费用的比例 =4 000×（1−75%）÷5 000=0.2

已郁闭杨树林应分配共同费用的比例 =4 000×75%÷5 000=0.6

已郁闭马尾松应分配共同费用的比例 =1 000÷5 000=0.2

未郁闭杨树林应分配的共同费用 =40 000×0.2=8 000（元）

已郁闭杨树林应分配的共同费用 =40 000×0.6=24 000（元）

已郁闭马尾松应分配的共同费用 =40 000×0.2=8 000（元）

甲公司的账务处理如下。

借：消耗性生物资产——用材林（杨树）	8 000	
管理费用	32 000	
贷：应付职工薪酬		20 000
原材料		16 000
累计折旧		4 000

7.5　生物资产发生减值时的会计处理

案例与问题

【例 7–5】某农业上市公司的已郁闭成林的造纸原料林实际成本为 400 万元。2×18 年度，由于遭受病虫害侵袭，该公司预计其可变现净值为 360 万元。假定该用材林以前年度未计提减值准备，且 2×19 年病虫害得到根本控制。该公司预计该用材林的可变现净值为 380 万元。

【问题】该公司应如何进行会计处理？

规范与要求

《企业会计准则第 5 号——生物资产》做了以下规定。

第二十一条　企业至少应当于每年年度终了对消耗性生物资产和生产性生物资产进行检查，有确凿证据表明由于遭受自然灾害、病虫害、动物疫病侵袭或市场需求变化等原因，使消耗性生物资产的可变现净值或生产性生物资产的可收回金额低于其账面价值的，应当按照可变现净值或可收回金额低于账面价值的差额，计提生物资产跌价准备或减值准备，并计入当期损益。上述可变现净值和可收回金额，应当分别按照《企业会计准则第 1 号——存货》和《企业会计准则第 8 号——资产减值》的规定确定。

消耗性生物资产减值的影响因素已经消失的，减记金额应当予以恢复，并在原已计提的跌价准备金额内转回，转回的金额计入当期损益。

生产性生物资产减值准备一经计提，不得转回。

公益性生物资产不计提减值准备。

《企业会计准则解释》指出，本准则第二十一条规定，企业至少应当于每年年度终了对消耗性和生产性生物资产进行检查，有确凿证据表明上述生物资产发生减值的，应当计提消耗性生物资产跌价准备或生产性生物资产减值准备。

（一）上述生物资产存在下列情形之一的，通常表明该生物资产可变现净值或可收回金额低于其账面价值：

（1）因遭受火灾、旱灾、水灾、冻灾、台风、冰雹等自然灾害，造成消耗性或生产性生物资产发生实体损坏，影响该资产的进一步生长或生产，从而降低其产生经济利益的能力。

（2）因遭受病虫害或动物疫病侵袭，造成消耗性或生产性生物资产的市场价格大幅度持续下跌，并且在可预见的未来无回升的希望。

（3）因消费者偏好改变而使企业消耗性或生产性生物资产收获的农产品的市场需求发生变化，导致市场价格逐渐下跌。

（4）因企业所处经营环境，如动植物检验检疫标准等发生重大变化，从而对企业产生不利影响，导致消耗性或生产性生物资产的市场价格逐渐下跌。

（5）其他足以证明消耗性或生产性生物资产实质上已经发生减值的情形。

（二）上述生物资产存在下列情形之一的，通常表明该生物资产的可变现净值或可收回金额为零：

（1）因遭受自然灾害、病虫害、动物疫病侵袭等原因，造成死亡或即将死亡且无转让价值的消耗性或生产性生物资产；

（2）动植物检验检疫标准等发生重大改变，禁止转让的消耗性或生产性生物资产，如发生禽流感等动物疫病而禁止转让禽类动物等；

（3）其他足以证明已无实用价值和转让价值的消耗性或生产性生物资产。

解析与说明

该公司已郁闭成林的造纸原料林属于消耗性生物资产。

期末，企业应按照消耗性生物资产的可变现净值低于账面价值的差额，借记“资产减值损失——计提的消耗性生物资产跌价准备”科目，贷记“消耗性生物资产跌价准备”科目。如果资产减值的影响因素已经消失，则应将减记金额予以恢复，在原已计提的跌价准备金额内转回，做相反分录。

消耗性生物资产的可变现净值参照《企业会计准则第1号——存货》确定。在具体确定时应当考虑该资产的持有目的：如果是为出售而持有的消耗性生物资产，应当按照该资产的估计售价减去估计的销售费用和相关税费后的金额，确定其可变现净值；如果是在将来收获为农产品的消耗性生物资产，则应当以所收获的农产品的估计售价减去至收获时估计将要发生的成本、销售费用和相关税费后的金额，确定其可变现净值。

该公司的会计处理如下。

（1）2×18 年预计其可变现净值为 360 万元小于实际成本为 400 万元，故计提跌价准备 40 万元。

借：资产减值损失——计提的消耗性生物资产跌价准备　　400 000

　　贷：消耗性生物资产跌价准备　　400 000

（2）2×19 年影响消耗性生物资产的减值因素已消失，预计其可变现净值 380 万元大于其账面价值 360 万元，故恢复增加的价值 20 万元。

借：消耗性生物资产跌价准备　　200 000

　　贷：资产减值损失——计提的消耗性生物资产跌价准备　　200 000

7.6　消耗性生物资产收获农产品时的会计处理

案例与问题

【例 7-6】甲种植企业 2×18 年 6 月入库小麦 20 吨，成本为 12 000 元。

【问题】甲种植企业应如何进行账务处理？

规范与要求

《企业会计准则第 5 号——生物资产》做了以下规定。

第二十三条　对于消耗性生物资产，应当在收获或出售时，按照其账面价值结转成本。结转成本的方法包括加权平均法、个别计价法、蓄积量比例法、轮伐期年限法等。

解析与说明

从消耗性生物资产上收获农产品后，消耗性生物资产自身完全转为农产品而不复存在，如肉猪宰杀后的猪肉、收获后的蔬菜、用材林采伐后的木材等。企业应当将消耗性生物资产在收获时点上的账面价值结转为农产品的成本，借记“农产品”科目，贷记“消耗性生物资产”科目；已计提跌价准备的，还应同时结转跌价准备，借记“存货跌价准备——消耗性生物资产”科目。对于不通过入库直接销售的鲜活产品等，按实际成本，借记“主营业务成本”科目。

甲种植企业的账务处理如下。

借：农产品——小麦　　12 000

　　贷：消耗性生物资产——小麦　　12 000

7.7 生产性生物资产收获农产品时的会计处理

案例与问题

【例 7-7】甲奶牛养殖企业 2×19 年 1 月发生奶牛（已进入产奶期）的饲养费用如下：领用饲料 5 000 千克，计 1 200 元；应付饲养人员工资 3 000 元，以现金支付防疫费 500 元。

【问题】甲奶牛养殖企业应如何进行账务处理？

规范与要求

《企业会计准则第 5 号——生物资产》做了以下规定。

第二十四条　生产性生物资产收获的农产品成本，按照产出或采收过程中发生的材料费、人工费和应分摊的间接费用等必要支出计算确定，并采用加权平均法、个别计价法、蓄积量比例法、轮伐期年限法等方法，将其账面价值结转为农产品成本。

收获之后的农产品，应当按照《企业会计准则第 1 号——存货》处理。

解析与说明

生产性生物资产具备自我生长性，能够在生产经营中长期、反复使用，从而不断产出农产品。从生产性生物资产上收获农产品后，生产性生物资产这一母体仍然存在，如奶牛产出牛奶、从果树上采摘下水果等。农业生产过程中发生的各项生产费用，按照经济用途可以分为直接材料、直接人工等直接费用以及间接费用，企业应当按照以下规则区别处理。

（1）收获农产品过程中发生的直接材料、直接人工等直接费用，直接计入相关成本核算对象，借记“农业生产成本——农产品”科目，贷记“库存现金”“银行存款”“原材料”“应付职工薪酬”“生产性生物资产累计折旧”等科目。

（2）收获农产品过程中发生的间接费用，如材料费、人工费、生产性生物资产的折旧费等应分摊的共同费用，应当在生产成本归集，借记“农业生产成本——共同费用”科目，贷记“库存现金”“银行存款”“原材料”“应付职工薪酬”“生产性生物资产累计折旧”等科目；在会计期末按一定的分配标准，分配计入有关的成本核算对象，借记“农业生产成本——农产品”科目，贷记“农业生产成本——共同费用”科目。

甲奶牛养殖企业的账务处理如下。

借：生产成本——农业生产成本（牛奶）　　4 700
　　贷：原材料　　1 200
　　　　应付职工薪酬　　3 000
　　　　库存现金　　500

7.8　生物资产转换的会计处理

案例与问题

【例 7-8】2×18 年 7 月，由于区域生态环境的需要，甲公司的 12 公顷造纸原料林（杨树）被划为防风固沙林，仍由公司负责管理。该林的账面余额为 80 000 元，已经计提的跌价准备为 5 000 元。

【问题】甲公司应如何进行账务处理？

规范与要求

《企业会计准则第 5 号——生物资产》做了以下规定。

第二十五条　生物资产改变用途后的成本，应当按照改变用途时的账面价值确定。

解析与说明

消耗性生物资产、生产性生物资产转为公益性生物资产时，应当按照相关准则的规定，考虑其是否发生减值。发生减值时，应首先计提减值准备，并将计提减值准备后的账面价值作为公益性生物资产的入账价值。转换后，应按生物资产扣除减值准备后的账面价值，借记“公益性生物资产”科目；按已计提的生产性生物资产累计折旧，借记“生产性生物资产累计折旧”科目；按已计提的减值准备，借记“存货跌价准备”“生产性生物资产减值准备”科目；按账面余额，贷记“消耗性生物资产”“生产性生物资产”科目。

甲公司的造纸原料林（杨树）被划为防风固沙林，属于消耗性生物资产转为公益性生物资产，已经计提跌价准备 5 000 元，将计提跌价准备后的账面价值作为公益性生物资产的入账价值，按已计提的减值准备借记“存货跌价准备”科目，按账面余额贷记“消耗性生物资产”科目。

甲公司相关账务处理如下。

借：公益性生物资产——防风固沙林（杨树）　　75 000
　　存货跌价准备——消耗性生物资产　　5 000
　　贷：消耗性生物资产——造纸原料林（杨树）　　80 000

7.9 处置生物资产时的会计处理

案例与问题

【例 7-9】2×18 年 10 月，某奶牛场死亡奶牛 6 头，其账面价值 24 000 元，已提折旧 8 000 元。已查明是疫病造成的奶牛死亡。经保险公司核实，70% 的损失由保险公司赔偿，其余部分 10 月 20 日批准作为企业的损失转账。

【问题】该奶牛场应如何进行账务处理?

规范与要求

《企业会计准则第 5 号——生物资产》做了以下规定。

第二十六条　生物资产出售、盘亏或死亡、毁损时，应当将处置收入扣除其账面价值和相关税费后的余额计入当期损益。

解析与说明

生物资产盘亏或死亡、毁损时，应当将处置收入扣除其账面价值和相关税费后的余额先计入“待处理财产损溢”科目，待查明原因后，根据企业的管理权限，经股东大会、董事会、经理（场长）会议或类似机构批准后，在期末结账前处理完毕。生物资产因盘亏或死亡、毁损造成的损失，在减去过失人或者保险公司等的赔款和残余价值之后，计入当期管理费用；属于自然灾害等非常损失的，计入营业外支出。

（1）奶牛死亡时。

借：待处理财产损溢　　16 000
　　生产性生物资产累计折旧——奶牛　　8 000
　　贷：生产性生物资产——成熟生产性生物资产（奶牛）　　24 000

（2）保险公司核实后批准转账。

借：其他应收款——保险公司　　11 200
　　营业外支出——奶牛疫病损失　　4 800
　　贷：待处理财产损溢　　16 000

第 8 章
企业会计准则第 6 号——无形资产

8.1　无形资产的确认

案例与问题

【例 8–1】（1）A 公司的某项生产活动需要用到 B 公司的专利技术。如果使用了该项专利技术，A 公司预计其生产能力比原先提高 20%，销售利润率增长 15%。为此，A 公司从 B 公司购入该项专利权，实际支付的价款为 300 万元，并支付相关税费 1 万元和有关专业服务费用 5 万元，款项已通过银行转账支付。

【问题】A 公司购入的专利权是否应该确认为无形资产？

（2）2×18 年 1 月 1 日，甲公司经董事会批准研发某项新产品专利技术。该公司的董事会认为，研发该项目具有可靠的技术和财务等资源的支持，并且一旦研发成功将降低该公司的生产成本。该公司在研究过程中发生材料费 5 000 万元、人工工资 1 000 万元，以及其他费用 4 000 万元，总计 10 000 万元；在开发过程中发生材料费 8 000 万元，人工工资 2 000 万元，其他费用 6 500 万元，总计 16 500 万元。2×18 年 12 月 31 日，该专利技术已经达到预定用途。

【问题】对于以上费用支出，甲公司应该如何进行会计处理？

规范与要求

《企业会计准则第 6 号——无形资产》做了以下规定。

第三条　无形资产，是指企业拥有或者控制的没有实物形态的可辨认非货币性资产。资产满足下列条件之一的，符合无形资产定义中的可辨认性标准：

（一）能够从企业中分离或者划分出来，并能单独或者与相关合同、资产或负债一起，用于出售、转移、授予许可、租赁或交换。

（二）源自合同性权利或其他法定权利，无论这些权利是否可以从企业或其他权利和义务中转移或者分离。

第四条　无形资产同时满足下列条件的，才能予以确认：

（一）与该无形资产有关的经济利益很可能流入企业；

（二）该无形资产的成本能够可靠地计量。

第五条　企业在判断无形资产产生的经济利益是否很可能流入时，应当对无形资产在预计使用寿命内可能存在的各种经济因素作出合理估计，并且应当有明确证据支持。

第六条　企业无形项目的支出，除下列情形外，均应于发生时计入当期损益：

（一）符合本准则规定的确认条件、构成无形资产成本的部分；

（二）非同一控制下企业合并中取得的、不能单独确认为无形资产、构成购买日确认的商誉的部分。

第七条　企业内部研究开发项目的支出，应当区分研究阶段支出与开发阶段支出。

研究是指为获取并理解新的科学或技术知识而进行的独创性的有计划调查。

开发是指在进行商业性生产或使用前，将研究成果或其他知识应用于某项计划或设计，以生产出新的或具有实质性改进的材料、装置、产品等。

第八条　企业内部研究开发项目研究阶段的支出，应当于发生时计入当期损益。

第九条　企业内部研究开发项目开发阶段的支出，同时满足下列条件的，才能确认为无形资产：

（一）完成该无形资产以使其能够使用或出售在技术上具有可行性；

（二）具有完成该无形资产并使用或出售的意图；

（三）无形资产产生经济利益的方式，包括能够证明运用该无形资产生产的产品存在市场或无形资产自身存在市场，无形资产将在内部使用的，应当证明其有用性；

（四）有足够的技术、财务资源和其他资源支持，以完成该无形资产的开发，并有能力使用或出售该无形资产；

（五）归属于该无形资产开发阶段的支出能够可靠地计量。

第十条　企业取得的已作为无形资产确认的正在进行中的研究开发项目，在取得后发生的支出应当按照本准则第七条至第九条的规定处理。

第十一条　企业自创商誉以及内部产生的品牌、报刊名等，不应确认为无形资产。

解析与说明

企业所拥有的无形资产的种类主要包括专利权、非专利技术、商标权、著作权、土地使用权、特许权等。企业自创商誉以及内部产生的品牌、报刊名等，不应确认为无形资产。商誉不属于无形资产是因为商誉是企业合并成本大于合并取得被购买方的各项可辨认资产、负债公允价值份额的差额，其存在无法与企业自身分离，不具有可辨认性，因此不属于无形资产。企业在取得无形资产时要对无形资产进行确认并进行相应的会计处理。一项资产要确认为无形资产除了需要满足相关准则中对无形资产的定义之外，还需要满足相应的确认条件。

（1）A 公司购入的专利权符合无形资产的定义：①A 公司能够拥有或者控制该项专利技术，符合可辨认的条件，同时是不具有实物形态的非货币性资产；②A 公司的某项生产活动需要 B 公司已获得的专利技术，A 公司使用了该项专利技术，预计 A 公司的生产能力比原先提高 20%，销售利润率增长 15%，即经济利益很可能流入；③A 公司购买该项专利权的成本为 300 万元，另外支付相关税费和有关专业服务费用 6 万元，即成本能够可靠计量。由此，符合无形资产的确认条件。

（2）首先，甲公司的董事会批准甲公司研发某项新产品专利技术，并认为完成该项新型技术无论从技术上，还是在财务等方面，都能够得到可靠的资源支持，且一旦研发成功将降低公司的生产成本，因此，相关开发费用可以资本化。其次，甲公司在开发该项新型技术的过程中，累计发生 26 500 万元的研究与开发支出，其中，研究阶段的总支出为 10 000 万元，开发阶段的总支出为 16 500 万元，开发阶段的支出符合“归属于该无形资产开发阶段的支出能够可靠地计量”的条件。因此，甲公司应将研究阶段的支出作为费用化支出计入当期损益，而开发阶段的支出作为资本化支出计入无形资产。甲公司的账务处理如下。

①发生研发支出。

	借方	贷方
借：研发支出——费用化支出	100 000 000	
——资本化支出	165 000 000	
贷：原材料		130 000 000
应付职工薪酬		30 000 000
银行存款		105 000 000

②2×18 年 12 月 31 日，该专利技术已经达到预定用途。

	借方	贷方
借：管理费用	100 000 000	
无形资产	165 000 000	

贷：研发支出——费用化支出　　100 000 000
　　　　　　——资本化支出　　165 000 000

8.2 无形资产的初始计量

案例与问题

【例 8–2】（1）2×18 年 1 月 8 日，甲公司从乙公司购买一项商标权，由于甲公司资金周转比较紧张，所以经与乙公司协议采用分期付款方式支付款项。合同规定，该项商标权总计 1 000 万元，每年末付款 200 万元，5 年付清。假定银行同期贷款利率为 5%。为了简化核算，假定不考虑其他有关税费（已知 5 年期 5% 利率，其年金现值系数为 4.329 5）。

【问题】甲公司应如何对从乙公司购买的商标权进行初始计量?

（2）因乙公司创立的商标已有较好的声誉，甲公司预计使用乙公司商标后可使其未来利润增长 30%。为此，甲公司与乙公司协议商定，乙公司以其商标权投资于甲公司，双方协议价格（等于公允价值）为 500 万元，甲公司另支付印花税等相关税费 2 万元，款项已通过银行转账支付。

【问题】甲公司应如何对乙公司投资的商标权进行初始计量?

规范与要求

《企业会计准则第 6 号——无形资产》做了以下规定。

第十二条　无形资产应当按照成本进行初始计量。

外购无形资产的成本，包括购买价款、相关税费以及直接归属于使该项资产达到预定用途所发生的其他支出。

购买无形资产的价款超过正常信用条件延期支付，实质上具有融资性质的，无形资产的成本以购买价款的现值为基础确定。实际支付的价款与购买价款的现值之间的差额，除按照《企业会计准则第 17 号——借款费用》应予资本化的以外，应当在信用期间内计入当期损益。

第十三条　自行开发的无形资产，其成本包括自满足本准则第四条和第九条规定后至达到预定用途前所发生的支出总额，但是对于以前期间已经费用化的支出不再调整。

第十四条　投资者投入无形资产的成本，应当按照投资合同或协议约定的价值确定，但合同或协议约定价值不公允的除外。

第十五条　非货币性资产交换、债务重组、政府补助和企业合并取得的无形资产的成本，应当分别按照《企业会计准则第 7 号——非货币性资产交换》《企业会计准则第 12 号——债务重组》《企业会计准则第 16 号——政府补助》和《企业会计准则第 20 号——企业合并》确定。

解析与说明

在将一项新获取的资产确认为无形资产之后，企业需要根据相关准则的规定对其进行会计初始计量。企业获取无形资产的方式分为外购、自行开发、投资者投入、非货币性资产交换、债务重组、政府补助和企业合并等，从不同来源取得的无形资产在进行会计初始计量时，其初始成本的构成各不相同。

（1）本案例中，甲公司从乙公司购买的商标权是采用分期付款的方式支付款项，属于超过正常信用条件的延期支付，实质上具有融资性质，因此，该商标权的初始计量应该以所支付款项 1 000 万的现值为基础确定。该实际支付款项与其现值之间的差额，由于不满足《企业会计准则第 17 号——借款费用》中资本化的条件，因此作为财务费用在信用期内计入当期损益。因此，在本案例中，甲公司的账务处理如下，具体数据如表 8-1 所示。

表 8-1　未确认的融资费用

年限	融资余额（万元）	利率	本年利息	付款（万元）	还本付款 - 利息（万元）	未确认融资费用
			融资余额 × 利率（万元）			上年余额 - 本年利息（万元）
0	865.90					134.1
1	709.20	0.05	43.30	200	156.70	90.8
2	544.66	0.05	35.46	200	164.54	55.34
3	371.89	0.05	27.23	200	172.77	28.11
4	190.48	0.05	18.59	200	181.41	9.52
5	0.00	0.05	9.52	200	190.48	0
合计			134.10	1 000	865.90	

①取得商标权时。

无形资产现值：1 000×20%×4.3295=865.9（万元）

未确认的融资费用 =1 000-865.9=134.1（万元）

借：无形资产——商标权　　8 659 000
　　未确认融资费用　　1 341 000
　　贷：长期应付款　　10 000 000

②2×18年年底付款时。

借：长期应付款　　2 000 000
　　贷：银行存款　　2 000 000
借：财务费用　　433 000
　　贷：未确认融资费　　433 000

③2×19年年底付款时。

借：长期应付款　　2 000 000
　　贷：银行存款　　2 000 000
借：财务费用　　354 600
　　贷：未确认融资费用　　354 600

④2×20年年底付款时。

借：长期应付款　　2 000 000
　　贷：银行存款　　2 000 000
借：财务费用　　272 300
　　贷：未确认融资费用　　272 300

⑤2×21年年底付款时。

借：长期应付款　　2 000 000
　　贷：银行存款　　2 000 000
借：财务费用　　185 900
　　贷：未确认融资费用　　185 900

⑥2×22年年底付款时。

借：长期应付款　　2 000 000
　　贷：银行存款　　2 000 000
借：财务费用　　95 200
　　贷：未确认融资费用　　95 200

2×18年未确认融资费用摊销＝（1 000−134.1）×5%=43.3（万元）

2×19年未确认融资费用摊销=[（1 000−200）−（134.1−43.3）]×5%=35.46（万元）

2×20 年未确认融资费用摊销 =[（1 000-200-200）-（134.1-43.3-35.46）]×5%=27.23（万元）

2×21 年未确认融资费用摊销 =[（1 000-200-200-200）-（134.1-43.3-35.46-27.23）]×5%=18.59（万元）

2×22 年未确认融资费用摊销 =134.1-43.3-35.46-27.23-18.59=9.52（万元）

（2）在本案例中，该商标权的初始计量，应当以取得时的成本为基础。取得时的成本为投资协议约定的价格 500 万元与相关税费 2 万元的合计数，即甲公司接受乙公司作为投资的商标权的成本为 502（500+2）万元。甲公司的账务处理如下。

借：无形资产——商标权　　5 020 000

　　贷：实收资本（或股本）　　5 000 000

　　　　银行存款　　20 000

8.3　无形资产的后续计量

案例与问题

【例 8-3】（1）2×18 年 3 月 1 日，A 公司从外单位购得一项非专利技术，支付价款 6 000 万元，款项已支付。该项非专利技术的预计使用寿命为 10 年，其可用于产品生产。同时，A 公司购入一项商标权，支付价款 2 000 万元，款项已支付。该商标权的预计使用寿命为 20 年。假定这两项无形资产的净残值均为零，并按直线法摊销。

【问题】A 公司应如何对购入的非专利技术和商标权进行后续会计处理？

（2）2×18 年 3 月 1 日，A 公司购入畅销产品的商标使用权的成本为 4 000 万元。该商标按照法律规定还有 4 年的使用寿命，但是在保护期届满时，A 公司可每 10 年以较低的手续费申请延期。同时，A 公司有充分的证据表明其有能力申请延期。此外，有关的调查表明，该商标将在不确定的期间内为企业带来现金流量。2×18 年 12 月底，该商标的公允价值为 3 000 万元。

【问题】A 公司是否应当将该项商标作为使用寿命有限的无形资产进行后续处理？是否应当计提减值准备？

规范与要求

《企业会计准则第 6 号——无形资产》做了以下规定。

第十六条　企业应当于取得无形资产时分析判断其使用寿命。

无形资产的使用寿命为有限的，应当估计该使用寿命的年限或者构成使用寿命的产量等类似计量单位数量；无法预见无形资产为企业带来经济利益期限的，应当视为使用寿命不确定的无形资产。

第十七条　使用寿命有限的无形资产，其应摊销金额应当在使用寿命内系统合理摊销。

企业摊销无形资产，应当自无形资产可供使用时起，至不再作为无形资产确认时止。

企业选择的无形资产摊销方法，应当反映与该项无形资产有关的经济利益的预期实现方式。无法可靠确定预期实现方式的，应当采用直线法摊销。

无形资产的摊销金额一般应当计入当期损益，其他会计准则另有规定的除外。

第十八条　无形资产的应摊销金额为其成本扣除预计残值后的金额。已计提减值准备的无形资产，还应扣除已计提的无形资产减值准备累计金额。使用寿命有限的无形资产，其残值应当视为零，但下列情况除外：

（一）有第三方承诺在无形资产使用寿命结束时购买该无形资产。

（二）可以根据活跃市场得到预计残值信息，并且该市场在无形资产使用寿命结束时很可能存在。

第十九条　使用寿命不确定的无形资产不应摊销。

第二十条　无形资产的减值，应当按照《企业会计准则第8号——资产减值》处理。

第二十一条　企业至少应当于每年年度终了，对使用寿命有限的无形资产的使用寿命及摊销方法进行复核。无形资产的使用寿命及摊销方法与以前估计不同的，应当改变摊销期限和摊销方法。

企业应当在每个会计期间对使用寿命不确定的无形资产的使用寿命进行复核。如果有证据表明无形资产的使用寿命是有限的，应当估计其使用寿命，并按本准则规定处理。

解析与说明

企业所获取的无形资产在存续过程中需要进行后续计量，如要将其在使用寿命内进行合理摊销，当无形资产发生减值时还需要计提减值准备。

（1）本案例中，A公司外购的非专利技术的估计使用寿命为10年，表明该项无形资产是使用寿命有限的无形资产，且该项无形资产用于产品生产，因此，应当将其摊销金额计入相关产品的制造成本。A公司外购的商标权的估计使用寿命为20年，表明该项无形资产同样也是使用寿命有限的无形资产，而商标权的摊销金额通常直接计入当期管理费用。因此A公司的账务处理如下：

①取得无形资产时：

借：无形资产——非专利技术　　60 000 000

　　　　　　——商标权　　20 000 000

　　贷：银行存款　　80 000 000

②按年摊销时：

借：制造费用——非专利技术　　6 000 000

　　管理费用——商标权　　1 000 000

　　贷：累计摊销　　7 000 000

（2）在本案例中，A公司所购买的该项商标权在保护期届满时仍然可每10年以较低的手续费申请延期，A公司也有充分的证据表明其有能力申请延期。同时，该商标将在不确定的期间内为企业带来现金流量。综合以上信息，可以判断该商标权为使用寿命不确定的无形资产，在持有期间内不需要进行摊销，但要进行减值测试。2×18年12月底，该商标的公允价值低于其账面价值，表明其已发生减值，应计提资产减值准备。因此，A公司的账务处理如下：

①购入商标时：

借：无形资产——商标权　　40 000 000

　　贷：银行存款　　40 000 000

②发生减值时：

借：资产减值损失　　10 000 000

　　贷：无形资产减值准备——商标权　　10 000 000

8.4　无形资产的处置和报废

案例与问题

【例8-4】2×18年1月1日，A企业将一项专利技术出租给B企业使用，并签订出租合同。该专利技术的账面余额为800万元，摊销期限为20年。出租合同规定，承租方每销售一件用该专利生产的产品，就必须付给出租方20元的专利技术使用费。假定承租方当年销售该产品30万件，应交的增值税为10万元。

【问题】A企业对该项出租的专利技术应如何进行会计处理？

规范与要求

《企业会计准则第 6 号——无形资产》做了以下规定。

第二十二条　企业出售无形资产，应当将取得的价款与该无形资产账面价值的差额计入当期损益。

第二十三条　无形资产预期不能为企业带来经济利益的，应当将该无形资产的账面价值予以转销。

解析与说明

企业出于各种情况考虑，可能会选择将无形资产出售、出租、对外捐赠、对外投资等，即对无形资产进行处置。当无形资产不能再为企业带来经济利益时，例如被其他新技术代替，则不再符合无形资产的定义，企业应将其报废。在不同的情况下，对无形资产所进行的会计处理也不相同。

在本案例中，A 企业将专利技术出租给 B 企业，收取的专利技术使用费属于与企业日常活动相关的其他经营活动取得的收入，应作为“其他业务收入”核算，同时还应当每年对该项专利技术进行摊销，借记“其他业务成本”科目，贷记“累计摊销”科目。

（1）取得该项专利技术使用费时：

借：银行存款	6 100 000	
贷：其他业务收入		6 000 000
应交税费——应交增值税（销项税额）		100 000

（2）按年对该项专利技术进行摊销：

借：其他业务成本	400 000	
税金及附加	100 000	
贷：累计摊销		400 000
应交税费——应交增值税		100 000

第 9 章
企业会计准则第 8 号——资产减值

9.1　预计资产未来现金流量

案例与问题

【例 9–1】假定利用固定资产生产的产品受市场行情波动影响大，某企业预计未来 3 年每年的现金流量情况如表 9–1 所示。

表 9–1　各年现金流量的概率分布及发生情况

单位：万元

年限	产品行情好（30% 的可能性）	产品行情一般（60% 的可能性）	产品行情差（10% 的可能性）
第 1 年	150	100	50
第 2 年	80	50	20
第 3 年	20	10	0

【问题】企业应当如何计算资产每年的预计未来现金流量?

规范与要求

《企业会计准则第 8 号——资产减值》做了以下规定。

第九条　资产预计未来现金流量的现值，应当按照资产在持续使用过程中和最终处置时所产生的预计未来现金流量，选择恰当的折现率对其进行折现后的金额加以确定。

预计资产未来现金流量的现值，应当综合考虑资产的预计未来现金流量、使用寿命和折现率等因素。

第十条　预计的资产未来现金流量应当包括下列各项：

（一）资产持续使用过程中预计产生的现金流入。

（二）为实现资产持续使用过程中产生的现金流入所必需的预计现金流出（包括为使资产达到预定可使用状态所发生的现金流出）。该现金流出应当是可直接归属于或者可通过合理和一致的基础分配到资产中的现金流出。

（三）资产使用寿命结束时，处置资产所收到或者支付的净现金流量。该现金流量应当是在公平交易中，熟悉情况的交易双方自愿进行交易时，企业预期可从资产的处置中获取或者支付的、减去预计处置费用后的金额。

第十一条　预计资产未来现金流量时，企业管理层应当在合理和有依据的基础上对资产剩余使用寿命内整个经济状况进行最佳估计。

预计资产的未来现金流量，应当以经企业管理层批准的最近财务预算或者预测数据，以及该预算或者预测期之后年份稳定的或者递减的增长率为基础。企业管理层如能证明递增的增长率是合理的，可以以递增的增长率为基础。

建立在预算或者预测基础上的预计现金流量最多涵盖5年，企业管理层如能证明更长的期间是合理的，可以涵盖更长的期间。

在对预算或者预测期之后年份的现金流量进行预计时，所使用的增长率除了企业能够证明更高的增长率是合理的之外，不应当超过企业经营的产品、市场、所处的行业或者所在国家或者地区的长期平均增长率，或者该资产所处市场的长期平均增长率。

第十二条　预计资产的未来现金流量，应当以资产的当前状况为基础，不应当包括与将来可能会发生的、尚未作出承诺的重组事项或者与资产改良有关的预计未来现金流量。

预计资产的未来现金流量也不应当包括筹资活动产生的现金流入或者流出以及与所得税收付有关的现金流量。

企业已经承诺重组的，在确定资产的未来现金流量的现值时，预计的未来现金流入和流出数，应当反映重组所能节约的费用和由重组所带来的其他利益，以及因重组所导致的估计未来现金流出数。其中重组所能节约的费用和由重组所带来的其他利益，通常应当根据企业管理层批准的最近财务预算或者预测数据进行估计；因重组所导致的估计未来现金流出数应当根据《企业会计准则第13号——或有事项》所确认的因重组所发生的预计负债金额进行估计。

解析与说明

在实务中，有时影响资产未来现金流量的因素较多，情况较为复杂，带有很大的不确定性。也就是说，使用单一的现金流量可能并不会如实反映资产创造现金流量的实际情况。因此，企业应当采用期望现金流量法预计资产未来现金流量。

在期望现金流量法下，资产未来现金流量应当根据每期现金流量期望值进行预计。每期现金流量期望值按照各种可能情况下的现金流量与其发生概率加权计算。按照表 9-1 提供的数据，资产每年的预计未来现金流量如下：

第 1 年的预计现金流量（期望现金流量）=150×30%+100×60%+50×10%=110（万元）

第 2 年的预计现金流量（期望现金流量）=80×30%+50×60%+20×10%=56（万元）

第 3 年的预计现金流量（期望现金流量）=20×30%+10×60%+0×10%=12（万元）

应当注意的是，如果资产未来现金流量的发生时间是不确定的，那么企业就应当根据资产在每一种可能情况下的现值及其发生概率直接加权计算资产未来现金流量的现值。

9.2　确定资产组的账面价值和可收回金额

案例与问题

【例 9-2】MN 公司在某山区经营一座有色金属矿山。根据规定，MN 公司在矿山完成开采后应当将该地区恢复原貌。恢复费用主要为山体表层复原费用（如恢复植被等）。因为山体表层必须在矿山开发前挖走，所以 MN 公司在山体表层被挖走后，就应当确认一项预计负债，并计入矿山成本，假定其金额为 500 万元。

2×18 年 12 月 31 日，随着开采的进展，MN 公司发现矿山中的有色金属的储量远低于预期的储量，因此，MN 公司对该矿山进行了减值测试。考虑到矿山的现金流量状况，整座矿山被认定为一个资产组。该资产组在 2×18 年年末的账面价值为 1 000 万元（包括确认的恢复山体原貌的预计负债）。

若 MN 公司于 2×18 年 12 月 31 日对外出售矿山（资产组），且买方愿意出价 820 万元（包括恢复山体原貌成本，即已经扣减这一成本因素），预计处置费用为 20 万元，则该矿山的公允价值减去处置费用后的净额为 800 万元。

矿山的预计未来现金流量的现值为 1 200 万元，不包括恢复费用。

【问题】MN 公司矿山的账面价值和可收回金额是多少？矿山是否需要确认减值损失？

规范与要求

《企业会计准则第 8 号——资产减值》做了以下规定。

第六条　资产存在减值迹象的，应当估计其可收回金额。

可收回金额应当根据资产的公允价值减去处置费用后的净额与资产预计未来现金流量的现值两者之间较高者确定。

处置费用包括与资产处置有关的法律费用、相关税费、搬运费以及为使资产达到可销售状态所发生的直接费用等。

第七条　资产的公允价值减去处置费用后的净额与资产预计未来现金流量的现值，只要有一项超过了资产的账面价值，就表明资产没有发生减值，不需再估计另一项金额。

第八条　资产的公允价值减去处置费用后的净额，应当根据公平交易中销售协议价格减去可直接归属于该资产处置费用的金额确定。

不存在销售协议但存在资产活跃市场的，应当按照该资产的市场价格减去处置费用后的金额确定。资产的市场价格通常应当根据资产的买方出价确定。

在不存在销售协议和资产活跃市场的情况下，应当以可获取的最佳信息为基础，估计资产的公允价值减去处置费用后的净额，该净额可以参考同行业类似资产的最近交易价格或者结果进行估计。

企业按照上述规定仍然无法可靠估计资产的公允价值减去处置费用后的净额的，应当以该资产预计未来现金流量的现值作为其可收回金额。

第九条　资产预计未来现金流量的现值，应当按照资产在持续使用过程中和最终处置时所产生的预计未来现金流量，选择恰当的折现率对其进行折现后的金额加以确定。

预计资产未来现金流量的现值，应当综合考虑资产的预计未来现金流量、使用寿命和折现率等因素。

第十条　预计的资产未来现金流量应当包括下列各项：

（一）资产持续使用过程中预计产生的现金流入。

（二）为实现资产持续使用过程中产生的现金流入所必需的预计现金流出（包括为使资产达到预定可使用状态所发生的现金流出）。该现金流出应当是可直接归属于或者可通过合理和一致的基础分配到资产中的现金流出。

（三）资产使用寿命结束时，处置资产所收到或者支付的净现金流量。该现金流量应当是在公平交易中，熟悉情况的交易双方自愿进行交易时，企业预期可从资产的处置中获取或者支付的、减去预计处置费用后的金额。

解析与说明

根据上述资料，为了比较资产组的账面价值和可收回金额，在确定资产组的账面价值及其预计未来现金流量的现值时，应当将已确认的负债金额从中扣除。

在本案例中，资产组的公允价值减去处置费用后的净额为 800 万元。该金额已经考虑了恢复费用。该资产组预计未来现金流量的现值在扣除了恢复费用后为 700（1 200−500）万元。因此，该资产组的可收回金额为 800 万元。资产组的账面价值在扣除了已确认的恢复原貌预计负债后的金额为 500（1 000−500）万元。这样，资产组的可收回金额大于其账面价值，所以，资产组没有发生减值，不必确认减值损失。

9.3　资产组发生减值时的会计处理

案例与问题

【例 9-3】 XYZ 公司有一条甲生产线。该生产线生产光学器材，由 A、B、C 三部机器构成，成本分别为 400 000 元、600 000 元、1 000 000 元。使用年限为 10 年，净残值为零，以年限平均法计提折旧。各机器均无法单独产生现金流量，但整条生产线构成完整的产销单位，属于一个资产组。2×18 年，甲生产线所生产的光学产品有替代产品上市，到年底，导致公司光学产品的销路锐减 40%，因此，对甲生产线进行减值测试。

2×18 年 12 月 31 日，A、B、C 三部机器的账面价值分别为 200 000 元、300 000 元、500 000 元。估计 A 机器的公允价值减去处置费用后的净额为 150 000 元，B、C 机器都无法合理估计其公允价值减去处置费用后的净额以及未来现金流量的现值。

XYZ 预计整条生产线尚可使用 5 年，其未来 5 年的现金流量及其恰当的折现率后得到的预计未来现金流量的现值为 600 000 元。由于公司无法合理估计生产线的公允价值减去处置费用后的净额，所以公司以该生产线的预计未来现金流量的现值为其可收回金额。

【问题】XYZ 公司应如何对甲生产线进行减值处理?

规范与要求

《企业会计准则第 8 号——资产减值》做了以下规定。

第十八条　有迹象表明一项资产可能发生减值的，企业应当以单项资产为基础估计其可收回金额。企业难以对单项资产的可收回金额进行估计的，应当以该资产所属的资产组为基础确定资产组的可收回金额。

第二十二条　资产组或者资产组组合的可收回金额低于其账面价值的（总部资产和商誉分摊至某资产组或者资产组组合的，该资产组或者资产组组合的账面价值应当包括相关总部资产和商誉的分摊额），应当确认相应的减值损失。减值损失金额应当先抵减分摊至资产组或者资产组组合中商誉的账面价值，再根据资产组或者资产组组合中除商誉之外的其他各项资产的账面价值所占比重，按比例抵减其他各项资产的账面价值。

以上资产账面价值的抵减，应当作为各单项资产（包括商誉）的减值损失处理，计入当期损益。抵减后的各资产的账面价值不得低于以下三者之中最高者：该资产的公允价值减去处置费用后的净额（如可确定的）、该资产预计未来现金流量的现值（如可确定的）和零。因此而导致的未能分摊的减值损失金额，应当按照相关资产组或者资产组组合中其他各项资产的账面价值所占比重进行分摊。

解析与说明

鉴于在2×18年12月31日该生产线的账面价值为1 000 000元，而其可收回金额为600 000元，生产线的账面价值高于其可收回金额，因此，该生产线已经发生了减值。因此，公司应当确认减值损失400 000元，并将该减值损失分摊到构成生产线的3部机器中。由于A机器的公允价值减去处置费用后的净额为150 000元，因此，A机器分摊了减值损失后的账面价值不应低于150 000元。具体分摊过程如表9-2所示。

表9-2　生产线的分摊过程

项目	机器A	机器B	机器C	整个生产线（资产组）
账面价值（元）	200 000	300 000	500 000	1 000 000
可收回金额（元）				600 000
减值损失（元）				400 000
减值损失分摊比例	20%	30%	50%	
分摊减值损失（元）	50 000*	120 000	200 000	370 000
分摊后账面价值（元）	150 000	180 000	300 000	
尚未分摊的减值损失（元）				30 000

续表

项目	机器 A	机器 B	机器 C	整个生产线（资产组）
二次分摊比例		37.50%	62.50%	
二次分摊减值损失（元）		11 250	18 750	30 000
二次分摊后应确认减值损失总额（元）		131 250	218 750	
二次分摊后账面价值（元）	150 000	168 750	281 250	600 000

* 注：按照分摊比例，机器 A 应当分摊减值损失 80 000（400 000 × 20%）元，但由于机器 A 的公允价值减去处置费用后的净额为 150 000 元，因此，机器 A 最多只能确认减值损失 50 000（200 000–150 000）元，而未能分摊的减值损失 30 000（80 000–50 000）元，应当在机器 B 和机器 C 之间进行再分摊。

根据上述计算和分摊结果，构成甲生产线的机器 A、机器 B 和机器 C 应当分别确认减值损失 50 000 元、131 250 元和 218 750 元，账务处理如下：

借：资产减值损失——机器 A　　50 000
　　　　　　　　——机器 B　　131 250
　　　　　　　　——机器 C　　218 750
　贷：固定资产减值准备——机器 A　　50 000
　　　　　　　　　　　——机器 B　　131 250
　　　　　　　　　　　——机器 C　　218 750

9.4　商誉发生减值时的会计处理

案例与问题

【例 9–4】甲企业在 2×18 年 1 月 1 日以 1 600 万元的价格收购了乙企业 80% 的股权。在收购日，乙企业可辨认资产的公允价值为 1 500 万元，没有负债和或有负债。因此，甲企业在其合并财务报表中确认商誉 400（1 600–1 500×80%）万元、乙企业可辨认净资产 1 500 万元和少数股东权益 300（1 500×20%）万元。

假定乙企业的所有资产被认定为一个资产组。由于该资产组包括商誉，因此，它至少应当于每年终了进行减值测试。在 2×17 年年末，甲企业确定该资产组的可收回金额为 1 000 万元，可辨认净资产的账面价值为 1 350 万元。

【问题】甲企业如何进行会计处理？

规范与要求

《企业会计准则第 8 号——资产减值》做了以下规定。

第二十三条　企业合并所形成的商誉，至少应当在每年年度终了进行减值测试。商誉应当结合与其相关的资产组或者资产组组合进行减值测试。

相关的资产组或者资产组组合应当是能够从企业合并的协同效应中受益的资产组或者资产组组合，不应当大于按照《企业会计准则第 35 号——分部报告》所确定的报告分部。

第二十四条　企业进行资产减值测试，对于因企业合并形成的商誉的账面价值，应当自购买日起按照合理的方法分摊至相关的资产组；难以分摊至相关的资产组的，应当将其分摊至相关的资产组组合。

在将商誉的账面价值分摊至相关的资产组或者资产组组合时，应当按照各资产组或者资产组组合的公允价值占相关资产组或者资产组组合公允价值总额的比例进行分摊。公允价值难以可靠计量的，按照各资产组或者资产组组合的账面价值占相关资产组或者资产组组合账面价值总额的比例进行分摊。

企业因重组等原因改变了其报告结构，从而影响到已分摊商誉的一个或者若干个资产组或者资产组组合构成的，应当按照与本条前款规定相似的分摊方法，将商誉重新分摊至受影响的资产组或资产组组合。

第二十五条　在对包含商誉的相关资产组或者资产组组合进行减值测试时，如与商誉相关的资产组或者资产组组合存在减值迹象的，应当先对不包含商誉的资产组或者资产组组合进行减值测试，计算可收回金额，并与相关账面价值相比较，确认相应的减值损失。再对包含商誉的资产组或者资产组组合进行减值测试，比较这些相关资产组或者资产组组合的账面价值（包括所分摊的商誉的账面价值部分）与其可收回金额，如相关资产组或者资产组组合的可收回金额低于其账面价值的，应当确认商誉的减值损失，按照本准则第二十二条的规定处理。

解析与说明

乙企业的一个单独资产组的可收回金额 1 000 万元中，包括归属于少数股东权益在商誉价值中享有的部分。因此，出于减值测试的目的，在与资产组的可收回金额进行比较之前，必须对资产组的账面价值进行调整，使其包括归属于少数股东权益的商誉价值 100[（1 600÷80%-1 500）×20%] 万元。然后，再据以比较该资产组的账面价值和可收回金额，确定是否发生了减值损失。相关测试过程如表 9-3 所示。

表 9-3　商誉减值测试过程表

单位：万元

项目	商誉	可辨认资产	合计
账面价值	400	1 350	1 750
未确认归属于少数股东权益的商誉价值	100		100
调整后的账面价值	500	1 350	1 850
可收回金额			1 000
减值损失			850

以上计算出的减值损失 850 万元应当首先冲减商誉的账面价值，然后，再将剩余部分分摊至资产组中的其他资产。在本案例中，850 万元减值损失中有 500 万元应当属于商誉减值损失，其中，由于确认的商誉仅限于甲企业持有的乙企业的 80% 的股权部分，因此，甲企业只需要在合并财务报表中确认归属于甲企业的商誉减值损失（500 万元商誉减值损失的 80%，即 400 万元）。剩余的 350（850−500）万元减值损失应当冲减乙企业可辨认资产的账面价值，作为乙企业可辨认资产的减值损失。减值损失的分摊过程如表 9-4 所示。

表 9-4　商誉减值分摊表

单位：万元

项目	商誉	可辨认资产	合计
账面价值	400	1 350	1 750
确认的减值损失	（400）	（350）	（750）
确认减值损失后的账面价值		1 000	1 000

第 10 章 企业会计准则第 9 号——职工薪酬

10.1 货币性短期薪酬的确认与计量

案例与问题

【例 10-1】2×18 年 6 月，安吉公司当月应发工资 2 000 万元，其中包括：生产部门直接生产人员工资 1 000 万元；生产部门管理人员工资 200 万元；管理部门人员工资 360 万元；公司专设产品销售机构人员工资 100 万元；建造厂房人员工资 220 万元；内部开发存货管理系统人员工资 120 万元。根据所在地政府的规定，安吉公司分别按照职工工资总额的 10%、12%、2% 和 10.5% 计提医疗保险费、养老保险费、失业保险费和住房公积金，并缴纳给当地社会保险经办机构和住房公积金管理机构。安吉公司内设医务室。根据 2×17 年实际发生的职工福利费情况，安吉公司预计 2×18 年应承担的职工福利费义务金额为职工工资总额的 2%，职工福利的受益对象为上述所有人员。安吉公司分别按照职工工资总额的 2% 和 1.5% 计提工会经费和职工教育经费。假定安吉公司存货管理系统已处于开发阶段并符合《企业会计准则第 6 号——无形资产》资本化为无形资产的条件。

【问题】安吉公司应如何进行职工薪酬的确认和核算？

规范与要求

《企业会计准则第 9 号——职工薪酬》做了以下规定。

第二条　职工薪酬，是指企业为获得职工提供的服务或解除劳动关系而给予的各种形式的报酬或补偿。职工薪酬包括短期薪酬、离职后福利、辞退福利和其他长期职工福利。企业提供给职工配偶、子女、受赡养人、已故员工遗属及其他受益人等的福利，也属于职工薪酬。

短期薪酬，是指企业在职工提供相关服务的年度报告期间结束后十二个月内需要全部予以支付的职工薪酬，因解除与职工的劳动关系给予的补偿除外。

短期薪酬具体包括：职工工资、奖金、津贴和补贴，职工福利费，医疗保险费、工伤保险费和生育保险费等社会保险费，住房公积金，工会经费和职工教育经费，短期带薪缺勤，短期利润分享计划，非货币性福利以及其他短期薪酬。

带薪缺勤，是指企业支付工资或提供补偿的职工缺勤，包括年休假、病假、短期伤残、婚假、产假、丧假、探亲假等。利润分享计划，是指因职工提供服务而与职工达成的基于利润或其他经营成果提供薪酬的协议。

离职后福利，是指企业为获得职工提供的服务而在职工退休或与企业解除劳动关系后，提供的各种形式的报酬和福利，短期薪酬和辞退福利除外。

辞退福利，是指企业在职工劳动合同到期之前解除与职工的劳动关系，或者为鼓励职工自愿接受裁减而给予职工的补偿。

其他长期职工福利，是指除短期薪酬、离职后福利、辞退福利之外所有的职工薪酬，包括长期带薪缺勤、长期残疾福利、长期利润分享计划等。

第三条　本准则所称职工，是指与企业订立劳动合同的所有人员，含全职、兼职和临时职工，也包括虽未与企业订立劳动合同但由企业正式任命的人员。

未与企业订立劳动合同或未由其正式任命，但向企业所提供服务与职工所提供服务类似的人员，也属于职工的范畴，包括通过企业与劳务中介公司签订用工合同而向企业提供服务的人员。

第四条　下列各项适用其他相关会计准则：

（一）企业年金基金，适用《企业会计准则第 10 号——企业年金基金》。

（二）以股份为基础的薪酬，适用《企业会计准则第 11 号——股份支付》。

第五条　企业应当在职工为其提供服务的会计期间，将实际发生的短期薪酬确认为负债，并计入当期损益，其他会计准则要求或允许计入资产成本的除外。

第六条　企业发生的职工福利费，应当在实际发生时根据实际发生额计入当期损益或相关资产成本。职工福利费为非货币性福利的，应当按照公允价值计量。

第七条　企业为职工缴纳的医疗保险费、工伤保险费、生育保险费等社会保险费和住房公积金，以及按规定提取的工会经费和职工教育经费，应当在职工为其提供服务的会计期间，根据规定的计提基础和计提比例计算确定相应的职工薪酬金额，并确认相应负债，计入当期损益或相关资产成本。

解析与说明

企业为职工支付的职工薪酬包括短期薪酬、离职后福利、辞退福利和其他长期职工福利。货币性短期薪酬作为其中的一种，也是日常经济生活中最常见的职工薪酬方式。企业在按期支付职工的货币性短期薪酬时，应该按照规定在会计上对其进行确认和计量。

在本案例中，相关计算如下。

应计入生产成本的职工薪酬金额=1 000+1 000×（10%+12%+2%+10.5%+2%+2%+1.5%）=1 400（万元）

应计入制造费用的职工薪酬金额=200+200×（10%+12%+2%+10.5%+2%+2%+1.5%）=280（万元）

应计入管理费用的职工薪酬金额=360+360×（10%+12%+2%+10.5%+2%+2%+1.5%）=504（万元）

应计入销售费用的职工薪酬金额=100+100×（10%+12%+2%+10.5%+2%+2%+1.5%）=140（万元）

应计入在建工程成本的职工薪酬金额=220+220×（10%+12%+2%+10.5%+2%+2%+1.5%）=308（万元）

应计入无形资产成本的职工薪酬金额=120+120×（10%+12%+2%+1.5%+2%+2%+1.5%）=168（万元）

安吉公司在分配工资、职工福利费、各种社会保险费、住房公积金、工会经费和职工教育经费等职工薪酬时，应进行如下账务处理。

	借方	贷方
借：生产成本	14 000 000	
制造费用	2 800 000	
管理费用	5 040 000	
销售费用	1 400 000	
在建工程	3 080 000	
研发支出——资本化支出	1 680 000	
贷：应付职工薪酬——工资		20 000 000
——职工福利		400 000
——社会保险费		4 800 000
——住房公积金		2 100 000
——工会经费		400 000
——职工教育经费		300 000

10.2　带薪缺勤的确认和计量

案例与问题

【例 10-2】甲公司自 2×18 年 1 月 1 日起实行累积带薪缺勤制度。制度规定，该公司每名职工每年有权享受 12 个工作日的带薪休假，休假权利可以向后结转两个日历年度。在第 2 年年末，公司将对职工未使用的带薪休假权利支付现金。假定该公司的职工的平均月工资为 2 000 元，职工的月平均工作日为 20 个。下文以甲公司一名直接参与生产的职工为例进行讲解。

【问题】休假到期，甲公司以现金支付了未使用的带薪休假，此时甲公司应如何进行会计处理?

（1）假定 2×18 年 1 月，该名职工没有休假，甲公司应如何进行会计处理?

（2）假定 2×18 年 2 月，该名职工休了 1 天假，甲公司应如何进行会计处理?

（3）假定第 2 年年末（2×19 年 12 月 31 日），该名职工有 5 天未使用的带薪年假，甲公司应如何进行会计处理?

规范与要求

《企业会计准则第 9 号——职工薪酬》做了以下规定。

第八条　带薪缺勤分为累积带薪缺勤和非累积带薪缺勤。企业应当在职工提供服务从而增加了其未来享有的带薪缺勤权利时，确认与累积带薪缺勤相关的职工薪酬，并以累积未行使权利而增加的预期支付金额计量。企业应当在职工实际发生缺勤的会计期间确认与非累积带薪缺勤相关的职工薪酬。

累积带薪缺勤，是指带薪缺勤权利可以结转下期的带薪缺勤，本期尚未用完的带薪缺勤权利可以在未来期间使用。

非累积带薪缺勤，是指带薪缺勤权利不能结转下期的带薪缺勤，本期尚未用完的带薪缺勤权利将予以取消，并且职工离开企业时也无权获得现金支付。

解析与说明

职工因为年休假、病假、短期伤残假、婚假、产假、丧假、探亲假等原因缺勤是很常见的事情，因此，不少企业都会制定带薪缺勤制度对其进行补偿，以方便职工平衡工作和生活的关系。如何在会计上对带薪缺勤进行处理，关系到职工薪酬的确认和计量。

按照规定，当职工提供了服务从而增加了其享有的未来带薪缺勤的权利时，企业就产生了一项义务，应当予以确认和计量，并按照带薪缺勤计划予以支付。实务中，我国企业一般是在缺勤期间计提应付工资时一并处理，即借记“生产成本”等科目，贷记“应付职工薪酬（工资）”科目。因此，本案例中，甲公司在不同情况下对该职工的缺勤行为所进行的会计处理如下。

（1）甲公司应当在职工为其提供服务的当月，按照 1 个工作日工资的金额确认与累积带薪缺勤相关的职工薪酬，并做如下账务处理。

借：生产成本　　2 100

　　贷：应付职工薪酬——工资　　2 000

　　　　　　　　——累积带薪缺勤　　100

（2）公司应当在职工为其提供服务的当月，按照 1 个工作日工资的金额确认与累积带薪缺勤相关的职工薪酬，反映职工使用累积权利的情况，并做如下账务处理。

借：生产成本　　2 100

　　贷：应付职工薪酬——工资　　2 000

　　　　　　　　——累积带薪缺勤　　100（计提本期休假）

借：应付职工薪酬——累积带薪缺勤　　100

　　贷：生产成本　　100（使用上期休假）

（3）2×19 年年末，结算员工已到期未使用带薪休假天数，并以现金支付，并做如下账务处理。

借：应付职工薪酬——累积带薪缺勤　　500

　　贷：库存现金　　（5×100）500

10.3　短期利润共享计划的确认和计量

案例与问题

【例 10-3】丙公司有一项利润分享计划，要求丙公司将其至 2×18 年的税前利润的指定比例以奖金的形式支付给在 2×18 年 7 月 1 日至 2×19 年 6 月 30 日为丙公司提供服务的职工。丙公司 2×18 年的税前利润为 10 000 000 元。该奖金于 2×19 年 6 月 30 日支付。假若 2×18 年 12 月 31 日至 2×19 年 6 月 30 日期间没有职工离职，则当年的利润共享支付总额为税前利润的 3%。丙公司估计职工离职将使支付额降低至税前利润的 2.5%（其中，直接参加生产的职工享有 1%，总部管理人员享有 1.5%）。到了 2×19 年 6 月 30 日，丙公司的职工离职使其支付的利润分享金额为 2×18 年税前利润的 2.8%（直接参加生产的职工享有 1.1%，总部管理人员享有 1.7%）。不考虑个人所得税影响。

【问题】丙公司在 2×18 年 12 月 31 日应当如何对该项利润分享计划进行会计处理？2×19 年 6 月 30 日又该如何进行会计处理？

规范与要求

《企业会计准则第 9 号——职工薪酬》做了以下规定。

第九条　利润分享计划同时满足下列条件的，企业应当确认相关的应付职工薪酬：

（一）企业因过去事项导致现在具有支付职工薪酬的法定义务或推定义务；

（二）因利润分享计划所产生的应付职工薪酬义务金额能够可靠估计。属于下列三种情形之一的，视为义务金额能够可靠估计：

1. 在财务报告批准报出之前企业已确定应支付的薪酬金额。

2. 该短期利润分享计划的正式条款中包括确定薪酬金额的方式。

3. 过去的惯例为企业确定推定义务金额提供了明显证据。

第十条　职工只有在企业工作一段特定期间才能分享利润的，企业在计量利润分享计划产生的应付职工薪酬时，应当反映职工因离职而无法享受利润分享计划福利的可能性。

如果企业在职工为其提供相关服务的年度报告期间结束后十二个月内，不需要全部支付利润分享计划产生的应付职工薪酬，该利润分享计划应当适用本准则其他长期职工福利的有关规定。

解析与说明

为了鼓励职工长期留在企业提供服务，有的企业可能制定利润分享和奖金计划，规定当职工在企业工作了特定年限后，能够享有按照企业净利润的一定比例计算的奖金。如果职工在企业工作到特定期末，那么其提供的服务就会增加企业应付的职工薪酬的金额。尽管企业没有支付这类奖金的法定义务，但是如果有支付此类奖金的惯例，或者说企业除了支付奖金外没有其他现实的选择，那么这样的计划就使企业产生了一项推定义务。企业根据其经济效益增长的实际情况提取的奖金，属于利润分享和奖金计划。

在该项利润分享计划中，因为业绩是基于职工在 2×18 年 7 月 1 日至 2×19 年 6 月 30 日期间提供的服务。因此，丙公司在 2×18 年 12 月 31 日应按照 2×18 年的税前利润的 50% 的 2.5% 确认负债和成本及费用，金额为 125 000（10 000 000×50%×2.5%）元。余下的利润分享金额，连同针对估计金额与实际支付金额之间的差额做出的调整额，在2×19年予以确认。

2×18年12月31日的账务处理如下。

借：生产成本　　50 000

　　管理费用　　75 000

　　贷：应付职工薪酬——利润分享计划　　125 000

2×19年6月30日，丙公司的职工离职使其支付的利润分享金额为2×18年的税前利润的2.8%（直接参加生产的职工享有1.1%，总部管理人员享有1.7%），在2×19年确认余下的利润分享金额，连同针对估计金额与实际支付金额之间的差额调整额合计为155 000（10 000 000×2.8%-125 000）元，其中，计入生产成本的利润分享计划金额为60 000（10 000 000×1.1%-50 000）元，计入管理费用的利润分享计划金额为95 000（10 000 000×1.7%-75 000）元。

2×19年6月30日的账务处理如下。

借：生产成本　　60 000

　　管理费用　　95 000

　　贷：应付职工薪酬——利润分享计划　　155 000

10.4　离职后福利的确认和计量

案例与问题

【例10-4】（1）甲企业为管理人员设立了一项企业年金：每月该企业按照每个管理人员工资的5%向独立于甲企业的年金基金缴存企业年金，而年金基金将其计入该管理人员个人账户并负责资金的运作。该管理人员退休时可以一次性获得其个人账户的累积额，包括甲企业历年来的缴存额以及相应的投资收益。甲企业除了按照约定向年金基金缴存之外不再负责其他义务：既不享有缴存资金产生的收益，也不承担投资风险。2×18年，按照计划安排，甲企业向年金基金缴存的金额为1 000万元。

【问题】甲企业的该项企业年金应该作为设定提存计划核算还是作为设定收益计划核算？应如何进行会计处理？

（2）甲企业在2×14年1月1日建立一项福利计划，向其未来退休的管理员工提供退休补贴。按照计划管理人员退休时，企业将每年向其支付退休补贴直至其去世。退休补贴根据工龄有不同的层次，该计划于当日开始实施。假设一位55岁的管理人员于2×14年年初入职，年折现率为10%，预计该职工将在服务5年后即2×19年年初退休。该职工退休后直至去世，企业将为其支付的累计退休福利在其退休时点的折现额约为 6 550 元。

【问题】甲企业的该项福利计划应该作为设定提存计划核算还是作为设定收益计划核算？以该 55 岁管理人员为例，甲企业对此应如何进行会计处理？

规范与要求

《企业会计准则第 9 号——职工薪酬》做了以下规定。

第十一条　企业应当将离职后福利计划分类为设定提存计划和设定受益计划。

离职后福利计划，是指企业与职工就离职后福利达成的协议，或者企业为向职工提供离职后福利制定的规章或办法等。其中，设定提存计划，是指向独立的基金缴存固定费用后，企业不再承担进一步支付义务的离职后福利计划；设定受益计划，是指除设定提存计划以外的离职后福利计划。

第十二条　企业应当在职工为其提供服务的会计期间，将根据设定提存计划计算的应缴存金额确认为负债，并计入当期损益或相关资产成本。

根据设定提存计划，预期不会在职工提供相关服务的年度报告期结束后十二个月内支付全部应缴存金额的，企业应当参照本准则第十五条规定的折现率，将全部应缴存金额以折现后的金额计量应付职工薪酬。

第十三条　企业对设定受益计划的会计处理通常包括下列四个步骤：

（一）根据预期累计福利单位法，采用无偏且相互一致的精算假设对有关人口统计变量和财务变量等做出估计，计量设定受益计划所产生的义务，并确定相关义务的归属期间。企业应当按照本准则第十五条规定的折现率将设定受益计划所产生的义务予以折现，以确定设定受益计划义务的现值和当期服务成本。

（二）设定受益计划存在资产的，企业应当将设定受益计划义务现值减去设定受益计划资产公允价值所形成的赤字或盈余确认为一项设定受益计划净负债或净资产。

设定受益计划存在盈余的，企业应当以设定受益计划的盈余和资产上限两项的孰低者计量设定受益计划净资产。其中，资产上限，是指企业可从设定受益计划退款或减少未来对设定受益计划缴存资金而获得的经济利益的现值。

（三）根据本准则第十六条的有关规定，确定应当计入当期损益的金额。

（四）根据本准则第十六条和第十七条的有关规定，确定应当计入其他综合收益的金额。

在预期累计福利单位法下，每一服务期间会增加一个单位的福利权利，并且需对每一个单位单独计量，以形成最终义务。企业应当将福利归属于提供设定受益计划的义务发生的期间。这一期间是指从职工提供服务以获取企业在未来报告期间预计支付的设定受益计划福利开始，至职工的继续服务不会导致这一福利金额显著增加之日为止。

第十四条　企业应当根据预期累计福利单位法确定的公式将设定受益计划产生的福利义务归属于职工提供服务的期间，并计入当期损益或相关资产成本。

当职工后续年度的服务将导致其享有的设定受益计划福利水平显著高于以前年度时，企业应当按照直线法将累计设定受益计划义务分摊确认于职工提供服务而导致企业第一次产生设定受益计划福利义务至职工提供服务不再导致该福利义务显著增加的期间。在确定该归属期间时，不应考虑仅因未来工资水平提高而导致设定受益计划义务显著增加的情况。

第十五条　企业应当对所有设定受益计划义务予以折现，包括预期在职工提供服务的年度报告期间结束后的十二个月内支付的义务。折现时所采用的折现率应当根据资产负债表日与设定受益计划义务期限和币种相匹配的国债或活跃市场上的高质量公司债券的市场收益率确定。

第十六条　报告期末，企业应当将设定受益计划产生的职工薪酬成本确认为下列组成部分：

（一）服务成本，包括当期服务成本、过去服务成本和结算利得或损失。其中，当期服务成本，是指职工当期提供服务所导致的设定受益计划义务现值的增加额；过去服务成本，是指设定受益计划修改所导致的与以前期间职工服务相关的设定受益计划义务现值的增加或减少。

（二）设定受益计划净负债或净资产的利息净额，包括计划资产的利息收益、设定受益计划义务的利息费用以及资产上限影响的利息。

（三）重新计量设定受益计划净负债或净资产所产生的变动。

除非其他会计准则要求或允许职工福利成本计入资产成本，上述第（一）项和第（二）项应计入当期损益；第（三）项应计入其他综合收益，并且在后续会计期间不允许转回至损益，但企业可以在权益范围内转移这些在其他综合收益中确认的金额。

第十七条　重新计量设定受益计划净负债或净资产所产生的变动包括下列部分：

（一）精算利得或损失，即由于精算假设和经验调整导致之前所计量的设定受益计划义务现值的增加或减少。

（二）计划资产回报，扣除包括在设定受益计划净负债或净资产的利息净额中的金额。

（三）资产上限影响的变动，扣除包括在设定受益计划净负债或净资产的利息净额中的金额。

第十八条　在设定受益计划下，企业应当在下列日期孰早日将过去服务成本确认为当期费用：

（一）修改设定受益计划时。

（二）企业确认相关重组费用或辞退福利时。

第十九条　企业应当在设定受益计划结算时，确认一项结算利得或损失。

设定受益计划结算，是指企业为了消除设定受益计划所产生的部分或所有未来义务进行的交易，而不是根据计划条款和所包含的精算假设向职工支付福利。设定受益计划结算利得或损失是下列两项的差额：

（一）在结算日确定的设定受益计划义务现值。

（二）结算价格，包括转移的计划资产的公允价值和企业直接发生的与结算相关的支付。

解析与说明

（1）在本案例中，对于该项企业年金计划，甲企业除了按照约定向年金基金缴存之外不再负责其他义务，既不享有缴存资金产生的收益，也不承担投资风险，符合设定提存计划的定义，因此，该年金计划为设定提存计划。甲企业的账务处理如下。

借：管理费用　　10 000 000

　　贷：应付职工薪酬　　10 000 000

借：应付职工薪酬　　10 000 000

　　贷：银行存款　　10 000 000

（2）在本案例中，该福利计划规定，管理人员退休时，甲企业将每年向其支付退休补贴直至其去世。这表明该福利计划不符合设定提存计划的定义，而是一项设定受益计划。

对于该项福利计划，企业应当根据生命周期表对死亡率进行精算（为阐述方便，本案例中的演算忽略死亡率），并考虑退休补贴的增长率等因素，将退休后的补贴折现到退休时点，然后按照预期累积福利单位法在职工的服务期间进行分配。以该 55

岁管理人员为例，表10-1列示了企业如何按照预期累计福利单位法确定其设定受益义务的现值和当期服务成本，假定精算假设不变。

表10-1　使用预期累计福利单位法确定设定受益义务的现值和当期服务成本

单位：元

年份	2×14	2×15	2×16	2×17	2×18
福利归属于以前年度	0	1 310	2 620	3 930	5 240
福利归属于当年	1 310	1 310	1 310	1 310	1 310
当年和以前年度	1 310	2 620	3 930	5 240	6 550
期初义务	0	890	1 960	3 240	4 760
利率为10%的利息	0	89=890×10%	196=1 960×10%	324=3 240×10%	476=4 760×10%
当期服务成本	890=1 310/（1+10%）^{4}	980=1 310/（1+10%）^{3}	1 080=1 310/（1+10%）^{2}	1 190=1 310/（1+10%）	1 310
期末义务	890	1 959=890+980+89	3 236=1 960+196+1 080	4 754=3 240+324+1 190	6 546=4 760+476+1 310

注：（1）期初义务是归属于以前年度的设定受益义的现值。

（2）当期服务成本是归属于当年的设定受益义务的现值。

（3）期末义务是归属于当年和以前年度的设定受益义务的现值。

本案例中，该职工退休后直至去世前企业将为其支付的累计退休福利在其退休时点的折现额约为6 550元，其为企业服务的5年中每年所赚取的当期福利为这一金额的1/5即1 310元。当期服务成本即为归属于当年福利的现值。因此，在2×14年，当期服务成本约为890（1 310/1.14）元，其他各年以此类推。

2×14年年末，企业的会计处理如下：

借：管理费用（当期服务成本）　　890

　　贷：应付职工薪酬　　890

同理，2×15年年末，企业的会计处理如下：

借：管理费用（当期服务成本）　　980

　　贷：应付职工薪酬　　　　　　　　980

借：财务费用　　　　　　　　89

　　贷：应付职工薪酬　　　　　　　　89

以后各年，以此类推。

10.5　辞退福利的确认和计量

案例与问题

【例 10-5】甲公司为一家空调制造企业。2×18 年 9 月，为了能够在下一年度顺利实施转产，甲公司管理层制定了一项辞退计划。计划规定：从 2×19 年 1 月 1 日起，企业将以职工自愿的方式，辞退其柜式空调生产车间的职工。辞退计划的详细内容，包括拟辞退的职工所在的部门、数量，以及各级别职工能够获得的补偿以及计划大体实施的时间等均已与职工沟通，并达成一致意见。辞退计划已于当年 12 月 10 日经董事会正式批准，将于下一个年度内实施完毕。2×18 年 12 月 31 日，企业预计接受辞退未排的各级别的职工数量的最佳估计数（最可能发生数）及其应支付的补偿如表 10-2 所示。

表 10-2　辞退计划的相关估计

<table>
<tr><th>所属部门</th><th>职位</th><th>辞退数量（人）</th><th>工龄（年）</th><th>每人补偿（万元）</th></tr>
<tr><td rowspan="3">空调车间</td><td rowspan="3">车间主任
副主任</td><td rowspan="3">10</td><td>1~10</td><td>10</td></tr>
<tr><td>10~20</td><td>20</td></tr>
<tr><td>20~30</td><td>30</td></tr>
<tr><td rowspan="6">空调车间</td><td rowspan="3">高级技工</td><td rowspan="3">50</td><td>1~10</td><td>8</td></tr>
<tr><td>10~20</td><td>18</td></tr>
<tr><td>20~30</td><td>28</td></tr>
<tr><td rowspan="3">一般技工</td><td rowspan="3">100</td><td>1~10</td><td>5</td></tr>
<tr><td>10~20</td><td>15</td></tr>
<tr><td>20~30</td><td>25</td></tr>
<tr><td>合计</td><td></td><td>160</td><td></td><td></td></tr>
</table>

【问题】甲公司执行辞退计划确认和计量辞退福利时，如何进行会计处理？

规范与要求

《企业会计准则第 9 号——职工薪酬》做了以下规定。

第二十条　企业向职工提供辞退福利的，应当在下列两者孰早日确认辞退福利产生的职工薪酬负债，并计入当期损益：

（一）企业不能单方面撤回因解除劳动关系计划或裁减建议所提供的辞退福利时。

（二）企业确认与涉及支付辞退福利的重组相关的成本或费用时。

第二十一条　企业应当按照辞退计划条款的规定，合理预计并确认辞退福利产生的应付职工薪酬。辞退福利预期在其确认的年度报告期结束后十二个月内完全支付的，应当适用短期薪酬的相关规定；辞退福利预期在年度报告期结束后十二个月内不能完全支付的，应当适用本准则关于其他长期职工福利的有关规定。

解析与说明

辞退福利是指企业在职工劳动合同到期之前解除与职工的劳动关系，或者为鼓励职工自愿接受裁减而给予职工的补偿。辞退福利被视为职工福利的单独类别，是因为导致义务产生的事项是终止职工的雇佣而提供的。辞退福利包括两方面的内容：一是在职工劳动合同尚未到期前，不论职工本人是否愿意，企业决定解除与职工的劳动关系而给予的补偿；二是在职工劳动合同尚未到期前，为鼓励职工自愿接受裁减而给予的补偿，职工有权利选择继续在职或接受补偿离职。辞退福利还包括当公司控制权发生变动时，对辞退的管理层人员进行补偿的情况。

2×18 年 12 月 31 日，企业预计各级别职工拟接受辞退职工数量的最佳估计数（最可能发生数）及应支付的补偿如表 10-3 所示。

表 10-3　拟接受辞退职工数量的最佳估计数及应支付的补偿

所属部门	职位	辞退数量（人）	工龄（年）	接受数量（人）	每人补偿额（万元）	补偿金额（万元）
空调车间	车间主任 副主任	10	1~10	5	10	50
			10~20	2	20	40
			20~30	1	30	30

续表

所属部门	职位	辞退数量（人）	工龄（年）	接受数量（人）	每人补偿额（万元）	补偿金额（万元）
空调车间	高级技工	50	1~10	20	8	160
			10~20	10	18	180
			20~30	5	28	140
	一般技工	100	1~10	50	5	250
			10~20	20	15	300
			20~30	10	25	250
合计		160		123		1 400

按照《企业会计准则第 13 号——或有事项》中的有关计算最佳估计数的方法，甲公司所预计的接受辞退安排的职工数量可以根据最可能发生的数量确定。根据表 10-2，愿意接受辞退安排的职工的数量最可能为 123 名，预计补偿总额为 1 400 万元，则甲公司在 2×18 年（辞退计划是 2×18 年 12 月 10 日由董事会批准）应进行如下账务处理：

借：管理费用　　14 000 000

　　贷：应付职工薪酬——辞退福利　　14 000 000

10.6　在其他长期职工福利中的设定受益计划

案例与问题

【例 10-6】2×18 年年初，甲企业为其管理人员设定了一项递延奖金计划：将 5% 的当年利润作为奖金发放给两年后即 2×19 年年末仍然在职的管理人员。假设 2×17 年的利润为 1 亿元，且该计划条款中明确规定：员工必须在这两年内持续为公司服务，如果提前离开，则拿不到奖金。具体会计处理如下：

步骤一：根据预期累计福利单位法，采用无偏且一致的精算假设对有关人员统计变量和财务变量等进行估计，计量设定受益计划所产生的义务，并按照同久期同币种的国债收益率将设定受益计划所产生的义务予以折现，以确定设定受益计划义务的现值和当期服务成本。

步骤二：核实设定受益计划有无计划资产。假设在本案例中，该项设定受益计划没有计划资产。

步骤三：确定应当计入当期损益的金额。

步骤四：确定重新计量设定受益计划净负债或净资产所产生的变动，包括精算所得或损失、计划资产回报和资产上限影响的变动三个部分，计入当期损益。由于假设本案例中没有计划资产，因此重新计量设定受益计划净负债和净资产所产生的变动仅包括精算利得或损失。

【问题】甲企业如何进行设定受益计划的会计处理？

规范与要求

《企业会计准则第 9 号——职工薪酬》做了以下规定。

第二十三条　除上述第二十二条规定的情形外，企业应当适用本准则关于设定受益计划的有关规定，确认和计量其他长期职工福利净负债或净资产。在报告期末，企业应当将其他长期职工福利产生的职工薪酬成本确认为下列组成部分：

（一）服务成本。

（二）其他长期职工福利净负债或净资产的利息净额。

（三）重新计量其他长期职工福利净负债或净资产所产生的变动。为简化相关会计处理，上述项目的总净额应计入当期损益或相关资产成本。

解析与说明

步骤一：假设不考虑死亡率和离职率等因素，甲企业 2×17 年年初预计两年后其为此计划将支出 500 万元。按照预期累计福利单位法，归属于 2×17 年的福利为 250（500÷2）万元。选取同久期同币种的国债收益率作为折现率（5%）进行折现，则 2×17 年的当期服务成本为 2 380 952.38[2 500 000/（1+5%）] 元。假定 2×17 年年末折现率变为 3%，则 2×17 年的设定受益义务现值即设定受益计划的负债为 2 427 184.47[2 500 000/（1+3%）] 元。

步骤二：2×17 年年末的设定受益计划的净负债（即设定受益计划的负债）为 2 427 184.47 元。

步骤三：如步骤一所示，2×17 年的服务成本为 2 380 952.38 元。由于期初负债为 0，因此，2×17 年年末，设定受益计划的净负债的利息费用为 0。

步骤四：由步骤一可知，2×17 年年末的精算损失为 46 232.09 元。

2×17 年年末，上述递延奖金计划的会计处理为：

借：管理费用——当期服务成本　　2 380 952.38

　　　　　　——精算损失　　46 232.09

　　贷：应付职工薪酬——递延奖金计划　　2 427 184.47

同理，2×18 年年末，假设折现率仍为 3%，甲企业当期服务成本为 250 万元，则设定受益计划的净负债的利息费用 =2 427 184.47×3% ≈ 72 815.53（元）。甲企业 2×18 年年末的会计处理为：

借：管理费用　　2 500 000

　　财务费用　　72 815.53

　　贷：应付职工薪酬——递延奖金计划　　2 572 815.53

实际支付该项递延奖金时，会计处理为：

借：应付职工薪酬——递延奖金计划　　5 000 000

　　贷：银行存款　　5 000 000

10.7　在其他长期职工福利中的设定提存计划

案例与问题

【例 10-7】翠花是甲公司的一名员工，其在 2×14 年 1 月 1 日内退（50 岁），将于 2×18 年 12 月 31 日正式退休（55 岁）。假设甲公司在每年年末应向翠花支付内退工资和福利 5 万元，并假定折现率为 6%。

【问题】甲公司如何进行设定提存计划的会计处理？

规范与要求

《企业会计准则第 9 号——职工薪酬》做了以下规定。

第二十二条　企业向职工提供的其他长期职工福利，符合设定提存计划条件的，应当适用本准则第十二条关于设定提存计划的有关规定进行处理。

解析与说明

企业向职工提供的其他长期职工福利，符合设定提存计划条件的，应当按照设定提存计划的有关规定进行会计处理。符合设定受益计划条件的，企业应当按照设定受益计划的有关规定，确认和计量其他长期职工福利的净负债或净资产。

其他长期职工福利主要包括长期带薪缺勤（如提前 1 年以上内退）、长期残疾福利、长期利润分享计划等。

甲公司的会计处理如下。

（1）2×14 年 1 月 1 日

由于翠花内退，后面 5 年不为甲公司创造价值，但甲公司承诺支付 25 万元。内退日，甲公司应将未来 5 年的薪酬现值确认为负债。

应付职工薪酬现值 =5/（1+6%）+5/（1+6%）2+5/（1+6%）3+5/（1+6%）4+5/（1+6%）5

=4.72+4.45+4.20+3.96+3.74=21.07（万元）

借：管理费用　　　　21.07

　未确认融资费用　　　　3.93

　　贷：应付职工薪酬　　　　25

在 2×14 年 1 月末的资产负债表中，应列示应付职工薪酬 21.07 万元。

应付职工薪酬期末摊余成本 = 应付职工薪酬账面余额 − 未确认融资费用 =25−3.93=21.07（万元）

（2）2×14 年 12 月 31 日

从 2×14 年开始，甲公司应确认利息费用，如表 10−4 所示。

表 10−4　利息费用

单位：万元

日期	支付的职工薪酬	利息费用（6%）	归还本金	应付职工薪酬的摊余成本（本金）
2×14 年 1 月 1 日				21.07
2×14 年 12 月 31 日	5（本 + 息）	1.26	3.74	17.33
2×15 年 12 月 31 日	5（本 + 息）	1.04	3.96	13.37
2×16 年 12 月 31 日	5（本 + 息）	0.8	4.2	9.17
2×17 年 12 月 31 日	5（本 + 息）	0.55	4.45	4.72
2×18 年 12 月 31 日	5（本 + 息）	0.28	4.72	0

根据表 10−4 所示，2×14 年 12 月 31 日，甲公司确认利息费用时的会计分录如下：

借：财务费用　　　　1.26

　　贷：未确认融资费用　　　　1.26

2×14 年年末，甲公司支付内退工资和福利时的会计分录如下：

借：应付职工薪酬　　5

　　贷：银行存款　　5

（3）2×15年年末

2×15年12月31日，甲公司确认利息费用时的会计分录如下：

借：财务费用　　1.04

　　贷：未确认融资费用　　1.04

2×15年年末，甲公司支付内退工资和福利时的会计分录如下：

借：应付职工薪酬　　5

　　贷：银行存款　　5

其余略。

10.8　非货币性职工薪酬的计提

案例与问题

【例10-8】C公司总部各部门经理级别以上的职工可免费使用C公司提供的汽车。同时，C公司为副总裁以上的高级管理人员每人租赁一套住房。C公司总部部门经理级别以上的职工有20名，每人提供一辆桑塔纳汽车免费使用。假定每辆桑塔纳汽车每月计提折旧1 000元。该公司共有副总裁以上的高级管理人员5名，公司为每人租赁一套面积为200平方米带有家具和电器的公寓，月租金为每套8 000元。

【问题】C公司如何进行非货币性职工薪酬的计提？

规范与要求

《企业会计准则第9号——职工薪酬》做了以下规定。

第六条　企业发生的职工福利费，应当在实际发生时根据实际发生额计入当期损益或相关资产成本。职工福利费为非货币性福利的，应当按照公允价值计量。

解析与说明

将拥有的房屋或租赁住房等资产无偿提供给职工使用时，企业应当根据受益对象，将该住房每期应计提的折旧计入相关资产成本或当期损益，同时确认应付职工薪酬，借记“管理费用”“生产成本”“制造费用”等科目，贷记“应付职工薪酬——非货币性福利”科目，并且同时借记“应付职工薪酬——非货币性福利”科目，贷记“累计折旧”科目。编制的会计分录如图10-1所示。

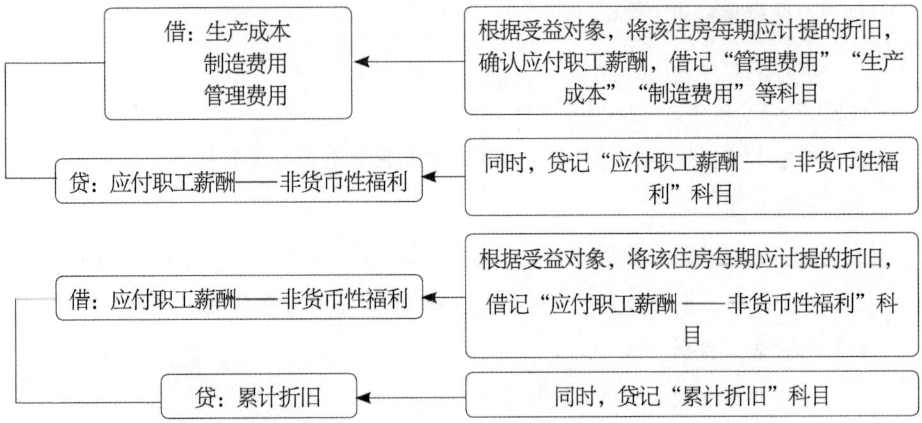

图 10-1　将拥有的房屋或租赁住房等资产无偿提供给职工使用

租赁住房等资产供职工无偿使用的，企业应当根据受益对象，将每期应付的租金计入相关资产成本或当期损益，并确认应付职工薪酬，借记“管理费用”“生产成本”“制造费用”等科目，贷记“应付职工薪酬——非货币性福利”科目。编制的会计分录如图 10-2 所示。

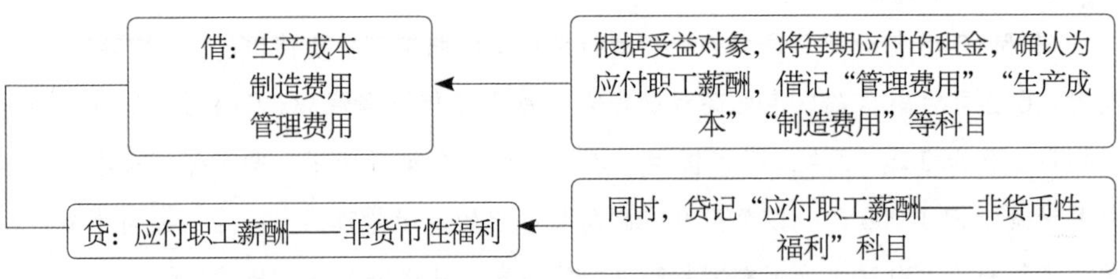

图 10-2　将每期应付的租金记入相关资产成本或当期损益

难以认定受益对象的非货币性福利，直接计入当期损益和应付职工薪酬。

C 公司的有关会计分录如下：

借：管理费用　　60 000

　　贷：应付职工薪酬——非货币性福利　　60 000

借：应付职工薪酬——非货币性福利　　20 000

　　贷：累计折旧　　20 000

应确认的应付职工薪酬 =20×1 000+5×8 000=60 000（元）

其中，提供企业拥有的汽车供职工使用的非货币性福利 =20×1 000=20 000（元）

租赁住房供职工使用的非货币性福利 =5×8 000=40 000（元）

此外，C 公司将其拥有的汽车无偿提供给职工使用的，还应当按照该部分非货币性福利 20 000 元，借记“应付职工薪酬——非货币性福利”科目，贷记“累计折旧”科目。

第 11 章
企业会计准则第 14 号——收入

11.1　收入应该按照总额还是按照净额确认

案例与问题

【例 11-1】A 公司为上市公司，主要从事外贸进出口贸易，其中自营进出口贸易收入占总收入的 2/3，代理进出口、转口贸易收入占总收入的 1/3。A 公司在核算代理进出口、转口贸易业务时，将从客户处收取的全部款项和支出的全部款项（包括上述业务中所涉及的进出口商品的采购价款及相关税费）分别按全额确认为收入和成本，但公司代理的进出口商品价值并未计入资产负债表内的存货项目。

从事代理进出口、转口业务时，作为代理方的 A 公司，通常与委托方约定权利和义务，并签署代理协议。以代理进口业务为例，委托方自行指定国外供应商，与国外供应商商定进口合同各项条款，并对国外供应商的资信及其履行对外合同负全部责任；进口合同签署后，委托方作为实际进口方，承担所有进口合同中商品品质、数量、技术指标方面的风险；委托方承担因自身原因、政策和汇率风险等致使合同不能履行或不能全部履行的责任。A 公司则根据委托方拟订的进口合同条款，以 A 公司名义与国外供应商签订进口合同；A 公司办理有关进口手续；代理进口过程中的一切税费由委托方承担，如需 A 公司代为缴纳的，须由委托方提前汇入 A 公司的指定账户。

假定 B 公司委托 A 公司进口某商品，并签署代理协议，则 A 公司开展该项代理进口业务的基本操作流程如下：

（1）A 公司与 B 公司签署进口合同。

（2）B 公司向 A 公司支付开立信用证所需保证金，A 公司收到保证金并经 B 公司书面确认后，根据进口合同的要求从银行开出信用证，保证金利息归 B 公司所有。

（3）进口商品装运后，B 公司安排海运保险事宜，保险受益人为 A 公司。

（4）A 公司收到国外供应商的付款通知后，经 B 公司书面同意后，A 公司垫付货款。

(5) A公司收取国外供应商的全套单据（包括提货单）。商品到港后，A公司持提货单和报关单等资料办理报关手续，相关费用由B公司承担。

(6) 报关完成后，A公司向B公司发出付款通知单，包括购销汇凭证等。

(7) B公司收到A公司的付款通知单后，将进口商品的货款及其税费、支付给A公司的代理佣金等，扣除已支付的保证金后全额折合成人民币支付给A公司。

(8) A公司收到货款后，向B公司发送进口商品，代理进出口合同履行完毕。

【问题】

（1）A 公司代理进出口业务的收入应按总额确认还是按净额确认？

（2）A 公司应在何时确认代理进出口业务收入？

（3）委托代理合同中的商品是否应计入 A 公司的期末存货？

规范与要求

《企业会计准则第 14 号——收入》做了以下规定。

第二条　收入，是指企业在日常活动中形成的、会导致所有者权益增加的、与所有者投入资本无关的经济利益的总流入。

第四条　“企业应当在履行了合同中的履约义务，即在客户取得相关商品或服务控制权时确认收入。

取得相关商品或服务控制权，是指能够主导该商品或服务的使用并从中获得几乎全部的经济利益。

第十四条　企业应当按照分摊至各单项履约义务的交易价格计量收入。

交易价格，是指企业因向客户转让商品而预期有权收取的对价金额。企业代第三方收取的款项以及企业预期将退还给客户的款项，应当作为负债进行会计处理，不计入交易价格。

第三十四条　企业应当根据其在向客户转让商品或提供服务前是否拥有对该商品或服务的控制权，来判断其从事交易时的身份是主要责任人还是代理人。企业在向客户转让商品或提供服务前能够控制该商品或服务的，该企业为主要责任人，应当按照已收或应收对价总额确认收入；否则，该企业为代理人，应当按照预期有权收取的佣金或手续费的金额确认收入，该金额应当按照已收或应收对价总额扣除应支付给其他相关方的价款后的净额，或者按照既定的佣金金额或比例等确定。

企业向客户转让商品或提供服务前能够控制该商品或服务的情形包括：

（一）企业自第三方取得商品或服务或其他资产控制权后，再转让给客户。

（二）企业能够主导第三方代表本企业向客户提供服务。

（三）企业自第三方取得商品或服务控制权后，通过提供重大的服务将该商品或服务与其他商品或服务整合成某组合产出转让给客户。

在具体判断向客户转让商品或提供服务前是否拥有对该商品或服务的控制权时，企业不应仅局限于合同的法律形式，而应当综合考虑所有相关事实和情况，这些事实和情况包括：

（一）企业承担向客户转让商品或提供服务的主要责任。

（二）企业在转让商品或提供服务之前或之后承担了该商品或服务的存货风险。

（三）企业有权自主决定所交易商品或服务的价格。

（四）其他相关事实和情况。

解析与说明

我国现行的《企业会计准则第 14 号——收入》对收入进行了定义，并且规定了销售商品、提供劳务和让渡资产使用权产生收入的确认原则。虽然现行准则并未对代理业务的收入确认提供明确的指引，但是企业确认的收入应当首先符合收入的定义，即企业仅应将其“在日常活动中形成的、会导致所有者权益增加的、与所有者投入资本无关的经济利益的总流入”确认为收入，而代第三方收取的款项，应当作为负债处理，不应当确认为收入。

（1）本案例中，A 公司的日常活动是根据代理协议为委托人提供代理服务以赚取代理佣金，而并非自身进行进出口贸易买卖商品以赚取商品差价而获利，因此 A 公司仅应当将其赚取的代理佣金收入确认为收入，即以净额确认收入。

本案例中，根据 A 公司签署的前述代理进口协议中对委托方和代理方的权利、责任条款以及 A 公司的业务操作流程，对照《企业会计准则第 14 号——收入》和《国际财务报告准则第 15 号——客户合同收入》应用指南中的相关指引进行综合分析，我们可以进行如下判断：

① A 公司在代理进出口业务中扮演代理方角色；

② A 公司应按净额法确认代理进出口业务的收入，即按 A 公司向委托方收取的代理佣金金额确认收入。

（2）A 公司代理进出口业务收入的确认时点。根据 A 公司代理 B 公司进口业务的基本操作流程，对照准则的相关规定，如果在 A 公司收取 B 公司货款并向 B 公司发货后，与该项代理业务相关的重大风险已转移，且收入确认的其他条件也都得到满足，则A公司应在与B公司的代理协议履行完毕时确认代理佣金收入。

（3）委托代理合同中的商品是否应计入A公司的期末存货。A公司作为代理人，在正常情况下不需要在资产负债表中将购入的代理货物确认为存货。但是在极端的情况下，如B公司有违约的可能等，A公司就需要在资产负债表日根据A公司与B公司的代理协议，以及A公司与国外供应商签订的购销合同，综合考虑A公司对进口商品所承担的风险和报酬因素，判断是否应将该商品计入期末存货。

11.2 收入确认的标准

案例与问题

【例11-2】（1）甲公司销售一批商品给乙公司。乙公司已根据甲公司开出的发票账单支付了货款，取得了提货单，但甲公司尚未将商品移交乙公司。

【问题】判断甲公司能否确认收入？

（2）甲公司是一家电子商务公司，其商务平台在6月18日开展大型促销活动，其自营商品在6月18日当天接受大量订单，并且订单已支付，同时由于订单量激增，大量货物延迟到6月25日发货，部分货物在6月30日24点尚在运输路途中。

【问题】判断甲公司能否在签约收款后，或者发出商品时确认收入？

规范与要求

《企业会计准则第14号——收入》做了以下规定。

第四条　企业应当在履行了合同中的履约义务，即在客户取得相关商品控制权时确认收入。

取得相关商品控制权，是指能够主导该商品的使用并从中获得几乎全部的经济利益。

解析与说明

（1）根据本案例中的资料，甲公司采用交款提货的销售方式，即购买方已根据销售方开出的发票账单支付货款，并取得卖方开出的提货单。在这种情况下，购买方支付货款并取得提货单，但如果购买方此时仍不能主导该商品的使用并从中获得几乎全部的经济利益，那么甲公司在该状况下仍不能确认其收入的实现。

（2）根据收入的确认原则，结合本案例的资料，甲公司对于收入的判断基准应该依据以下几点。

①客户能够主导该商品的使用并从中获得几乎全部的经济利益；

②企业已经将该商品转移给客户，即客户已实物占有该商品；

③客户已接受该商品。

显然，本案例中在运输途中的货物的销售不符合上述条件，因此，甲公司在签约收款后，或者发出商品时不应该确认收入。

11.3　将交易价格分摊至各单项履约义务

案例与问题

【例 11-3】2×19 年 3 月 1 日，甲公司与客户签订合同，向其销售 A、B 两项商品，A 商品的单独售价为 6 000 元，B 商品的单独售价为 24 000 元，合同价款为 25 000 元。合同约定，A 商品于合同开始日交付，B 商品在一个月之后交付，只有当两项商品全部交付之后，甲公司才有权收取 25 000 元的合同对价。假定 A 商品和 B 商品分别构成单项履约义务，其控制权在交付时转移给客户。上述价格均不包含增值税，且假定不考虑相关税费影响。

【问题】A、B 商品分摊的合同价款分别是多少？

规范与要求

《企业会计准则第 14 号——收入》做了以下规定。

第十四条　企业应当按照分摊至各单项履约义务的交易价格计量收入。

交易价格，是指企业因向客户转让商品而预期有权收取的对价金额。企业代第三方收取的款项以及企业预期将退还给客户的款项，应当作为负债进行会计处理，不计入交易价格。

第二十条　合同中包含两项或多项履约义务的，企业应当在合同开始日，按照各单项履约义务所承诺商品的单独售价的相对比例，将交易价格分摊至各单项履约义务。企业不得因合同开始日之后单独售价的变动而重新分摊交易价格。

解析与说明

本案例中，分摊至 A 商品的合同价款为 5 000[（6 000÷（6 000+24 000）×25 000] 元，分摊至 B 商品的合同价款为 20 000[（24 000÷（6 000+24 000）×25 000] 元。

甲公司的账务处理如下。

（1）交付 A 商品时。

借：合同资产　　　　5 000

　　贷：主营业务收入　　　　5 000

（2）交付 B 商品时。

借：应收账款　　　　25 000

　　贷：合同资产　　　　5 000

　　　　主营业务收入　　　　20 000

11.4　履行每一单项履约义务时确认收入

案例与问题

【例 11-4】2×18 年 10 月，甲公司与客户签订合同，为客户装修一栋办公楼并安装一部电梯，合同总金额为 100 万元。甲公司预计的合同总成本为 80 万元，其中包括电梯的采购成本 30 万元。

2×18 年 12 月，甲公司将电梯运达施工现场并经过客户验收，客户已取得对电梯的控制权，但是根据装修进度，预计到 2×19 年 2 月才会安装该电梯。截至 2×18 年 12 月，甲公司累计发生成本 40 万元，其中包括支付给电梯供应商的采购成本 30 万元以及因采购电梯发生的运输和人工等相关成本 5 万元。

假定该装修服务（包括安装电梯）构成单项履约义务，并属于在某一时段内履行的履约义务，甲公司是主要责任人，但不参与电梯的设计和制造；甲公司采用成本法确定履约进度。上述金额均不含增值税。

【问题】甲公司 2×18 年 12 月应确认的收入是多少？

规范与要求

《企业会计准则第 14 号——收入》做了以下规定。

第十二条　对于在某一时段内履行的履约义务，企业应当在该段时间内按照履约进度确认收入，但是，履约进度不能合理确定的除外。企业应当考虑商品的性质，采用产出法或投入法确定恰当的履约进度。其中，产出法是根据已转移给客户的商品对于客户的价值确定履约进度；投入法是根据企业为履行履约义务的投入确定履约进度。

对于类似情况下的类似履约义务，企业应当采用相同的方法确定履约进度。当履约进度不能合理确定时，企业已经发生的成本预计能够得到补偿的，应当按照已经发生的成本金额确认收入，直到履约进度能够合理确定为止。

第十三条　对于在某一时点履行的履约义务，企业应当在客户取得相关商品控制权时点确认收入。在判断客户是否已取得商品控制权时，企业应当考虑下列迹象：

（一）企业就该商品享有现时收款权利，即客户就该商品负有现时付款义务。

（二）企业已将该商品的法定所有权转移给客户，即客户已拥有该商品的法定所有权。

（三）企业已将该商品实物转移给客户，即客户已实物占有该商品。

（四）企业已将该商品所有权上的主要风险和报酬转移给客户，即客户已取得该商品所有权上的主要风险和报酬。

（五）客户已接受该商品。

（六）其他表明客户已取得商品控制权的迹象。

第十四条　满足下列条件之一的，属于在某一时段内履行履约义务；否则，属于在某一时点履行履约义务：

（一）客户在企业履约的同时即取得并消耗企业履约所带来的经济利益。

（二）客户能够控制企业履约过程中在建的商品。

（三）企业履约过程中所产出的商品具有不可替代用途，且该企业在整个合同期间内有权就累计至今已完成的履约部分收取款项。

解析与说明

投入法主要是根据企业履行履约义务的投入确定履约进度的方法，主要包括以投入的材料数量、花费的人工工时或机器工时、发生的成本和时间进度等投入指标确定履约进度。

企业在采用成本法确定履约进度时，可能需要对已发生的成本进行适当调整的情形有：①已发生的成本并未反映企业履行其履约义务的进度；②已发生的成本与企业履行其履约义务的进度不成比例。

若计算履约进度时考虑电梯成本，则已发生的成本和履约进度不成比例，所以计算履约进度时应将电梯成本扣除。

履约进度 =（40−30）÷（80−30）×100%=20%

2×18 年 12 月应确认的收入 =（100-30）×20%+30=44（万元）

已售商品成本 =（80-30）×20%+30=40（万元）

11.5 合同履约成本

案例与问题

【例 11-5】甲公司与乙公司签订合同，为其信息中心提供管理服务，合同期限为 5 年。在向乙公司提供服务之前，甲公司设计并搭建了一个信息技术平台供其内部使用。该信息技术平台由相关的硬件和软件组成。甲公司需要提供设计方案，将该信息技术平台与乙公司现有的信息系统对接，并进行相关测试。该平台并不会转让给乙公司，但是将用于向乙公司提供服务。甲公司为该平台的设计、购买硬件和软件以及信息中心的测试发生了成本。除此之外，甲公司专门指派两名员工，负责向乙公司提供服务。

【问题】上述成本哪些属于甲公司的合同履约成本？

规范与要求

《企业会计准则第 14 号——收入》做了以下规定。

第二十六条　企业为履行合同发生的成本，不属于其他企业会计准则规范范围且同时满足下列条件的，应当作为合同履约成本确认为一项资产：

（一）该成本与一份当前或预期取得的合同直接相关，包括直接人工、直接材料、制造费用（或类似费用）、明确由客户承担的成本以及仅因该合同而发生的其他成本；

（二）该成本增加了企业未来用于履行履约义务的资源；

（三）该成本预期能够收回。

第二十七条　企业应当在下列支出发生时，将其计入当期损益：

（一）管理费用。

（二）非正常消耗的直接材料、直接人工和制造费用（或类似费用），这些支出为履行合同发生，但未反映在合同价格中。

（三）与履约义务中已履行部分相关的支出。

（四）无法在尚未履行的与已履行的履约义务之间区分的相关支出。

解析与说明

本案例中，甲公司为履行合同而发生的上述成本中，购买硬件和软件的成本应当分别按照固定资产和无形资产进行会计处理；设计服务成本、信息中心的测试成本与履行该合同直接相关，并且增加了甲公司未来用于履行履约义务（即提供管理服务）的资源。如果甲公司预期该成本可通过未来提供服务收取的对价收回，则甲公司应当将这些成本确认为一项资产。甲公司向两名负责该项目的员工支付的工资费用，虽然与向乙公司提供服务有关，但是由于其并未增加企业未来用于履行履约义务的资源，因此，应当于发生时计入当期损益。

11.6　合同取得成本

案例与问题

【例 11–6】甲公司是一家咨询公司，其通过竞标赢得一个新客户。为取得和该客户的合同，甲公司发生下列支出：①聘请外部律师进行尽职调查的支出为 15000 元；②因投标发生的差旅费为 10 000 元；③销售人员佣金为 5 000 元。甲公司预期这些支出未来能够收回。此外，甲公司根据其年度销售目标、整体盈利情况及个人业绩等，向销售部门经理支付年度奖金 10 000 元。

【问题】上述支出哪些属于甲公司的合同取得成本?

规范与要求

《企业会计准则第 14 号——收入》做了以下规定。

第二十八条　企业为取得合同发生的增量成本预期能够收回的，应当作为合同取得成本确认为一项资产；但是，该资产摊销期限不超过一年的，可以在发生时计入当期损益。

增量成本，是指企业不取得合同就不会发生的成本（如销售佣金等）。

企业为取得合同发生的、除预期能够收回的增量成本之外的其他支出（如无论是否取得合同均会发生的差旅费等），应当在发生时计入当期损益，但是，明确由客户承担的除外。

解析与说明

本案例中，甲公司向销售人员支付的佣金属于为取得合同发生的增量成本，应当将其作为合同取得成本确认为一项资产。甲公司聘请外部律师进行尽职调查发生的支出，为投标发生的差旅费，无论是否取得合同都会发生，不属于增量成本，因此，应当于发生时直接计入当期损益。甲公司向销售部门经理支付的年度奖金也不是为取得合同发生的增量成本。这是因为该奖金发放与否以及发放金额还取决于其他因素（包括公司的盈利情况和个人业绩等），其并不能直接归属于可识别的合同。

11.7 附有销售退回条款的销售

案例与问题

【例 11–7】甲公司是一家健身器材销售公司。2×18 年 10 月 1 日，甲公司向乙公司销售 5 000 件健身器材，单位销售价格为 500 元，单位成本为 400 元，开出的增值税专用发票上注明的销售价格为 250 万元，增值税额为 40 万元。健身器材已经发出，但款项尚未收到。根据协议约定，乙公司应于 2×18 年 12 月 1 日之前支付货款，在 2×19 年 3 月 31 日之前有权退还健身器材。发出健身器材时，甲公司根据过去的经验，估计该批健身器材的退货率约为 20%：在 2×18 年 12 月 31 日，甲公司对退货率进行了重新评估，认为只有 10% 的健身器材会被退回。甲公司为增值税一般纳税人，健身器材发出时纳税义务已经发生，实际发生退回时取得税务机关开具的红字增值税专用发票。假定健身器材发出时，相关控制权转移给乙公司。

【问题】甲公司应如何进行账务处理?

规范与要求

《企业会计准则第 14 号——收入》做了以下规定。

第三十二条　对于附有销售退回条款的销售，企业应当在客户取得相关商品控制权时，按照因向客户转让商品而预期有权收取的对价金额（即，不包含预期因销售退回将退还的金额）确认收入，按照预期因销售退回将退还的金额确认负债；同时，按照预期将退回商品转让时的账面价值，扣除收回该商品预计发生的成本（包括退回商品的价值减损）后的余额，确认为一项资产，按照所转让商品转让时的账面价值，扣除上述资产成本的净额结转成本。

每一资产负债表日，企业应当重新估计未来销售退回情况，如有变化，应当作为会计估计变更进行会计处理。

《企业会计准则第 14 号——收入》应用指南指出，企业发生附有销售退回条款的销售的，应在客户取得相关商品控制权时，按照已收或应收合同价款，借记“银行存款”“应收账款”“应收票据”“合同资产”等科目，按照因向客户转让商品而预期有权收取的对价金额（即，不包含预期因销售退回将退还的金额），贷记“主营业务收入”“其他业务收入”等科目，按照预期因销售退回将退还的金额，贷记“预计负债——应付退货款”等科目；结转相关成本时，按照预期将退回商品转让时的账面价值，扣除收回该商品预计发生的成本（包括退回商品的价值减损）后的余额，借记本科目，按照已转让商品转让时的账面价值，贷记“库存商品”等科目，按其差额，借记“主营业务成本”“其他业务成本”等科目。涉及增值税的，还应进行相应处理。

解析与说明

甲公司的账务处理如下。

（1）2×18 年 10 月 1 日，发出健身器材。

借：应收账款	2 900 000	
贷：主营业务收入		2 000 000
预计负债——应付退货款		500 000
应交税费——应交增值税（销项税额）		400 000
借：主营业务成本	1 600 000	
应收退货成本	400 000	
贷：库存商品		2 000 000

（2）2×18 年 12 月 1 日前，收到货款。

借：银行存款	2 900 000	
贷：应收账款		2 900 000

（3）2×18 年 12 月 31 日，甲公司对退货率进行重新评估。

借：预计负债——应付退货款	250 000	
贷：主营业务收入		250 000
借：主营业务成本	200 000	
贷：应收退货成本		200 000

（4）2×19 年 3 月 31 日，发生销售退回，实际退货量为 400 件，退货款项已经支付。

借：库存商品	160 000	
应交税费——应交增值税（销项税额）	32 000	
预计负债——应付退货款	250 000	
贷：应收退货成本		160 000

　　　　主营业务收入　　　　　　　　　　　　　　　　　　　50 000
　　　　银行存款　　　　　　　　　　　　　　　　　　　　232 000
　　借：主营业务成本　　　　　　　　　　　　　　　　40 000
　　　　贷：应收退货成本　　　　　　　　　　　　　　　　40 000

对于附有销售退回条款的销售，在客户要求退货时，如果企业有权向客户收取一定金额的退货费，则企业在估计预期有权收取的对价金额时，应当将该退货费包括在内。

11.8　附有质量保证条款的销售

案例与问题

【例 11-8】甲公司与客户签订手机销售合同。该合同约定，该手机自售出起一年内如果发生质量问题，甲公司负责提供质量保证服务。此外，在此期间内，由于客户使用不当（例如手机进水）等原因造成的产品故障，甲公司也免费提供维修服务。该维修服务不能单独购买。

【问题】甲公司提供的质量保证服务和维修服务是否构成单项履约义务？

规范与要求

《企业会计准则第 14 号——收入》做了以下规定。

第三十三条　对于附有质量保证条款的销售，企业应当评估该质量保证是否在向客户保证所销售商品符合既定标准之外提供了一项单独的服务。企业提供额外服务的，应当作为单项履约义务，按照本准则规定进行会计处理；否则，质量保证责任应当按照《企业会计准则第 13 号——或有事项》规定进行会计处理。

在评估质量保证是否在向客户保证所销售商品符合既定标准之外提供了一项单独的服务时，企业应当考虑该质量保证是否为法定要求、质量保证期限以及企业承诺履行任务的性质等因素。客户能够选择单独购买质量保证的，该质量保证构成单项履约义务。

解析与说明

本案例中，甲公司的承诺包括：销售手机、提供质量保证服务以及维修服务。甲公司针对产品的质量问题提供的质量保证服务是为了向客户保证所销售的商品符合既定标准，因此，不构成单项履约义务。甲公司对由于客户使用不当而导致的产品故障提供的免费维修服务，属于在向客户保证所销售的商品符合既定标准之外提供的单独服务，虽然其没有单独销售，但该服务与手机可明确区分，因此，该服务应该作为单项履约义务。

因此，在该合同下，甲公司的履约义务有两项：销售手机和提供维修服务。甲公司应当按照其各自单独售价的相对比例，将交易价格分摊至这两项履约义务，并在各项履约义务履行时分别确认收入。甲公司提供的质量保证服务，应当按照《企业会计准则第 13 号——或有事项》的规定进行会计处理。

11.9　附有客户额外购买选择权的销售

案例与问题

【例 11-9】甲公司以 100 元的价格向客户销售 A 商品。购买该商品的客户可得到一张 40% 的折扣券。客户可以在未来的 30 天内使用该折扣券购买甲公司原价不超过 100 元的任一商品。

同时，甲公司计划推出季节性促销活动，在未来 30 天内针对所有产品均提供 10% 的折扣。

上述两项优惠不能叠加使用。根据历史经验，甲公司预计有 80% 的客户会使用上述折扣券，额外购买的商品的金额平均为 50 元。上述金额均不包含增值税，且假定不考虑相关税费影响。

【问题】甲公司提供的折扣券是否构成单项履约义务?

规范与要求

《企业会计准则第 14 号——收入》做了以下规定。

第三十五条　对于附有客户额外购买选择权的销售，企业应当评估该选择权是否向客户提供了一项重大权利。企业提供重大权利的，应当作为单项履约义务，按照本准则第二十条至第二十四条规定将交易价格分摊至该履约义务，在客户未来行使购买选择权取得相关商品控制权时，或者该选择权失效时，确认相应的收入。客户额外购买选择权的单独售价无法直接观察的，企业应当综合考虑客户行使和不行使该选择权所能获得的折扣的差异、客户行使该选择权的可能性等全部相关信息后，予以合理估计。

客户虽然有额外购买商品选择权，但若客户行使该选择权购买商品时的价格反映了这些商品单独售价，则不应将该选择权视为企业向该客户提供的一项重大权利。

解析与说明

本案例中，购买A商品的客户能够取得40%的折扣券，其远高于所有客户均能享有的10%的折扣，因此，甲公司认为该折扣券向客户提供了重大权利，应当作为单项履约义务。

考虑到客户使用该折扣券的可能性以及额外购买的金额，甲公司估计该折扣券的单独售价为12[50×80%×（40%-10%）]元。甲公司按照A产品和折扣券单独售价的相对比例对交易价格进行分摊，A商品分摊的交易价格为89.29[100÷（100+12）×100]元，折扣券选择权分摊的交易价格为10.71[12÷（100+12）×100]元。

甲公司在销售A商品时的账务处理如下：

借：银行存款　　100

　　贷：主营业务收入　　89.29

　　　　合同负债　　10.71

11.10　授予知识产权许可

案例与问题

【例 11-10】（1）甲公司是一家设计制作连环漫画的公司。乙公司为大型游轮运营商。甲公司授权乙公司可在4年内使用其3部连环漫画中的角色形象和名称，乙公司可以以不同的方式（如展览或演出等）使用这些漫画中的角色。甲公司的每部连环漫画都有相应的主要角色，并会定期创造新的角色，角色的形象也会随时演变。合同要求乙公司必须使用最新的角色形象。在授权期内，甲公司每年向乙公司收取1 000万元。

（2）甲音乐唱片公司（以下简称“甲公司”）将其拥有的一首经典民歌的版权授予乙公司，并约定乙公司在两年内有权在国内所有商业渠道（包括电视、广播和网络广告等）使用该经典民歌。因提供该版权许可，甲公司每月收取1 000元的固定对价。除该版权之外，甲公司无需提供任何其他的商品。该合同不可撤销。

【问题】甲公司授予知识产权许可的收入应如何确认?

规范与要求

《企业会计准则第 14 号——收入》做了以下规定。

第三十六条　企业向客户授予知识产权许可的，应当按照本准则第九条和第十条规定评估该知识产权许可是否构成单项履约义务，构成单项履约义务的，应当进一步确定其是在某一时段内履行还是在某一时点履行。

企业向客户授予知识产权许可，同时满足下列条件时，应当作为在某一时段内履行的履约义务确认相关收入；否则，应当作为在某一时点履行的履约义务确认相关收入：

（一）合同要求或客户能够合理预期企业将从事对该项知识产权有重大影响的活动；

（二）该活动对客户将产生有利或不利影响；

（三）该活动不会导致向客户转让某项商品。

解析与说明

（1）本案例中，甲公司除了授予知识产权许可外不存在其他履约义务。也就是说，与知识产权许可相关的额外活动并未向客户提供其他商品，因为这些活动是企业授予知识产权许可承诺的一部分，且实际上改变了客户享有知识产权许可的内容。甲公司基于下列因素的考虑，认为该许可的相关收入应当在某一时段内确认：一是乙公司合理预期（根据甲公司以往的习惯做法），甲公司将实施对该知识产权许可产生重大影响的活动，包括创作角色及出版包含这些角色的连环漫画等；二是合同要求乙公司必须使用甲公司创作的最新角色，这些角色塑造得成功与否，会直接对乙公司产生有利或不利影响；三是尽管乙公司可以通过该知识产权许可从这些活动中获益，但在这些活动发生时并没有导致向乙公司转让任何商品。

合同规定乙公司在一段固定期间内可无限制地使用其取得授权许可的角色，因此，甲公司按照时间进度确定履约进度。

（2）本案例中，甲公司除了授予该版权许可外不存在其他履约义务。甲公司并无任何义务从事改变该版权的后续活动。该版权也具有重大的独立功能（即民歌的录音可直接用于播放）。乙公司主要通过该重大独立功能获利，而非甲公司的后续活动。因此，合同未要求甲公司开展对该版权许可有重大影响的活动。乙公司对此也没有形成合理预期。因此，甲公司授予该版权许可属于在某一时点履行的履约义务，应在乙公司能够主导该版权的使用并从中获得几乎全部经济利益时，全额确认收入。此外，由于甲公司履约的时间与客户付款时间（两年内每月支付）之间间隔较长，所以甲公司需要判断该项合同中是否存在重大的融资成分，并进行相应的会计处理。

11.11 售后回购

案例与问题

【例 11-11】(1) 2×18 年 4 月 1 日，甲公司向乙公司销售一台设备，销售价格为 200 万元。同时，双方约定两年之后，即 2×20 年 4 月 1 日，甲公司将以 120 万元的价格回购该设备。

(2) 甲公司向乙公司销售其生产的一台设备，销售价格为 2 000 万元。双方约定，乙公司在 5 年后有权要求甲公司以 1 500 万元的价格回购该设备。甲公司预计该设备在回购时的市场价值将远低于 1 500 万元。

【问题】本案例中的交易分别应该做怎样的会计处理?

规范与要求

《企业会计准则第 14 号——收入》做了以下规定。

第三十八条　对于售后回购交易，企业应当区分下列两种情形分别进行会计处理：

(一) 企业因存在与客户的远期安排而负有回购义务或企业享有回购权利的，表明客户在销售时点并未取得相关商品控制权，企业应当作为租赁交易或融资交易进行相应的会计处理。其中，回购价格低于原售价的，应当视为租赁交易，按照《企业会计准则第 21 号——租赁》的相关规定进行会计处理；回购价格不低于原售价的，应当视为融资交易，在收到客户款项时确认金融负债，并将该款项和回购价格的差额在回购期间内确认为利息费用等。企业到期未行使回购权利的，应当在该回购权利到期时终止确认金融负债，同时确认收入。

(二) 企业负有应客户要求回购商品义务的，应当在合同开始日评估客户是否具有行使该要求权的重大经济动因。客户具有行使该要求权重大经济动因的，企业应当将售后回购作为租赁交易或融资交易，按照本条（一）规定进行会计处理；否则，企业应当将其作为附有销售退回条款的销售交易，按照本准则第三十二条规定进行会计处理。

售后回购，是指企业销售商品的同时承诺或有权选择日后再将该商品（包括相同或几乎相同的商品，或以该商品作为组成部分的商品）购回的销售方式。

解析与说明

（1）本案例中，根据合同的约定，甲公司负有在两年后回购该设备的义务，因此，乙公司并未取得该设备的控制权。假定不考虑货币时间价值，则该交易的实质是乙公司支付了 80（200−120）万元的对价取得了该设备 2 年的使用权。甲公司应当将该交易作为租赁交易进行会计处理。

（2）本案例中，假定不考虑时间价值的影响，甲公司的回购价格 1 500 万元低于原售价 2 000 万元，但远高于该设备在回购时的市场价值。由此，甲公司判断乙公司源于重大的经济动因要求甲公司回购该设备。因此，甲公司应当将该交易作为租赁交易进行会计处理。

11.12　合同负债（涉及不同增值税率的储值卡）

案例与问题

【例 11-12】甲公司经营一家连锁超市，以主要责任人的身份销售商品给客户。甲公司销售的商品适用不同的增值税税率，如零食等适用税率为 13%，粮食等适用税率为 9% 等。2×19 年甲公司向客户销售了 5 000 张不可退的储值卡，每张卡的面值为 200 元，总额为 1 000 000 元。客户可在甲公司经营的任意一家门店使用该等储值卡进行消费。根据历史经验，甲公司预期客户购买的储值卡金额将全部被消费。甲公司为增值税一般纳税人，在客户使用该等储值卡消费时发生增值税纳税义务。

【问题】甲公司应如何确认合同负债?

规范与要求

《企业会计准则第 14 号——收入》做了以下规定。

第四十一条　企业应当根据本企业履行履约义务与客户付款之间的关系在资产负债表中列示合同资产或合同负债。企业拥有的、无条件（即，仅取决于时间流逝）向客户收取对价的权利应当作为应收款项单独列示。

合同负债，是指企业已收或应收客户对价而应向客户转让商品的义务。如企业在转让承诺的商品之前已收取的款项。

《企业会计准则第 14 号——收入》应用指南指出，收入的会计处理，一般需要设置“合同负债”会计科目。

（1）本科目核算企业已收或应收客户对价而应向客户转让商品的义务。

（2）本科目应按合同进行明细核算。

（3）合同负债的主要账务处理。

企业在向客户转让商品之前，客户已经支付了合同对价或企业已经取得了无条件收取合同对价权利的，企业应当在客户实际支付款项与到期应支付款项孰早时点，按照该已收或应收的金额，借记“银行存款”“应收账款”“应收票据”等科目，贷记本科目；企业向客户转让相关商品时，借记本科目，贷记“主营业务收入”“其他业务收入”等科目。涉及增值税的，还应进行相应的处理。

企业因转让商品收到的预收款适用本准则进行会计处理时，不再使用“预收账款”科目及“递延收益”科目。

（4）本科目期末贷方余额，反映企业在向客户转让商品之前，已经收到的合同对价或已经取得的无条件收取合同对价权利的金额。

《企业会计准则第28号——会计政策、会计估计变更和差错更正》第八条规定，企业据以进行估计的基础发生了变化，或者由于取得新信息、积累更多经验以及后来的发展变化，可能需要对会计估计进行修订。会计估计变更的依据应当真实、可靠。

会计估计变更，是指由于资产和负债的当前状况及预期经济利益和义务发生了变化，从而对资产或负债的账面价值或者资产的定期消耗金额进行调整。

解析与说明

本案例中，甲公司经营一家连锁超市，销售适用不同税率的各种商品，并收取商品价款及相应的增值税。因此，甲公司销售储值卡收取的款项（1 000 000元）中，仅商品价款部分代表甲公司已收客户对价而应向客户转让商品的义务，应当确认合同负债，其中增值税部分，因不符合合同负债的定义，不应确认为合同负债。

甲公司应根据历史经验（例如公司以往年度类似业务的综合税率等）估计客户使用该类储值卡购买不同税率商品的情况，将估计的储值卡款项中的增值税部分计入“应交税费——待转销项税额”科目，将剩余的商品价款部分确认为合同负债。实际消费情况与预计不同时，根据实际情况进行调整；后续每个资产负债表日根据最新信息对合同负债和应交税费的金额进行重新估计。

11.13　合同负债（电商平台预售购物卡）

案例与问题

【例 11-13】甲公司经营一个电商平台。在该平台上，商家自行负责商品的采购、定价、发货以及售后服务，甲公司仅提供供商家与消费者进行交易的电商平台，并协助商家和消费者结算货款。甲公司按照货款的 5% 向商家收取佣金，并判断自己在商品买卖交易中处于代理人的地位。2×18 年，甲公司向平台的消费者销售了 1 000 张不可退的电子购物卡，每张卡的面值为 200 元，总额 200 000 元。假设不考虑相关税费的影响。

【问题】甲公司应如何确认合同负债？

规范与要求

《企业会计准则第 14 号——收入》做了以下规定。

第三十四条　企业应当根据其在向客户转让商品前是否拥有对该商品的控制权，来判断其从事交易时的身份是主要责任人还是代理人。企业在向客户转让商品前能够控制该商品的，该企业为主要责任人，应当按照已收或应收对价总额确认收入；否则，该企业为代理人，应当按照预期有权收取的佣金或手续费的金额确认收入，该金额应当按照已收或应收对价总额扣除应支付给其他相关方的价款后的净额，或者按照既定的佣金金额或比例等确定。

企业向客户转让商品前能够控制该商品的情形包括：

（一）企业自第三方取得商品或其他资产控制权后，再转让给客户。

（二）企业能够主导第三方代表本企业向客户提供服务。

（三）企业自第三方取得商品控制权后，通过提供重大的服务将该商品与其他商品整合成某组合产出转让给客户。

在具体判断向客户转让商品前是否拥有对该商品的控制权时，企业不应仅局限于合同的法律形式，而应当综合考虑所有相关事实和情况，这些事实和情况包括：

（一）企业承担向客户转让商品的主要责任。

（二）企业在转让商品之前或之后承担了该商品的存货风险。

（三）企业有权自主决定所交易商品的价格。

（四）其他相关事实和情况。

第四十一条　企业应当根据本企业履行履约义务与客户付款之间的关系在

资产负债表中列示合同资产或合同负债。企业拥有的、无条件（即，仅取决于时间流逝）向客户收取对价的权利应当作为应收款项单独列示。

合同负债，是指企业已收或应收客户对价而应向客户转让商品的义务。如企业在转让承诺的商品之前已收取的款项。

解析与说明

本案例中，甲公司在商品买卖交易中为代理人，仅为商家和消费者提供平台及结算服务，并收取佣金。因此，甲公司因销售电子购物卡而收取的款项 200 000 元中，仅佣金部分（200 000×5%，不考虑相关税费）代表甲公司已收客户（商家）对价而应在未来消费者消费时作为代理人向商家提供代理服务的义务，应当确认合同负债。其余部分（即 190 000 元）为甲公司代商家收取的款项，应作为其他应付款待未来消费者消费时支付给相应的商家。

11.14 主要责任人和代理人

案例与问题

【例 11–14】2×19 年 1 月，甲旅行社从 A 航空公司购买了一定数量的折扣机票，并对外销售。甲旅行社向旅客销售机票时，可自行决定机票的价格等，未售出的机票不能退还给 A 航空公司。

【问题】甲公司身份是主要负责人还是代理人？

规范与要求

《企业会计准则第 14 号——收入》做了以下规定。

第三十四条　企业应当根据其在向客户转让商品前是否拥有对该商品的控制权，来判断其从事交易时的身份是主要责任人还是代理人。企业在向客户转让商品前能够控制该商品的，该企业为主要责任人，应当按照已收或应收对价总额确认收入；否则，该企业为代理人，应当按照预期有权收取的佣金或手续费的金额确认收入，该金额应当按照已收或应收对价总额扣除应支付给其他相关方的价款后的净额，或者按照既定的佣金金额或比例等确定。

企业向客户转让商品前能够控制该商品的情形包括：

（一）企业自第三方取得商品或其他资产控制权后，再转让给客户。

（二）企业能够主导第三方代表本企业向客户提供服务。

（三）企业自第三方取得商品控制权后，通过提供重大的服务将该商品与其他商品整合成某组合产出转让给客户。

在具体判断向客户转让商品前是否拥有对该商品的控制权时，企业不应仅局限于合同的法律形式，而应当综合考虑所有相关事实和情况，这些事实和情况包括：

（一）企业承担向客户转让商品的主要责任。

（二）企业在转让商品之前或之后承担了该商品的存货风险。

（三）企业有权自主决定所交易商品的价格。

（四）其他相关事实和情况。

解析与说明

企业在判断其是主要责任人还是代理人时，应当以自身在特定商品转让给客户之前是否能够控制该商品为原则。企业应当根据相关商品的性质、合同条款的约定以及其他具体情况，综合进行判断。不同的合同可能需要采用上述不同的事实和情况提供支持证据。

本案例中，甲旅行社向客户提供的特定商品为机票，并在确定特定客户之前已经预先从航空公司购买了机票，因此，该权利在转让给客户之前已经存在。甲旅行社从 A 航空公司购入机票后，可以自行决定该机票的价格、向哪些客户销售等。甲旅行社有能力主导该机票的使用并且能够获得其几乎全部的经济利益。因此，甲旅行社的身份是主要责任人。

11.15　客户未行使的权利

解析与说明

【例 11–15】甲公司经营连锁面包店。2×18 年，甲公司向客户销售了 5 000 张储值卡，每张卡的面值为 200 元，总额为 1 000 000 元。客户可在甲公司经营的任何一家门店使用该储值卡进行消费。根据历史经验，甲公司预期客户购买的储值卡中将有大约相当于储值卡面值金额 5%（即 50 000 元）的部分不会被消费。截至 2×18 年 12 月 31 日，客户使用该储值卡消费的金额为 400 000 元。甲公司为增值税一般纳税人，在客户使用该储值卡消费时发生增值税纳税义务。

【问题】甲公司如何确认收入?

规范与要求

《企业会计准则第 14 号——收入》做了以下规定。

第三十九条　企业向客户预收销售商品款项的，应当首先将该款项确认为负债，待履行了相关履约义务时再转为收入。当企业预收款项无需退回，且客户可能会放弃其全部或部分合同权利时，企业预期将有权获得与客户所放弃的合同权利相关的金额的，应当按照客户行使合同权利的模式按比例将上述金额确认为收入；否则，企业只有在客户要求其履行剩余履约义务的可能性极低时，才能将上述负债的相关余额转为收入。

解析与说明

本案例中，甲公司预期将有权获得与客户未行使的合同权利相关的金额为 50 000 元。该金额应当按照客户行使合同权利的模式按比例确认为收入。

因此，甲公司在2×18年销售的储值卡应当确认的收入金额为 372 613[（400 000+50 000×400 000÷950 000）÷（1+13%）]元。甲公司的账务处理为：

（1）销售储值卡：

借：库存现金	1 000 000
贷：合同负债	884 956
应交税费——待转销项税额	115 044

（2）根据储值卡的消费金额确认收入，同时将对应的待转销项税额确认为销项税额：

借：合同负债	372 613
应交税费——待转销项税额	48 440
贷：主营业务收入	372 613
应交税费——应交增值税（销项税额）	48 440

11.16　无需退回的初始费

案例与问题

【例 11-16】甲公司经营一家会员制健身俱乐部。甲公司与客户签订了为期 2 年的合同，客户入会之后可以随时在该俱乐部健身。除俱乐部的年费 2 000 元之外，甲公司还向客户收取了 50 元的入会费，用于补偿俱乐部为客户进行注册登记、准备会籍资料以及制作会员卡等初始活动所花费的成本。甲公司收取的入会费和年费均无需返还。

【问题】甲公司如何处理无需返还的入会费与年费？

规范与要求

《企业会计准则第 14 号——收入》做了以下规定。

第四十条　企业在合同开始（或接近合同开始）日向客户收取的无需退回的初始费（如俱乐部的入会费等）应当计入交易价格。企业应当评估该初始费是否与向客户转让已承诺的商品相关。该初始费与向客户转让已承诺的商品相关，并且该商品构成单项履约义务的，企业应当在转让该商品时，按照分摊至该商品的交易价格确认收入；该初始费与向客户转让已承诺的商品相关，但该商品不构成单项履约义务的，企业应当在包含该商品的单项履约义务履行时，按照分摊至该单项履约义务的交易价格确认收入；该初始费与向客户转让已承诺的商品不相关的，该初始费应当作为未来将转让商品的预收款，在未来转让该商品时确认为收入。

企业收取了无需退回的初始费且为履行合同应开展初始活动，但这些活动本身并没有向客户转让已承诺的商品的，该初始费与未来将转让的已承诺商品相关，应当在未来转让该商品时确认为收入，企业在确定履约进度时不应考虑这些初始活动；企业为该初始活动发生的支出应当按照本准则第二十六条和第二十七条规定确认为一项资产或计入当期损益。

解析与说明

本案例中，甲公司承诺的服务是向客户提供健身服务(即可随时使用的健身场地)，而甲公司为会员入会所进行的初始活动并未向客户提供其所承诺的服务，而只是一些内部行政管理性质的工作。因此，甲公司虽然为补偿这些初始活动向客户收取了入会费，但是该入会费实质上是客户为健身服务所支付的对价的一部分，故入会费应当作为健身服务的预收款，与收取的年费一起在 2 年内分摊确认为收入。

第 12 章
企业会计准则第 16 号——政府补助

12.1 政府补助的确认

案例与问题

【例 12-1】2×18 年 2 月，甲企业与所在城市的开发区人民政府签订了项目合作投资协议，实施“退城进园”技改搬迁。根据协议，甲企业在开发区内投资约 4 亿元建设电子信息设备生产基地。生产基地占地面积 400 亩。该项目用地按开发区工业用地基准地价挂牌出让。甲企业摘牌并按挂牌出让价格缴纳土地出让金 4 800 万元。甲企业自开工之日起须在 18 个月内完成搬迁工作，即从原址搬迁至开发区，同时将甲企业位于城区繁华地段的原址用地（200 亩，按照所在地段工业用地基准地价评估为 1 亿元）移交给开发区政府收储。对此，开发区政府将向甲企业支付补偿资金 1 亿元。

【问题】该补偿资金是否属于政府补助？

规范与要求

《企业会计准则第 16 号——政府补助》做了以下规定。

第三条　政府补助具有下列特征：

（一）来源于政府的经济资源。对于企业收到的来源于其他方的补助，有确凿证据表明政府是补助的实际拨付者，其他方只起到代收代付作用的，该项补助也属于来源于政府的经济资源。

（二）无偿性。即企业取得来源于政府的经济资源，不需要向政府交付商品或服务等对价。

第五条　下列各项适用其他相关会计准则：

（一）企业从政府取得的经济资源，如果与企业销售商品或提供服务等活动密切相关，且是企业商品或服务的对价或者是对价的组成部分，适用《企业会计准则 14 号——收入》等相关会计准则。

（二）所得税减免，适用《企业会计准则第 18 号——所得税》。

《企业会计准则第 16 号——政府补助》应用指南中指出，政府向企业提供经济支持，以鼓励或扶持特定行业、地区或领域的发展，是政府进行宏观调控的重要手段，也是国际上通行的做法。对企业而言，并不是所有来源于政府的经济资源都属于本准则规范的政府补助，除政府补助外，还可能是政府对企业的资本性投入或者政府购买服务所支付的对价。本准则要求企业首先根据交易或者事项的实质对来源于政府的经济资源所归属的类型作出判断，对于符合政府补助的定义和特征的，再按照本准则的要求进行确认、计量、列示与披露。

解析与说明

本案例中，甲企业将其位于城区繁华地段的原址用地移交给开发区政府收储，而开发区政府为此向甲企业支付补偿资金 1 亿元。由于开发区政府对甲企业的搬迁补偿是基于甲企业原址用地的公允价值确定的，实质是政府按照相应资产的市场价格向企业购买资产，企业从政府取得的经济资源是企业让渡其资产的对价，双方的交易是互惠性交易，不符合政府补助无偿性的特点。根据《企业会计准则第 16 号——政府补助》应用指南中的描述可知，对企业而言，并不是所有来源于政府的经济资源都属于本准则规范的政府补助，除政府补助外，还可能是政府对企业的资本性投入或者政府购买服务所支付的对价。政府补助的无偿性要求企业取得来源于政府的经济资源，不需要向政府交付商品或服务等对价。因此，甲企业收到的 1 亿元搬迁补偿资金不作为政府补助处理，而应作为处置非流动资产的收入处理。

12.2　用总额法和净额法进行与资产相关的政府补助的会计处理

案例与问题

【例 12-2】按照国家有关政策，企业购置环保设备可以申请补贴，以补偿其环保支出。丁企业于 2×18 年 1 月向政府有关部门提交了 210 万元的补助申请，作为对其购置环保设备的补贴。2×18 年 3 月 15 日，丁企业收到了政府补贴款 210 万元。2×18 年 4 月 20 日，丁企业购入不需安装的环保设备一台，实际成本为 480 万元，使用寿命为 10 年，采用直线法计提折旧（不考虑净残值）。2×26 年 4 月，丁企业的这台设备发生毁损而报废。本案例不考虑相关税费等其他因素。

【问题】分别用总额法和净额法进行该政府补助的会计处理。

规范与要求

《企业会计准则第 16 号——政府补助》应用指南中明确指出政府补助应当划分为与资产相关的政府补助和与收益相关的政府补助。这两类政府补助给企业带来经济利益或者弥补相关成本或费用的形式不同，从而在具体会计处理上存在差别。与资产相关的政府补助，是指企业取得的、用于购建或以其他方式形成长期资产的政府补助。通常情况下，相关补助文件会要求企业将补助资金用于取得长期资产。长期资产将在较长的期间内给企业带来经济利益，因此相应的政府补助的受益期也较长。

政府补助有两种会计处理方法：总额法和净额法。总额法是在确认政府补助时，将其全额一次或分次确认为收益，而不是作为相关资产账面价值或者成本费用等的扣减。净额法是将政府补助确认为对相关资产账面价值或者所补偿成本费用等的扣减。需要说明的是，根据《企业会计准则——基本准则》的要求，同一企业不同时期发生的相同或者相似的交易或者事项，应当采用一致的会计政策，不得随意变更；确需变更的，应当在附注中说明。企业应当根据经济业务的实质，判断某一类政府补助业务应当采用总额法还是净额法进行会计处理，通常情况下，对同类或类似政府补助业务只能选用一种方法，同时，企业对该业务应当一贯地运用该方法，不得随意变更。

《企业会计准则第 16 号——政府补助》做了以下规定。

第八条　与资产相关的政府补助，应当冲减相关资产的账面价值或确认为递延收益。与资产相关的政府补助确认为递延收益的，应当在相关资产使用寿命内按照合理、系统的方法分期计入损益。按照名义金额计量的政府补助，直接计入当期损益。

相关资产在使用寿命结束前被出售、转让、报废或发生毁损的，应当将尚未分配的相关递延收益余额转入资产处置当期的损益。

第九条　与收益相关的政府补助，应当分情况按照以下规定进行会计处理：

（一）用于补偿企业以后期间的相关成本费用或损失的，确认为递延收益，并在确认相关成本费用或损失的期间，计入当期损益或冲减相关成本；

（二）用于补偿企业已发生的相关成本费用或损失的，直接计入当期损益或冲减相关成本。

解析与说明

1. 丁企业选择总额法对此类补助进行会计处理

（1）2×18年3月15日，实际收到财政拨款，确认递延收益：

借：银行存款　　2 100 000

　　贷：递延收益　　2 100 000

（2）2×18年4月20日，购入设备：

借：固定资产　　4 800 000

　　贷：银行存款　　4 800 000

（3）自2×18年5月起，丁企业在每个资产负债表日（月末）都计提折旧，同时分摊递延收益：

①计提折旧（假设该设备用于污染物排放测试，折旧费用计入制造费用）：

借：制造费用　　40 000

　　贷：累计折旧　　40 000

②分摊递延收益：

借：递延收益　　17 500

　　贷：其他收益　　17 500

（4）2×26年4月，设备毁损，同时转销递延收益余额：

借：固定资产清理　　960 000

　　累计折旧　　3 840 000

　　贷：固定资产　　4 800 000

借：递延收益　　420 000

　　贷：固定资产清理　　420 000

借：营业外支出　　540 000

　　贷：固定资产清理　　540 000

2. 丁企业选择净额法对此类补助进行会计处理

（1）2×18年3月15日，实际收到财政拨款，确认递延收益：

借：银行存款　　2 100 000

　　贷：递延收益　　2 100 000

（2）2×18年4月20日，购入设备：

借：固定资产　　4 800 000

　　贷：银行存款　　4 800 000

借：递延收益　　2 100 000
　　贷：固定资产　　2 100 000

（3）自2×18年5月起，丁企业在每个资产负债表日（月末）都计提折旧：

借：制造费用　　22 500
　　贷：累计折旧　　22 500

（4）2×26年4月，设备毁损：

借：固定资产清理　　540 000
　　累计折旧　　2 160 000
　　贷：固定资产　　2 700 000

借：营业外支出　　540 000
　　贷：固定资产清理　　540 000

12.3 用于补偿企业以后期间相关费用的政府补助

案例与问题

【例12-3】甲企业于2×17年3月15日与其所在地地方政府签订合作协议。根据协议约定，当地政府将向甲企业提供1 000万元的奖励资金，用于企业的人才激励和人才引进奖励，而甲企业必须按年向当地政府报送详细的资金使用计划并按规定用途使用资金。协议同时还约定，甲企业自获得奖励起10年内注册地址不得迁离本地区，否则政府有权追回奖励资金。甲企业于2×17年4月10日收到1 000万元的补助资金，分别在2×17年12月、2×18年12月、2×19年12月使用了400万元、300万元和300万元，用于发放给总裁级高管年度奖金。本案例中不考虑相关税费等其他因素。

【问题】甲公司如何处理这笔奖励资金？

规范与要求

《企业会计准则第16号——政府补助》应用指南中明确指出与收益相关的政府补助，应当分情况按照以下规定进行会计处理：用于补偿企业以后期间的相关成本费用或损失的，确认为递延收益，并在确认相关成本费用或损失的期间，计入当期损益或冲减相关成本。对与收益相关的政府补助，企业同样可以选择采用总额法或净额法进行会计处理：选择总额法的，应当计入其他收益或营业外收入；选择净额法的，应当冲减相关成本费用或营业外支出。

与收益相关的政府补助如果用于补偿企业以后期间的相关成本费用或损失，企业在取得时应当先判断企业能否满足政府补助所附条件。根据本准则规定，只有满足政府补助确认条件的才能予以确认，而客观情况通常表明企业能够满足政府补助所附条件，企业应当将其确认为递延收益，并在确认相关成本费用或损失的期间，计入当期损益或冲减相关成本。

《企业会计准则第 16 号——政府补助》做了以下规定。

第九条　与收益相关的政府补助，应当分情况按照以下规定进行会计处理：

（一）用于补偿企业以后期间的相关成本费用或损失的，确认为递延收益，并在确认相关成本费用或损失的期间，计入当期损益或冲减相关成本；

（二）用于补偿企业已发生的相关成本费用或损失的，直接计入当期损益或冲减相关成本。

解析与说明

本案例中，甲企业应当在取得政府补助时先判断是否满足政府补助的确认条件。如果客观情况表明甲企业在未来 10 年内离开该地区的可能性很小，比如通过成本效益分析认为甲企业迁离该地区的成本远高于收益，则甲企业在收到补助资金时应当计入“递延收益”科目，在实际按规定用途使用补助资金时，再将相关补助资金计入当期损益。

假设甲企业选择净额法对此类补助进行会计处理，则其账务处理如下：

（1）2×17 年 4 月 10 日甲企业实际收到补助资金：

借：银行存款　　10 000 000

　　贷：递延收益　　10 000 000

（2）2×17 年 12 月、2×18 年 12 月、2×19 年 12 月，甲企业在将补助资金用于发放高管奖金时，相应结转递延收益：

①2×17 年 12 月：

借：递延收益　　4 000 000

　　贷：管理费用　　4 000 000

②2×18 年 12 月：

借：递延收益　　3 000 000

　　贷：管理费用　　3 000 000

③2×19年12月：

借：递延收益　　　　　　　　　　　　　　　　　　　　　　　3 000 000

　　贷：管理费用　　　　　　　　　　　　　　　　　　　　　　　3 000 000

如果甲企业选择按总额法对此类政府补助进行会计处理，则甲企业应当在确认相关管理费用的期间，借记“递延收益”科目，贷记“其他收益”科目。

如果甲企业在取得补助资金时暂时无法确定能否满足政府补助所附条件（即在未10年内注册地址不得迁离本地区），则其应当将收到的补助资金先计入“其他应付款”科目，待客观情况表明其能够满足政府补助所附条件后再转入“递延收益”科目。

12.4　用于补偿企业已发生的相关费用的政府补助

案例与问题

【例12–4】（1）乙企业销售其自主开发的软件。按照国家有关规定，该企业的这种产品适用增值税即征即退政策：按13%的税率征收增值税后，对其增值税实际税负超过3%的部分实行即征即退。2×19年8月，乙企业在进行纳税申报时，对归属于7月的增值税即征即退提交退税申请，经主管税务机关审核后的退税额为10万元。

【问题】乙企业如何进行会计处理？

（2）丙企业在2×19年11月遭受重大自然灾害，并于2×19年12月20日收到了政府补助资金200万元，用于弥补其遭受自然灾害的损失。

【问题】丙企业如何进行会计处理？

（3）丁企业是集芳烃技术研发、生产于一体的高新技术企业。芳烃的原料是石脑油。石脑油按成品油项目在生产环节征消费税。根据国家有关规定，对使用燃料油、石脑油生产乙烯芳烃的企业购进并用于生产乙烯、芳烃类化工产品的石脑油、燃料油，按实际耗用数量退还所含消费税。假设丁企业石脑油单价为5 333元/吨（其中，消费税2 105元/吨）。2×19年7月，丁企业将115吨石脑油投入生产，石脑油转换率为1.15∶1（即1.15吨石脑油可生产1吨乙烯芳烃），共生产乙烯芳烃100吨。丁企业根据当期产量及所购原料供应商的消费税证明，向税务机关申请退还相应的消费税。

【问题】丁企业如何进行会计处理？

规范与要求

《企业会计准则第 16 号——政府补助》应用指南中明确指出与收益相关的政府补助，应当分情况按照以下规定进行会计处理：用于补偿企业已发生的相关成本费用或损失的，直接计入当期损益或冲减相关成本。对与收益相关的政府补助，企业同样可以选择采用总额法或净额法进行会计处理：选择总额法的，应当计入其他收益或营业外收入；选择净额法的，应当冲减相关成本费用或营业外支出。

用于补偿企业已发生的相关成本费用或损失的，直接计入当期损益或冲减相关成本。这类补助通常与企业已经发生的行为有关，是对企业已发生的成本费用或损失的补偿，或是对企业过去行为的奖励。

《企业会计准则第 16 号——政府补助》做了以下规定。

第九条　与收益相关的政府补助，应当分情况按照以下规定进行会计处理：

（1）用于补偿企业以后期间的相关成本费用或损失的，确认为递延收益，并在确认相关成本费用或损失的期间，计入当期损益或冲减相关成本；

（2）用于补偿企业已发生的相关成本费用或损失的，直接计入当期损益或冲减相关成本。

解析与说明

（1）本案例中，软件企业即征即退增值税与企业日常销售密切相关，属于与企业的日常活动相关的政府补助。乙企业 2×19 年 8 月申请退税并确定了增值税退税额，相关账务处理如下：

借：其他应收款　　100 000

　　贷：其他收益　　100 000

（2）2×19 年 12 月 20 日，丙企业实际收到补助资金并对此类补助选择按总额法进行会计处理，其账务处理如下：

借：银行存款　　2 000 000

　　贷：营业外收入　　2 000 000

（3）本案例中，丁企业当期应退消费税 242 075（100×1.15×2 105）元。丁企业在期末结转存货成本和主营业务成本之前，对该政府补助的账务处理如下：

借：其他应收款　　242 075

　　贷：生产成本　　242 075

12.5 已确认的政府补助需要退回时的会计处理

案例与问题

【例 12-5】按照国家有关政策，企业购置环保设备可以申请补贴，以补偿其环保支出。丁企业于2×18年1月向政府有关部门提交了210万元的补助申请，作为对其购置环保设备的补贴。2×18年3月15日，丁企业收到了政府补贴款210万元。2×18年4月20日，丁企业购入不需安装的环保设备一台，实际成本为480万元，使用寿命10年，采用直线法计提折旧（不考虑净残值）。2×19年5月，因客观环境改变，丁企业不再符合申请补助的条件，有关部门要求丁企业全额退回补助款。丁企业于当月退回了补助款210万元。

【问题】对于已确认的政府补助需要退回时，丁企业如何进行会计处理？

规范与要求

《企业会计准则第16号——政府补助》做了以下规定。

第十五条　已确认的政府补助需要退回的，应当在需要退回的当期分情况按照以下规定进行会计处理：

（一）初始确认时冲减相关资产账面价值的，调整资产账面价值；

（二）存在相关递延收益的，冲减相关递延收益账面余额，超出部分计入当期损益；

（三）属于其他情况的，直接计入当期损益。

解析与说明

1. 丁企业选择总额法对此类补助进行会计处理

丁企业应当结转尚未分配的递延收益，并将超出部分计入当期损益。因为本案例中的该项补助在以前期间已计入其他收益，所以这部分退回的补助需冲减应退回当期的其他收益。

2×19年5月，丁企业退回补助款时：

借：递延收益　　1 890 000

　　其他收益　　210 000

　　贷：银行存款　　2 100 000

2. 丁企业选择净额法对此类补助进行会计处理

丁企业计算应补提的折旧，将这部分费用计入当期损益，相应调整固定资产的账面价值。

2×19 年 5 月，丁企业退回补助款时：

借：固定资产　　2 100 000

　　其他收益　　210 000

　　贷：银行存款　　2 100 000

　　　　累计折旧　　210 000

12.6　综合性项目的政府补助的会计处理

案例与问题

【例 12-6】2×18 年 6 月 15 日，某市科技创新委员会与乙企业签订了科技计划项目合同书，拟对乙企业的新药临床研究项目提供研究补助资金。该项目总预算为 600 万元，其中，市科技创新委员会资助 200 万元，乙企业自筹 400 万元。市科技创新委员会资助的 200 万元用于补助设备费 60 万元、材料费 15 万元、测试化验加工费 95 万元、差旅费 10 万元、会议费 5 万元、专家咨询费 8 万元、管理费用 7 万元。假设除设备费外的其他各项费用都属于研究支出。市科技创新委员会应当在合同签订之日起 30 日内将资金拨付给乙企业。根据双方约定，乙企业应当按合同规定的开支范围，对市科技创新委员会资助的经费实行专款专用。项目实施期限为自合同签订之日起 30 个月，期满后乙企业如未通过验收，则在该项目实施期满后 3 年内，乙企业不得再向市政府申请科技补贴资金。乙企业于 2×18 年 7 月 10 日收到补助资金，在项目期内按照合同约定的用途使用了补助资金。乙企业于 2×18 年 7 月 25 日按项目合同书的约定购置了相关设备，设备成本 150 万元，其中使用补助资金 60 万元。该设备使用年限为 10 年，采用直线法计提折旧（不考虑净残值）。假设本案例中不考虑相关税费等其他因素。

【问题】乙企业如何进行会计处理？

规范与要求

《企业会计准则第 16 号——政府补助》做了以下规定。

第八条　与资产相关的政府补助，应当冲减相关资产的账面价值或确认为递延收益。与资产相关的政府补助确认为递延收益的，应当在相关资产使用寿命内按照合理、系统的方法分期计入损益。按照名义金额计量的政府补助，直接计入当期损益。

相关资产在使用寿命结束前被出售、转让、报废或发生毁损的，应当将尚未分配的相关递延收益余额转入资产处置当期的损益。

第九条　与收益相关的政府补助，应当分情况按照以下规定进行会计处理：

（一）用于补偿企业以后期间的相关成本费用或损失的，确认为递延收益，并在确认相关成本费用或损失的期间，计入当期损益或冲减相关成本；

（二）用于补偿企业已发生的相关成本费用或损失的，直接计入当期损益或冲减相关成本。

第十条　对于同时包含与资产相关部分和与收益相关部分的政府补助，应当区分不同部分分别进行会计处理；难以区分的，应当整体归类为与收益相关的政府补助。《企业会计准则第16号——政府补助》应用指南中对于综合性项目政府补助的会计处理做出明确说明，对于同时包含与资产相关部分和与收益相关部分的政府补助，企业应当将其进行分解，区分不同部分分别进行会计处理；难以区分的，企业应当将其整体归类为与收益相关的政府补助进行会计处理。

解析与说明

本案例中，乙企业收到的政府补助是综合性项目政府补助，需要区分与资产相关的政府补助和与收益相关的政府补助并分别进行处理。假设乙企业选择净额法对收到的与资产相关的政府补助进行会计处理。乙企业的账务处理如下：

（1）2×18年7月10日，乙企业实际收到补贴资金：

借：银行存款　　2 000 000

　　贷：递延收益　　2 000 000

（2）2×18年7月25日，购入设备：

借：固定资产　　1 500 000

　　贷：银行存款　　1 500 000

借：递延收益　　600 000

　　贷：固定资产　　600 000

（3）自2×18年8月起，乙企业在每个资产负债表日（月末）计提折旧，折旧费用计入研发支出：

借：研发支出　　7 500

　　贷：累计折旧　　7 500

（4）对其他与收益相关的政府补助，乙企业应当按照相关经济业务的实质确定是计入其他收益还是冲减相关成本费用：在按规定用途实际使用补助资金时计入损益，或者在实际使用的当期期末根据当期累计使用的金额计入损益，借记“递延收益”科目，贷记有关损益科目。

12.7　涉及政策性优惠贷款贴息的会计处理（财政将贴息资金拨付给贷款银行）

案例与问题

【例 12-7】2×18 年 1 月 1 日，丙企业向银行贷款 100 万元，期限 2 年，按月计息，按季度付息，到期一次还本。这笔贷款资金将被用于国家扶持产业，符合财政贴息的条件，所以贷款利率显著低于丙企业取得同类贷款的市场利率。假设丙企业取得同类贷款的年市场利率为 9%，丙企业与银行签订的贷款合同约定的年利率为 3%，丙企业按季度向银行支付贷款利息，财政按年向银行拨付贴息资金。贴息后，丙企业实际支付的年利息率为 3%，贷款期间的利息费用满足资本化条件，计入相关在建工程的成本。相关计算和摊销数据如表 12-1 所示。

表 12-1　相关借款费用的计算和递延收益的摊销

单位：元

月度	按市场利率应支付银行的利息①	财政贴息②	实际现金流③	实际现金流折现④	长期借款各期实际利息⑤	递延收益摊销金额⑥	长期借款的期末账面价值⑦
0							890 554
1	7 500	5 000	2 500	2 481	6 679	4 179	894 733
2	7 500	5 000	2 500	2 463	6 711	4 211	898 944
3	7 500	5 000	2 500	2 445	6 742	4 242	903 186
4	7 500	5 000	2 500	2 426	6 774	4 274	907 460
5	7 500	5 000	2 500	2 408	6 806	4 306	911 766
6	7 500	5 000	2 500	2 390	6 838	4 338	916 104
7	7 500	5 000	2 500	2 373	6 871	4 371	920 475
8	7 500	5 000	2 500	2 355	6 904	4 404	924 878

续表

月度	按市场利率应支付银行的利息①	财政贴息②	实际现金流③	实际现金流折现④	长期借款各期实际利息⑤	递延收益摊销金额⑥	长期借款的期末账面价值⑦
9	7 500	5 000	2 500	2 337	6 937	4 437	929 315
10	7 500	5 000	2 500	2 320	6 970	4 470	933 785
11	7 500	5 000	2 500	2 303	7 003	4 503	938 288
12	7 500	5 000	2 500	2 286	7 037	4 537	942 825
13	7 500	5 000	2 500	2 269	7 071	4 571	947 397
14	7 500	5 000	2 500	2 252	7 105	4 605	952 002
15	7 500	5 000	2 500	2 235	7 140	4 640	956 642
16	7 500	5 000	2 500	2 218	7 175	4 675	961 317
17	7 500	5 000	2 500	2 202	7 210	4 710	966 027
18	7 500	5 000	2 500	2 185	7 245	4 745	970 772
19	7 500	5 000	2 500	2 169	7 281	4 781	975 553
20	7 500	5 000	2 500	2 153	7 317	4 817	980 369
21	7 500	5 000	2 500	2 137	7 353	4 853	985 222
22	7 500	5 000	2 500	2 121	7 389	4 889	990 111
23	7 500	5 000	2 500	2 105	7 426	4 926	995 037
24	7 500	5 000	1 002 500	837 921	7 463	4 963	1 000 000
合计	180 000	120 000	1 060 000	890 554	169 447	109 446	

注：（1）实际现金流折现（④）为各月实际现金流（③）2 500 元按照月市场利率 0.75%（9% ÷ 12）折现的金额。例如，第一个月实际现金流折现 =2 500 ÷（1+0.75%）≈ 2 481（元），第二个月实际现金流折现 =2 500 ÷（1+0.75%）^{2} ≈ 2 463（元）。

（2）长期借款各期实际利息（⑤）为各月长期借款账面价值（⑦）与月市场利率 0.75% 的乘积。例如，第一个月长期借款的实际利息 =890 554 × 0.75% ≈ 6 679（元）。

（3）摊销金额（⑥）是长期借款各期实际利息（⑤）扣减每月实际支付的利息（③）2 500 元后的金额。例如，第一个月的摊销金额 = 当月长期借款实际利息 – 当月实际支付的利息 =6 679–2 500=4 179（元），第二个月摊销金额 = 当月长期借款 – 当月实际支付的利息 =6 711–2 500=4 211（元）。

【问题】丙企业如何进行会计处理?

规范与要求

《企业会计准则第 16 号——政府补助》做了以下规定。

第十二条　企业取得政策性优惠贷款贴息的，应当区分财政将贴息资金拨付给贷款银行和财政将贴息资金直接拨付给企业两种情况，分别按照本准则第十三条和第十四条进行会计处理。

第十三条　财政将贴息资金拨付给贷款银行，由贷款银行以政策性优惠利率向企业提供贷款的，企业可以选择下列方法之一进行会计处理：

（一）以实际收到的借款金额作为借款的入账价值，按照借款本金和该政策性优惠利率计算相关借款费用。

（二）以借款的公允价值作为借款的入账价值并按照实际利率法计算借款费用，实际收到的金额与借款公允价值之间的差额确认为递延收益。递延收益在借款存续期内采用实际利率法摊销，冲减相关借款费用。

企业选择了上述两种方法之一后，应当一致地运用，不得随意变更。

第十四条　财政将贴息资金直接拨付给企业，企业应当将对应的贴息冲减相关借款费用。

《企业会计准则第 16 号——政府补助》应用指南中指出，政策性优惠贷款贴息是政府为支持特定领域或区域发展，根据国家宏观经济形势和政策目标，对承贷企业的银行借款利息给予的补贴。企业取得政策性优惠贷款贴息的，应当区分财政将贴息资金拨付给贷款银行和财政将贴息资金直接拨付给企业两种情况，分别进行会计处理。在财政将贴息资金拨付给贷款银行的情况下，由贷款银行以政策性优惠利率向企业提供贷款。这种方式下，受益企业按照优惠利率向贷款银行支付利息，并没有直接从政府取得利息补助，企业可以选择下列方法之一进行会计处理：一是以实际收到的借款金额作为借款的入账价值，按照借款本金和该政策性优惠利率计算相关借款费用。通常情况下，实际收到的金额即为借款本金。二是以借款的公允价值作为借款的入账价值并按照实际利率法计算借款费用，实际收到的金额与借款公允价值之间的差额确认为递延收益。递延收益在借款存续期内采用实际利率法摊销，冲减相关借款费用。企业选择了上述两种方法之一后，应当一致地运用，不得随意变更。

在这种情况下，向企业发放贷款的银行并不是受益主体，其仍然按照市场利率收取利息，只是一部分利息来自企业，另一部分利息来自财政贴息。所以贷款银行发挥的是中介作用，并不需要确认与贷款相关的递延收益。

解析与说明

1. 丙企业按方法一进行的账务处理

（1）2×18 年 1 月 1 日，丙企业取得银行贷款 100 万元：

借：银行存款　　1 000 000

　　贷：长期借款——本金　　1000 000

（2）2×18 年 1 月 31 日起，每月月末，丙企业按月计提利息，实际承担的利息支出为 1 000 000×3%÷12=2 500（元）：

借：在建工程　　2 500

　　贷：应付利息　　2 500

2. 丙企业按方法二进行的账务处理

（1）2×18 年 1 月 1 日，丙企业取得银行贷款 100 万元：

借：银行存款　　1 000 000

　　长期借款——利息调整　　109 446

　　贷：长期借款——本金　　1 000 000

　　　　递延收益　　109 446

（2）2×18 年 1 月 31 日，丙企业按月计提利息：

借：在建工程　　6 679

　　贷：应付利息　　2 500

　　　　长期借款——利息调整　　4 179

同时，摊销递延收益：

借：递延收益　　4 179

　　贷：在建工程　　4 179

在上述两种方法下，丙企业每月计入在建工程的利息支出是一致的，均为 2 500 元。不同的是，在方法一下，丙企业的该笔银行贷款在 2×17 年 1 月 1 日的账面价值为 1 000 000 元；在方法二下，丙企业的该笔银行贷款在 2×17 年 1 月 1 日的账面价值为 890 554 元，此外还有递延收益 109 446 元，各月需要按照实际利率法对递延收益进行摊销。

12.8　涉及政策性优惠贷款贴息的会计处理（财政将贴息资金直接拨付给企业）

案例与问题

【例 12-8】2×18 年 1 月 1 日，丙企业向银行贷款 100 万元，期限 2 年，按月计息，按季度付息，到期一次还本。这笔贷款资金将被用于国家扶持产业，符合财政贴息的条件，财政将贴息资金直接拨付给丙企业。丙企业与银行签订的贷款合同约定的年利率为 9%。丙企业按月计提利息，按季度向银行支付贷款利息，以付息凭证向财政部门申请贴息资金。财政部门按年与丙企业结算贴息资金。贴息后，丙企业实际负担的年利息率为 3%。

【问题】丙企业如何进行会计处理？

规范与要求

《企业会计准则第 16 号——政府补助》做了以下规定。

第十二条　企业取得政策性优惠贷款贴息的，应当区分财政将贴息资金拨付给贷款银行和财政将贴息资金直接拨付给企业两种情况，分别按照本准则第十三条和第十四条进行会计处理。

第十三条　财政将贴息资金拨付给贷款银行，由贷款银行以政策性优惠利率向企业提供贷款的，企业可以选择下列方法之一进行会计处理：

（一）以实际收到的借款金额作为借款的入账价值，按照借款本金和该政策性优惠利率计算相关借款费用。

（二）以借款的公允价值作为借款的入账价值并按照实际利率法计算借款费用，实际收到的金额与借款公允价值之间的差额确认为递延收益。递延收益在借款存续期内采用实际利率法摊销，冲减相关借款费用。

企业选择了上述两种方法之一后，应当一致地运用，不得随意变更。

第十四条　财政将贴息资金直接拨付给企业，企业应当将对应的贴息冲减相关借款费用。

《企业会计准则第 16 号——政府补助》应用指南中指出，财政将贴息资金直接拨付给受益企业，企业先按照同类贷款市场利率向银行支付利息，财政部门定期与企业结算贴息。在这种方式下，由于企业先按照同类贷款市场利率向银行支付利息，所以实际收到的借款金额通常就是借款的公允价值，企业应当将对应的贴息冲减相关借款费用。

解析与说明

丙企业的账务处理如下：

（1）2×18年1月1日，丙企业取得银行贷款100万元：

借：银行存款　　1 000 000

　　贷：长期借款——本金　　1 000 000

（2）2×18年1月31日起，每月月末，丙企业按月计提利息，应向银行支付的利息金额为7 500（1000 000×9%÷12）元，企业实际承担的利息支出为2 500（1 000 000×3%÷12）元，应收政府贴息为5 000元：

借：在建工程　　7 500

　　贷：应付利息　　7 500

借：其他应收款　　5 000

　　贷：在建工程　　5 000

12.9　政府补助的列报

案例与问题

【例12-9】丁企业于2×19年1月1日存在尚未摊销的递延收益（与资产相关的政府补助）50万元。该项递延收益对应的固定资产原值是400万元。

【问题】丁企业如何进行会计处理？

规范与要求

《企业会计准则第16号——政府补助》做了以下规定。

第十六条　企业应当在利润表中的“营业利润”项目之上单独列报“其他收益”项目，计入其他收益的政府补助在该项目中反映。

第十七条　企业应当在附注中单独披露与政府补助有关的下列信息：

（一）政府补助的种类、金额和列报项目；

（二）计入当期损益的政府补助金额；

（三）本期退回的政府补助金额及原因。

企业应当在利润表中的“营业利润”项目之上单独列报“其他收益”项目，计入其他收益的政府补助在该项目中反映。冲减相关成本费用的政府补助，在相关成本费用项目中反映。与企业日常经营活动无关的政府补助，在利润表的营业外收支项目中反映。因政府补助涉及递延收益、其他收益、营业外收入以及相关成本费用等多个报表项目，为了全面反映政府补助情况，企业应当在附注中单独披露政府补助的相关信息。本准则规定，企业应当在附注中单独披露与政府补助有关的下列信息：政府补助的种类、金额和列报项目；计入当期损益的政府补助金额；本期退回的政府补助金额及原因。其中，列报项目不仅包括总额法下计入其他收益、营业外收入、递延收益等项目，还包括净额法下冲减的资产和成本费用等项目。

解析与说明

根据规定，丁企业有两种处理方法：

一是继续采用总额法。在这种方法下，丁企业无需调整固定资产原值和递延收益，但需要根据规定对递延收益应当计入“其他收益”还是“营业外收入”进行判断，如果判断应当计入“其他收益”，则应将自 2×19 年 1 月 1 日以来摊销的递延收益从“营业外收入”转入“其他收益”。

二是选择采用净额法。将递延收益在 2×19 年 1 月 1 日的余额冲减相关固定资产原值（原值调整为 350 万元），并以调整后的固定资产账面价值为基础计提折旧，同时调整自 2×19 年 1 月 1 日起因摊销该项递延收益而计入“营业外收入”的金额以及相关资产计提的折旧费用。

需要强调的是，因采用未来适用法，企业不需调整 2×18 年 12 月 31 日有关资产负债的期末余额，在编制 2×19 年年报时也无需调整可比期间的比较数据。

第 13 章
企业会计准则第 17 号——借款费用

13.1　符合借款费用资本化条件的资产

案例与问题

【例 13–1】甲企业将从银行借入的资金分别用于生产 A 产品和 B 产品，其中，A 产品的生产时间较短，为 15 天；B 产品属于大型发电设备，生产时间较长，为 1 年零 3 个月。

【问题】因借入资金而发生的借款费用是否应该资本化？

规范与要求

《企业会计准则第 17 号——借款费用》做了以下规定。

第四条　企业发生的借款费用，可直接归属于符合资本化条件的资产的购建或者生产的，应当予以资本化，计入相关资产成本；其他借款费用，应当在发生时根据其发生额确认为费用，计入当期损益。符合资本化条件的资产，是指需要经过相当长时间的购建或者生产活动才能达到预定可使用或者可销售状态的固定资产、投资性房地产和存货等资产。

《企业会计准则第 17 号——借款费用》解释指出，根据本准则规定，符合借款费用资本化条件的存货包括：如房地产开发企业开发的用于出售的房地产开发产品、机械制造企业制造的用于对外出售的大型机械设备等。这些存货需要经过相当长时间的建造或者生产活动，才能达到预定可使用或者可销售状态。

其中“相当长时间”，是指为资产的购建或者生产所必要的时间，通常为 1 年以上。如果由于人为或者故意等非正常因素导致资产的购建或者生产时间较长的，不属于符合资本化条件的存货。

解析与说明

为生产产品而发生的借款费用在符合资本化条件的情况下应当予以资本化，但在本案例中，由于 A 产品的生产时间较短，不符合需要经过相当长时间的生产才能达到预定可使用状态的资产，所以因生产 A 产品而发生的借款费用不应计入 A 产品的生产成本，而应当计入当期财务费用。

B 产品的生产时间比较长，为一年零三个月，超过一年，属于需要经过相当长时间的生产才能达到预定可销售状态的资产，因此，符合资本化的条件，有关借款费用可以资本化，可计入 B 产品的成本中。

13.2 借款费用资本化后的计量

案例与问题

【例 13-2】某公司于 2×18 年 1 月 1 日动工兴建一幢办公楼，工期为 1 年，工程采用出包方式，分别于 2×18 年 1 月 1 日、7 月 1 日和 10 月 1 日支付工程进度款 1 500 万元、3 000 万元和 1 000 万元。该办公楼于 2×18 年 12 月 31 日完工，且达到预定可使用状态。公司为建造办公楼发生了两笔专门借款，分别如下。

（1）2×18 年 1 月 1 日，专门借款 2 000 万元，借款期限为 3 年，年利率为 8%，利息按年支付。

（2）2×18 年 7 月 1 日，专门借款 2 000 万元，借款期限为 5 年，年利率为 10%，利息按年支付。

闲置专门借款资金均用于固定收益债券短期投资。假定该短期投资的月收益率为 0.5%。公司为建造办公楼的支出总额 5 500（1 500+3 000+1 000）万元超过了专门借款总额 4 000（2 000+2 000）万元，占用了一般借款 1 500 万元。

假定所占用一般借款有两笔，分别如下。

（1）向 A 银行长期借款 2 000 万元，期限为 2×16 年 12 月 1 日至 2×19 年 12 月 1 日，年利率为 6%，按年支付利息。

（2）发行公司债券 10 000 万元，于 2×16 年 1 月 1 日发行，期限为 5 年，年利率为 8%，按年支付利息。

【问题】该公司建造办公楼应予资本化的利息费用金额是多少？

规范与要求

《企业会计准则第 17 号——借款费用》做了以下规定。

第六条 在资本化期间内，每一会计期间的利息（包括折价或溢价的摊销）

资本化金额，应当按照下列规定确定：

（一）为购建或者生产符合资本化条件的资产而借入专门借款的，应当以专门借款当期实际发生的利息费用，减去将尚未动用的借款资金存入银行取得的利息收入或进行暂时性投资取得的投资收益后的金额确定。

专门借款，是指为购建或者生产符合资本化条件的资产而专门借入的款项。

（二）为购建或者生产符合资本化条件的资产而占用了一般借款的，企业应当根据累计资产支出超过专门借款部分的资产支出加权平均数乘以所占用一般借款的资本化率，计算确定一般借款应予资本化的利息金额。资本化率应当根据一般借款加权平均利率计算确定。资本化期间，是指从借款费用开始资本化时点到停止资本化时点的期间，借款费用暂停资本化的期间不包括在内。

第六条（一）规定：为购建或者生产符合资本化条件的资产而借入专门借款的，应当以专门借款当期实际发生的利息费用，减去将尚未动用的借款金额存入银行取得的利息收入或者进行暂时性投资取得的投资收益后的金额确定。

专门借款发生的利息费用，在资本化期间内，应当全部计入符合资本化条件的资产成本，不计算借款资本化率。

专门借款应当有明确的专门用途，即为购建或者生产某项符合资本化条件的资产而专门借入的款项。通常签订有标明该用途的借款合同。

第六条（二）规定：在借款费用资本化期间内，为购建或者生产符合资本化条件的资产占用了一般借款的，应当根据累计资产支出超过专门借款部分的资产支出加权平均数乘以所占用一般借款的资本化率，计算确定一般借款应予资本化的利息金额。一般借款是指除专门借款以外的其他借款。

一般借款加权平均利率 =（所占用一般借款当期实际发生的利息之和 ÷（所占用一般借款本金加权平均数）

解析与说明

（1）专门借款利息的资本化金额 = 专门借款当期实际发生的利息费用 − 将闲置借款金额短期投资取得的投资收益。

为简化计算，全年按 360 天计算。据此，专门借款利息费用的资本化金额为：2 000×8%+2 000×10%×180÷360−500×0.5%×6=245（万元）。

（2）一般借款利息费用的资本化金额 = 累计资产支出超过专门借款部分的资产支出加权平均数 × 所占用一般借款的资本化率。

其中：累计资产支出超过专门借款部分的资产支出加权平均数 =（4 500−

4 000）×180÷360+1 000×90÷360=500（万元）。

一般借款资本化率 =（2000×6%+10000×8%）÷（2000+10000）×100%=7.67%。一般借款利息费用资本化金额为：500×7.67%=38.35（万元）。

（3）建造办公楼应予资本化的利息费用金额 283.35 万元，即：专门借款利息费用资本化金额（245 万元）与一般借款利息费用资本化金额（38.35 万元）之和。

13.3　外币借款汇兑差额的资本化金额

案例与问题

【例 13–3】甲公司于 2×17 年 1 月 1 日，为建造某工程项目专门以面值发行美元公司债券 1 000 万元，年利率为 8%，期限为 3 年。假定不考虑与发行债券有关的辅助费用、未支出专门借款的利息收入或投资收益。合同约定，甲公司于每年 1 月 1 日支付当年利息，到期还本。工程于 2×17 年 1 月 1 日开始实体建造，于 2×18 年 6 月 30 日完工，达到预定可使用状态，期间发生的资产支出如下。

①2×17 年 1 月 1 日，支出 200 万美元。

②2×17 年 7 月 1 日，支出 500 万美元。

③2×18 年 1 月 1 日，支出 300 万美元。

甲公司的记账本位币为人民币，外币业务采用外币业务发生时当日的市场汇率折算。相关汇率如下。

①2×17 年 1 月 1 日，市场汇率为 1 美元 =7.70 元人民币。

②2×17 年 12 月 31 日，市场汇率为 1 美元 =7.75 元人民币。

③2×18 年 1 月 1 日，市场汇率为 1 美元 =7.77 元人民币。

④2×18 年 6 月 30 日，市场汇率为 1 美元 =7.80 元人民币。

【问题】如何计算甲公司外币借款汇兑差额的资本化金额？

规范与要求

《企业会计准则第 17 号——借款费用》做了以下规定。

第九条　在资本化期间内，外币专门借款本金及利息的汇兑差额，应当予以资本化，计入符合资本化条件的资产的成本。

解析与说明

本案例中，甲公司的外币借款汇兑差额的资本化金额如下。

（1）计算2×17年汇兑差额的资本化金额。

①债券应付利息 =1 000×8%×7.75=80×7.75=620（万元）

账务处理如下：

借：在建工程　　6 200 000

　　贷：应付利息　　6 200 000

②外币债券本金及利息汇兑差额 =1 000×（7.75−7.70）+80×（7.75−7.75）=50（万元）

账务处理如下：

借：在建工程　　500 000

　　贷：应付债券　　500 000

（2）2×18年1月1日，实际支付利息时，甲公司应当支付80万美元，折算成人民币为621.60万元。

该金额与原账面金额620万元之间的差额（1.60万元）应当予以资本化，计入在建工程成本。账务处理如下：

借：应付利息　　6 200 000

　　在建工程　　16 000

　　贷：银行存款　　6 216 000

（3）计算2×18年6月30日的汇兑差额的资本化金额。

①债券应付利息 =（1 000×8%×1/2）×7.80=40×7.80=312（万元）

账务处理如下：

借：在建工程　　3 120 000

　　贷：应付利息　　3 120 000

②外币债券本金及利息汇兑差额 =1 000×（7.80−7.75）+40×（7.80−7.80）=50（万元）

账务处理如下：

借：在建工程　　500 000

　　贷：应付债券　　500 000

13.4　暂停借款费用的资本化

案例与问题

【例 13–4】（1）某企业于 2×18 年 1 月 1 日利用专门借款开工兴建一幢办公楼，支出已经发生，因此借款费用从当日起开始资本化。工程预计于 2×18 年 3 月完工。

2×18 年 5 月 15 日，工程施工发生了安全事故，导致工程中断，直到 9 月 10 日才复工。

（2）该企业在北方某地建造某工程期间，遇上冰冻季节（通常为 6 个月），工程施工因此中断，待冰冻季节过后方能继续施工。

【问题】该企业发生工程中断是否应该暂停资本化？

规范与要求

《企业会计准则第 17 号——借款费用》做了以下规定。

第十一条　符合资本化条件的资产在购建或者生产过程中发生非正常中断且中断时间连续超过 3 个月的，应当暂停借款费用的资本化。在中断期间发生的借款费用应当确认为费用，计入当期损益，直至资产的购建或者生产活动重新开始。如果中断是所购建或者生产的符合资本化条件的资产达到预定可使用或者可销售状态必要的程序，借款费用的资本化应当继续进行。

《企业会计准则第 17 号——借款费用》解释指出，非正常中断通常是由于企业管理决策上的原因或者其他不可预见方面的原因等所导致的中断。例如，企业因与施工方发生了质量纠纷，或者工程或生产用料没有及时供应，或者资金周转发生了困难，或者施工或生产发生了安全事故，或者发生了与资产购建或者生产有关的劳动纠纷等原因，导致资产购建或者生产活动发生中断，均属于非正常中断。

非正常中断与正常中断有显著不同。正常中断仅限于因购建或者生产符合资本化条件的资产达到预定可使用或者可销售状态所必要的程序，或者事先可预见的不可抗力因素导致的中断。例如，某些工程建造到一定阶段必须暂停下来进行质量或者安全检查，检查通过后方可继续下一步的建造工作，这类中断是在施工前可以预见的，而且是工程建造必须经过的程序，即属于正常中断。

某些地区的工程在建造过程中，由于可预见的不可抗力因素（本地普遍存在的雨季或冰冻季节等原因）导致施工出现停顿，也属于正常中断。例如，某企业在北方某地建造某工程期间，正遇冰冻季节，工程施工不得不中断，待冰冻季节过后才能继续施工。由于该地区在施工期间出现较长时间的冰冻是正常情况，由此而导致的施工中断属于因可预见的不可抗力因素导致的中断，是正常中断，借款费用的资本化可继续进行，不必暂停。

解析与说明

（1）该中断属于非正常中断，因此，上述专门借款在5月15日至9月10日间所发生的借款费用不应资本化，而应作为财务费用计入当期损益。

（2）由于该地区在施工期间出现较长时间的冰冻为正常情况，由此导致的施工中断是可预见的不可抗力因素导致的中断，属于正常中断。在正常中断期间所发生的借款费用可以继续资本化，计入相关资产的成本。

13.5 停止借款费用的资本化

案例与问题

【例13-5】（1）ABC公司借入一笔款项，于2×17年2月1日采用出包方式开工兴建一幢办公楼；2×18年10月10日，办公楼建设完成，达到合同要求；10月30日，工程验收合格；11月15日，办理工程竣工结算；11月20日，完成全部资产移交手续；12月1日，办公楼正式投入使用。

（2）某企业利用借入资金建造由若干幢厂房组成的生产车间，每幢厂房的完工时间不一样，且每幢厂房在其他厂房继续建造期间均可单独使用。

（3）某企业在建设某一涉及数项工程的钢铁冶炼项目时，每个单项工程都是根据各道冶炼工序设计建造的，因此，只有在每项工程都建造完毕后，整个冶炼项目才能正式运转，达到生产和设计要求。

【问题】上述企业应该在何时停止借款费用的资本化？

规范与要求

《企业会计准则第17号——借款费用》做了以下规定。

第十二条　购建或者生产符合资本化条件的资产达到预定可使用或者可销售状态时，借款费用应当停止资本化。在符合资本化条件的资产达到预定可使用或者可销售状态之后所发生的借款费用，应当在发生时根据其发生额确认为费用，计入当期损益。

第十三条　购建或者生产符合资本化条件的资产达到预定可使用或者可销售状态，可从下列几个方面进行判断：

（一）符合资本化条件的资产的实体建造（包括安装）或者生产工作已经全部完成或者实质上已经完成。

（二）所购建或者生产的符合资本化条件的资产与设计要求、合同规定或者生产要求相符或者基本相符，即使有极个别与设计合同或者生产要求不相符的地方，也不影响其正常使用或者销售。

（三）继续发生在所购建或生产的符合资本化条件的资产上的支出金额很少或者几乎不再发生。

购建或者生产符合资本化条件的资产需要试生产或者试运行的，在试生产结果表明资产能够正常生产出合格产品或者试运行结果表明资产能够正常运转或者营业时，应当认为该资产已经达到预定可使用或者可销售状态。

第十四条　购建或者生产的符合资本化条件的资产的各部分分别完工，且每部分在其他部分继续建造过程中可供使用或者可对外销售，且为使该部分资产达到预定可使用或可销售状态所必要的购建或者生产活动实质上已经完成的，应当停止与该部分资产相关的借款费用的资本化。

购建或者生产的资产的各部分分别完工，但必须等到整体完工后才可使用或者可对外销售的，应当在该资产整体完工时停止借款费用的资本化。

解析与说明

（1）在本案例中，ABC 公司应当将 2×18 年 10 月 10 日确定为工程达到预定可使用状态的时点，并将其作为停止借款费用资本化的时点。后续的工程验收日、竣工结算日、资产移交日和投入使用日均不应作为停止借款费用资本化的时点，否则会导致资产价值和利润的高估。

（2）在这种情况下，当其中的一幢厂房完工并达到预定可使用状态时，企业应当停止该幢厂房相关借款费用的资本化。

（3）在这种情况下，每一个单项工程完工后不应认为资产已经达到了预定可使用状态。该企业只有等到整个冶炼项目全部完工，达到预定可使用状态时，才停止借款费用的资本化。

第 14 章 企业会计准则第 18 号——所得税

14.1 资产和负债的计税基础

案例与问题

【**例 14-1**】假定 A 企业于 2×18 年 12 月 20 日取得的某项固定资产，原价为 750 万元，使用年限为 10 年，会计上采用年限平均法计提折旧，净残值为零。税法规定该类（由于技术进步、产品更新换代较快的）固定资产采用加速折旧法计提的折旧可在税前扣除。该企业在计税时采用双倍余额递减法计提折旧，净残值为零。2×18 年 12 月 31 日，企业估计该项固定资产的可收回金额为 550 万元。

【问题】资产负债表日，A 公司的计税基础如何确定？

【**例 14-2**】假定 B 企业 2×18 年因销售产品承诺提供 3 年的保修服务，在当年的利润表中确认了 500 万元的销售费用，同时确认为预计负债，当年未发生任何保修支出。假定按照税法规定，与产品售后服务相关的费用在实际发生时允许税前扣除。

【问题】资产负债表日，B 企业的计税基础如何确定？

规范与要求

《企业会计准则第 18 号——所得税》做了以下规定。

第四条　企业在取得资产、负债时，应当确定其计税基础。资产、负债的账面价值与其计税基础存在差异的，应当按照本准则规定确认所产生的递延所得税资产或递延所得税负债。

第五条　资产的计税基础，是指企业收回资产账面价值过程中，计算应纳税所得额时按照税法规定可以自应税经济利益中抵扣的金额。

第六条　负债的计税基础，是指负债的账面价值减去未来期间计算应纳税所得额时按照税法规定可予抵扣的金额。

解析与说明

以各种方式取得的固定资产，初始确认时按照规定确定的入账价值基本上是被税法认可的，即取得时其账面价值一般等于计税基础。

在【例 14-1】中，2×18 年 12 月 31 日，该项固定资产的账面余额 =750-75×2=600（万元）。该账面余额大于其可收回金额（550 万元），两者之间的差额 50 万元应计入固定资产减值准备。

2×18 年 12 月 31 日，该项固定资产的账面价值 =750-75×2-50=550（万元）

该固定资产的计税基础 =750-750×20%-600×20%=480（万元）

该项固定资产的账面价值 550 万元与其计税基础 480 万元之间的 70 万元的差额，将于未来期间计入企业的应纳税所得额。

在【例 14-2】中，该项预计负债在甲企业 2×18 年 12 月 31 日资产负债表中的账面价值为 500 万元。

该项预计负债的计税基础 = 账面价值 - 未来期间计算应纳税所得额时按照税法规定可予抵扣的金额 =500-500=0。

14.2　税法与会计制度差异的处理

案例与问题

【例 14-3】假定 A 公司于 2×17 年 12 月 1 日购入固定资产。该固定资产的账面原值为 1 000 万元，预计净残值为 0，会计规定按直线法计提折旧，折旧年限为 5 年，税法规定按年数总和法计提折旧，折旧年限为 7 年。2×18 年，A 公司亏损 2 000 万元。按照税法规定，该亏损可以用于抵减以后 5 个会计年度的应纳税所得额，A 公司预计未来 5 年期间能够产生足够的应纳税所得额用以弥补亏损；2×18 年 6 月 1 日，缴纳税收滞纳金 100 万元。

【问题】2×18 年资产负债表日，A 公司的暂时性差异和永久性差异分别是多少？

规范与要求

《企业会计准则第 18 号——所得税》做了以下规定。

第七条　暂时性差异，是指资产或负债的账面价值与其计税基础之间的差额；未作为资产和负债确认的项目，按照税法规定可以确定其计税基础的，该计税基础与其账面价值之间的差额也属于暂时性差异。

按照暂时性差异对未来期间应税金额的影响，分为应纳税暂时性差异和可抵扣暂时性差异。

第八条　应纳税暂时性差异，是指在确定未来收回资产或清偿负债期间的应纳税所得额时，将导致产生应税金额的暂时性差异。

第九条　可抵扣暂时性差异，是指在确定未来收回资产或清偿负债期间的应纳税所得额时，将导致产生可抵扣金额的暂时性差异。

解析与说明

暂时性差异是指资产或负债的账面价值与其计税基础之间的差额；未作为资产和负债确认的项目，按照税法规定可以确定其计税基础的，该计税基础与其账面价值之间的差额也属于暂时性差异。

永久性差异是指某一会计期间，由于会计准则和税法在计算收益、费用或损失时的口径不同所产生的税前会计利润与应纳税所得额之间的差异。这种差异在某一时间发生，在以后时间还可能继续发生，但不能在以后的时期内转回，该种差异只影响当期，不影响其他会计期间。永久性差异最常见的有：国债利息收入，居民企业的股息收入，各种行政罚款，税收滞纳金，无形资产研究开发费税法允许加计扣除50%形成的差异。

由此可以确认本题中，固定资产账面价值 =1 000−1 000÷5=800（万元）；固定资产计税基础 =1 000−1 000×[7÷（7+6+5+4+3+2+1）]=750（万元）。因此，应纳税暂时性差异为 50 万元；可抵扣暂时性差异为 2 000 万元，永久性差异为 100 万元。

14.3　确定递延所得税资产

案例与问题

【例 14-4】假定 A 企业于 2×18 年 12 月 2 日购入一项债务性金融资产，符合以公允价值计量且其变动计入其他综合收益的金融资产定义，所以划分为以公允价值计量且其变动计入其他综合收益的金融资产，取得的成本为 300 万元。2×18 年 12 月 31 日，该项金融资产的公允价值为 250 万元。2×19 年 2 月 12 日，A 公司将该项金融资产全部出售，售价为 245 万元。A 企业适用的所得税税率为 25%。假定该企业不存在其他会计与税收处理的差异，且未来期间 A 公司能够取得足够的应纳税所得额用于抵扣暂时性差异。

【问题】A 公司如何编制与上述业务相关的会计分录?

规范与要求

《企业会计准则第 18 号——所得税》做了以下规定。

第十三条　企业应当以很可能取得用来抵扣可抵扣暂时性差异的应纳税所得额为限，确认由可抵扣暂时性差异产生的递延所得税资产。但是，同时具有下列特征的交易中因资产或负债的初始确认所产生的递延所得税资产不予确认：

（一）该项交易不是企业合并；

（二）交易发生时既不影响会计利润也不影响应纳税所得额（或可抵扣亏损）。

资产负债表日，有确凿证据表明未来期间很可能获得足够的应纳税所得额用来抵扣可抵扣暂时性差异的，应当确认以前期间未确认的递延所得税资产。

第十四条　企业对与子公司、联营企业及合营企业投资相关的可抵扣暂时性差异，同时满足下列条件的，应当确认相应的递延所得税资产：

（一）暂时性差异在可预见的未来很可能转回；

（二）未来很可能获得用来抵扣可抵扣暂时性差异的应纳税所得额。

第十五条　企业对于能够结转以后年度的可抵扣亏损和税款抵减，应当以很可能获得用来抵扣可抵扣亏损和税款抵减的未来应纳税所得额为限，确认相应的递延所得税资产。

解析与说明

因资产负债的账面价值与计税基础不同而产生的可抵扣暂时性差异，在估计未来期间能够取得足够的应纳税所得额用以利用该可抵扣暂时性差异时，应当以很可能取得用来抵扣可抵扣暂时性差异的应纳税所得额为限，确认相关的递延所得税资产。

在资产负债表日，若产生的可抵扣暂时性差异影响其他综合收益，则递延所得税资产的对应科目为其他综合收益。若产生的可抵扣暂时性差异影响损益，则递延所得税资产的对应科目为所得税费用。

在本案例中，2×18 年资产负债表日，该项金融资产的账面价值（250 万元）与其计税基础（300 万元）的差额构成可抵扣暂时性差异，企业应确认相关的递延所得税资产，确认的递延所得税资产的金额 12.5[（300−250）×25%] 万元，应为影响其他综合收益，所以递延所得税资产的对应科目是其他综合收益。

购入金融资产时的账务处理：

借：其他债权投资　　　　3 000 000

　　贷：银行存款　　　　3 000 000

2x18 年资产负债表日的账务处理：

借：其他综合收益　　　　500 000

　　贷：其他债权投资　　　　500 000

借：递延所得税资产　　　　125 000

　　贷：其他综合收益　　　　125 000

处置该项金融资产时的账务处理：

借：银行存款　　　　2 450 000

　　投资收益　　　　550 000

　　贷：其他债权投资　　　　2 500 000

　　　　其他综合收益　　　　500 000

借：其他综合收益　　　　125 000

　　贷：递延所得税资产　　　　125 000

14.4 确定递延所得税负债

案例与问题

【例 14-5】假定 A 公司于 2×18 年 12 月 31 日购入一台管理用设备。该设备的取得成本为 3 000 万元（不含增值税），会计上采用年限平均法计提折旧，使用年限为 10 年，净残值为零。因该资产常年处于强震动状态，所以 A 公司在计税时按双倍余额递减法计列折旧，使用年限及净残值与会计相同。A 企业适用的所得税税率为 25%。假定该企业不存在其他会计与税收处理的差异。

【问题】2×19 年、2×20 年资产负债表日，A 公司的递延所得税负债如何计量?

规范与要求

《企业会计准则第 18 号——所得税》做了以下规定。

第十条　企业应当将当期和以前期间应交未交的所得税确认为负债，将已支付的所得税超过应支付的部分确认为资产。

存在应纳税暂时性差异或可抵扣暂时性差异的，应当按照本准则规定确认递延所得税负债或递延所得税资产。

第十一条　除下列交易中产生的递延所得税负债以外，企业应当确认所有应纳税暂时性差异产生的递延所得税负债：

（一）商誉的初始确认。

（二）同时具有下列特征的交易中产生的资产或负债的初始确认：

1. 该项交易不是企业合并；

2. 交易发生时既不影响会计利润也不影响应纳税所得额（或可抵扣亏损）。

与子公司、联营企业及合营企业的投资相关的应纳税暂时性差异产生的递延所得税负债，应当按照本准则第十二条的规定确认。

第十二条　企业对与子公司、联营企业及合营企业投资相关的应纳税暂时性差异，应当确认相应的递延所得税负债。但是，同时满足下列条件的除外：

（一）投资企业能够控制暂时性差异转回的时间；

（二）该暂时性差异在可预见的未来很可能不会转回。

解析与说明

除有明确规定可不确认递延所得税负债的情况以外，企业对于所有的应纳税暂时性差异均应确认相关的递延所得税负债。除与直接计入所有者权益的交易或事项以及企业合并中取得的资产、负债相关的以外，在确认递延所得税负债的同时，应增加利润表中的所得税费用。

在本案例中，2×19 年资产负债表日，该项固定资产计提的折旧额为 300 万元，计税时允许扣除的折旧额为 600 万元，则该固定资产的账面价值（2 700 万元）与其计税基础（2 400 万元）的差额（300 万元）构成应纳税暂时性差异。企业应确认相关的递延所得税负债，递延所得税负债余额 =（2 700−2 400）×25%=75 万元。

借：所得税费用　　750 000

　　贷：递延所得税负债　　750 000

2×20 年资产负债表日，该项固定资产计提的折旧额为 300 万元，计税时允许扣除的折旧额为 600 万元，则该固定资产的账面价值（2400 万元）与其计税基础（1920 万元）的差额（480 万元）构成应纳税暂时性差异。企业应确认相关的递延所得税负债，递延所得税负债余额 =（2400−1920）×25%=120（万元），2×20 年确认的递延所得税负债金额 =120−75=45（万元）。

借：所得税费用　　450 000

　　贷：递延所得税负债　　450 000

案例与问题

【例 14-6】假定 A 公司与 B 公司签订了一项租赁协议。根据协议，A 公司将原先自用的一栋写字楼出租给 B 公司使用，租赁期开始日期为 2×18 年 3 月 31 日。租赁时，该写字楼的账面余额为 50 000 万元，已计提累计折旧 10 000 万元，未计提减值准备，公允价值为 46 000 万元。A 公司对该项投资性房地产采用公允价值模式进行后续计量。假定转换前该写字楼的计税基础与账面价值相同。税法规定，该写字楼预计尚可使用年限为 20 年，采用年限平均法计提折旧，预计净残值为 0。2×18 年 12 月 31 日，该项写字楼的公允价值为 48 000 万元，A 公司适用的所得税税率为 25%。

【问题】2×18 年资产负债表日，A 公司的递延所得税负债如何计量?

解析与说明

在本案例中，2×18 年资产负债表日，投资性房地产的账面价值是 48 000 万元，计税基础 =（50 000−10 000）−（50 000−10 000）÷20×9÷12=38 500（万元）。由此产生应纳税暂时性差异 9 500 万元，应确认为相关的递延所得税负债。递延所得税负债余额 =9 500×25%=2 375（万元）。

其中，转换日，投资性房地产的公允价值为 46 000 万元，因 A 公司采用公允价值模式进行后续计量，所以投资性房地产的账面价值为 46 000 万元。因为转换前写字楼的计税基础与账面价值相等，所以该写字楼的计税基础为 40 000 万元。由此，产生了 6 000 万元的应纳税暂时性差异，形成的递延所得税负债对应其他综合收益。

资产负债表日，投资性房地产的账面价值是 48 000 万元，计税基础 =46 000−（50 000−10 000）÷2×19÷12=44 500 万元，形成了 3 500 万元的应纳税暂时性差异，形成的递延所得税负债对应所得税费用。

借：所得税费用	8 750 000	
其他综合收益	15 000 000	
贷：递延所得税负债		23 750 000

14.5 如何计算所得税费用

案例与问题

【例 14-7】2×18 年 1 月 1 日，A 公司递延所得税资产的账面价值为 100 万元，递延所得税负债的账面价值为 0。2×18 年 12 月 31 日，A 公司有关资产、负债的账面价值和计税基础如表 14-1 所示。

表 14-1　资产、负债的账面价值和计税基础

项目名称	账面价值（万元）	计税基础（万元）
无形资产	900	1 350
交易性金融资产	12 000	15 000
其他债权投资	5 000	3 000
预计负债	600	0

表 14-1 中，无形资产的账面价值是当年年末新增的符合资本化条件的开发支出形成的。按照税法规定，对于企业自行研发形成的无形资产，按照形成无形资产成本的 150% 作为计税基础。假定在确定无形资产账面价值及计税基础时，均不考虑当年的摊销因素。

2×18 年度，A 公司实现净利润 8 000 万元，发生广告费用 1 500 万元，按照税法规定准予从当年应纳税所得额中扣除的金额为 1 000 万元，其余可结转以后年度扣除。

A 企业适用的所得税税率为 25%。假定该企业不存在其他会计与税收处理的差异，且未来期间 A 公司能够取得足够的应纳税所得额用于抵扣暂时性差异，不考虑所得税以外其他税费影响。

【问题】A 公司 2×18 年度应确认的所得税费用是多少？

规范与要求

《企业会计准则第 18 号——所得税》做了以下规定。

第十六条　资产负债表日，对于当期和以前期间形成的当期所得税负债（或资产），应当按照税法规定计算的预期应交纳（或返还）的所得税金额计量。

第十七条　资产负债表日，对于递延所得税资产和递延所得税负债，应当根据税法规定，按照预期收回该资产或清偿该负债期间的适用税率计量。

适用税率发生变化的，应对已确认的递延所得税资产和递延所得税负债进行重新计量，除直接在所有者权益中确认的交易或者事项产生的递延所得税资产和递延所得税负债以外，应当将其影响数计入变化当期的所得税费用。

第十八条　递延所得税资产和递延所得税负债的计量，应当反映资产负债表日企业预期收回资产或清偿负债方式的所得税影响，即在计量递延所得税资产和递延所得税负债时，应当采用与收回资产或清偿债务的预期方式相一致的税率和计税基础。

第二十条　资产负债表日，企业应当对递延所得税资产的账面价值进行复核。如果未来期间很可能无法获得足够的应纳税所得额用以抵扣递延所得税资产的利益，应当减记递延所得税资产的账面价值。

在很可能获得足够的应纳税所得额时，减记的金额应当转回。

第二十一条　企业当期所得税和递延所得税应当作为所得税费用或收益计入当期损益，但不包括下列情况产生的所得税：

（一）企业合并。

（二）直接在所有者权益中确认的交易或者事项。

第二十二条　与直接计入所有者权益的交易或者事项相关的当期所得税和递延所得税，应当计入所有者权益。

解析与说明

所得税费用 = 当期所得税费用 + 递延所得税费用

当期所得税是指企业按照税法规定计算确定的针对当期发生的交易或事项，应交纳给税务部门的所得税金额，即当期应交所得税。

递延所得税费用是指按照《企业会计准则第 18 号——所得税》规定，当期应予确认的递延所得税资产和递延所得税负债，即递延所得税资产及递延所得税负债当期发生额的综合结果，但不包括计入所有者权益的交易或事项的所得税影响。

在本案例中，应纳税所得额 =8 000+（1 500−1 000）+600+（15 000−12 000）=12 100（万元）

2×18 年度当期所得税费用 = 应纳税所得额 × 税率 =12 100×25%=3 025（万元）

无形资产的账面价值和计税基础之间的差异不确认为递延所得税资产。交易性金融资产的账面价值小于计税基础，形成可抵扣暂时性差异的，需要确认递延所得税资产和递延所得税费用。其他债权投资的账面价值大于计税基础，形成应纳税暂时性差异的，需要确认递延所得税负债和其他综合收益。预计负债账面价值大于计税基础，形成可抵扣暂时性差异的，需要确认递延所得税资产和递延所得税费用。发生的广告费形成可抵扣暂时性差异的，需要确认递延所得税资产和递延所得税费用。

所以对应所得税费用的递延所得税资产在本期的发生额 =（750+150+125）−100=925（万元）；对应所得税费用的递延所得税负债在本期的发生额 =0 万元，因此应确认的递延所得税费用 =0−925=−925（万元）。

所得税费用 = 当期所得税费用 + 递延所得税费用 =3 025−925=2 100（万元）。

第 15 章
企业会计准则第 19 号——外币折算

15.1　记账本位币的选择

案例与问题

【例 15-1】我国境内注册企业 A 于 2×18 年 3 月 31 日在境外注册子公司 B，于 2×18 年 4 月 30 日在境内注册子公司 C。A 公司的业务收支，包括收入、支出和融资，主要以人民币进行计价和核算。B 公司的业务收支以美元为主，且其经营产生的现金流不可以随时汇回境内。C 公司主要的营业收入来自向国际出口，其商品销售价格一般以美元结算；生产所需原材料、机器设备和人工成本都是在国际市场上的采购，以美元计价和核算。

【问题】A 公司、B 公司和 C 公司各选择何种记账本位币？

规范与要求

《企业会计准则第 19 号——外币折算》做了以下规定。

第四条　记账本位币，是指企业经营所处的主要经济环境中的货币。企业通常应选择人民币作为记账本位币。业务收支以人民币以外的货币为主的企业，可以按照本准则第五条规定选定其中一种货币作为记账本位币。但是，编报的财务报表应当折算为人民币。

第五条　企业选定记账本位币，应当考虑下列因素：

（一）该货币主要影响商品和劳务的销售价格，通常以该货币进行商品和劳务的计价和结算；

（二）该货币主要影响商品和劳务所需人工、材料和其他费用，通常以该货币进行上述费用的计价和结算；

（三）融资活动获得的货币以及保存从经营活动中收取款项所使用的货币。

第六条　企业选定境外经营的记账本位币，还应当考虑下列因素：

（一）境外经营对其所从事的活动是否拥有很强的自主性；

（二）境外经营活动中与企业的交易是否在境外经营活动中占有较大比重；

（三）境外经营活动产生的现金流量是否直接影响企业的现金流量、是否可以随时汇回；

（四）境外经营活动产生的现金流量是否足以偿还其现有债务和可预期的债务。

第七条　境外经营，是指企业在境外的子公司、合营企业、联营企业、分支机构。在境内的子公司、合营企业、联营企业、分支机构，采用不同于企业记账本位币的，也视同境外经营。

解析与说明

《中华人民共和国会计法》规定，一般选择企业经营所处的主要经济环境中的货币为记账本位币。《企业会计准则第 19 号——外币折算》第五条规定，应根据不同影响因素选择记账本位币。

在本案例中，A 公司主要产生和支出现金的环境在境内，所以选择人民币为记账本位币。B 公司是境外子公司，属于境外经营，而境外经营企业在选择记账本位币的时候，既要考虑影响记账本位币选择的一般因素，也要考虑境外经营 B 公司和 A 之间的关系，因为 B 公司经营产生的现金流不可以随时汇回境内，所以不必和 A 公司选择一样的记账本位币，又因为其业务收支以美元为主，所以选择美元为记账本位币。C 公司虽然注册地在境内，但是视同于境外经营，其主要的营业收入来自向国际出口，其商品销售价格一般以美元结算，生产所需原材料、机器设备和人工成本都在以美元为计价单位的国际市场上的采购，说明从日常活动收入和日常活动支出的角度看，应该选择美元为记账本位币。

由此判断，A 公司的记账本位币为人民币，B 公司的记账本位币为美元，C 公司的记账本位币为美元。

15.2　发生外币交易时的账务处理

案例与问题

【例 15-2】A 公司属于增值税一般纳税企业，记账本位币为人民币，其外币交易采用交易日即期汇率折算。2×18 年 10 月 12 日，A 公司从加拿大 D 公司购入原材料 200 吨，每吨价格为 3 000 美元，运送到口岸的费用是 1 000 美元，当日的即期汇率为 1 美元 =7.1 元人民币，进口关税税率为 10%，增值税税率为 13%，货款尚未支付，运费、进口关税及增值税由银行存款支付。截至 2×18 年 12 月 31 日，A 公司尚未向 D 公司支付所欠原材料款。资产负债表日，即期汇率为 1 美元 =6.95 元人民币。

【问题】A 公司如何进行账务处理？

规范与要求

《企业会计准则第 19 号——外币折算》做了以下规定。

第九条　企业对于发生的外币交易，应当将外币金额折算为记账本位币金额。

第十条　外币交易应当在初始确认时，采用交易发生日的即期汇率将外币金额折算为记账本位币金额；也可以采用按照系统合理的方法确定的、与交易发生日即期汇率近似的汇率折算。

第十一条　企业在资产负债表日，应当按照下列规定对外币货币性项目和外币非货币性项目进行处理：

（一）外币货币性项目，采用资产负债表日即期汇率折算。因资产负债表日即期汇率与初始确认时或者前一资产负债表日即期汇率不同而产生的汇兑差额，计入当期损益。

（二）以历史成本计量的外币非货币性项目，仍采用交易发生日的即期汇率折算，不改变其记账本位币金额。

货币性项目，是指企业持有的货币资金和将以固定或可确定的金额收取的资产或者偿付的负债。

非货币性项目，是指货币性项目以外的项目。

解析与说明

外币交易在初始确认时，应折算成记账本位币，金额应当按照交易发生日的即期汇率或者按照系统合理的方法确定的、与交易发生日即期汇率近似的汇率进行折算。另外，原材料的入账价值包括购买价款、运输费、相关税费（关税）等。所以在本案例中：

关税的完税价格 =（200×3 000+1 000）×7.1=4 267 100（元）

关税 =4 267 100×10%=426 710（元）

原材料的入账价格 =4 267 100+426 710=4 693 810（元）

增值税进项税额 =（4 267 100+426 710）×13%=610 195.3（元）

应收账款入账价格 =200×3 000×7.1=4 260 000（元）

货币性项目是指企业持有的货币资金和将以固定或可确定的金额收取的资产或者偿付的负债。货币性项目包括现金、银行存款、以摊余成本计量的金融资产、应收账款、其他应收款、长期应收款、应付账款、其他应付款、短期借款、应付债券、长期借款、长期应付款等。应付账款根据定义属于货币性项目，所以在资产负债表日，应采用资产负债表日即期汇率折算，因资产负债表日即期汇率与初始确认时或者前一资产负债表日即期汇率不同而产生的汇兑差额，计入当期损益（财务费用——汇兑差额）。所以在本案例中：

应付账款在资产负债表日的账面价值 =200×3 000×6.95=4 170 000（元）

当期汇兑损益 =4 260 000−4 170 000=90 000（元）

非货币性项目是指货币性项目以外的项目。非货币性项目包括预付账款、预收账款、存货、固定资产、无形资产、以公允价值计量且其变动计入其他综合收益的金融资产、以公允价值计量且其变动计入当期损益的金融资产、长期股权投资等。原材料属于以历史成本计量的外币非货币性项目，所以在资产负债表日，仍采用交易发生日的即期汇率折算，不改变其记账本位币金额。

由此判断，A 公司在 2×18 年 10 月 12 日的账务处理如下：

借：原材料　　4 693 810

　　应交税费——应交增值税（进项税额）　　610 195.3

　　贷：应付账款——D 公司（美元）　　4 260 000

　　　　银行存款　　1 044 005.3

A 公司在 2×18 年 10 月 12 日的账务处理如下：

借：应付账款——D 公司（美元）　　90 000

　　贷：财务费用——汇兑差额　　90 000

15.3 使用外币购入的资产发生减值时的会计处理

案例与问题

【例 15-3】A 公司属于增值税一般纳税企业，记账本位币为人民币。2×18 年 10 月 20 日，A 公司从德国 E 公司进口小轿车 20 辆，用于在国内销售。小轿车的采购成本为 15 万欧元一辆。当日的即期汇率为 1 欧元 =8.15 元人民币。增值税税率为 13%，款项由银行存款支付。2×18 年 12 月 31 日，A 公司还有 6 台小轿车没有售出。

该款小轿车的市场价格为 13.5 万欧元。资产负债表日，即期汇率为 1 欧元 =8.32 元人民币。假定不考虑增值税等相关税费。

【问题】A 公司如何进行账务处理？

规范与要求

《企业会计准则第 19 号——外币折算》做了以下规定。

第十一条　企业在资产负债表日，应当按照下列规定对外币货币性项目和外币非货币性项目进行处理：

（一）外币货币性项目，采用资产负债表日即期汇率折算。因资产负债表日即期汇率与初始确认时或者前一资产负债表日即期汇率不同而产生的汇兑差额，计入当期损益。

（二）以历史成本计量的外币非货币性项目，仍采用交易发生日的即期汇率折算，不改变其记账本位币金额。

货币性项目，是指企业持有的货币资金和将以固定或可确定的金额收取的资产或者偿付的负债。

非货币性项目，是指货币性项目以外的项目。

第十五条　资产负债表日，存货应当按照成本与可变现净值孰低计量。（企业会计准则第 1 号）

存货成本高于其可变现净值的，应当计提存货跌价准备，计入当期损益。

可变现净值，是指在日常活动中，存货的估计售价减去至完工时估计将要发生的成本、估计的销售费用以及相关税费后的金额。

解析与说明

在本案例中，由于存货在资产负债表日采用成本与可变现净值孰低法进行计量，因此，在以外币购入存货并且该存货在资产负债表日确定的可变现净值以外币反映时，计提的存货跌价准备应该考虑汇率变动的影响。

存货的成本 =6×150 000×8.15=7 335 000（元）

存货的可变现净值 =6×135 000×8.32=6 739 200（元）

存货减值额 =7 335 000−6 739 200=595 800（元）

由此判断，在 2×18 年 10 月 12 日的账务处理如下：

借：资产减值损失　　595 800

　　贷：存货跌价准备　　595 800

15.4 使用外币购入的相关资产的后续计量

案例与问题

【例 15-4】A 公司的记账本位币为人民币。2×18 年 11 月 30 日，A 公司以每股 2.3 美元的价格购入 F 公司的 B 股股票 20 000 股。该 B 股股票被 A 公司作为以公允价值计量且其变动计入当期损益的金融资产。当日汇率为 1 美元 =7.3 元人民币，款项已付。2×18 年 12 月 31 日，由于市价变动，当月购入的 F 公司 B 股的市价变为每股 2.6 美元，当日汇率为 1 美元 =7.05 元人民币。2×19 年 1 月 21 日，A 公司将所购 F 公司 B 股股票按当日市价每股 2.5 美元全部售出，所得价款为 50000 美元，当日汇率 1 美元 =6.95 元人民币。假定不考虑相关税费的影响。

【问题】A 公司如何进行账务处理?

规范与要求

《企业会计准则第 19 号——外币折算》做了以下规定。

第十一条　企业在资产负债表日，应当按照下列规定对外币货币性项目和外币非货币性项目进行处理：

（一）外币货币性项目，采用资产负债表日即期汇率折算。因资产负债表日即期汇率与初始确认时或者前一资产负债表日即期汇率不同而产生的汇兑差额，计入当期损益。

（二）以历史成本计量的外币非货币性项目，仍采用交易发生日的即期汇率折算，不改变其记账本位币金额。

货币性项目，是指企业持有的货币资金和将以固定或可确定的金额收取的资产或者偿付的负债。

非货币性项目，是指货币性项目以外的项目。

《企业会计准则第 22 号——金融工具确认和计量》做了以下规定。

第六十四条　企业应当将以公允价值计量的金融资产或金融负债的利得或损失计入当期损益，除非该金融资产或金融负债属于下列情形之一：

（一）属于《企业会计准则第 24 号——套期会计》规定的套期关系的一部分。

（二）是一项对非交易性权益工具的投资，且企业已按照本准则第十九条规定将其指定为以公允价值计量且其变动计入其他综合收益的金融资产。

（三）是一项被指定为以公允价值计量且其变动计入当期损益的金融负

债，且按照本准则第六十八条规定，该负债由企业自身信用风险变动引起的其公允价值变动应当计入其他综合收益。

（四）是一项按照本准则第十八条分类为以公允价值计量且其变动计入其他综合收益的金融资产，且企业根据本准则第七十一条规定，其减值利得或损失和汇兑损益之外的公允价值变动计入其他综合收益。

《企业会计准则第 22 号——金融工具确认与计量》做了以下规定。

第七十一条　按照本准则第十八条分类为以公允价值计量且其变动计入其他综合收益的金融资产所产生的所有利得或损失，除减值利得或损失和汇兑损益之外，均应当计入其他综合收益，直至该金融资产终止确认或被重分类。但是，采用实际利率法计算的该金融资产的利息应当计入当期损益。该金融资产计入各期损益的金额应当与视同其一直按摊余成本计量而计入各期损益的金额相等。

该金融资产终止确认时，之前计入其他综合收益的累计利得或损失应当从其他综合收益中转出，计入当期损益。

企业将该金融资产重分类为其他类别金融资产的，应当根据本准则第三十一条规定，对之前计入其他综合收益的累计利得或损失进行相应处理。

解析与说明

根据企业会计准则第 22 号规定，以外币计量的交易性金融资产在资产负债表日，不仅应考虑金融资产市价的变动，还应一并考虑外币与人民币之间的汇率变动的影响。上述以公允价值计量且其变动计入当期损益的金融资产的原账面价值 =20000×2.3×7.3=335 800（元），在资产负债表日的人民币金额 =20 000×2.6×7.05=366 600（元）。两者的差额（30 800 元）中既包括公允价值变动的影响，又包含人民币与外币之间汇率变动的影响，计入公允价值变动损益。

由此判断，A 公司在 2×18 年 12 月 31 日的账务处理如下：

借：交易性金融资产——公允价值变动　　30 800

　　贷：公允价值变动损益　　30 800

2×19 年 1 月 21 日，A 公司将所购的 F 公司的 B 股股票按当日市价每股 2.5 美元全部售出，所得价款为 50 000 美元，当日汇率 1 美元 =6.95 元人民币，所以折算成人民币的金额为 347 500 元。折算金额与初始账面价值（335 800 元）之间的差额为 11 700 元，作为投资收益进行处理。对于汇率的变动和股票市价的变动不进行区分。

由此判断，A 公司在 2×19 年 1 月 21 日的账务处理如下：

借：银行存款　347 500
　　公允价值变动损益　30 800
　　贷：交易性金融资产　366 600
　　　　投资收益　11 700

案例与问题

【例 15-5】A 公司的记账本位币为人民币。2×18 年 4 月 10 日，A 公司以每股 15 美元的价格购入 G 公司的 B 股股票 30 000 股。A 公司将该 B 股股票指定为以公允价值计量且其变动计入其他综合收益的金融资产。当日汇率为 1 美元 =6.6 元人民币，款项已用银行存款支付。2×18 年 4 月 20 日，G 公司宣告发放 0.1 美元 / 股的股利，当日汇率为 1 美元 =6.5 元人民币。2×18 年 5 月 15 日，A 公司收到 G 公司发放的现金股利 3 000 美元，当日汇率为 1 美元 =6.4 元人民币。2×18 年 12 月 31 日，由于市价变动，A 公司购入的 G 公司的 B 股股票的市价变为每股 12 美元，当日汇率为 1 美元 =6.9 元人民币。2×19 年 2 月 20 日，A 公司由于某特殊原因，以每股 13 美元的价格将股票全部转让。当日汇率为 1 美元 =7.0 元人民币。假定不考虑相关税费的影响。

【问题】A 公司如何进行账务处理?

规范与要求

《企业会计准则第 19 号——外币折算》做了以下规定。

第十一条　企业在资产负债表日，应当按照下列规定对外币货币性项目和外币非货币性项目进行处理：

（一）外币货币性项目，采用资产负债表日即期汇率折算。因资产负债表日即期汇率与初始确认时或者前一资产负债表日即期汇率不同而产生的汇兑差额，计入当期损益。

（二）以历史成本计量的外币非货币性项目，仍采用交易发生日的即期汇率折算，不改变其记账本位币金额。

货币性项目，是指企业持有的货币资金和将以固定或可确定的金额收取的资产或者偿付的负债。

非货币性项目，是指货币性项目以外的项目。

解析与说明

根据企业会计准则第 22 号，以公允价值计量且其变动计入其他综合收益的非货币性金融资产形成的汇兑差额，与其公允价值变动一并计入其他综合收益。但是，非交易性权益工具投资的外币现金股利产生的汇兑差额，应当计入当期损益。

对于指定为以公允价值计量且其变动计入其他综合收益的非交易性权益工具投资，除了获得的股利（明确代表投资成本部分收回的股利除外）及股利的汇兑损益计入当期损益外，其他相关的利得和损失（包括汇兑损益）均应当计入其他综合收益，且后续不得转入当期损益。非交易性权益投资不需要计提减值，当其终止确认时，之前计入其他综合收益的累计利得或损失应当从其他综合收益中转出，计入留存收益。

由此判断，A公司在2×18年4月10日的账务处理如下：

借：其他权益工具投资——成本　　2 970 000

　贷：银行存款　　2 970 000

A公司在2×18年4月20日的账务处理如下：

借：应收股利　　19 500

　贷：投资收益　　19 500

A公司在2×18年5月15日收到现金股利的账务处理如下：

借：银行存款——美元　　19 200

　财务费用——汇兑损益　　300

　贷：应收股利　　19 500

A公司在2×18年12月31日资产负债表日的账务处理如下：

借：其他综合收益——其他权益工具投资公允价值变动　　486 000

　贷：其他权益工具投资——公允价值变动　　486 000

A公司在2×19年2月20日处置金融资产的账务处理如下：

借：银行存款　　2 730 000

　其他权益工具投资——公允价值变动　　486 000

　盈余公积——法定盈余公积　　24 000

　利润分配——未分配利润　　216 000

　贷：其他权益工具投资——成本　　2 970 000

　　其他综合收益——其他权益工具投资公允价值变动　　486 000

案例与问题

【例15-6】A公司的记账本位币为人民币。2×18年12月15日，A公司购入一项公允价值为200万美元的债务工具。当日汇率为1美元=6.3元人民币，款项已用银行存款支付。A公司将该债务工具分类为以公允价值计量且其变动计入其他综合收益的金融资产。该工具的合同期限为10年，年利率为5%，假定实际利率也是5%。

初始确认时，A 公司已经确定其不属于购入或源生的已发生信用减值的金融资产。2×18 年 12 月 31 日，该债务工具的公允价值跌至 190 万美元，当日汇率为 1 美元 = 6.9 元人民币。A 公司认为，该工具的信用风险自初始确认后并无显著增加，应按 12 个月内预期信用损失计量损失准备，损失准备金额为 15 万美元，2×19 年 1 月 1 日，A 公司决定以当日的公允价值（190 万美元）出售该债务工具，当日汇率为 1 美元 =6.9 元人民币。

【问题】A 公司如何进行账务处理?

规范与要求

《企业会计准则第 19 号——外币折算》做了以下规定。

第十一条　企业在资产负债表日，应当按照下列规定对外币货币性项目和外币非货币性项目进行处理：

（一）外币货币性项目，采用资产负债表日即期汇率折算。因资产负债表日即期汇率与初始确认时或者前一资产负债表日即期汇率不同而产生的汇兑差额，计入当期损益。

（二）以历史成本计量的外币非货币性项目，仍采用交易发生日的即期汇率折算，不改变其记账本位币金额。

货币性项目，是指企业持有的货币资金和将以固定或可确定的金额收取的资产或者偿付的负债。

非货币性项目，是指货币性项目以外的项目。

解析与说明

以公允价值计量且其变动计入其他综合收益的外币货币性金融资产形成的汇兑差额，和采用实际利率法计算的金融资产的外币利息产生的汇兑差额，应当计入当期损益。

根据企业会计准则第 22 号，以公允价值计量且其变动计入其他综合收益的金融资产，公允价值变动形成的利得或损失，除减值损失和外币货币性金融资产形成的汇兑差额外，应当直接计入其他综合收益，并应在该金融资产终止确认时转出，计入当期损益。以公允价值计量且其变动计入其他综合收益的外币货币性金融资产形成的汇兑差额，和采用实际利率法计算的金融资产的外币利息产生的汇兑差额，应当计入当期损益。对于以公允价值计量且其变动计入其他综合收益的金融资产的减值，企业应当在其他综合收益中确认其资产损失准备，并将减值损失或利得计入当期损益，且不应减少该金融资产在资产负债表中列示的账面价值。

公允价值计量且其变动计入其他综合收益的外币债权资产，期末因汇率变动而产生的汇兑差额，计入“财务费用”。这种情况下，资产负债表日的公允价值变动与汇兑差额分别体现为其他综合收益和财务费用。

计入其他综合收益的公允价值变动 =（期末外币的公允价值 − 期初外币的公允价值）× 期末的汇率 =（190−200）×6.9=−690 000

计入财务费用的汇兑损益 = 期初的公允价值 ×（期末的汇率 − 期初的汇率）=200×（6.9−6.3）=1 200 000

由此判断，A 公司在 2×18 年 12 月 15 日的账务处理如下：

借：其他债权投资——成本　　12 600 000

　　贷：银行存款　　12 600 000

由此判断，A 公司在 2×18 年 12 月 31 日的账务处理如下：

借；其他债权投资　　1 200 000

　　贷：财务费用——汇兑损益　　1 200 000

借：其他综合收益——其他债权投资公允价值变动　　690 000

　　贷：其他债权投资——公允价值变动　　690 000

借：信用减值损失　　1 035 000

　　贷：其他综合收益——信用减值准备　　1 035 000

由此判断，A 公司在 2×19 年 1 月 1 日的账务处理如下：

借：银行存款　　13 110 000

　　其他综合收益——信用减值准备　　1 035 000

　　财务费用　　1 200 000

　　其他债权投资——公允价值变动　　690 000

　　贷：其他债权投资——成本　　12 600 000

　　　　其他债权投资　　1 200 000

　　　　其他综合收益——其他债权投资公允价值变动　　690 000

　　　　投资收益　　1 545 000

15.5 对于我国企业的境外经营，如何将外币财务报表折算成人民币财务报表

案例与问题

【例 15-7】接【例 15-1】。A 公司的记账本位币为人民币，其境外子公司 B 公司的记账本位币为美元。根据合同约定，A 公司拥有 B 公司 70% 的股权，并能够对乙公司的财务和经营政策施加重大影响。甲公司采用当期平均汇率折算乙公司利润表项目。乙公司的有关资料如下：

2×18 年 12 月 31 日的汇率为 1 美元 =7.7 元人民币，2×18 年的平均汇率为 1 美元 =7.6 元人民币，实收资本、资本公积发生日的即期汇率为 1 美元 =8 元人民币；2×17 年 12 月 31 日的股本为 500 万美元，折算为人民币为 4000 万元；累计盈余公积为 50 万美元，折算为人民币为 405 万元，累计未分配利润为 120 万美元，折算为人民币为 972 万元；A、B 公司均在年末提取盈余公积，B 公司当年提取的盈余公积为 70 万美元。

【问题】B 公司的人民币报表如何编制？

规范与要求

《企业会计准则第 19 号——外币折算》做了以下规定。

第十二条　企业对境外经营的财务报表进行折算时，应当遵循下列规定：

（一）资产负债表中的资产和负债项目，采用资产负债表日的即期汇率折算，所有者权益项目除“未分配利润”项目外，其他项目采用发生时的即期汇率折算。

（二）利润表中的收入和费用项目，采用交易发生日的即期汇率折算；也可以采用按照系统合理的方法确定的、与交易发生日即期汇率近似的汇率折算。

按照上述（一）、（二）折算产生的外币财务报表折算差额，在资产负债表中所有者权益项目下单独列示。

第十五条　企业选定的记账本位币不是人民币的，应当按照本准则第十二条规定将其财务报表折算为人民币财务报表。

解析与说明

报表折算见表 15-1、表 15-2 和表 15-3。

表 15–1　利润表

会企 02 表

编制单位：B 公司　　　　　　2×18 年 12 月

项目	期末数（美元）	折算汇率	人民币金额（元）
一、营业收入	2 000	7.6	15 200
减：营业成本	1 500	7.6	11 400
营业税金及附加	40	7.6	304
管理费用	100	7.6	760
财务费用	10	7.6	76
其中：利息费用			
利息收入			
加：其他收益			
投资收益（损失以“–”号填列）	30	7.6	228
其中：对联营企业和合营企业的投资收益			
以摊余成本计量的金融资产终止确认收益（损失以“–”号填列）			
净敞口套期收益（损失以“–”号填列）			
公允价值变动收益（损失以“–”号填列）			
信用减值损失（损失以“–”号填列）			
资产减值损失（损失以“–”号填列）			
资产处置收益（损失以“–”号填列）			
二、营业利润（亏损以“–”号填列）	380	–	2 888
加：营业外收入	40	7.6	304
减：营业外支出	20	7.6	152
三、利润总额（亏损总额以“–”号填列）	400	–	3 040
减：所得税费用	120	7.6	912
四、净利润（净亏损以“–”号填列）	280	–	2 128
（一）持续经营净利润（净亏损以“–”号填列）			
（二）终止经营净利润（净亏损以“–”号填列）			

续表

项目	期末数（美元）	折算汇率	人民币金额（元）
五、其他综合收益的税后净额			
（一）不能重分类进损益的其他综合收益			
1. 重新计量设定受益计划变动额			
2. 权益法下不能转损益的其他综合收益			
3. 其他权益工具投资公允价值变动			
4. 企业自身信用风险公允价值变动			
……			
（二）将重分类进损益的其他综合收益			
1. 权益法下可转损益的其他综合收益			
2. 其他债权投资公允价值变动			
3. 金融资产重分类计入其他综合收益的金额			
4. 其他债权投资信用减值准备			
5. 现金流量套期储备			
6. 外币财务报表折算差额			
……			
六、综合收益总额			
七、每股收益：			
（一）基本每股收益			
（二）稀释每股收益			

表 15-2　所有者权益变动表

会企 03 表

编制单位：B 公司　　　　2×18 年度

项目	实收资本			盈余公积			未分配利润		其他综合收益	股东权益合计
	万美元	折算汇率	万人民币	万美元	折算汇率	万人民币	万美元	万人民币		万人民币
一、本年年初余额	500	8	4 000	50		405	120	972		5 377
二、本年增减变动金额										
（一）净利润							280	2 128		2 128
（二）其他综合收益										−190
其中：外币报表折算差额									−190	−190
（三）利润分配										
提取盈余公积				70	7.6	532	−70	−532		0
三、本年年末余额	500	8	4 000	120		973	330	2 568	−190	7 315

表 15-3　资产负债表

会企 01 表

编制单位：B 公司　　　　2×18 年 12 月 31 日

资产	期末数（万美元）	折算汇率:	折算为人民币金额（万元）	负债和所有者权益（或股东权益）	期末数（万美元）	折算汇率:	折算为人民币金额（万元）
流动资产：				流动负债：			
货币资金	190	7.7	1 463	短期借款	45	7.7	346.5
交易性金融资产				交易性金融负债			
衍生金融资产				衍生金融负债			

续表

资产	期末数（万美元）	折算汇率:	折算为人民币金额（万元）	负债和所有者权益（或股东权益）	期末数（万美元）	折算汇率:	折算为人民币金额（万元）
应收票据及应收账款	190	7.7	1 463	应付票据及应付账款	285	7.7	2194.5
应收款项融资				预收款项			
预付款项				合同负债			
其他应收款				应付职工薪酬			
存货	240	7.7	1 848	应交税费			
合同资产				其他应付款			
持有待售资产				持有待售负债			
一年内到期的非流动资产				一年内到期的非流动负债			
其他流动资产	200	7.7	1 540	其他流动负债	110	7.7	847
流动资产合计	820	—	6 314	流动负债合计	440	—	3 388
非流动资产：				非流动负债：			
债权投资				长期借款	140	7.7	1 078
其他债权投资				应付债券	80	7.7	616
长期应收款	120	7.7	924	其中：优先股			
长期股权投资				永续债			
其他权益工具投资				租赁负债			
其他非流动金融资产				长期应付款			
投资性房地产				预计负债			
固定资产	550	7.7	4 235	递延收益			
在建工程	80	7.7	616	递延所得税负债			
生产性生物资产				其他非流动负债	90	7.7	693

续表

资产	期末数（万美元）	折算汇率:	折算为人民币金额（万元）	负债和所有者权益（或股东权益）	期末数（万美元）	折算汇率:	折算为人民币金额（万元）
油气资产				非流动负债合计	310	–	2 387
使用权资产				负债合计	750		5 775
无形资产	100	7.7	770	所有者权益(或股东权益)：			
开发支出				实收资本（或股本）	500	8	4 000
商誉				其他权益工具			
长期待摊费用				其中：优先股			
递延所得税资产				永续债			
其他非流动资产	30	7.7	231	资本公积			
非流动资产合计	880	–	6 776	减：库存股			
				其他综合收益			
				专项储备			
				盈余公积	120		937
				未分配利润	330		2 568
				外币报表折算差额			–190
				所有者权益(或股东权益）合计	950		7 315
资产总计	1700		13 090	负债和所有者权益（或股东权益）总计	1700		13 090

第三篇　特殊业务篇

第 16 章
企业会计准则第 7 号——非货币性资产交换

16.1　交换以公允价值计量的非货币资产时的会计处理

案例与问题

【例 16–1】甲公司和乙公司均为增值税一般纳税人，适用的增值税税率均为 13%。2×19 年 8 月，为适应业务发展的需要，经协商，甲公司决定以生产经营过程中使用的设备、专用货车以及库存商品换入乙公司生产经营过程中使用的小汽车和客运汽车。甲公司设备的账面原价为 1 500 万元，在交换日的累计折旧为 300 万元，公允价值为 1 000 万元；货车的账面原价为 600 万元，在交换日的累计折旧为 480 万元，公允价值为 100 万元；库存商品的账面余额为 300 万元，交换日的市场价格为 350 万元，市场价格等于计税价格。乙公司小汽车的账面原价为 1 300 万元，在交换日的累计折旧为 690 万元，公允价值为 709.5 万元；客运汽车的账面原价为 1 300 万元，在交换日的累计折旧为 680 万元，公允价值为 700 万元。乙公司另外向甲公司支付银行存款 45.765 万元，其中包括由于换出和换入资产的公允价值的不同而支付的补价 40.5 万元，以及换出资产销项税额与换入资产进项税额的差额 5.265 万元。

假定甲公司和乙公司都没有为换出资产计提减值准备。甲公司换入的乙公司的小汽车和客运汽车均作为固定资产使用和管理；乙公司换入的甲公司的设备、货车作为固定资产使用和管理，换入的库存商品作为原材料使用和管理。假设甲公司和乙公司上述交易涉及的增值税进项税额按照税法规定可抵扣且已得到认证，不考虑其他相关税费。

【问题】甲公司、乙公司分别该如何进行账务处理？

规范与要求

《企业会计准则第 7 号——非货币性资产交换》做了以下规定。

第六条　非货币性资产交换同时满足下列条件的，应当以公允价值为基础计量：

（一）该项交换具有商业实质；

（二）换入资产或换出资产的公允价值能够可靠地计量。

换入资产和换出资产的公允价值均能够可靠计量的，应当以换出资产的公允价值为基础计量，但有确凿证据表明换入资产的公允价值更加可靠的除外。

第七条　满足下列条件之一的非货币性资产交换具有商业实质：

（一）换入资产的未来现金流量在风险、时间分布或金额方面与换出资产显著不同。

（二）使用换入资产所产生的预计未来现金流量现值与继续使用换出资产不同，且其差额与换入资产和换出资产的公允价值相比是重大的。

第九条　以公允价值为基础计量的非货币性资产交换，涉及补价的，应当按照下列规定进行处理：

（一）支付补价的，以换出资产的公允价值，加上支付补价的公允价值和应支付的相关税费，作为换入资产的成本，换出资产的公允价值与其账面价值之间的差额计入当期损益。

有确凿证据表明换入资产的公允价值更加可靠的，以换入资产的公允价值和应支付的相关税费作为换入资产的初始计量金额，换入资产的公允价值减去支付补价的公允价值，与换出资产账面价值之间的差额计入当期损益。

（二）收到补价的，以换出资产的公允价值，减去收到补价的公允价值，加上应支付的相关税费，作为换入资产的成本，换出资产的公允价值与其账面价值之间的差额计入当期损益。

有确凿证据表明换入资产的公允价值更加可靠的，以换入资产的公允价值和应支付的相关税费作为换入资产的初始计量金额，换入资产的公允价值加上收到补价的公允价值，与换出资产账面价值之间的差额计入当期损益。

第十条　以公允价值为基础计量的非货币性资产交换，同时换入或换出多项资产的，应当按照下列规定进行处理：

（一）对于同时换入的多项资产，按照换入的金融资产以外的各项换入资产公允价值相对比例，将换出资产公允价值总额（涉及补价的，加上支付补价的公允价值或减去收到补价的公允价值）扣除换入金融资产公允价值后的净额进行分摊，以分摊至各项换入资产的金额，加上应支付的相关税费，作为各项换入资产的成本进行初始计量。

有确凿证据表明换入资产的公允价值更加可靠的，以各项换入资产的公允价值和应支付的相关税费作为各项换入资产的初始计量金额。

（二）对于同时换出的多项资产，将各项换出资产的公允价值与其账面价值之间的差额，在各项换出资产终止确认时计入当期损益。

有确凿证据表明换入资产的公允价值更加可靠的，按照各项换出资产的公允价值的相对比例，将换入资产的公允价值总额（涉及补价的，减去支付补价的公允价值或加上收到补价的公允价值）分摊至各项换出资产，分摊至各项换出资产的金额与各项换出资产账面价值之间的差额，在各项换出资产终止确认时计入当期损益。

解析与说明

本案例涉及收付货币性资产，应当计算甲公司收到的货币性资产占甲公司换出资产公允价值总额的比例（等于乙公司支付的货币性资产占乙公司换入资产公允价值与支付的补价之和的比例），即：40.5÷（1 000+100+350）=2.79% ＜ 25% 。

可以认定这一涉及多项资产的交换行为属于非货币性资产交换。对于甲公司而言，为了拓展运输业务，需要小汽车、客运汽车等，乙公司为了扩大产品生产，需要设备、货车和原材料，换入资产对换入企业均能发挥更大的作用。因此，该项涉及多项资产的非货币性资产交换具有商业实质。同时，各单项换入资产和换出资产的公允价值均能可靠计量。因此，甲、乙公司均应当以公允价值为基础对换入资产的总成本进行计量，确认产生的相关损益。同时，按照各单项换入资产的公允价值占换入资产公允价值总额的比例，确定各单项换入资产的成本。

1. 甲公司的账务处理：

（1）根据税法的有关规定：

换出库存商品时的增值税销项税额 =350×13%=45.5（万元）

换出设备时的增值税销项税额 =1 000×13%=130（万元）

换出货车时的增值税销项税额 =100×13%=13（万元）

换入小汽车、客运汽车时的增值税进项税额 =（709.5+700）×13%=183.235（万元）

（2）计算换入资产、换出资产的公允价值总额：

换出资产公允价值总额 =1 000+100+350=1 450（万元）

换入资产公允价值总额 =709.5+700=1 409.5（万元）

（3）计算换入资产时总成本：

换入资产时总成本 = 换出资产公允价值 − 补价 + 应支付的相关税费

=1450−40.5+ 增值税 0=1 409.5（万元）

（4）计算确定各项换入资产的公允价值占换入资产公允价值总额的比例：

小汽车公允价值占换入资产公允价值总额的比例 =709.5÷1 409.5×100% ≈ 50.34%

客运汽车公允价值占换入资产公允价值总额的比例 =700÷1 409.5×100% ≈ 49.66%

（5）计算确定各项换入资产的成本：

小汽车的成本 =1 409.5×50.34%=709.54（万元）

客运汽车的成本 =1 409.5×49.66%=699.96（万元）

（6）会计分录：

借：固定资产清理	13 200 000	
累计折旧	7 800 000	
贷：固定资产——设备		15 000 000
——货车		6 000 000
借：固定资产——小汽车	7 095 400	
——客运汽车	6 999 600	
应交税费——应交增值税（进项税额）	1 832 350	
银行存款	457 650	
营业外支出	2 200 000	
贷：固定资产清理		13 200 000
主营业务收入		3 500 000
应交税费——应交增值税（销项税额）		1 885 000
借：主营业务成本	3 000 000	
贷：库存商品		3 000 000

2. 乙公司的账务处理

（1）根据税法的有关规定：

换入原材料时的增值税进项税额 =350×13%=45.5（万元）

换入货车时的增值税进项税额 =100×13%=13（万元）

换入设备时的增值税进项税额 =1 000×13%=130（万元）

换出小汽车、客运汽车时的增值税销项税额 =（709.5+700）×13%=183.235（万元）

（2）计算换入资产、换出资产的公允价值总额：

换入资产的公允价值总额 =1 000+100+350=1 450（万元）

换出资产的公允价值总额 =709.5+700=1 409.5（万元）

（3）确定换入资产的总成本：

换入资产的总成本 = 换出资产公允价值 + 支付的补价 =1 409.5+40.5−0=1 450（万元）

（4）计算确定各项换入资产的公允价值占换入资产公允价值总额的比例：

设备公允价值占换入资产公允价值总额的比例 =1 000÷1 450×100% ≈ 69%

货车公允价值占换入资产公允价值总额的比例 =100÷1 450×100% ≈ 6.9%

原材料公允价值占换入资产公允价值总额的比例 =350÷1 450×100% ≈ 24.1%

（5）计算确定各项换入资产的成本：

设备的成本：1 450×69%=1 000.5（万元）

货车的成本：1 450×6.9%=100. 05（万元）

原材料的成本：1 450×24. 1%=349. 45（万元）

（6）会计分录：

借：固定资产清理　　12 300 000
　　累计折旧　　13 700 000
　　贷：固定资产——小汽车　　13 000 000
　　　　　　　　——客运汽车　　13 000 000

借：固定资产——设备　　10 005 000
　　　　　　——货车　　1 000 500
　　原材料　　3 494 500
　　应交税费——应交增值税（进项税额）　　1 885 000
　　贷：固定资产清理　　12 300 000
　　　　应交税费——应交增值税（销项税额）　　1 832 350
　　　　银行存款　　457 650
　　　　营业外收入　　1 795 000

16.2　交换以账面价值计量的非货币性资产时的会计处理

案例与问题

【例 16-2】2×19 年 5 月，甲公司因经营战略发生较大转变，产品结构发生较大调整，原生产其产品的专有设备、生产该产品的专利技术等已不符合生产新产品的需要，经与乙公司协商，将其专用设备连同专利技术与乙公司正在建造过程中的一幢建筑物、对丙公司的长期股权投资进行交换。甲公司换出专有设备的账面原价为 1 200 万元，已提折旧 750 万元；专利技术的账面原价为 450 万元，已摊销的金额为 270 万元。交换日，乙公司的在建工程的成本为 525 万元，对丙公司的长期股权投资的账面余额为 150 万元。由于甲公司持有的专有设备和专利技术市场上已不多见。因此，公允价值不能可靠计量。乙公司的在建工程因完工程度难以合理确定，所以其公允价值不能可靠计量。由于丙公司不是上市公司，因此乙公司的对丙公司的长期股权投资的公允价值也不能可靠计量。假定甲、乙公司均未对上述资产计提减值准备，假设不考虑相关税费等因素。

【问题】甲、乙公司分别该如何进行账务处理？

规范与要求

《企业会计准则第 7 号——非货币性资产交换》做了以下规定。

第九条　以公允价值为基础计量的非货币性资产交换，涉及补价的，应当按照下列规定进行处理：

（一）支付补价的，以换出资产的公允价值，加上支付补价的公允价值和应支付的相关税费，作为换入资产的成本，换出资产的公允价值与其账面价值之间的差额计入当期损益。

有确凿证据表明换入资产的公允价值更加可靠的，以换入资产的公允价值和应支付的相关税费作为换入资产的初始计量金额，换入资产的公允价值减去支付补价的公允价值，与换出资产账面价值之间的差额计入当期损益。

（二）收到补价的，以换出资产的公允价值，减去收到补价的公允价值，加上应支付的相关税费，作为换入资产的成本，换出资产的公允价值与其账面价值之间的差额计入当期损益。

有确凿证据表明换入资产的公允价值更加可靠的，以换入资产的公允价值和应支付的相关税费作为换入资产的初始计量金额，换入资产的公允价值加上收到补价的公允价值，与换出资产账面价值之间的差额计入当期损益。

第十条　以公允价值为基础计量的非货币性资产交换，同时换入或换出多项资产的，应当按照下列规定进行处理：

（一）对于同时换入的多项资产，按照换入的金融资产以外的各项换入资产公允价值相对比例，将换出资产公允价值总额（涉及补价的，加上支付补价的公允价值或减去收到补价的公允价值）扣除换入金融资产公允价值后的净额进行分摊，以分摊至各项换入资产的金额，加上应支付的相关税费，作为各项换入资产的成本进行初始计量。

有确凿证据表明换入资产的公允价值更加可靠的，以各项换入资产的公允价值和应支付的相关税费作为各项换入资产的初始计量金额。

（二）对于同时换出的多项资产，将各项换出资产的公允价值与其账面价值之间的差额，在各项换出资产终止确认时计入当期损益。

有确凿证据表明换入资产的公允价值更加可靠的，按照各项换出资产的公允价值的相对比例，将换入资产的公允价值总额（涉及补价的，减去支付补价的公允价值或加上收到补价的公允价值）分摊至各项换出资产，分摊至各项换出资产的金额与各项换出资产账面价值之间的差额，在各项换出资产终止确认时计入当期损益。

解析与说明

本案例不涉及收付货币性资产，属于非货币性资产交换。由于换入资产、换出资产的公允价值均不能可靠计量，甲、乙公司均应当以换出资产的账面价值作为换入资产的成本。各项换入资产的成本，应当按各项换入资产的账面价值占换入资产账面价值总额的比例分配后确定。

1. 甲公司的账务处理

（1）计算换入资产、换出资产的账面价值总额：

换入资产的账面价值总额 =525+150=675（万元）

换出资产的账面价值总额 =（1 200−750）+（450−270）=630（万元）

（2）确定换入资产的总成本：

换入资产的总成本 = 换出资产账面价值总额 =630（万元）

（3）计算各项换入资产的账面价值占换入资产账面价值总额的比例：

在建工程占换入资产账面价值总额的比例 =525÷675×100% ≈ 77.8%

长期股权投资占换入资产账面价值总额的比例 =150÷675×100% ≈ 22.2%

（4）确定各项换入资产的成本：

在建工程的成本 =630×77.8%=490.14（万元）

长期股权投资的成本 =630×22.2%=139.86（万元）

（5）会计分录：

借：固定资产清理　　4 500 000

　　累计折旧　　7 500 000

　　贷：固定资产——专有设备　　12 000 000

借：在建工程　　4 901 400

　　长期股权投资　　1 398 600

　　累计摊销　　2 700 000

　　贷：固定资产清理　　4 500 000

　　　　无形资产——专利技术　　4 500 000

2. 乙公司的账务处理

（1）计算换入资产、换出资产的账面价值总额：

换入资产账面价值总额 =（1 200−750）+（450−270）=630（万元）

换出资产账面价值总额 =525+150=675（万元）

（2）确定换入资产总成本：

换入资产总成本 = 换出资产账面价值总额 =675（万元）

（3）计算各项换入资产的账面价值占换入资产账面价值总额的比例：

专有设备占换入资产账面价值总额的比例 =450÷630×100% ≈ 71.4%

专有技术占换入资产账面价值总额的比例 =180÷630×100% ≈ 28.6%

（4）确定各项换入资产的成本：

专有设备成本 =675×71.4%=481.95（万元）

专利技术成本 =675×28.6%=193.05（万元）

（5）会计分录：

借：固定资产——专有设备　　4 819 500

　　无形资产——专利技术　　1 930 500

　　贷：在建工程　　5 250 000

　　　　长期股权投资　　1 500 000

第 17 章 企业会计准则第 10 号——企业年金基金

17.1 企业年金基金收到缴费时的账务处理

案例与问题

【例 17-1】2×18 年 1 月 5 日，某企业年金基金收到缴费 350 万元，其中企业缴费 200 万元、职工个人缴费 150 万元，存入企业年金账户，实收金额与提供的缴费总额账单核对无误。按该企业年金计划的约定，企业缴费 200 万元中，归属个人账户的金额为 110 万元，另 90 万元的权益归属条件尚未实现。

【问题】该企业年金基金应如何进行账务处理?

规范与要求

《企业会计准则第 10 号——企业年金基金》做了以下规定。

第五条　企业年金基金缴费及其运营形成的各项资产包括：货币资金、应收证券清算款、应收利息、买入返售证券、其他应收款、债券投资、基金投资、股票投资、其他投资等。

解析与说明

为了核算企业年金基金收到缴费等业务，企业年金基金应当设置“企业年金基金”“银行存款”等科目。“企业年金基金”科目用于核算企业年金基金资产的来源和运用，应按个人账户结余、企业账户结余、净收益、个人账户转入、个人账户转出，以及支付受益人待遇等设置相应明细科目。本科目期末贷方余额，反映企业年金基金净值。企业年金基金银行账户主要有资金账户、证券账户等。资金账户包括银行存款账户、结算备付金账户等，其中，银行存款账户又包括受托财产托管账户、委托投资资产托管账户；证券账户包括证券交易所证券账户和全国银行间市场债券托管账户等。

收到企业及职工个人缴费时，按实际收到的金额，借记“银行存款”科目，贷记

“企业年金基金——个人账户结余”“企业年金基金——企业账户结余”科目。

账务处理如下：

借：银行存款　　3 500 000

　　贷：企业年金基金——个人账户结余（个人缴费）　　1 500 000

　　　　　　　　　　——个人账户结余（企业缴费）　　1 100 000

　　　　　　　　　　——企业账户结余（企业缴费）　　900 000

企业年金基金收到缴费后，如需账户管理人核对后确认，可先通过“其他应付款——企业年金基金供款”科目核算，确认后再转入“企业年金基金”科目。

17.2　企业年金取得初始投资时的账务处理

案例与问题

【例 17–2】2×18 年 4 月 1 日，某企业年金基金通过证券交易所以 10.3 元每股的价格购入 A 公司的 10 万股（其中每股含已经宣告但尚未发放的现金股利 0.3 元）的股票，成交金额为 103 万元，另发生券商佣金、印花税等 2 万元。

【问题】该企业年金基金如何进行账务处理？

规范与要求

《企业会计准则第 10 号——企业年金基金》做了以下规定。

第六条　企业年金基金在运营中根据国家规定的投资范围取得的国债、信用等级在投资级以上的金融债和企业债、可转换债、投资性保险产品、证券投资基金、股票等具有良好流动性的金融产品，其初始取得和后续估值应当以公允价值计量：

（一）初始取得投资时，应当以交易日支付的成交价款作为其公允价值。发生的交易费用直接计入当期损益。

（二）估值日对投资进行估值时，应当以其公允价值调整原账面价值，公允价值与原账面价值的差额计入当期损益。投资公允价值的确定，适用《企业会计准则第 22 号——金融工具》。

第七条　企业年金基金运营形成的各项负债包括：应付证券清算款、应付受益人待遇、应付受托人管理费、应付托管人管理费、应付投资管理人管理费、应交税金、卖出回购证券款、应付利息、应付佣金和其他应付款等。

解析与说明

企业年金基金在初始取得投资的交易日，将支付的价款（不含支付的价款中所包含的、已到付息期但尚未领取的利息或已宣告但尚未发放的现金股利、基金红利）计入投资的成本，借记“交易性金融资产——成本”；将发生的交易费用及相关税费直接计入当期损益，借记“交易费用”科目；按支付的价款中所包含的、已到付息期但尚未领取的利息或已宣告但尚未发放的现金股利、红利，借记“应收利息”“应收股利”或“应收红利”科目，贷记“证券清算款”“银行存款”等科目。

资金交收日，按实际清算的金额，借记“证券清算款”科目，贷记“结算备付金”“银行存款”等科目。

该企业年金基金的账务处理如下：

（1）交易日（T日，即4月1日）与证券登记结算机构清算应付证券款时：

借：交易性金融资产——成本（A股票）　　1 000 000

　　应收股利——A股票　　30 000

　　交易费用　　20 000

　　贷：证券清算款　　1 050 000

（2）资金交收（T+1日，即4月2日）与证券登记结算机构交收资金时：

借：证券清算款　　1 050 000

　　贷：结算备付金　　1 050 000

17.3　企业年金持有投资标的期间的账务处理

案例与问题

【**例17-3**】沿用【例17-2】的资料。2×18年4月5日，企业年金基金收到购买A股票时已宣告的现金股利。该上市公司发放A股票的现金股利每股0.3元，合计3万元。

【问题】该企业如何进行账务处理？

规范与要求

《企业会计准则第10号——企业年金基金》做了以下规定。

第六条　企业年金基金在运营中根据国家规定的投资范围取得的国债、信用等级在投资级以上的金融债和企业债、可转换债、投资性保险产品、证券投资基金、股票等具有良好流动性的金融产品，其初始取得和后续估值应当以公允价值计量：

（一）初始取得投资时，应当以交易日支付的成交价款作为其公允价值。发生的交易费用直接计入当期损益。

（二）估值日对投资进行估值时，应当以其公允价值调整原账面价值，公允价值与原账面价值的差额计入当期损益。投资公允价值的确定，适用《企业会计准则第 22 号——金融工具确认和计量》。

解析与说明

企业年金基金投资持有期间，被投资单位宣告发放的现金股利，或资产负债表日按债券票面利率计算的利息收入，应确认为投资收益，借记“应收股利”“应收利息”或“应收红利”科目，贷记“投资收益”科目。期末，将“投资收益”科目余额转入“本期收益”科目。

该企业年金基金的账务处理如下：

借：结算备付金　　30 000

　贷：应收股利　　30 000

17.4　企业年金估值日的账务处理

案例与问题

【例 17-4】沿用【例 17-3】的资料。2×18 年 4 月 12 日，企业年金基金持有的 A 股票的收盘价为 11 元。

【问题】该企业如何进行账务处理？

规范与要求

《企业会计准则第 10 号——企业年金基金》做了以下规定。

第六条　企业年金基金在运营中根据国家规定的投资范围取得的国债、信用等级在投资级以上的金融债和企业债、可转换债、投资性保险产品、证券投资基金、股票等具有良好流动性的金融产品，其初始取得和后续估值应当以公允价值计量：

（一）初始取得投资时，应当以交易日支付的成交价款作为其公允价值。发生的交易费用直接计入当期损益。

（二）估值日对投资进行估值时，应当以其公允价值调整原账面价值，公允价值与原账面价值的差额计入当期损益。投资公允价值的确定，适用《企业会计准则第 22 号——金融工具确认和计量》。

解析与说明

企业年金基金的投资应当按日估值，或至少按周进行估值。也就是说，每个工作日结束时，或者每周四或周五工作日结束时为估值日。

估值日对投资进行估值时，应当以估值日的公允价值计量。公允价值与上一估值日公允价值的差额，计入当期损益，并以此调整原账面价值，借记或贷记“交易性金融资产（公允价值变动）”，贷记或借记“公允价值变动损益”。

在估值日和资产负债表日，企业年金基金持有的上市流通的债券、基金、股票等交易性金融资产，以其估值日在证券交易所挂牌的市价（平均价或收盘价）估值；估值日无交易的以最近交易日的市价估值。

估值日的公允价值与上一估值日的公允价值的差额 =（11−10）×100 000=100 000（元）

该企业年金基金的账务处理如下：

借：交易性金融资产——公允价值变动（A 股票）　　100 000

　　贷：公允价值变动损益　　100 000

17.5　处置企业年金投资标的时的账务处理

案例与问题

【例 17-5】沿用【例 17-4】的资料。2×18 年 5 月 30 日，该企业年金基金出售 A 股 5 万股，每股市价 13 元，成交总额为 65 万元，另发生券商佣金、印花税等 1 800 元。

【问题】该企业如何进行账务处理？

规范与要求

《企业会计准则第 10 号——企业年金基金》做了以下规定。

第八条　企业年金基金运营形成的各项收入包括：存款利息收入、买入返售证券收入、公允价值变动收益、投资处置收益和其他收入。

第九条　收入应当按照下列规定确认和计量：

（一）存款利息收入，按照本金和适用的利率确定。

（二）买入返售证券收入，在融券期限内按照买入返售证券价款和协议约定的利率确定。

（三）公允价值变动收益，在估值日按照当日投资公允价值与原账面价值（即上一估值日投资公允价值）的差额确定。

（四）投资处置收益，在交易日按照卖出投资所取得的价款与其账面价值的差额确定。

（五）风险准备金补亏等其他收入，按照实际发生的金额确定。

解析与说明

处置企业年金基金的投资标的时，应将在交易日按照卖出投资标的所取得的价款与其账面价值（买入价）的差额，确定为投资损益。

卖出股票成交日，按应收金额，借记“证券清算款”科目；按买入时的原账面价值（初始买价），贷记“交易性金融资产——成本”科目；按出售股票成交价总额与原账面价值（初始买价）的差额，贷记或借记“投资收益”科目。同时，将原计入该投资的公允价值变动转出，借记或贷记“公允价值变动损益”科目，贷记或借记“投资收益”科目。

因债券、基金、股票的交易比较频繁，出售债券、基金、股票等证券时，其投资成本应一并结转。出售证券成本的计算方法可采用加权平均法、移动加权平均法、先进先出法等，成本计算方法一经确定，不得随意变更。

本案例中，成交总额扣减佣金、印花税等为应收证券清算款，共计金额 648 200（650 000－1 800）元。

该企业年金基金的账务处理如下：

（1）交易日（T 日，即 5 月 30 日），该企业年金基金与证券登记结算机构清算应收证券款时：

借：证券清算款　　648 200
　　交易费用　　1 800
　　贷：交易性金融资产——成本（A 股票）　　500 000
　　　　　　——公允价值变动（A 股票）　　50 000
　　　　投资收益　　100 000
借：公允价值变动损益　　50 000
　　贷：投资收益　　50 000

（2）资金交收日（T+1 日，即 5 月 31 日），该企业年金基金与证券登记结算机构交收资金时：

借：结算备付金　　648 200

　贷：证券清算款　　648 200

17.6　企业年金的账务处理

案例与问题

【例 17-6】2×18 年 9 月 1 日，某企业年金基金在商业银行的存款本金为 1 500 000。假设一年按 365 天计算，银行存款年利率为 1.98%，每季末结息。该企业年金基金逐日估值。

【问题】该企业如何进行账务处理？

规范与要求

《企业会计准则第 10 号——企业年金基金》做了以下规定。

第八条　企业年金基金运营形成的各项收入包括：存款利息收入、买入返售证券收入、公允价值变动收益、投资处置收益和其他收入。

第九条　收入应当按照下列规定确认和计量：

（一）存款利息收入，按照本金和适用的利率确定。

（二）买入返售证券收入，在融券期限内按照买入返售证券价款和协议约定的利率确定。

（三）公允价值变动收益，在估值日按照当日投资公允价值与原账面价值（即上一估值日投资公允价值）的差额确定。

（四）投资处置收益，在交易日按照卖出投资所取得的价款与其账面价值的差额确定。

（五）风险准备金补亏等其他收入，按照实际发生的金额确定。

解析与说明

存款利息收入包括活期存款、定期存款、结算备付金、交易保证金等利息收入。根据企业年金基金会计准则及其应用指南的规定，企业年金基金应按日或至少按周确认存款利息收入，并按存款本金和适用利率计提的金额入账。

按日或按周计提银行存款、结算备付金存款等利息时，借记“应收利息”科目，贷记“存款利息收入”科目。

每日银行存款应计利息 = 存款本金 × 年利率 ÷365=1 500 000×1.98%÷365=81.37（元）

该企业年金基金的账务处理如下：

（1）每日计提存款利息时

借：应收利息　　81.37

　　贷：存款利息收入　　81.37

（2）每季收到存款利息时（假设每季收息 7 425 元）

借：银行存款　　7 425

　　贷：应收利息　　7 425

17.7　企业年金管理费的账务处理

案例与问题

【例 17-7】2×18 年 4 月 1 日，某企业年金基金的市值为 10 000 000 元，其受托管理合同和托管合同中均约定：受托人管理费和托管人管理费年费率均为基金净值（市值）的 0.2%；假设一年按 365 天计算，按日估值。

【问题】该企业如何进行账务处理？

规范与要求

《企业会计准则第 10 号——企业年金基金》做了以下规定。

第十条　企业年金基金运营发生的各项费用包括：交易费用、受托人管理费、托管人管理费、投资管理人管理费、卖出回购证券支出和其他费用。

第十一条　费用应当按照下列规定确认和计量：

（一）交易费用，包括支付给代理机构、咨询机构、券商的手续费和佣金及其他必要支出，按照实际发生的金额确定。

（二）受托人管理费、托管人管理费和投资管理人管理费，根据相关规定按实际计提的金额确定。

（三）卖出回购证券支出，在融资期限内按照卖出回购证券价款和协议约定的利率确定。

（四）其他费用，按照实际发生的金额确定。

解析与说明

受托人管理费、托管人管理费和投资管理人管理费，是指根据企业年金计划或合同文件规定的比例，提取的相应管理费。在本案例中，受托人、托管人提取的管理费均不得高于企业年金基金净值的0.2%，投资管理人提取的管理费不得高于企业年金基金净值的1.2%。企业年金基金应当设置“受托人管理费”“托管人管理费”“投资管理人管理费”“应付受托人管理费”“应付托管人管理费”“应付投资管理人管理费”等科目。

企业年金基金计提相关费用时，应当按照应付的实际金额，借记“受托人管理费”“托管人管理费”“投资管理人管理费”科目，贷记“应付受托人管理费”“应付托管人管理费”“应付投资管理人管理费”科目。支付相关管理费用时，借记“受托人管理费”“托管人管理费”“投资管理人管理费”科目，贷记“银行存款”等科目。期末，将“受托人管理费”“托管人管理费”“投资管理人管理费”科目的借方余额全部转入“本期收益”科目。

当日应计提的受托人管理费＝基金净值 × 年费率 ÷ 当年天数

=10 000 000×0.2%÷365

≈ 54.79（元）

当日应计提的托管人管理费＝基金净值 × 年费率 ÷ 当年天数

=10 000 000×0.2%÷365

≈ 54.79（元）

该企业年金基金的账务处理如下：

借：受托人管理费——×× 受托人　　54.79

　　贷：应付受托人管理费　　54.79

借：托管人管理费——×× 托管人　　54.79

　　贷：应付托管人管理费　　54.79

17.8　企业年金待遇给付及相关账务处理

案例与问题

【例 17-8】2×18 年 11 月 5 日，某企业年金基金根据企业年金计划和委托人指令，向退休人员支付企业年金待遇，金额共计 70 000 元。

【问题】该企业如何进行账务处理？

规范与要求

《企业会计准则第 10 号——企业年金基金》做了以下规定。

第十二条　企业年金基金的净资产，是指企业年金基金的资产减去负债后的余额。资产负债表日，应当将当期各项收入和费用结转至净资产。

净资产应当分别企业和职工个人设置账户，根据企业年金计划按期将运营收益分配计入各账户。

第十三条　净资产应当按照下列规定确认和计量：

（一）向企业和职工个人收取的缴费，按照收到的金额增加净资产。

（二）向受益人支付的待遇，按照应付的金额减少净资产。

（三）因职工调入企业而发生的个人账户转入金额，增加净资产。

（四）因职工调离企业而发生的个人账户转出金额，减少净资产。

解析与说明

企业年金待遇，是指企业年金计划受益人符合退休年龄等法定条件时，应当享受的企业年金养老待遇。企业年金计划受益人，是指参加企业年金计划并享有受益权的职工及其继承人。企业年金养老待遇支付水平受到缴费金额、缴费时间、投资运营收益情况等因素影响。企业年金待遇给付方式，由企业年金计划约定，分次或一次支付。

企业年金待遇给付一般流程如下：

（1）委托人向受托人发送企业年金待遇支付或转移的通知。

（2）受托人通知账户管理人计算支付企业年金待遇。

（3）账户管理人将计算支付企业年金待遇结果反馈受托人，并与受托人核对。

（4）受托人核对后通知托管人和投资管理人进行份额赎回。

（5）受托人根据账户管理人提供的待遇支付表，通知托管人支付或转移金额，托管人将相应资金划入受托人指定专用账户，并向受托人和账户管理人报告。

（6）受托人指令账户管理人进行待遇支付的账户处理，账户管理人与托管人提供的支付结果核对，扣减个人账户资产，并向受益人提供年金基金的最终账户数据或向新年金计划移交账户资料。

企业年金基金应设置“企业年金基金——支付受益人待遇”“应付受益人待遇”等科目，按受益人设置明细账进行账务处理。给付企业年金待遇时，按应付金额，借记“企业年金基金——支付受益人待遇”科目，贷记“应付受益人待遇”科目；支付款项时，借记“应付受益人待遇”科目，贷记“银行存款”科目。

此外，根据企业年金基金准则的规定，因职工调离企业而发生的个人账户转出金额，相应减少基金净资产。因职工调入企业而发生的个人账户转入金额，相应增加基金净资产。企业年金基金应设置“企业年金基金——个人账户转入”“企业年金基金——个人账户转出”等科目，按受益人设置明细账进行账务处理。

该企业年金基金的账务处理如下：

（1）计算、确认给付企业年金待遇时

借：企业年金基金——支付受益人待遇　70 000

　贷：应付受益人待遇　70 000

（2）支付受益人待遇时

借：应付受益人待遇　70 000

　贷：银行存款　70 000

第 18 章
企业会计准则第 11 号——股份支付

18.1　一次授予、分期行权的股份支付计划

案例与问题

【例 18–1】A 公司为上市公司。2×17 年 1 月 5 日，A 公司实施限制性股票激励计划，一次性授予高级管理人员共计 3 600 万股的限制性股票，且在 2×17 年至 2×19 年的每年年末，在达到当年的行权条件的前提下，每年解锁 1 200 万股。在解锁时，职工应当在职，当年未满足条件不能解锁的股票作废。

A 公司拟将 3 600 万股限制性股票的股权激励费用在 2×17 年至 2×19 年这三年平均分摊。

【问题】A 公司将费用在三年中平均分摊的方法是否恰当？

规范与要求

《企业会计准则第 11 号——股份支付》做了以下规定。

第六条　完成等待期内的服务或达到规定业绩条件才可行权的换取职工服务的以权益结算的股份支付，在等待期内的每个资产负债表日，应当以对可行权权益工具数量的最佳估计为基础，按照权益工具授予日的公允价值，将当期取得的服务计入相关成本或费用和资本公积。

在企业会计准则规定的基础上，证监会 2009 年发布的《上市公司执行企业会计准则监管问题解答》（2009 年第 1 期）中，就上市公司包括多期期权的股票期权激励计划，各期期权的等待期跨越多个会计期间的情况下，如何在资产负债表日确认某一会计期间的期权费用的问题，要求公司应根据期权激励计划条款设定的条件，采用恰当的估值技术，分别计算各期期权的单位公允价值。在各个资产负债表日，根据最新取得的可行权人数变动、业绩指标完成情况等后续信息，修正预计可行权的股票期权数量，并以此为依据确认各期应分

摊的费用。对于跨越多个会计期间的期权费用，一般可以按照该期期权在某会计期间内等待期长度占整个等待期长度的比例进行分摊。

解析与说明

“一次授予、分期行权”，即在授予日一次授予给员工若干权益工具，之后每年分批达到可行权。每个批次是否可行权的结果通常是相对独立的，即每一期是否达到可行权条件并不会直接决定其他几期是否能够达到可行权条件，企业应将其作为几个独立的股份支付计划。同时，企业一般会要求员工在授予的权益工具可行权时仍然在职。这实际上是隐含的服务条款，即员工需服务至可行权日。

从本案例中的条款看，该股权激励计划属于一次授予、分期行权的股权激励计划，每期的结果相对独立，即第一期未达到可行权条件并不会直接导致第二期或第三期不能达到可行权条件，因此企业会将其作为三个独立的股份支付计划处理，即第一个计划的等待期是一年，第二个计划的等待期是两年，第三个计划的等待期是三年，各年应分摊的费用情况如表 18-1 所示（按股份数计算）。

表 18-1　股权激励计划各年分摊费用表

单位：元

分摊	第一期	第二期	第三期	合计
计入 2×17 年	1 200	600	400	2 200
计入 2×18 年	—	600	400	1 000
计入 2×19 年	—	—	400	400
合计	1 200	1 200	1 200	3 600

这样处理的原因是：由于要求职工在解锁时仍然在职，则第一期的奖励要求职工必须在公司服务一年；第二期的奖励要求职工在第二年年末仍在职，即要求职工必须在公司服务两年，因此相应的费用应当在两年内分摊；同理，第三期的奖励应当在三年内分摊。

从表 18-1 中可以看到，公司确认的费用呈阶梯形下降，即前期比后期要确认更多的费用。前期费用较高的原因是员工在前期为数个具有不同等待期的奖励计划而工作。

在各个资产负债表日，公司应根据最新取得的可行权人数变动、业绩指标完成情况等后续信息，修正预计可行权的股票数量，并以此为依据确认各期应分摊的费用。

18.2　附服务年限条件的以权益结算的股份支付

案例与问题

【例 18-2】A 公司为一上市公司。2×17 年 1 月 1 日，A 公司向其 200 名管理人员每人授予 100 股的股票期权。这些职员从 2×17 年 1 月 1 日起在该公司连续服务 3 年，有权以 5 元每股的价格购买 100 股 A 公司股票，从而获益。公司估计该期权在授予日的公允价值为 18 元。

第一年有 20 名职员离开 A 公司，A 公司估计三年中离开的职员的比例将达到 20%；第二年又有 10 名职员离开公司，A 公司将估计的职员离开比例修正为 15%；第三年又有 15 名职员离开。

【问题】A 公司在授予日和等待期内每个资产负债表日应如何进行会计处理？

规范与要求

《企业会计准则第 11 号——股份支付》做了以下规定。

第二条　股份支付，是指企业为获取职工和其他方提供服务而授予权益工具或者承担以权益工具为基础确定的负债的交易。

股份支付分为以权益结算的股份支付和以现金结算的股份支付。

以权益结算的股份支付，是指企业为获取服务以股份或其他权益工具作为对价进行结算的交易。

第四条　以权益结算的股份支付换取职工提供服务的，应当以授予职工权益工具的公允价值计量。

权益工具的公允价值，应当按照《企业会计准则第 22 号——金融工具确认和计量》确定。

第五条　授予日，是指股份支付协议获得批准的日期。

《企业会计准则解释》指出，除了立即可行权的股份支付外，无论权益结算的股份支付或者现金结算的股份支付，企业在授予日均不做会计处理。本准则第五条、第十一条规定了对授予日后立即可行权的股份支付的处理，授予日后立即可行权的情况在实务中较为少见。

第六条　完成等待期内的服务或达到规定业绩条件才可行权的换取职工服务的以权益结算的股份支付，在等待期内的每个资产负债表日，应当以对可行权权益工具数量的最佳估计为基础，按照权益工具授予日的公允价值，将当期取得的服务计入相关成本或费用和资本公积。

在资产负债表日，后续信息表明可行权权益工具的数量与以前估计不同的，应当进行调整，并在可行权日调整至实际可行权的权益工具数量。

等待期，是指可行权条件得到满足的期间。

对于可行权条件为规定服务期间的股份支付，等待期为授予日至可行权日的期间；对于可行权条件为规定业绩的股份支付，应当在授予日根据最可能的业绩结果预计等待期的长度。

可行权日，是指可行权条件得到满足、职工和其他方具有从企业取得权益工具或现金的权利的日期。

第九条　在行权日，企业根据实际行权的权益工具数量，计算确定应转入实收资本或股本的金额，将其转入实收资本或股本。

行权日，是指职工和其他方行使权利、获取现金或权益工具的日期。

解析与说明

在本案例中，A公司向管理人员授予股票期权的行为属于附服务年限条件的以权益结算的股份支付。

2×17年1月1日为授予日。除了立即可行权的股份支付外，企业在授予日均不做会计处理。

在等待期内的每个资产负债表日，应当以对可行权权益工具数量的最佳估计为基础，按照权益工具授予日的公允价值，将当期取得的服务计入相关成本或费用和资本公积。

费用和资本公积的计算过程如表18-2所示。

表18-2　费用和资本公积计算表

年份	计算	当期费用（元）	累计费用（元）
2×17	200×100×（1-20%）×18×1/3	96 000	96 000
2×18	200×100×（1-15%）×18×2/3-96 000	108 000	204 000
2×19	155×100×18-204 000	75 000	279 000

账务处理如下：

（1）2×17年1月1日：

授予日不做账务处理。

（2）2×17年12月31日：

借：管理费用　　　96 000

贷：资本公积——其他资本公积 96 000

（3）2×18年12月31日：

借：管理费用 108 000

贷：资本公积——其他资本公积 108 000

（4）2×19年12月31日：

借：管理费用 75 000

贷：资本公积——其他资本公积 75 000

（5）假设全部155名职员都在20×0年12月31日行权，A公司股份面值为1元：

借：银行存款 77 500

资本公积——其他资本公积 279 000

贷：股本 15 500

资本公积——资本溢价 341 000

18.3 附非市场业绩条件的以权益结算的股份支付

案例与问题

【例18-3】2×17年1月1日，A公司向其100名管理人员每人授予100份股票期权：第一年年末的可行权条件为企业净利润增长率达到20%；第二年年末的可行权条件为企业净利润两年平均增长15%；第三年年末的可行权条件为企业净利润三年平均增长10%。每份期权在1月1日的公允价值为24元。

2×17年12月31日，权益净利润增长了18%，同时有8名管理人员离开，企业预计2×18年将以同样速度增长，因此预计将于2×18年12月31日可行权。另外，企业预计2×18年12月31日又将有8名管理人员离开企业。

2×18年12月31日，企业净利润仅增长了10%，因此无法达到可行权状态。另外，实际有10名管理人员离开，预计第三年将有12名管理人员离开企业。

2×19年12月31日，企业净利润增长了8%，三年平均增长率为12%，因此达到可行权状态。当年有8名管理人员离开。

【问题】A公司在授予日和等待期内的每个资产负债表日应如何进行会计处理？

规范与要求

《企业会计准则第11号——股份支付》做了以下规定。

第六条　完成等待期内的服务或达到规定业绩条件才可行权的换取职工服务的以权益结算的股份支付，在等待期内的每个资产负债表日，应当以对可行权权益工具数量的最佳估计为基础，按照权益工具授予日的公允价值，将当期取得的服务计入相关成本或费用和资本公积。

解析与说明

本案例中的可行权条件是一项非市场业绩条件。

第一年年末，虽然没能实现净利润增长20%的要求，但A公司预计下年将以同样速度增长，因此能实现两年平均年增长15%的要求。所以A公司将其预计等待期调整为2年。由于有8名管理人员离开，所以A公司同时调整了期满（两年）后预计可行权期权的数量（100-8-8）。

第二年年末，虽然两年实现15%增长的目标再次落空，但A公司仍然估计能够在第三年取得较理想的业绩，从而实现3年平均增长10%的目标。所以A公司将其预计等待期调整为3年。由于第二年有10名管理人员离开，高于预计数字，因此公司相应调增了第三年预计离开的人数（100-8-10-12）。

第三年年末，目标实现，实际离开人数为8人。公司根据实际情况确定累计费用，并据此确认了第三年的费用和相关调整金额。

费用和资本公积的计算过程如表18-3所示。

表18-3　费用和资本公积计算表

年份	计算	当期费用（元）	累计费用（元）
2×17	（100-8-8）×100×24×1/2	100 800	100 800
2×18	100-8-10-12）×100×24×2/3-100 800	11 200	112 000
2×19	（100-8-10-8）×100×24-112 000	65 600	177 600

A公司的账务处理如下。

（1）2×17年1月1日：

授予日不做账务处理。

（2）2×17年12月31日：

借：管理费用　　100 800

　　贷：资本公积——其他资本公积　　100 800

（3）2×18年12月31日：

借：管理费用　　11 200

贷：资本公积——其他资本公积　　11 200

（4）2×18 年 12 月 31 日：

借：管理费用　　65 600

贷：资本公积——其他资本公积　　65 600

（5）假设全部 74 名职员都在 2×19 年 12 月 31 日行权，A 公司股份面值为 1 元：

借：银行存款　　65 600

资本公积——其他资本公积　　177 600

贷：股本　　7 400

资本公积——资本溢价　　235 800

18.4　以现金结算的股份支付

案例与问题

【例 18–4】2×14 年 11 月，B 公司的董事会批准了一项股份支付协议。协议规定，2×14 年 1 月 1 日，公司为其 200 名中层以上的管理人员每人授予 100 份现金股票增值权。这些管理人员若在该公司连续服务 3 年，则可自 2×16 年 12 月 31 日起根据股价的增长幅度决定是否行权。该股票增值权应在 2×18 年 12 月 31 日之前行使完毕。B 公司估计，该股票增值权在负债结算之前的每一个资产负债表日以及结算日的公允价值和可行权后的每份股票增值权的现金支出额如表 18–4 所示。

表 18–4　公允价值与现金支出额

年份	公允价值（元）	现金支出额（元）
2×14	14（元）	
2×15	15	
2×16	18	16
2×17	21	20
2×18	25	

第一年有 20 名管理人员离开 A 公司，B 公司估计三年中还将有 15 名管理人员离开；第二年又有 10 名管理人员离开公司，公司估计还将有 10 名管理人员离开；第三年又有 15 名管理人员离开。第三年年末，假定有 70 人行使股份增值权并取得了现金。

【问题】A 公司在授予日和等待期内的每个资产负债表日应如何进行会计处理?

规范与要求

《企业会计准则第 11 号——股份支付》做了以下规定。

第二条　股份支付，是指企业为获取职工和其他方提供服务而授予权益工具或者承担以权益工具为基础确定的负债的交易。

股份支付分为以权益结算的股份支付和以现金结算的股份支付。

以现金结算的股份支付，是指企业为获取服务承担以股份或其他权益工具为基础计算确定的交付现金或其他资产义务的交易。

第十条　以现金结算的股份支付，应当按照企业承担的以股份或其他权益工具为基础计算确定的负债的公允价值计量。

第十一条　授予后立即可行权的以现金结算的股份支付，应当在授予日以企业承担负债的公允价值计入相关成本或费用，相应增加负债。

第十二条　完成等待期内的服务或达到规定业绩条件以后才可行权的以现金结算的股份支付，在等待期内的每个资产负债表日，应当以对可行权情况的最佳估计为基础，按照企业承担负债的公允价值金额，将当期取得的服务计入成本或费用和相应的负债。

在资产负债表日，后续信息表明企业当期承担债务的公允价值与以前估计不同的，应当进行调整，并在可行权日调整至实际可行权水平。

第十三条　企业应当在相关负债结算前的每个资产负债表日以及结算日，对负债的公允价值重新计量，其变动计入当期损益。

解析与说明

相关金额的计算过程如表 18-5 所示。

表 18-5　相关金额确定表

年份	负债计算	现金支出额（元）	当期费用（元）
2×14	（200-35）×100×14×1/3=77 000		77 000
2×15	（200-40）×100×15×2/3=160 000		83 000
2×16	（200-45-70）×100×18= 153 000	70×100×16=112 000	105 000
2×17	（200-45-70-50）×100×21=73 500	50×100×20=100 000	20 500
2×18	73 500-73 500=0	35×100×25=87 500	14 000
总额		299 500	299 500

其中：（3）=（2）- 上期（1）+（2）

相关会计处理如下：

（1）2×14年1月1日：

授予日不做处理。

（2）2×14年12月31日：

借：管理费用　　77 000

　　贷：应付职工薪酬——股份支付　　77 000

（3）2×15年12月31日：

借：管理费用　　83 000

　　贷：应付职工薪酬——股份支付　　83 000

（4）2×16年12月31日：

借：管理费用　　105 000

　　贷：应付职工薪酬——股份支付　　105 000

借：应付职工薪酬——股份支付　　112 000

　　贷：银行存款　　112 000

18.5　期权定价模型下的参数选取

案例与问题

【例18-5】2×18年1月21日，A公司首次公告期权激励计划草案；2×18年5月3日，A公司与高级管理人员就股票期权计划的协议和条款达成一致，A公司向高级管理人员授予股票期权，且该计划得到股东大会批准，因此该期权授予日为2×18年5月3日。A公司公布期权激励计划草案日的股票收盘价格为35.60元每股，授予日的股票收盘价格为47.80元每股。

【问题】采用期权定价模型确定期权激励计划中的股票期权的公允价值时，所使用的基础股份的现行价格是哪一时点的价格？

规范与要求

《企业会计准则第11号——股份支付》应用指南指出，对于授予的不存在活跃市场的期权等权益工具，应当采用期权定价模型等确定其公允价值，选用的期权定价模型至少应当考虑以下因素：①期权的行权价格；②期权的有效期限；③标的股份的现行价格；④股价预计波动率；⑤股份的预计股利；⑥期权有效期内的无风险利率。

《企业会计准则第 11 号——股份支付》的讲解指出：在选择适用的期权定价模型时，企业应考虑熟悉情况和自愿的市场参与者将会考虑的因素。

一般情况下，对未来的预期建立在历史经验基础上，但如果能够合理预期未来与历史经验的不同，则应对该预期进行修正。未经上述调整的历史经验对微量的预测价值很有限，而且有时可能难以获取历史信息。因此，企业在估计期权定价模型的输入变量时，应充分考虑历史经验合理预测未来的程度和能力，而不能简单地根据历史信息估计波动率、行权行为和股利。

解析与说明

本案例中，A公司采用期权定价模型确定授予日股票期权的公允价值时，选用的期权定价模型至少应当考虑的因素之一为标的股份的现行价格。由于确定的是授予日的公允价值，因此定价模型输入变量之一的基础股份的现行价格应为基础股份的授予日股价。企业应考虑熟悉情况和自愿的市场参与者将会考虑的因素，选择适用的期权定价模型，并且期权定价模型中其他输入变量涉及估计时（如股价预计波动率、预计股利、行权行为等），应充分考虑历史经验对合理预测未来情况的影响程度。

第 19 章
企业会计准则第 12 号——债务重组

19.1　以现金清偿债务时的账务处理

案例与问题

【例 19-1】甲企业于 2×19 年 7 月 20 日销售一批材料给乙企业，不含税价格为 200 000 元，增值税税率为 13%，按合同规定，乙企业应于 2×19 年 10 月 1 日前偿付货款。由于乙企业发生财务困难，无法按合同规定的期限偿还债务，经双方协议于 10 月 1 日进行债务重组。债务重组协议规定，甲企业同意减免乙企业 30 000 元债务，余额用现金立即偿清。乙企业于当日通过银行转账支付了该笔剩余款项，甲企业随即收到了通过银行转账偿还的款项。甲企业已为该项应收债权计提了 20 000 元的坏账准备。

【问题】甲、乙企业分别该如何进行账务处理？

规范与要求

《企业会计准则第 12 号——债务重组》做了以下规定。

第二条　债务重组，是指在不改变交易对手方的情况下，经债权人和债务人协定或法院裁定，就清偿债务的时间、金额或方式等重新达成协议的交易。

第三条　债务重组一般包括下列方式，或下列一种以上方式的组合：

（一）债务人以资产清偿债务；

（二）债务人将债务转为权益工具；

（三）除本条第一项和第二项以外，采用调整债务本金、改变债务利息、变更还款期限等方式修改债权和债务的其他条款，形成重组债权和重组债务。

第五条　以资产清偿债务或者将债务转为权益工具方式进行债务重组的，债权人应当在相关资产符合其定义和确认条件时予以确认。

第十条　以资产清偿债务方式进行债务重组的，债务人应当在相关资产和所清偿债务符合终止确认条件时予以终止确认，所清偿债务账面价值与转让资产账面价值之间的差额计入当期损益。

解析与说明

债务人以现金清偿债务的，债务人应当将重组债务的账面价值与支付的现金之间的差额确认为债务重组利得，并作为营业外收入，计入当期损益，其中，相关重组债务应当在满足金融负债终止确认条件时予以终止确认。

债务人以现金清偿债务的，债权人应当将重组债权的账面余额与收到的现金之间的差额确认为债务重组损失，作为营业外支出，计入当期损益，其中，相关重组债权应当在满足金融资产终止确认条件时予以终止确认。重组债权已经计提减值准备的，应当先按照上述差额冲减已计提的减值准备，冲减后仍有损失的，计入营业外支出（债务重组损失）；冲减后减值准备仍有余额的，应予转回并抵减当期资产减值损失。

1. 乙企业的账务处理

①计算债务重组利得：

应付账款账面余额	226 000
减：支付的现金	196 000
债务重组利得	30 000

②相关会计分录如下：

借：应付账款　　226 000

　　贷：银行存款　　196 000

　　　　营业外收入——债务重组利得　　30 000

2. 甲企业的账务处理

①计算债务重组损失：

应收账款账面余额	234 000
减：收到的现金	196 000
差额	30 000
减：已计提坏账准备	20 000
债务重组损失	10 000

②相关会计分录如下：

借：银行存款　　196 000

　　营业外支出——债务重组损失　　10 000

　　坏账准备　　20 000

　　贷：应收账款　　226 000

19.2　以存货抵偿债务时的账务处理

案例与问题

【例 19-2】甲公司欠乙公司购货款 350 000 元。由于甲公司陷入财务困境，故其在短期内不能支付已于 2×19 年 7 月 1 日到期的货款。2×19 年 7 月 10 日，经双方协商，乙公司同意甲公司以其生产的产品偿还债务。该产品的公允价值为 200 000 元，实际成本为 120 000 元。甲公司为增值税一般纳税人，适用的增值税税率为 13%。乙公司于 2×19 年 8 月 1 日收到甲公司抵债的产品，并作为库存商品入库；乙公司对该项应收账款计提了 50 000 元的坏账准备。

【问题】甲、乙公司分别该如何进行账务处理？

规范与要求

《企业会计准则第 12 号——债务重组》做了以下规定。

第二条　债务重组，是指在不改变交易对手方的情况下，经债权人和债务人协定或法院裁定，就清偿债务的时间、金额或方式等重新达成协议的交易。

第三条　债务重组一般包括下列方式，或下列一种以上方式的组合：

（一）债务人以资产清偿债务；

（二）债务人将债务转为权益工具；

（三）除本条第一项和第二项以外，采用调整债务本金、改变债务利息、变更还款期限等方式修改债权和债务的其他条款，形成重组债权和重组债务。

第六条　以资产清偿债务方式进行债务重组的，债权人初始确认受让的金融资产以外的资产时，应当按照下列原则以成本计量：

存货的成本，包括放弃债权的公允价值和使该资产达到当前位置和状态所发生的可直接归属于该资产的税金、运输费、装卸费、保险费等其他成本。

对联营企业或合营企业投资的成本，包括放弃债权的公允价值和可直接归属于该资产的税金等其他成本。

投资性房地产的成本，包括放弃债权的公允价值和可直接归属于该资产的税金等其他成本。

固定资产的成本，包括放弃债权的公允价值和使该资产达到预定可使用状态前所发生的可直接归属于该资产的税金、运输费、装卸费、安装费、专业人员服务费等其他成本。

生物资产的成本，包括放弃债权的公允价值和可直接归属于该资产的税金、运输费、保险费等其他成本。

无形资产的成本，包括放弃债权的公允价值和可直接归属于使该资产达到预定用途所发生的税金等其他成本。

放弃债权的公允价值与账面价值之间的差额，应当计入当期损益。

第十条　以资产清偿债务方式进行债务重组的，债务人应当在相关资产和所清偿债务符合终止确认条件时予以终止确认，所清偿债务账面价值与转让资产账面价值之间的差额计入当期损益。

解析与说明

债务人以非现金资产清偿某项债务的，债务人应当将重组债务的账面价值与转让的非现金资产的公允价值之间的差额确认为债务重组利得，并作为营业外收入，计入当期损益。其中，相关重组债务应当在满足金融负债终止确认条件时予以终止确认。转让的非现金资产的公允价值与其账面价值的差额，作为转让资产损益，计入当期损益。

债务人在转让非现金资产的过程中发生的一些税费，如资产评估费、运杂费等，直接计入转让资产损益。对于增值税应税项目，如债权人不向债务人另行支付增值税，则债务重组利得应为转让非现金资产的公允价值和该非现金资产的增值税销项税额与重组债务账面价值的差额；如债权人向债务人另行支付增值税，则债务重组利得应为转让非现金资产的公允价值与重组债务账面价值的差额。

债务人以非现金资产清偿某项债务的，债权人应当对受让的非现金资产按其公允价值入账，应将重组债权的账面余额与受让的非现金资产的公允价值之间的差额，确认为债务重组损失，并作为营业外支出，计入当期损益。其中，相关重组债权应当在满足金融资产终止确认条件时予以终止确认。重组债权已经计提减值准备的，应当先将上述差额冲减已计提的减值准备，冲减后仍有损失的，计入营业外支出（债务重组损失）；冲减后减值准备仍有余额的，应予转回并抵减当期资产的减值损失。对于增值税应税项目，如债权人不向债务人另行支付增值税，则增值税进项税额可以冲减重组债权的账面余额；如债权人向债务人另行支付增值税，则增值税进项税额不能冲减重组债权的账面余额。

债权人收到非现金资产时发生的有关运杂费等，应当计入相关资产的价值。

债务人以库存物品抵偿债务，应视同销售进行核算。企业可将该项业务分为两部分。一是将库存物品出售给债权人，取得货款。出售库存物品业务与企业正常的销售业务的会计处理相同，其发生的损益计入当期损益。二是以取得的货币清偿债务。当然，在这项业务中，实际上并没有发生相应的货币流入与流出。

（1）甲公司的账务处理：

①计算债务重组利得：

应付账款的账面余额	350 000
减：所转让产品的公允价值	200 000
增值税销项税额（200 000×13%）	26 000
债务重组利得	124 000

②应作会计分录如下：

借：应付账款　350 000

　　贷：主营业务收入　200 000

　　　　应交税费——应交增值税（销项税额）　26 000

　　　　营业外收入——债务重组利得　124 000

借：主营业务成本　120 000

　　贷：库存商品　120 000

在本案例中，甲公司销售产品取得的利润体现在营业利润中，债务重组利得作为营业外收入处理。

（2）乙公司的账务处理：

①计算债务重组损失：

应收账款账面余额	350 000
减：受让资产的公允价值	200 000
增值税进项税额	26 000
差额	124 000
减：已计提坏账准备	50 000
债务重组损失	74 000

②应作会计分录如下：

借：库存商品　200 000

　　应交税费——应交增值税（进项税额）　26 000

　　坏账准备　50 000

　　营业外支出——债务重组损失　74 000

　　贷：应收账款　350 000

19.3 以固定资产抵偿债务时的账务处理

案例与问题

【例 19-3】甲公司于 2×19 年 7 月 1 日销售给乙公司一批材料，价值 400 000 元（包括应收取的增值税额），按购销合同约定，乙公司应于 2×20 年 3 月 31 日前支付货款，但至 2×20 年 3 月 31 日乙公司尚未支付货款。由于乙公司财务发生困难，短期内不能支付货款。2×20 年 2 月 3 日，与甲公司协商，甲公司同意乙公司以一台设备偿还债务。该项设备的账面原价为 350 000 元，已提折旧 50 000 元，设备的公允价值为 360 000 元（假定企业转让该项设备不需要交纳增值税）。

甲公司对该项应收账款已提取坏账准备 20 000 元。抵债设备已于 2×20 年 3 月 10 日运抵甲公司。假定不考虑该项债务重组相关的税费。

【问题】甲、乙公司分别该如何进行账务处理？

规范与要求

《企业会计准则第 12 号——债务重组》做了以下规定。

第二条　债务重组，是指在不改变交易对手方的情况下，经债权人和债务人协定或法院裁定，就清偿债务的时间、金额或方式等重新达成协议的交易。

第三条　债务重组一般包括下列方式，或下列一种以上方式的组合：

（一）债务人以资产清偿债务；

（二）债务人将债务转为权益工具；

（三）除本条第一项和第二项以外，采用调整债务本金、改变债务利息、变更还款期限等方式修改债权和债务的其他条款，形成重组债权和重组债务。

第六条　以资产清偿债务方式进行债务重组的，债权人初始确认受让的金融资产以外的资产时，应当按照下列原则以成本计量：

存货的成本，包括放弃债权的公允价值和使该资产达到当前位置和状态所发生的可直接归属于该资产的税金、运输费、装卸费、保险费等其他成本。

对联营企业或合营企业投资的成本，包括放弃债权的公允价值和可直接归属于该资产的税金等其他成本。

投资性房地产的成本，包括放弃债权的公允价值和可直接归属于该资产的税金等其他成本。

固定资产的成本，包括放弃债权的公允价值和使该资产达到预定可使用状态前所发生的可直接归属于该资产的税金、运输费、装卸费、安装费、专业人员服务费等其他成本。

生物资产的成本，包括放弃债权的公允价值和可直接归属于该资产的税金、运输费、保险费等其他成本。

无形资产的成本，包括放弃债权的公允价值和可直接归属于使该资产达到预定用途所发生的税金等其他成本。

放弃债权的公允价值与账面价值之间的差额，应当计入当期损益。

第十条　以资产清偿债务方式进行债务重组的，债务人应当在相关资产和所清偿债务符合终止确认条件时予以终止确认，所清偿债务账面价值与转让资产账面价值之间的差额计入当期损益。

解析与说明

债务人以固定资产抵偿债务，应将固定资产的公允价值与该项固定资产账面价值和清理费用的差额作为转让固定资产的损益处理。同时，将固定资产的公允价值与应付债务的账面价值的差额，作为债务重组利得，计入营业外收入。债权人收到的固定资产应按公允价值计量。

乙公司的账务处理：

①计算固定资产清理损益与债务重组利得：

固定资产公允价值	360 000
减：固定资产净值	300 000
处置固定资产净收益	60 000

②计算债务重组利得：

应付账款的账面余额	400 000
减：固定资产公允价值	360 000
债务重组利得	40 000

③应作会计分录如下：

将固定资产净值转入固定资产清理：

借：固定资产清理	300 000	
累计折旧	50 000	
贷：固定资产		350 000

确认债务重组利得：

借：应付账款	400 000	
贷：固定资产清理		360 000

营业外收入——债务重组利得　　40 000

确认固定资产处置利得：

借：固定资产清理　　60 000

贷：营业外收入——处置固定资产利得　　60 000

甲公司的账务处理：

①计算债务重组损失：

应收账款账面余额	400 000
减：受让资产的公允价值	360 000
差额	40 000
减：已计提坏账准备	20 000
债务重组损失	20 000

②应作会计分录如下：

借：固定资产　　360 000

坏账准备　　20 000

营业外支出——债务重组损失　　20 000

贷：应收账款　　400 000

19.4　以股票、债券等金融资产抵偿债务时的账务处理

案例与问题

【例 19-4】甲公司于 2×19 年 7 月 1 日销售给乙公司一批产品，价值 450 000 元（包括应收取的增值税额），乙公司于 2×19 年 7 月 1 日开出六个月承兑的商业汇票。乙公司于 2×19 年 12 月 31 日尚未支付货款。由于乙公司财务发生困难，短期内不能支付货款。当日经与甲公司协商，甲公司同意乙公司以其所拥有并作为以公允价值计量且公允价值变动计入当期损益的某公司股票抵偿债务。乙公司该股票的账面价值为 400 000 元（假定该资产账面公允价值变动额为零），当日的公允价值 380 000 元。假定甲公司为该项应收账款提取了坏账准备 40 000 元。用于抵债的股票于当日即办理相关转让手续，甲公司将取得的股票作为以公允价值计量且公允价值变动计入当期损益的金融资产处理。债务重组前甲公司已将该项应收票据转入应收账款；乙公司已将应付票据转入应付账款。假定不考虑与商业汇票或者应付款项有关的利息。

【问题】甲、乙公司分别该如何进行账务处理？

规范与要求

《企业会计准则第 12 号——债务重组》做了以下规定。

第二条　债务重组，是指在不改变交易对手方的情况下，经债权人和债务人协定或法院裁定，就清偿债务的时间、金额或方式等重新达成协议的交易。

本准则中的债务重组涉及的债权和债务是指《企业会计准则第 22 号——金融工具确认和计量》规范的金融工具。

第三条　债务重组一般包括下列方式，或下列一种以上方式的组合：

（一）债务人以资产清偿债务；

（二）债务人将债务转为权益工具；

（三）除本条第一项和第二项以外，采用调整债务本金、改变债务利息、变更还款期限等方式修改债权和债务的其他条款，形成重组债权和重组债务。

第五条　以资产清偿债务或者将债务转为权益工具方式进行债务重组的，债权人应当在相关资产符合其定义和确认条件时予以确认。

第六条　以资产清偿债务方式进行债务重组的，债权人初始确认受让的金融资产以外的资产时，应当按照下列原则以成本计量：

存货的成本，包括放弃债权的公允价值和使该资产达到当前位置和状态所发生的可直接归属于该资产的税金、运输费、装卸费、保险费等其他成本。

对联营企业或合营企业投资的成本，包括放弃债权的公允价值和可直接归属于该资产的税金等其他成本。

投资性房地产的成本，包括放弃债权的公允价值和可直接归属于该资产的税金等其他成本。

固定资产的成本，包括放弃债权的公允价值和使该资产达到预定可使用状态前所发生的可直接归属于该资产的税金、运输费、装卸费、安装费、专业人员服务费等其他成本。

生物资产的成本，包括放弃债权的公允价值和可直接归属于该资产的税金、运输费、保险费等其他成本。

无形资产的成本，包括放弃债权的公允价值和可直接归属于使该资产达到预定用途所发生的税金等其他成本。

放弃债权的公允价值与账面价值之间的差额，应当计入当期损益。

第十条　以资产清偿债务方式进行债务重组的，债务人应当在相关资产和所清偿债务符合终止确认条件时予以终止确认，所清偿债务账面价值与转让资产账面价值之间的差额计入当期损益。

解析与说明

债务人以股票、债券等金融资产清偿债务，应按相关金融资产的公允价值与其账面价值的差额，作为转让金融资产的利得或损失处理；相关金融资产的公允价值与重组债务的账面价值的差额，作为债务重组利得。债权人收到的相关金融资产应按公允价值计量。

乙公司的账务处理：

①计算债务重组利得：

应付账款的账面余额	450 000
减：股票的公允价值	380 000
债务重组利得	70 000

②计算转让股票损益：

股票的公允价值	380 000
减：股票的账面价值	400 000
转让股票损益	−20 000

③应作会计分录如下：

借：应付账款　　450 000

　　投资收益　　20 000

　　贷：交易性金融资产　　400 000

　　　　营业外收入——债务重组利得　　70 000

甲公司的账务处理：

①计算债务重组损失：

应收账款账面余额	450 000
减：受让股票的公允价值	380 000
差额	70 000
减：已计提坏账准备	40 000
债务重组损失	30 000

②应作会计分录如下：

借：交易性金融资产　　380 000

　　营业外支出——债务重组损失　　30 000

　　坏账准备　　40 000

　　贷：应收账款　　450 000

19.5　债务转为资本时的账务处理

案例与问题

【例 19-5】2×19 年 7 月 1 日，甲公司应收乙公司账款的账面余额为 60 000 元，由于乙公司发生财务困难，无法偿付应付账款。经双方协商同意，采取将乙公司所欠债务转为乙公司股本的方式进行债务重组，假定乙公司普通股的面值为 1 元，乙公司以 20 000 股抵偿该项债务，股票每股市价为 2.5 元。甲公司对该项应收账款计提了坏账准备 2 000 元。股票登记手续已办理完毕，甲公司对其作为长期股权投资处理。

【问题】甲、乙公司分别该如何进行账务处理？

规范与要求

《企业会计准则第 12 号——债务重组》做了以下规定。

第二条　债务重组，是指在不改变交易对手方的情况下，经债权人和债务人协定或法院裁定，就清偿债务的时间、金额或方式等重新达成协议的交易。

本准则中的债务重组涉及的债权和债务是指《企业会计准则第 22 号——金融工具确认和计量》规范的金融工具。

第三条　债务重组一般包括下列方式，或下列一种以上方式的组合：

（一）债务人以资产清偿债务；

（二）债务人将债务转为权益工具；

（三）除本条第一项和第二项以外，采用调整债务本金、改变债务利息、变更还款期限等方式修改债权和债务的其他条款，形成重组债权和重组债务。

第五条　以资产清偿债务或者将债务转为权益工具方式进行债务重组的，债权人应当在相关资产符合其定义和确认条件时予以确认。

第六条　以资产清偿债务方式进行债务重组的，债权人初始确认受让的金融资产以外的资产时，应当按照下列原则以成本计量：

对联营企业或合营企业投资的成本，包括放弃债权的公允价值和可直接归属于该资产的税金等其他成本。

放弃债权的公允价值与账面价值之间的差额，应当计入当期损益。

第七条　将债务转为权益工具方式进行债务重组导致债权人将债权转为对联营企业或合营企业的权益性投资的，债权人应当按照本准则第六条的规定计量其初始投资成本。放弃债权的公允价值与账面价值之间的差额，应当计入当期损益。

第十一条　将债务转为权益工具方式进行债务重组的，债务人应当在所清偿债务符合终止确认条件时予以终止确认。债务人初始确认权益工具时应当按照权益工具的公允价值计量，权益工具的公允价值不能可靠计量的，应当按照所清偿债务的公允价值计量。所清偿债务账面价值与权益工具确认金额之间的差额，应当计入当期损益。

解析与说明

以债务转为资本方式进行债务重组的，应分别按以下情况处理：

1.债务人为股份有限公司时，债务人应将债权人因放弃债权而享有股份的面值总额确认为股本；股份的公允价值总额与股本之间的差额确认为资本公积。重组债务的账面价值与股份的公允价值总额之间的差额确认为债务重组利得，计入当期损益。债务人为其他企业时，债务人应将债权人因放弃债权而享有的股权份额确认为实收资本；股权的公允价值与实收资本之间的差额确认为资本公积。重组债务的账面价值与股权的公允价值之间的差额作为债务重组利得，计入当期损益。

2.债务人将债务转为资本，即债权人将债权转为股权。在这种方式下，债权人应将重组债权的账面余额与因放弃债权而享有的股权的公允价值之间的差额，先冲减已提取的减值准备，减值准备不足冲减的部分，或未提取减值准备的，将该差额确认为债务重组损失。同时，债权人应将因放弃债权而享有的股权按公允价值计量。发生的相关税费，分别按照长期股权投资或者金融工具确认和计量的规定进行处理。

乙公司的账务处理：

①计算应计入资本公积的金额：

股票的公允价值	50 000
减：股票的面值总额	20 000
应计入资本公积	30 000

②计算应确认的债务重组利得：

债务账面价值	60 000
减：股票的公允价值	50 000
债务重组利得	10 000

③应作会计分录如下：

借：应付账款　　60 000

　　贷：股本　　20 000

　　　　资本公积——股本溢价　　30 000

营业外收入——债务重组利得　　10 000

甲公司的账务处理：

①计算债务重组损失：

应收账款账面余额	60 000
减：所转股权的公允价值	50 000
差额	10 000
整：已计提坏账准备	2 000
债务重组损失	8 000

②应作会计分录如下：

借：长期股权投资　　50 000

　　营业外支出——债务重组损失　　8 000

　　坏账准备　　2 000

　　贷：应收账款　　60 000

19.6　不附或有条件的债务重组

案例与问题

【例 19-6】甲公司 2×19 年 12 月 31 日应收乙公司票据的账面余额为 65 400 元其中，5 400 元为累计未付的利息，票面年利率 4%。由于乙公司连年亏损，资金周转困难，不能偿付应于 2×19 年 12 月 31 日前支付的应付票据。经双方协商，于 2×20 年 1 月 5 日进行债务重组。甲公司同意将债务本金减至 50 000 元；免去债务人所欠的全部利息；将利率从 4% 降低到 2%（等于实际利率），并将债务到期日延至 2×21 年 12 月 31 日，利息按年支付。该项债务重组协议从协议签订日起开始实施。甲、乙公司已将应收、应付票据转入应收、应付账款。甲公司已为该项应收款项计提了 5 000 元坏账准备。

【问题】甲、乙企业分别该如何进行账务处理？

规范与要求

《企业会计准则第 12 号——债务重组》做了以下规定。

第二条　债务重组，是指在不改变交易对手方的情况下，经债权人和债务人协定或法院裁定，就清偿债务的时间、金额或方式等重新达成协议的交易。

本准则中的债务重组涉及的债权和债务是指《企业会计准则第 22 号——金融工具确认和计量》规范的金融工具。

第三条　债务重组一般包括下列方式，或下列一种以上方式的组合：

（一）债务人以资产清偿债务；

（二）债务人将债务转为权益工具；

（三）除本条第一项和第二项以外，采用调整债务本金、改变债务利息、变更还款期限等方式修改债权和债务的其他条款，形成重组债权和重组债务。

第八条　采用修改其他条款方式进行债务重组的，债权人应当按照《企业会计准则第 22 号——金融工具》的规定，确认和计量重组债权。

第十二条　采用修改其他条款方式进行债务重组的，债务人应当按照《企业会计准则第 22 号——金融工具》和《企业会计准则第 37 号——金融工具列报》的规定，确认和计量重组债务。

解析与说明

不附或有条件的债务重组，是指在债务重组中不存在或有应付（或应收）金额，该或有条件需要根据未来某种事项出现而发生的应付（或应收）金额，并且该未来事项的出现具有不确定性。

不附或有条件的债务重组。债务人应将修改其他债务条件后债务的公允价值作为重组后债务的入账价值。重组债务的账面价值与重组后债务的入账价值之间的差额计入损益。

以修改其他债务条件进行债务重组，如修改后的债务条款不涉及或有应收金额，则债权人应当将修改其他债务条件后的债权的公允价值作为重组后债权的账面价值，重组债权的账面余额与重组后债权的账面价值之间的重组后债权的账面价值，重组债权的账面余额与重组后债权账面价值之间的差额确认为债务重组损失，计入当期损益。如果债权人已对该项债权计提了减值准备，应当首先冲减已计提的减值准备，减值准备不足以冲减的部分，作为债务重组损失，计入营业外支出。

（1）乙公司的账务处理：

①计算债务重组利得：

应付账款的账面余额	65 400
减：重组后债务公允价值	50 000
债务重组利得	15 400

②债务重组时的会计分录：

借：应付账款　65 400

　　贷：应付账款——债务重组　50 000

　　　　营业外收入——债务重组利得　15 400

③2×20 年 12 月 31 日支付利息：

借：财务费用　1 000

　　贷：银行存款　（50 000×2%）1 000

④2×21 年 12 月 31 日偿还本金和最后一年利息：

借：应付账款——债务重组　50 000

　　财务费用　1 000

　　贷：银行存款　51 000

（2）甲公司的账务处理：

①计算债务重组损失：

应收账款账面余额	65 400
减：重组后债权公允价值	50 000
差额	15 400
减：已计提坏账准备	5 000
债务重组损失	10 400

②债务重组日的会计分录：

借：应收账款——债务重组　50 000

　　营业外支出——债务重组损失　10 400

　　坏账准备　5 000

　　贷：应收账款　65 400

③2×20 年 12 月 31 日收到利息：

借：银行存款　1 000

　　贷：财务费用　（50 000×2%）1 000

④2×21 年 12 月 31 日收到本金和最后一年利息：

借：银行存款　51 000

　　贷：财务费用　1 000

　　　　应收账款　50 000

第 20 章
企业会计准则第 13 号——或有事项

20.1 预计负债的确认条件

案例与问题

【例 20-1】2×17 年 10 月，B 公司从银行贷款 20 000 000 元人民币，期限 2 年，由 A 公司全额担保；2×19 年 4 月，C 公司从银行贷款 1 000 000 美元，期限 1 年，由 A 公司担保 50%；2×19 年 6 月，D 公司通过银行从 G 公司贷款 10 000 000 元人民币，期限 2 年，由 A 公司全额担保。

截至 2×19 年 12 月 31 日，各贷款单位的情况如下：B 公司贷款逾期未还，银行已起诉 B 公司和 A 公司，A 公司因连带责任需赔偿多少金额尚无法确定；C 公司由于受政策影响和内部管理不善等原因，经营效益不如以往，可能不能偿还到期美元债务；D 公司经营情况良好，预期不存在还款困难。

【问题】对于 B、C、D 公司三项债务，A 公司能确认预计负债吗？

规范与要求

《企业会计准则第 13 号——或有事项》做了以下规定。

第四条　与或有事项相关的义务同时满足下列条件的，应当确认为预计负债：

（一）该义务是企业承担的现时义务；

（二）履行该义务很可能导致经济利益流出企业；

（三）该义务的金额能够可靠地计量。

解析与说明

本案例中，就 B 公司的贷款而言，A 公司很可能需履行连带责任，但损失金额是多少，目前还难以预计；就 C 公司的贷款而言，A 公司可能需履行连带责任；就 D 公司的贷款而言，A 公司履行连带责任的可能性极小。这三项债务担保形成 A 公司的或有负债，不符合预计负债的确认条件。A 公司在 2×19 年 12 月 31 日编制财务报表时，应当在附注中进行相应披露。

20.2　预计负债最佳估计数的确定

案例与问题

【例 20-2】2×18 年 12 月 27 日，甲企业因合同违约而涉及一桩诉讼案。甲企业的法律顾问判断，最终的判决很可能对甲企业不利。2×18 年 12 月 31 日，甲企业尚未接到法院的判决，因诉讼须承担的赔偿金额也无法准确地确定。不过，据专业人士估计，赔偿金额可能是 80 万元至 100 万元之间的某一金额，而且这个区间内每个金额的可能性都大致相同。

【问题】甲公司预计负债的最佳估计数为多少？

规范与要求

《企业会计准则第 13 号——或有事项》做了以下规定。

第四条　与或有事项相关的义务同时满足下列条件的，应当确认为预计负债：

（一）该义务是企业承担的现时义务；

（二）履行该义务很可能导致经济利益流出企业；

（三）该义务的金额能够可靠地计量。

第五条　预计负债应当按照履行相关现时义务所需支出的最佳估计数进行初始计量。

所需支出存在一个连续范围，且该范围内各种结果发生的可能性相同的，最佳估计数应当按照该范围内的中间值确定。

在其他情况下，最佳估计数应当分别下列情况处理：

（一）或有事项涉及单个项目的，按照最可能发生金额确定。

（二）或有事项涉及多个项目的，按照各种可能结果及相关概率计算确定。

第六条　企业在确定最佳估计数时，应当综合考虑与或有事项有关的风险、不确定性和货币时间价值等因素。

货币时间价值影响重大的，应当通过对相关未来现金流出进行折现后确定最佳估计数。

解析与说明

所需支出存在一个连续范围，且该范围内各种结果发生的可能性相同的，最佳估计数应当按照该范围内的中间值确定。此案例中，甲企业应在2×18年12月31日的资产负债表中确认一项负债，金额为90[（80+100）÷2]万元。

案例与问题

【例20-3】2×18年11月1日，乙公司因合同违约而被丁公司起诉。2×18年12月31日，乙公司尚未接到法院的判决。丁公司预计，如无特殊情况很可能在诉讼中获胜，假定丁公司估计将来很可能获得赔偿金额1 900 000元。在咨询了公司的法律顾问后，乙公司认为最终的法律判决很可能对公司不利。假定乙公司预计将要支付的赔偿金额、诉讼费等费用为1 600 000元至2 000 000元之间的某一金额，而且这个区间内每个金额的可能性都大致相同，其中诉讼费为30 000元。

【问题】乙公司预计负债确认金额为多少？如何进行账务处理？

解析与说明

所需支出存在一个连续范围，且该范围内的各种结果发生的可能性相同的，最佳估计数应当按照该范围内的中间值确定。此例中，丁公司不应当将1 900 000元确认为或有资产，而应当在2×18年12月31日的财务报表的附注中披露或有资产1 900 000元。

乙公司应在资产负债表中确认一项预计负债，金额为：

（1 600 000+2 000 000）÷2=1 800 000（元）

同时，乙公司应在2×18年12月31日的财务报表的附注中进行披露。

乙公司的有关账务处理如下：

借：管理费用——诉讼费	30 000	
营业外支出	1 770 000	
贷：预计负债——未决诉讼		1 800 000

案例与问题

【例20-4】A公司2×18年发生的有关交易或事项如下：

（1）2×18年10月1日，有一笔已到期的银行贷款本金10 000 000元，利息为1 500 000元。A公司具有还款能力，但因与B银行存在其他经济纠纷，而未按时归还B银行的贷款。2×18年12月1日，B银行向人民法院提起诉讼。截至2×18年12月31日，人民法院尚未对案件进行审理。A公司的法律顾问认为败诉的可能性

60%，预计将要支付的罚息、诉讼费用在 1 000 000 ~ 1 200 000 元之间，其中诉讼费 50 000 元。

【问题】A 公司如何进行会计处理？

（2）2×18 年 10 月 6 日，A 公司委托银行向 K 公司贷款 60 000 000 元。由于经营困难，2×18 年 10 月 6 日贷款到期时，K 公司无力偿还贷款。A 公司依法起诉 K 公司。2×18 年 12 月 6 日，人民法院一审判决 A 公司胜诉，责成 K 公司向 A 公司偿付贷款本息 70 000 000 元，并支付罚息及其他费用 6 000 000 元，两项合计 76 000 000 元。由于种种原因，K 公司未履行判决。直到 2×18 年 12 月 31 日，A 公司尚未采取进一步的行动。

【问题】A 公司如何进行会计处理？

解析与说明

（1）A 公司的会计处理

A 公司败诉的可能性 60%，即很可能败诉，则 A 公司应在 2×18 年 12 月 31 日确认一项预计负债：（1 000 000+1 200 000）÷2=1 100 000（元）。

账务处理：

借：管理费用——诉讼费　　50 000

　　营业外支出——罚息支出　　1 050 000（1 100 000-50 000）

　　贷：预计负债——未决诉讼——B 银行　　1 100 000

A 公司应在 2×18 年 12 月 31 日的财务报表附注中进行如下披露：

本公司欠 B 银行贷款于 2×18 年 10 月 1 日到期，到期本金和额利息合计 11 500 000 元。由于与 B 银行存在其他经济纠纷，故本公司尚未偿还上述借款本金和利息。为此，B 银行起诉本公司，除要求本公司偿还本金和利息外，还要求支付罚息等费用。由于以上情况，本公司在 2×18 年 12 月 31 日确认了一项预计负债 1 100 000 元。目前，此案正在审理中。

（2）A 公司的会计处理

虽然一审判决 A 公司胜诉，A 公司将很可能从 K 公司收回委托贷款本金、利息及罚息，但是由于 K 公司本身经营困难，该款项是否能全额收回存在较大的不确定性，因此 A 公司 2×19 年 12 月 31 日不应确认资产，但应考虑该项委托贷款的减值问题。

A 公司应在 2×18 年 12 月 31 日的财务报表附注中进行如下披露：

本公司于 2×18 年 10 月 6 日委托银行向 K 公司贷款 60 000 000 元。K 公司逾期未还，为此本公司依法向人民法院起诉 K 公司。2×18 年 12 月 6 日，一审判决本公司胜诉，并可从K公司索偿款项76 000 000元，其中贷款本金60 000 000元、利息10 000 000元以及罚息等其他费用6 000 000元。截至2×18年12月31日，K公司未履行判决，本公司也未采取进一步的措施。

案例与问题

【例20-5】A公司为机床生产和销售企业。A公司向购买其机床的消费者承诺：机床售出后3年内如出现非意外事件造成的机床故障和质量问题，A公司免费负责保修（含零配件更换）。A公司在2×18年第1季度、第2季度、第3季度、第4季度分别销售机床400台、600台、800台和700台，每台售价为5万元。根据以往的经验，机床发生的保修费一般为销售额的1%～1.5%。A公司在2×18年的四个季度实际发生的维修费用分别为40 000元、400 000元、360 000元和700 000元（假定用银行存款支付50%，另50%为耗用的原材料）。假定2×17年12月31日，"预计负债——产品质量保证——机床"科目的年末余额为240 000元。

【问题】每个季度末，A公司如何进行会计处理？"预计负债—产品质量保证—机床"科目每季度末余额为多少？

解析与说明

本案例中，A公司因销售机床而承担了现时义务。该现时义务的履行很可能导致经济利益流出A公司，且该义务的金额能够可靠计量。A公司应在每季度末确认一项预计负债。

（1）第1季度：发生产品质量保证费用（维修费）

借：预计负债——产品质量保证——机床　　40 000

　　贷：银行存款　　20 000

　　　　原材料　　20 000

应确认的产品质量保证负债金额=400×50 000×（1%+1.5%）÷2=250 000（元）

借：销售费用——产品质量保证——机床　　250 000

　　贷：预计负债——产品质量保证——机床　　250 000

第1季度末，"预计负债——产品质量保证——机床"科目的余额=240 000+250 000−40 000=450 000（元）

（2）第2季度：发生产品质量保证费用（维修费）

借：预计负债——产品质量保证——机床　　400 000

　　贷：银行存款　　200 000

　　　　原材料　　200 000

应确认的产品质量保证负债金额 =600×50 000×（1%+1.5%）÷2=375 000（元）

借：销售费用——产品质量保证——机床　　375 000

　　贷：预计负债——产品质量保证——机床　　375 000

第 2 季度末，“预计负债——产品质量保证——机床”科目的余额 =450 000+375 000−400 000=425 000（元）

（3）第 3 季度：发生产品质量保证费用（维修费）

借：预计负债——产品质量保证——机床　　360 000

　　贷：银行存款　　180 000

　　　　原材料　　180 000

应确认的产品质量保证负债金额 =800×50 000×（1%+1.5%）÷2=500 000（元）

借：销售费用——产品质量保证——机床　　500 000

　　贷：预计负债——产品质量保证——机床　　500 000

第 3 季度末，“预计负债——产品质量保证——机床”科目的余额 =425 000+500 000−360 000=565 000（元）

（4）第 4 季度：发生产品质量保证费用（维修费）

借：预计负债——产品质量保证——机床　　700 000

　　贷：银行存款　　350 000

　　　　原材料　　350 000

应确认的产品质量保证负债金额 =700×50 000×（1%+1.5%）÷2=437 500（元）

借：销售费用——产品质量保证——机床　　437 500

　　贷：预计负债——产品质量保证——机床　　437 500

第 4 季度末，“预计负债——产品质量保证——机床”科目的余额 =565 000+437 500−700 000=302 500（元）

20.3　或有事项涉及单个项目时的最佳估计数的确定

案例与问题

【例 20-6】2×18 年 10 月 2 日，乙股份有限公司涉及一起诉讼案。2×18 年 12 月 31 日，乙股份有限公司尚未接到法院的判决。在咨询了法律顾问后，该公司认为：胜诉的可能性为 40%，败诉的可能性为 60%。如果败诉，则该公司需要赔偿 2 000 000 元。

【问题】乙公司的最佳估计数如何确定?

规范与要求

《企业会计准则第 13 号——或有事项》做了以下规定。

第四条　与或有事项相关的义务同时满足下列条件的，应当确认为预计负债:

（一）该义务是企业承担的现时义务;

（二）履行该义务很可能导致经济利益流出企业;

（三）该义务的金额能够可靠地计量。

第五条　预计负债应当按照履行相关现时义务所需支出的最佳估计数进行初始计量。

所需支出存在一个连续范围，且该范围内各种结果发生的可能性相同的，最佳估计数应当按照该范围内的中间值确定。

在其他情况下，最佳估计数应当分别下列情况处理:

（一）或有事项涉及单个项目的，按照最可能发生金额确定。

（二）或有事项涉及多个项目的，按照各种可能结果及相关概率计算确定。

解析与说明

在其他情况下，最佳估计数应当按照下列情况进行处理:

（1）或有事项涉及单个项目的，按照最可能发生的金额确定。

（2）或有事项涉及多个项目的，按照各种可能结果及相关概率计算确定。

本案例中，乙股份有限公司在资产负债表中确认的负债金额应为最可能发生的金额，即 2000 000 元。

20.4　或有事项涉及多个项目时的最佳估计数的确定

案例与问题

【例 20-7】甲股份有限公司是生产并销售 A 产品的企业，其在 2×18 年第一季度，共销售 A 产品 60 000 件，销售收入为 360 000 000 元。根据公司的产品质量保证条款，该产品售出后一年内，如发生正常质量问题，公司将负责免费维修。根据以前年度的维修记录，如果发生较小的质量问题，发生的维修费用为销售收入的 1%；如果发生较大的质量问题，发生的维修费用为销售收入的 2%。根据该公司的技术部门的预测，本季度销售的产品中，80% 不会发生质量问题；15% 可能发生较小质量问题；5% 可能发生较大质量问题。甲公司 2×18 年度第一季度实际发生的维修费为 850 000 元，“预计负债——产品质量保证”科目在 2×17 年年末的余额为 30 000 元。

【问题】甲公司如何进行账务处理？

规范与要求

《企业会计准则第 13 号——或有事项》做了以下规定。

第四条　与或有事项相关的义务同时满足下列条件的，应当确认为预计负债：

（一）该义务是企业承担的现时义务；

（二）履行该义务很可能导致经济利益流出企业；

（三）该义务的金额能够可靠地计量。

第五条　预计负债应当按照履行相关现时义务所需支出的最佳估计数进行初始计量。

所需支出存在一个连续范围，且该范围内各种结果发生的可能性相同的，最佳估计数应当按照该范围内的中间值确定。

在其他情况下，最佳估计数应当分别下列情况处理：

（一）或有事项涉及单个项目的，按照最可能发生金额确定。

（二）或有事项涉及多个项目的，按照各种可能结果及相关概率计算确定。

解析与说明

2×18 年第一季度末，甲股份有限公司应在资产负债表中确认的负债金额为：

360 000 000×（0×80%+1%×15%+2%×5%）=900 000（元）

本案例中，2×18 年度第一季度，甲股份有限公司的账务处理如下：

（1）确认与产品质量保证有关的预计负债：

借：销售费用——产品质量保证　　900 000

　　贷：预计负债——产品质量保证　　900 000

（2）发生产品质量保证费用（维修费）：

借：预计负债——产品质量保证　　850 000

　　贷：银行存款或原材料等　　850 000

“预计负债——产品质量保证”科目在 2×18 年第一季度末的余额为：

900 000−850 000+30 000=80 000（元）

20.5 确定预计负债中的补偿金额

案例与问题

【例 20-8】2×18 年 12 月 31 日，乙股份有限公司因或有事项而确认了一笔金额为 1 000 000 元的负债；同时，公司因该或有事项，基本确定可从甲股份有限公司获得 400 000 元的赔偿。

【问题】乙公司预计负债中的补偿金额为多少？

规范与要求

《企业会计准则第 13 号——或有事项》做了以下规定。

第七条　企业清偿预计负债所需支出全部或部分预期由第三方补偿的，补偿金额只有在基本确定能够收到时才能作为资产单独确认。确认的补偿金额不应当超过预计负债的账面价值。

解析与说明

本案例中，乙股份有限公司应分别确认一项金额为 1 000 000 元的负债和一项金额为 400 000 元的资产，而不能只确认一项金额为 600 000（1 000 000−400 000）元的负债。同时，公司所确认的补偿金额 400 000 元不能超过所确认的负债的账面价值 1 000 000 元。

20.6 待执行合同变为亏损合同时的处理

案例与问题

【例 20-9】2×17 年 1 月，某公司采用经营租赁方式租入生产线生产产品，租赁期 3 年，生产的产品预计每年均可获利。2×18 年 12 月，市政规划要求公司迁址，加之宏观政策调整该公司决定停产上述产品，原经营租赁合同为不可撤销合同，还要持续 1 年，生产线无法转租给其他单位。

【问题】该公司未来该如何处理租金？

规范与要求

《企业会计准则第 13 号——或有事项》做了以下规定。

第四条　与或有事项相关的义务同时满足下列条件的，应当确认为预计负债：

（一）该义务是企业承担的现时义务；

（二）履行该义务很可能导致经济利益流出企业；

（三）该义务的金额能够可靠地计量。

第八条　待执行合同变成亏损合同的，该亏损合同产生的义务满足本准则第四条规定的，应当确认为预计负债。

待执行合同，是指合同各方尚未履行任何合同义务，或部分地履行了同等义务的合同。

亏损合同，是指履行合同义务不可避免会发生的成本超过预期经济利益的合同。

解析与说明

该公司执行原经营租赁合同发生的费用很可能超过预期获得的经济利益，即该租赁合同变为亏损合同。该公司应当在 2×18 年 12 月 31 日根据未来期间（2×19 年）应支付的租金确认预计负债。

第 21 章
企业会计准则第 20 号——企业合并

21.1 同一控制下以发行权益性证券为合并对价的企业合并

案例与问题

【例 21-1】A、B 公司分别为 P 公司控制下的两家子公司。A 公司于 2×19 年 3 月 10 日自母公司 P 处取得 B 公司 100% 的股权。合并后，B 公司仍维持其独立法人资格，继续经营。为进行该项企业合并，A 公司以发行 1 500 万股普通股（每股面值 1 元）作为对价。假定 A、B 公司采用的会计政策相同。合并日，A、B 公司的所有者权益构成如表 21-1 所示。

表 21-1　A、B 公司所有者权益

A 公司		B 公司	
项 目	金额（万元）	项目	金额（万元）
股本	9 000	股本	1 500
资本公积	2 500	资本公积	500
盈余公积	2 000	盈余公积	1 000
未分配利润	5 000	未分配利润	2 000
合 计	18 500	合 计	5 000

【问题】A 公司在合并日如何进行会计处理?

规范与要求

《企业会计准则第 20 号——企业合并》做了以下规定。

第五条　参与合并的企业在合并前后均受同一方或相同的多方最终控制且该控制并非暂时性的，为同一控制下的企业合并。

同一控制下的企业合并，在合并日取得对其他参与合并企业控制权的一方为合并方，参与合并的其他企业为被合并方。

合并日，是指合并方实际取得对被合并方控制权的日期。

第六条　合并方在企业合并中取得的资产和负债，应当按照合并日在被合并方的账面价值计量。合并方取得的净资产账面价值与支付的合并对价账面价值（或发行股份面值总额）的差额，应当调整资本公积；资本公积不足冲减的，调整留存收益。

解析与说明

《企业会计准则第20号——企业合并》第五条规定，参与合并的企业在合并前后均受同一方或相同的多方最终控制且该控制并非暂时性的，为同一控制下的企业合并。同一控制下的企业合并，在合并日取得对其他参与合并企业控制权的一方为合并方，参与合并的其他企业为被合并方。合并日，是指合并方实际取得对被合并方控制权的日期。

《企业会计准则第20号——企业合并》解释对准则的上述规定做出以下讲解：实施最终控制的一方，通常是指企业集团中的母公司或者有关主管单位。实施最终控制的一方为有关主管单位的，企业合并是指在某一主管单位主导下进行的合并，但如果有关主管单位并未参与企业合并过程中具体商业条款的制定，如并未参与合并定价、合并方式及其他涉及企业合并的具体安排等，则该合并不属于同一控制下的企业合并。

相同的多方，是指根据投资者之间的协议约定，为扩大其中某一投资者对被投资单位股份的控制比例，或者巩固某一投资者对被投资单位的控制地位，在对被投资单位的生产经营决策行使表决权时发表相同意见的两个或两个以上的法人或其他组织。

控制并非暂时性，是指参与合并各方在合并前后较长的时间内受同一方或多方控制，控制时间通常在1年以上（含1年）。

一方或相同的多方控制下的企业合并，合并双方的合并行为不完全是自愿进行和完成的，这种企业合并不属于交易行为，而是参与合并各方资产和负债的重新组合。

《企业会计准则第20号——企业合并》应用指南对准则的上述内容进行补充：同一方，是指对参与合并的企业在合并前后均实施最终控制的投资者。

同一控制下企业合并的判断，应当遵循实质重于形式要求。

合并方以发行权益性证券作为合并对价的，应按合并日取得被合并方所有者权益在最终控制方合并财务报表中的账面价值的份额确认长期股权投资，按发行权益性证券的面值总额作为股本，长期股权投资初始成本与所发行权益性债券面值总额之间的差额，应当调整资本公积（资本溢价或股本溢价）；资本公积（资本溢价或股本溢价）不足冲减的，调整留存收益。企业编制的会计分录如图 21-1 所示。

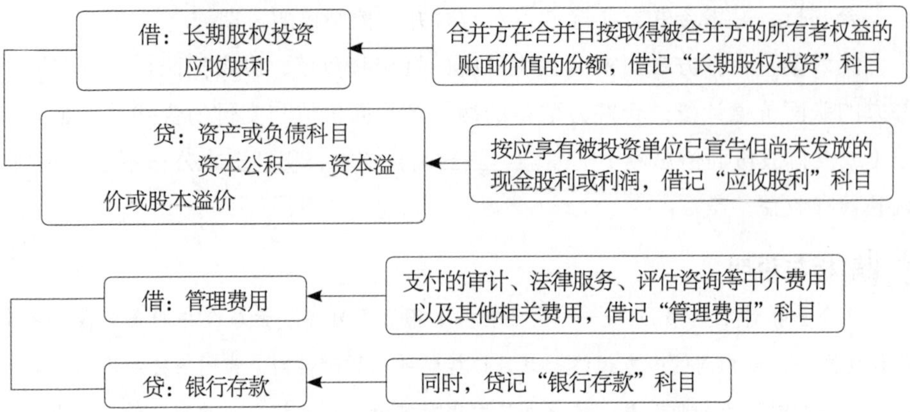

图 21-1　同一控制下企业合并取得长期股权投资

如为借方差额，应借记“资本公积——资本溢价或股本溢价”科目，资本公积（资本溢价或股本溢价）不足冲减的，借记“盈余公积”“利润分配——未分配利润”科目。上述业务如以发行权益性证券方式进行的，应按发行权益性证券的面值总额，贷记“股本”科目。编制的会计分录如图 21-2 所示。

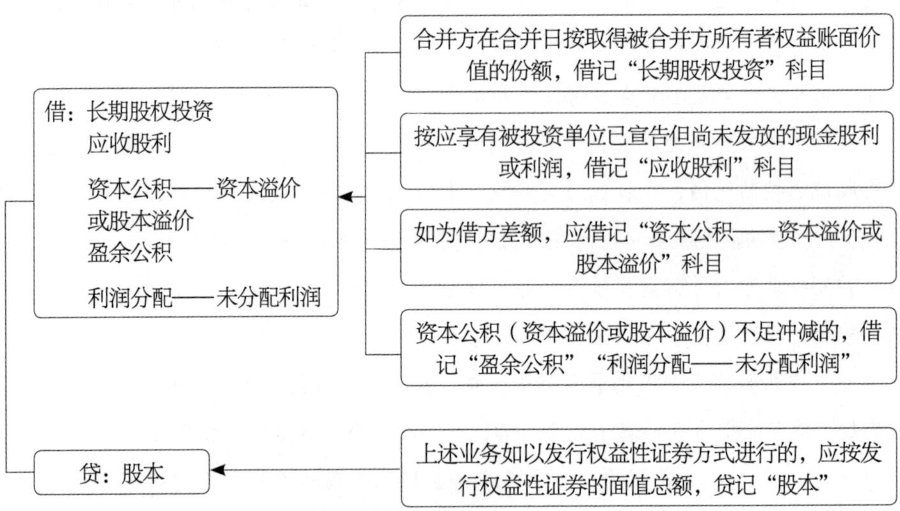

图 21-2　差额在借方时的会计处理

在确定同一控制下企业合并形成的长期股权投资时，应注意存在企业合并前合并方与被合并方适用的会计政策不同的情况。在以被合并方的账面价值为基础确定形成的长期股权投资成本时，首先应基于重要性原则，统一合并方与被合并方的会计政策。

在按照合并方的会计政策对被合并方资产、负债的账面价值进行调整的基础上，计算确定长期股权投资的初始投资成本。

本案例中，A 公司在合并日应进行的账务处理为：

借：长期股权投资　　50 000 000

　贷：股本　　15 000 000

　　资本公积　　35 000 000

A 公司在合并日编制合并资产负债表时，应将合并前 B 公司实现的留存收益中归属于合并方的部分（3 000 万元）自资本公积（资本溢价或股本溢价）转入留存收益。本案例中，A 公司在确认对 B 公司的长期股权投资以后，其资本公积的账面余额为 6 000 万元，假定其中资本溢价或股本溢价的金额为 4 500 万元。在合并工作底稿中，A 公司应编制以下调整分录：

借：资本公积　　30 000 000

　贷：盈余公积　　10 000 000

　　未分配利润　　20 000 000

21.2　非同一控制下以支付现金为合并对价的企业合并

案例与问题

【例 21–2】A 公司于 2×17 年以 5 000 万元取得 B 公司 10% 的股份，取得投资时 B 公司净资产的公允价值为 45 000 万元。假定该项投资不存在活跃市场，公允价值无法可靠计量。因未以任何方式参与 B 公司的生产经营决策，所以 A 公司对该投资采用成本法核算。2×18 年，A 公司另支付 25 000 万元取得 B 公司 50% 的股份，能够对 B 公司实施控制。购买日，B 公司的可辨认净资产的公允价值为 47 500 万元。B 公司自 2×17 年 A 公司取得投资后至 2×18 年进一步购买股份前实现的留存收益为 1 500 万元，未进行利润分配。

【问题】A 公司在购买日如何进行会计处理？

规范与要求

《企业会计准则第 20 号——企业合并》做了以下规定。

第十条　参与合并的各方在合并前后不受同一方或相同的多方最终控制的，为非同一控制下的企业合并。

非同一控制下的企业合并，在购买日取得对其他参与合并企业控制权的一方为购买方，参与合并的其他企业为被购买方。

购买日，是指购买方实际取得对被购买方控制权的日期。

第十二条　购买方在购买日对作为企业合并对价付出的资产、发生或承担的负债应当按照公允价值计量，公允价值与其账面价值的差额，计入当期损益。

第十三条　购买方在购买日应当对合并成本进行分配，按照本准则第十四条的规定确认所取得的被购买方各项可辨认资产、负债及或有负债。

（一）购买方对合并成本大于合并中取得的被购买方可辨认净资产公允价值份额的差额，应当确认为商誉。

初始确认后的商誉，应当以其成本扣除累计减值准备后的金额计量。商誉的减值应当按照《企业会计准则第 8 号——资产减值》处理。

（二）购买方对合并成本小于合并中取得的被购买方可辨认净资产公允价值份额的差额，应当按照下列规定处理：

1. 对取得的被购买方各项可辨认资产、负债及或有负债的公允价值以及合并成本的计量进行复核。

2. 经复核后合并成本仍小于合并中取得的被购买方可辨认净资产公允价值份额的，其差额应当计入当期损益。

解析与说明

非同一控制下的企业合并是指参与合并的企业前后不受同一方或相同多方的最终控制的企业合并。非同一控制下的企业合并实质上是将合并行为看作是一方购买另一方的交易，购买方为了取得对被购买方的控制权而放弃的资产、发生或承担的负债、发行的权益性证券均应按其在购买日的公允价值计量。

非同一控制下的企业合并中，购买方应当将确定的企业合并成本作为长期股权投资的初始投资成本。企业合并成本包括购买方付出的资产、发生或承担的负债、发行的权益性证券的公允价值。该合并如果涉及以库存商品等作为合并对价，则应按库存商品的公允价值贷记“主营业务收入”或“其他业务收入”科目，并同时结转相关成本，如图 21-3 所示。

具体会计处理时，非同一控制下的企业合并形成的长期股权投资，应在购买日按企业合并成本，借记“长期股权投资”科目；按支付合并对价的账面价值，贷记或借记有关资产、负债科目；按其差额，贷记“营业外收入”或“投资收益”等科目。企业合并成本中包含的应自被投资单位收取的已宣告但尚未发放的现金股利或利润，应作为“应收股利”在借方进行核算。企业应编制会计分录如下。

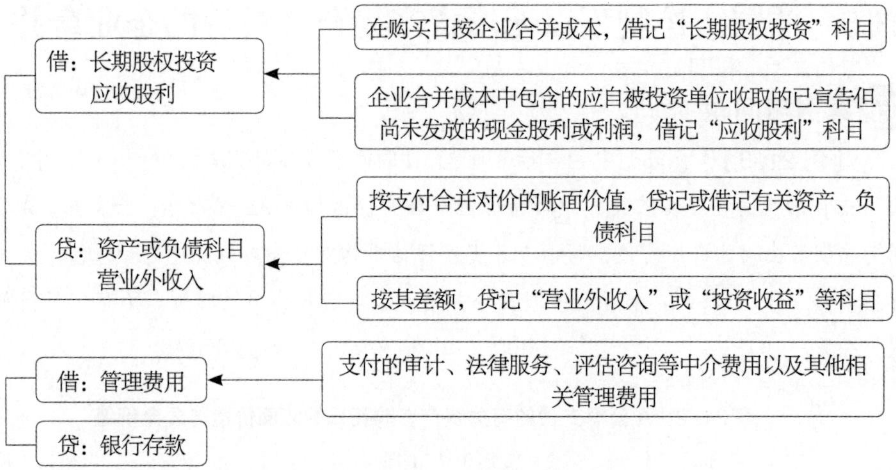

图21-3　非同一控制下企业取得长期股权投资

（1）购买日A公司首先应确认取得的对B公司的投资：

借：长期股权投资　　250 000 000

　　贷：银行存款等　　250 000 000

（2）计算达到企业合并时点应确认的商誉：

原持有10%股份应确认的商誉=5 000−45 000×10%=500（万元）

进一步取得50%股份应确认的商誉=25 000−47 500×50%=1 250（万元）

合并财务报表中应确认的商誉=500+1 250=1 750（万元）

（3）资产增值的处理：

原持有的10%的股份在购买日对应的可辨认净资产的公允价值=47 500×10%=4 750（万元）

原取得投资时应享有的被投资单位的净资产的公允价值的份额=45 000×10%=4 500（万元）

两者之间差额（250万元），在合并财务报表中，属于被投资企业在投资以后实现的留存收益的部分为150（1 500×10%）万元。据此调整合并财务报表中的盈余公积和未分配利润，按剩余部分（100万元）调整资本公积。

21.3 非同一控制下以无形资产为合并对价的企业合并

案例与问题

【例 21-3】A 公司于 2×18 年 3 月 31 日取得了 B 公司 70% 的股权。合并中，A 公司支付的有关资产在购买日的账面价值与公允价值如表 21-2 所示。合并中，A 公司为核实 B 公司的资产价值，聘请专业资产评估机构对 B 公司的资产进行评估，支付评估费用 1 000 000 元。本案例中假定合并前 A 公司与 B 公司及其股东不存在任何关联方关系。

表 21-2 A 公司支付的有关资产在购买日的账面价值与公允价值

2×18 年 3 月 31 日　　单位：元

项 目	账面价值	公允价值
土地使用权	20 000 000（成本为 30 000 000，累计摊销 10 000 000）	32 000 000
专利技术	8 000 000（成本为 10 000 000，累计摊销 2 000 000）	10 000 000
银行存款	8 000 000	8 000 000
合 计	36 000 000	50 000 000

【问题】购买日，A 公司如何进行会计处理？

规范与要求

《企业会计准则第 20 号——企业合并》做了以下规定。

第十条　参与合并的各方在合并前后不受同一方或相同的多方最终控制的，为非同一控制下的企业合并。

非同一控制下的企业合并，在购买日取得对其他参与合并企业控制权的一方为购买方，参与合并的其他企业为被购买方。

购买日，是指购买方实际取得对被购买方控制权的日期。

第十二条　购买方在购买日对作为企业合并对价付出的资产、发生或承担的负债应当按照公允价值计量，公允价值与其账面价值的差额，计入当期损益。

第十三条　购买方在购买日应当对合并成本进行分配，按照本准则第十四条的规定确认所取得的被购买方各项可辨认资产、负债及或有负债。

（一）购买方对合并成本大于合并中取得的被购买方可辨认净资产公允价值份额的差额，应当确认为商誉。

初始确认后的商誉，应当以其成本扣除累计减值准备后的金额计量。商誉的减值应当按照《企业会计准则第 8 号——资产减值》处理。

（二）购买方对合并成本小于合并中取得的被购买方可辨认净资产公允价值份额的差额，应当按照下列规定处理：

1. 对取得的被购买方各项可辨认资产、负债及或有负债的公允价值以及合并成本的计量进行复核；

2. 经复核后合并成本仍小于合并中取得的被购买方可辨认净资产公允价值份额的，其差额应当计入当期损益。

解析与说明

企业合并成本包括购买方付出的资产、发生或承担的负债、发行的权益性证券的公允价值。

合并方或购买方为企业合并发生的审计、法律服务、评估咨询等中介费用以及其他相关管理费用，应当于发生时计入当期损益。

具体进行会计处理时，对于非同一控制下企业合并形成的长期股权投资，应在购买日按企业合并成本（不含应自被投资单位收取的现金股利或利润），借记“长期股权投资”科目；按享有被投资单位已宣告但尚未发放的现金股利或利润，借记“应收股利”科目；按支付合并对价的账面价值，贷记有关资产或借记有关负债科目；按发生的直接相关费用，贷记“银行存款”等科目；按其差额，贷记“营业外收入”或借记“营业外支出”等科目。非同一控制下企业合并涉及以库存商品等作为合并对价的，应按库存商品的公允价值，贷记“主营业务收入”科目，并同时结转相关的成本。

本案例中因 A 公司于 B 公司及其股东在合并前不存在任何关联方关系，应作为非同一控制下的企业合并处理。

A 公司对于合并形成的对 B 公司的长期股权投资，应按支付对价的公允价值确定其初始投资成本。A 公司应进行的账务处理为：

	借方	贷方
借：长期股权投资	50 000 000	
累计摊销	12 000 000	
贷：无形资产		40 000 000
银行存款		8 000 000
营业外收入		14 000 000
借：管理费用	1 000 000	
贷：银行存款		1 000 000

21.4 非同一控制下以有价证券为合并对价的企业合并

案例与问题

【例 21-4】2×18 年 3 月 5 日，A 公司通过增发 9 000 万股本公司的普通股（每股面值 1 元）取得 B 公司 20% 的股权。该 9 000 万股股份的公允价值为 15 600 万元。为增发该部分股份，A 公司向证券承销机构等支付了 600 万元的佣金和手续费。假定 A 公司取得该部分股权后，能够对 B 公司的财务和生产经营决策施加重大影响。

【问题】购买日，A 公司如何进行会计处理？

规范与要求

《企业会计准则第 20 号——企业合并》做了以下规定。

第十条　参与合并的各方在合并前后不受同一方或相同的多方最终控制的，为非同一控制下的企业合并。

非同一控制下的企业合并，在购买日取得对其他参与合并企业控制权的一方为购买方，参与合并的其他企业为被购买方。

购买日，是指购买方实际取得对被购买方控制权的日期。

第十三条　购买方在购买日应当对合并成本进行分配，按照本准则第十四条的规定确认所取得的被购买方各项可辨认资产、负债及或有负债。

（一）购买方对合并成本大于合并中取得的被购买方可辨认净资产公允价值份额的差额，应当确认为商誉。

初始确认后的商誉，应当以其成本扣除累计减值准备后的金额计量。商誉的减值应当按照《企业会计准则第 8 号——资产减值》处理。

（二）购买方对合并成本小于合并中取得的被购买方可辨认净资产公允价值份额的差额，应当按照下列规定处理：

1. 对取得的被购买方各项可辨认资产、负债及或有负债的公允价值以及合并成本的计量进行复核；

2. 经复核后合并成本仍小于合并中取得的被购买方可辨认净资产公允价值份额的，其差额应当计入当期损益。

第十四条　被购买方可辨认净资产公允价值，是指合并中取得的被购买方可辨认资产的公允价值减去负债及或有负债公允价值后的余额。被购买方各项可辨认资产、负债及或有负债，符合下列条件的，应当单独予以确认：

（一）合并中取得的被购买方除无形资产以外的其他各项资产（不仅限于被购买方原已确认的资产），其所带来的经济利益很可能流入企业且公允价值能够可靠地计量的，应当单独予以确认并按照公允价值计量。

合并中取得的无形资产，其公允价值能够可靠地计量的，应当单独确认为无形资产并按照公允价值计量。

（二）合并中取得的被购买方除或有负债以外的其他各项负债，履行有关的义务很可能导致经济利益流出企业且公允价值能够可靠地计量的，应当单独予以确认并按照公允价值计量。

（三）合并中取得的被购买方或有负债，其公允价值能够可靠地计量的，应当单独确认为负债并按照公允价值计量。或有负债在初始确认后，应当按照下列两者孰高进行后续计量：

1. 按照《企业会计准则第 13 号——或有事项》应予确认的金额；

2. 初始确认金额减去按照《企业会计准则第 14 号——收入》的原则确认的累计摊销额后的余额。

解析与说明

本案例中，A 公司取得该长期股权投资的成本为所发行权益性证券的公允价值，但不包括应自被投资单位收取的已宣告但尚未发放的现金股利和利润。为发行权益性证券支付给有关证券承销机构的手续费、佣金等应自权益性证券的溢价发行收入中扣除，溢价收入不足的，应冲减盈余公积和未分配利润。

A 公司应当以所发行股份的公允价值作为取得长期股权投资的成本，账务处理为：

借：长期股权投资	156 000 000	
贷：股本		90 000 000
资本公积——股本溢价		66 000 000

发行权益性证券过程中，A 公司应用其支付的佣金和手续费冲减权益性证券的溢价发行收入，账务处理为：

借：资本公积——股本溢价	6 000 000	
贷：银行存款		6 000 000

21.5　同一控制下的吸收合并

案例与问题

【例 21–5】 2×18 年 6 月 30 日，P 公司通过向 S 公司的股东定向增发 1 000 万股普通股（每股面值为 1 元，市价为 10.85 元）的方式对 S 公司进行吸收合并，并于当日取得S公司净资产。不考虑相关税费及其他因素。当日，P公司、S公司资产、负债情况如表21-3所示。

表21-3 资产负债表（简表）

2×18年6月30日　　单位：万元

项目	P公司		S公司	
	账面价值	公允价值	账面价值	公允价值
资产：				
货币资金	4 312.50		450	450
存货	6 200		255	450
应收账款	3 000		2 000	2 000
长期股权投资	5 000		2 150	3 800
固定资产：				
固定资产原价	10 000		4 000	5 500
减：累计折旧	3 000		1 000	0
固定资产净值	7 000		3 000	
无形资产	4 500		500	1 500
商誉	0		0	0
资产总计	30 012.50		8 355	13 700
负债和所有者权益：				
短期借款	2 500		2 250	2 250
应付账款	3 750		300	300
其他负债	375		300	300
负债合计	6 625		2 850	2 850
实收资本（股本）	7 500		2 500	
资本公积	5 000		1 500	
盈余公积	5 000		500	
未分配利润	5 887.50		1 005	
所有者权益合计	2 3 387.50		5 505	10 850
负债和所有者权益总计	30 012.50		8 355	

本案例中，假定P公司和S公司为同一集团内的两家全资子公司，合并前其共同的母公司为A公司。

【问题】合并日，P公司如何进行账务处理？

规范与要求

《企业会计准则第20号——企业合并》做了以下规定。

第五条　参与合并的企业在合并前后均受同一方或相同的多方最终控制且该控制并非暂时性的，为同一控制下的企业合并。

同一控制下的企业合并，在合并日取得对其他参与合并企业控制权的一方为合并方，参与合并的其他企业为被合并方。

合并日，是指合并方实际取得对被合并方控制权的日期。

解析与说明

吸收合并指的是合并方（或购买方）通过企业合并取得被合并方（或被购买方）的全部净资产，合并后注销被合并方（或被购买方）的法人资格，被合并方（或被购买方）原持有的资产、负债，在合并后成为合并方（或购买方）的资产、负债。

该项合并中参与合并的企业在合并前及合并后均为A公司最终控制，为同一控制下的企业合并。自6月30日开始，P公司能够对S公司净资产实施控制，所以该日即为合并日。

因合并后S公司失去其法人资格，P公司应确认合并中取得的S公司的各项资产和负债。假定P公司与S公司在合并前采用的会计政策相同。P公司对该项合并应进行的账务处理为：

借：货币资金	4 500 000	
库存商品（存货）	2 550 000	
应收账款	20 000 000	
长期股权投资	21 500 000	
固定资产	30 000 000	
无形资产	5 000 000	
贷：短期借款		22 500 000
应付账款		3 000 000
其他应付款（其他负债）		3 000 000
股本		10 000 000
资本公积		45 050 000

21.6 非同一控制下的控股合并

案例与问题

【例 21-6】沿用【例 21-5】的有关资料。P 公司在该项合并中发行 1 000 万股普通股（每股面值 1 元，市场价格为 8.75 元），取得了 S 公司 70% 的股权。

【问题】不考虑所得税影响，编制购买方于购买日的合并资产负债表。

规范与要求

《企业会计准则第 20 号——企业合并》做了以下规定。

第十条　参与合并的各方在合并前后不受同一方或相同的多方最终控制的，为非同一控制下的企业合并。

非同一控制下的企业合并，在购买日取得对其他参与合并企业控制权的一方为购买方，参与合并的其他企业为被购买方。

购买日，是指购买方实际取得对被购买方控制权的日期。

第十一条　购买方应当区别下列情况确定合并成本：（参见【例 21-3】和【例 21-4】）

（一）一次交换交易实现的企业合并，合并成本为购买方在购买日为取得对被购买方的控制权而付出的资产、发生或承担的负债以及发行的权益性证券的公允价值。

（二）通过多次交换交易分步实现的企业合并，合并成本为每一单项交易成本之和。

（三）购买方为进行企业合并发生的各项直接相关费用也应当计入企业合并成本。

（四）在合并合同或协议中对可能影响合并成本的未来事项作出约定的，购买日如果估计未来事项很可能发生并且对合并成本的影响金额能够可靠计量的，购买方应当将其计入合并成本。

第十二条　购买方在购买日对作为企业合并对价付出的资产、发生或承担的负债应当按照公允价值计量，公允价值与其账面价值的差额，计入当期损益。

解析与说明

非同一控制下的控股合并，本质上属于一次或多次完成的交易。被购买方在合并前实现的净利润已经包含在企业合并成本中，母公司在购买日可以编制合并资产负债表，不编制合并利润表和合并现金流量表。购买日的合并资产负债表反映购买方自购买日起能够控制的经济资源，其中被购买方的相关资产、负债应当按照合并中确定的公允价值列示，合并成本大于合并中取得的各项可辨认资产、负债的公允价值份额的差额，确认为合并资产负债表中的商誉。企业合并成本小于合并中取得的各项可辨认资产、负债公允价值份额的差额，在合并资产负债表中调整盈余公积和未分配利润。

非同一控制下的控股合并，购买方应自购买日起设置备查簿，登记其在购买日取得的被购买方的可辨认资产、负债的公允价值，为以后期间核算及合并财务报表的编制提供基础资料。

（1）确认长期股权投资：

借：长期股权投资　　8 750

　　贷：股本　　1 000

　　　　资本公积——股本溢价　　7 750

（2）计算确定商誉：

假定S公司除已确认的资产外，不存在其他需要确认的资产及负债，则P公司首先计算合并中应确认的合并商誉：

合并商誉＝企业合并成本—合并中取得被购买方可辨认净资产公允价值份额

=8 750-10 850×70%=1 155（万元）

（3）编制调整及抵销分录：

借：存货　　195

　　长期股权投资　　1 650

　　固定资产　　2 500

　　无形资产　　1 000

　　贷：资本公积　　5 345

借：实收资本　　2 500

　　资本公积　　6 845

　　盈余公积　　500

　　未分配利润　　1 005

　　商誉　　1 155

　　贷：长期股权投资　　8 750

　　　　少数股东权益　　3 255

（4）编制的合并资产负债表如表21-4所示。

表 21-4 合并资产负债表（简表）

编制单位：P公司　　　　2×18年6月30日　　　　单位：万元

项 目	P公司	S公司	抵销分录		合并金额
			借方	贷方	
资产：					
货币资金	4 312. 50	450			4 762.50
存货	6 200	255	195		6 650
应收账款	3 000	2 000			5 000
长期股权投资	13 750	2 150	1 650	8 750	8 800
固定资产：					
固定资产原价	10 000	4 000	2 500		16 500
减：累计折旧	3 000	1 000			4 000
无形资产	4 500	500	1 000		6 000
商誉	0	0	1 155		1 155
资产总计	38 762. 50	8 355			4 4867.50
负债和所有者权益：					
短期借款	2 500	2 250			4 750
应付账款	3 750	300			4 050
其他负债	375	300			675
负债合计	6 625	2 850			9 475
实收资本（股本）	8 500	2 500	2 500		8 500
资本公积	12 750	1 500	6 845	5 345	12 750
盈余公积	5 000	500	500		5 000
未分配利润	5 887. 50	1 005	1 005		5 887. 50
少数股东权益				3 255	3 255
所有者权益合计	32 137. 50	5 505			35 392. 50
负债和所有者权益总计	38 762. 50	8 355			44 867. 50

21.7　非同一控制下的吸收合并

案例与问题

【例 21-7】2×18 年 12 月 31 日，A 公司以银行存款 330 000 元、250 000 股面值 1 元的股票以及账面价值 100 000 元、公允价值 200 000 元的土地使用权吸收合并 B 公司（此合并为非同一控制下的吸收合并）。

B 公司当时的资产负债表如表 21-5 所示。

表 21-5　资产负债表

会企 01 表

编制单位：B 公司　　　　2×18 年 12 月 31 日　　　　单位：元

资产			负债和股东权益		
流动资产：	账面价值	公允价值	负 债：	账面价值	公允价值
应收账款	30 000	30 000	应付账款	96 000	97 400
存 货	60 000	72 000	股东权益：		
固定资产：			股本	120 000	
通用设备（净）	252 000	180 000	资本公积	192 000	
专用设备（净）	48 000	52 600	盈余公积	294 000	
建筑物（净）	312 000	331 400			
资产合计	702 000		负债权益合计	702 000	

【问题】B 公司如何进行会计处理？

规范与要求

《企业会计准则第 20 号——企业合并》做了以下规定。

第十条　参与合并的各方在合并前后不受同一方或相同的多方最终控制的，为非同一控制下的企业合并。

非同一控制下的企业合并，在购买日取得对其他参与合并企业控制权的一方为购买方，参与合并的其他企业为被购买方。

购买日，是指购买方实际取得对被购买方控制权的日期。

第十一条　购买方应当区别下列情况确定合并成本：（参见【例 21-3】和【例 21-4】）

（一）一次交换交易实现的企业合并，合并成本为购买方在购买日为取得对被购买方的控制权而付出的资产、发生或承担的负债以及发行的权益性证券的公允价值。

（二）通过多次交换交易分步实现的企业合并，合并成本为每一单项交易成本之和。

（三）购买方为进行企业合并发生的各项直接相关费用也应当计入企业合并成本。

（四）在合并合同或协议中对可能影响合并成本的未来事项做出约定的，购买日如果估计未来事项很可能发生并且对合并成本的影响金额能够可靠计量的，购买方应当将其计入合并成本。

第十二条　购买方在购买日对作为企业合并对价付出的资产、发生或承担的负债应当按照公允价值计量，公允价值与其账面价值的差额，计入当期损益。

解析与说明

在吸收合并方式下，被合并方或被购买方在合并后被注销法人资格、变更为合并方或购买方的分公司或生产车间等；被合并方或被购买方原持有的资产、负债，在合并后变更为合并方或购买方的分公司或生产车间的资产、负债。

在吸收合并的方式下，属于非同一控制下的企业合并，购买方在购买日对合并中取得的各项可辨认资产、负债应按其公允价值计量。合并成本与合并中取得的可辨认净资产公允价值的差额，应作为资产处置损益计入合并当期损益。

B公司的会计分录：

借：应收账款	30 000	
库存商品	72 000	
固定资产——通用设备	180 000	
固定资产——专用设备	52 600	
固定资产——建筑物	331 400	
商誉	211 400	
贷：应付账款		97 400
银行存款		330 000
无形资产——土地使用权		200 000
股本		250 000

无形资产账面价值与公允价值之间的差额应当确认为当期损益。相关会计分录如下：

借：无形资产——土地使用权　　100 000

　　贷：营业外收入　　100 000

21.8　反向购买的会计处理

案例与问题

【例 21-8】A 上市公司于 2×18 年 9 月 30 日通过定向增发本企业普通股对 B 企业进行合并，取得 B 企业 100% 的股权。假定不考虑所得税影响。A 公司及 B 企业合并前的简化资产负债表如表 21-6 所示。

表 21-6　A 公司及 B 企业合并前的资产负债表

单位：万元

	A 公司	B 企业
流动资产	3 000	4 500
非流动资产	21 000	60 000
资产总额	24 000	64 500
流动负债	1 200	1 500
非流动负债	300	3 000
负债总额	1 500	4 500
所有者权益：		
股本	1 500	900
资本公积		
盈余公积	6 000	17 100
未分配利润	15 000	42 000
所有者权益总额	22 500	60 000

其他资料：

（1）2×18 年 9 月 30 日，A 公司通过定向增发本企业普通股的方式，以 2 股换 1 股的比例自 B 企业原股东处取得了 B 企业的全部股权。A 公司共发行了 1 800 万股普通股，以取得 B 企业 900 万股普通股。

（2）A 公司的普通股在 2×18 年 9 月 30 日的公允价值为 20 元，B 企业每股普通股当日的公允价值为 40 元。A 公司、B 企业每股普通股的面值为 1 元。

（3）2×18 年 9 月 30 日，A 公司除非流动资产公允价值较账面价值高 4 500 万元以外，其他资产、负债项目的公允价值与其账面价值相同。

（4）假定 A 公司与 B 企业在合并前不存在任何关联方关系。

【问题】①确定 B 企业的合并成本。②编制 A 公司合并 B 公司后的资产负债表简表。③ A 公司的每股收益。

规范与要求

《企业会计准则讲解（2010）》第二十一章指出，某些企业合并中，发行权益性证券的一方因其生产经营决策在合并后被参与合并的另一方所控制的，发行权益性证券的一方虽然为法律上的母公司，但其为会计上的被购买方，该类企业合并通常称为反向购买。

《关于非上市公司购买上市公司股权实现间接上市会计处理的复函》（财会便〔2009〕17 号）规定，非上市公司以其所持有的对子公司投资等资产为对价取得上市公司的控制权，构成反向购买的，上市公司编制合并财务报表时应当区别以下情况处理：

（1）交易发生时，上市公司未持有任何资产负债或仅持有现金、交易性金融资产等不构成业务的资产或负债的，上市公司在编制合并财务报表时，应当按照《财政部关于做好执行会计准则企业 2008 年年报工作的通知》（财会函〔2008〕60 号）的规定执行。

（2）交易发生时，上市公司保留的资产、负债构成业务的，应当按照《企业会计准则第 20 号——企业合并》及相关讲解的规定执行，即对于形成非同一控制下企业合并的，企业合并成本与取得的上市公司可辨认净资产公允价值份额的差额应当确认为商誉或计入当期损益。

《做好执行会计准则企业 2008 年年报工作的通知》（财会函〔2008〕60 号）规定，“企业购买上市公司，被购买的上市公司不构成业务的，购买企业应按照权益性交易的原则进行处理，不得确认商誉或计入当期损益”。

《关于执行会计准则的上市公司和非上市企业做好 2009 年年报工作的通知》（财会〔2009〕16 号）规定，“企业合并应当关注是否构成业务。业务是指企业内部某些生产经营活动或资产、负债的组合，该组合具有投入、加工处理过程和产出能力，能够独立计算其成本费用或所产生的收入等，可以为投资者等提供股利、更低的成本或其他经济利益等形式的回报。有关资产或资产、负债的组合具备了投入和加工处理过程两个要素即可认为构成一项业务”。

《企业会计准则讲解（2010）》第二十一章指出，发生反向购买当期，用于计算每股收益的发行在外普通股加权平均数为：

（1）自当期期初至购买日，发行在外的普通股数量应假定为在该项合并中法律上母公司向法律上子公司股东发行的普通股数量。

（2）自购买日至期末发行在外的普通股数量为法律上母公司实际发行在外的普通股股数。

反向购买后对外提供比较合并财务报表的，其比较前期合并财务报表中的基本每股收益，应以法律上子公司的每一比较报表期间归属于普通股股东的净损益除以在反向购买中法律上母公司向法律上子公司股东发行的普通股股数计算确定。

上述假定法律上子公司发行的普通股股数在比较期间内和自反向购买发生期间的期初至购买日之间未发生变化。如果法律上子公司发行的普通股股数在此期间发生了变动，计算每股收益时应适当考虑其影响进行调整。

解析与说明

对于该项企业合并，虽然在合并中发行权益性证券的一方为A公司，但因其生产经营决策的控制权在合并后由B企业原股东控制，这时，B企业应为购买方，A公司为被购买方。

1.确定B企业的合并成本

A公司在该项合并中向B企业原股东增发了1 800万股普通股，合并后B企业原股东持有A公司的股权比例为54.55%（1 800÷3 300）。如果假定B企业发行的普通股在合并后主体享有同样的股权比例，则B企业应当发行的普通股股数为750（900÷54.55%-900）万股，其公允价值为3 000万元。企业合并成本为30 000万元。

2.企业合并成本在可辨认资产、负债中的分配

企业合并成本	30 000
A公司可辨认资产、负债：	
流动资产	3 000
非流动资产	25 500
流动负债	（1 200）
非流动负债	（300）
商誉	3 000

A 公司合并 B 企业后的资产负债表简表如表 21-7 所示。

表 21-7　合并资产负债表

编制单位：A 公司　　　　单位：万元

项 目	金 额
流动资产	7 500
非流动资产	85 500
商誉	3 000
资产总额	96 000
流动负债	2 700
非流动负债	3 300
负债总额	6 000
所有者权益：	
股本（3300 万股普通股）	1 650
资本公积	29 250
盈余公积	17 100
未分配利润	42 000
所有者权益总额	90 000

3. 每股收益

本案例中，假定 B 企业 2×17 年实现合并净利润 1 800 万元，2×18 年 A 公司与 B 企业形成的主体实现合并净利润为 3 450 万元，自 2×17 年 1 月 1 日至 2×18 年 9 月 30 日，B 企业发行在外的普通股股数未发生变化。

A 公司 2×18 年基本每股收益 =3 450÷（1 800×9÷12+3 300×3÷12）= 1.59（元）

提供比较报表的情况下，比较报表中的每股收益应进行调整，A 公司 2×17 年的基本每股收益 =1 800/1 800=1（元）。

假定 B 企业的全部股东中只有其中的 90% 以原持有的 B 企业的股权换取了 A 公司增发的普通股。A 公司应发行的普通股股数为 1 620（900×90%×2）万股。企业合并后，B 企业的股东拥有合并后报告主体的股权比例为 51.92%（1 620÷3 120）。假定 B 企业向 A 公司发行本企业普通股在合并后主体享有同样的股权比例，在计算 B 企业须发行的普通股数量时，不考虑少数股权的因素，故B企业应当发行的普通股股数为750（900×90%÷51.92%-900×90%）万股。B企业在该项合并中的企业合并成本为30 000[（1 560-810）×40]万元。B企业未参与股权交换的股东拥有B企业的股份为10%，享有B企业合并前净资产的份额为10%（价值6 000万元），在合并财务报表中应作为少数股东权益列示。

第 22 章 企业会计准则第 27 号——石油天然气开采

22.1 转让探明矿区的全部权益的会计处理

案例与问题

【例 22-1】X 石油公司转让了其拥有的矿区 A，其账面原值为 1 000 万元，已计提减值准备 200 万元，目前账面价值为 800 万元，转让所得 900 万元。

【问题】X 公司如何进行账务处理？若转让所得为 700 万元，X 公司如何进行账务处理？

规范与要求

《企业会计准则第 27 号——石油天然气开采》做了以下规定。

第八条　企业转让矿区权益的，应当按照下列规定进行处理。

（一）转让全部探明矿区权益的，将转让所得与矿区权益账面价值的差额计入当期损益。

转让部分探明矿区权益的，按照转让权益和保留权益的公允价值比例，计算确定已转让部分矿区权益账面价值，转让所得与已转让矿区权益账面价值的差额计入当期损益。

（二）转让单独计提减值准备的全部未探明矿区权益的，转让所得与未探明矿区权益账面价值的差额，计入当期损益。

转让单独计提减值准备的部分未探明矿区权益的，如果转让所得大于矿区权益账面价值，将其差额计入当期损益；如果转让所得小于矿区权益账面价值，以转让所得冲减矿区权益账面价值，不确认损益。

（三）转让以矿区组为基础计提减值准备的未探明矿区权益的，如果转让所得大于矿区权益账面原值，将其差额计入当期损益；如果转让所得小于矿区权益账面原值，以转让所得冲减矿区权益账面原值，不确认损益。

转让该矿区组最后一个未探明矿区的剩余矿区权益时，转让所得与未探明矿区权益账面价值的差额，计入当期损益。

解析与说明

本案例为转让全部矿区权益。

X 公司应当将转让所得大于矿区权益账面价值的差额确认为收益。相关账务处理如下（以万元为单位）：

借：油气资产减值准备　　200

　　银行存款　　900

　　贷：矿区权益　　1 000

　　　　营业外收入　　100

如果转让所得为 700 万元，X 公司应当将转让所得小于矿区权益账面价值的差额确认为损失。相关账务处理如下（以万元为单位）：

借：油气资产减值准备　　200

　　银行存款　　700

　　营业外支出　　100

　　贷：矿区权益　　1 000

22.2　转让探明矿区部分权益的会计处理

案例与问题

【例 22-2】 X 石油公司转让了其拥有的矿区 B 中的 $20km^2$，转让部分的公允价值为 400 万元，转让所得 500 万元。整个矿区 B 的面积为 $50km^2$，账面原值为 1 000 万元，已计提减值准备 200 万元，目前账面价值为 800 万元，公允价值为 900 万元。

【问题】X 公司如何进行会计处理？若转让所得为 300 万元，X 公司如何进行会计处理？

规范与要求

《企业会计准则第 27 号——石油天然气开采》做了以下规定。

第八条　企业转让矿区权益的，应当按照下列规定进行处理：

（一）转让全部探明矿区权益的，将转让所得与矿区权益账面价值的差额计入当期损益。

转让部分探明矿区权益的，按照转让权益和保留权益的公允价值比例，计算确定已转让部分矿区权益账面价值，转让所得与已转让矿区权益账面价值的差额计入当期损益。

（二）转让单独计提减值准备的全部未探明矿区权益的，转让所得与未探明矿区权益账面价值的差额，计入当期损益。

转让单独计提减值准备的部分未探明矿区权益的，如果转让所得大于矿区权益账面价值，将其差额计入当期损益；如果转让所得小于矿区权益账面价值，以转让所得冲减矿区权益账面价值，不确认损益。

（三）转让以矿区组为基础计提减值准备的未探明矿区权益的，如果转让所得大于矿区权益账面原值，将其差额计入当期损益；如果转让所得小于矿区权益账面原值，以转让所得冲减矿区权益账面原值，不确认损益。

转让该矿区组最后一个未探明矿区的剩余矿区权益时，转让所得与未探明矿区权益账面价值的差额，计入当期损益。

解析与说明

企业应按照转让权益和保留权益的公允价值比例，计算确定已转让部分的账面价值，转让所得与已转让矿区权益账面价值的差额计入当期损益。

X公司转让部分矿区权益且剩余矿区权益成本的收回不存在较大不确定性，因此应按照转让权益和保留权益的公允价值比例，计算确定已转让部分的账面价值：

$400 \div 900 \times 800 \approx 356$（万元）

$400-356=44$（万元）

X公司的账务处理如下：

借：油气资产减值准备	44	
银行存款	500	
贷：矿区权益		356
营业外收入		188

如果转让所得为300万元，则X公司的会计处理如下：

借：油气资产减值准备	44	
银行存款	300	
营业外支出	12	
贷：矿区权益		356

22.3　转让单独计提减值准备的全部未探明矿区权益的会计处理

案例与问题

【例 22-3】X 石油公司转让未探明矿区 C，其账面原值为 1 000 万元，已计提减值准备 200 万元，目前账面价值 800 万元，转让所得 900 万元。

【问题】X 公司如何进行账务处理？若转让所得为 700 万元，X 公司如何进行账务处理？

规范与要求

《企业会计准则第 27 号——石油天然气开采》做了以下规定。

第八条　企业转让矿区权益的，应当按照下列规定进行处理。

（一）转让全部探明矿区权益的，将转让所得与矿区权益账面价值的差额计入当期损益。

转让部分探明矿区权益的，按照转让权益和保留权益的公允价值比例，计算确定已转让部分矿区权益账面价值，转让所得与已转让矿区权益账面价值的差额计入当期损益。

（二）转让单独计提减值准备的全部未探明矿区权益的，转让所得与未探明矿区权益账面价值的差额，计入当期损益。

转让单独计提减值准备的部分未探明矿区权益的，如果转让所得大于矿区权益账面价值，将其差额计入当期损益；如果转让所得小于矿区权益账面价值，以转让所得冲减矿区权益账面价值，不确认损益。

（三）转让以矿区组为基础计提减值准备的未探明矿区权益的，如果转让所得大于矿区权益账面原值，将其差额计入当期损益；如果转让所得小于矿区权益账面原值，以转让所得冲减矿区权益账面原值，不确认损益。

转让该矿区组最后一个未探明矿区的剩余矿区权益时，转让所得与未探明矿区权益账面价值的差额，计入当期损益。

解析与说明

企业应将转让全部未探明矿区权益的所得与矿区权益账面价值之间的差额计入损益。

X 公司转让全部未探明矿区权益 C，应当将转让所得大于矿区权益账面价值的部分确认为收益。相关账务处理如下（以万元为单位）：

借：油气资产减值准备　　200

　　银行存款　　900

　　贷：矿区权益　　1 000

　　　　营业外收入　　100

如果转让所得为 700 万元，X 公司应当将转让所得小于矿区权益账面价值的差额确认为损失。相关账务处理如下（以万元为单位）：

借：油气资产减值准备　　200

　　银行存款　　700

　　营业外支出　　100

　　贷：矿区权益　　1 000

22.4 转让以矿区组为基础计提减值准备的全部未探明矿区权益的会计处理

案例与问题

【例 22-4】X 石油公司拥有的未探明矿区 D1 和 D2 在进行减值测试时构成一个矿区组，其中，D1 矿区权益的账面原值为 1 000 万元，D2 矿区权益的账面原值为 2 000 万元，矿区组已计提减值准备 600 万元，目前矿区组的账面价值为 2 400 万元。现该公司转让矿 D1，转让所得 1 100 万元。

【问题】X 公司如何进行账务处理？若转让所得为 900 万元，X 公司如何进行账务处理？

规范与要求

《企业会计准则第 27 号——石油天然气开采》做了以下规定。

第八条　企业转让矿区权益的，应当按照下列规定进行处理。

（一）转让全部探明矿区权益的，将转让所得与矿区权益账面价值的差额计入当期损益。

转让部分探明矿区权益的，按照转让权益和保留权益的公允价值比例，计算确定已转让部分矿区权益账面价值，转让所得与已转让矿区权益账面价值的差额计入当期损益。

（二）转让单独计提减值准备的全部未探明矿区权益的，转让所得与未探明矿区权益账面价值的差额，计入当期损益。

转让单独计提减值准备的部分未探明矿区权益的，如果转让所得大于矿区权益账面价值，将其差额计入当期损益；如果转让所得小于矿区权益账面价值，以转让所得冲减矿区权益账面价值，不确认损益。

（三）转让以矿区组为基础计提减值准备的未探明矿区权益的，如果转让所得大于矿区权益账面原值，将其差额计入当期损益；如果转让所得小于矿区权益账面原值，以转让所得冲减矿区权益账面原值，不确认损益。

转让该矿区组最后一个未探明矿区的剩余矿区权益时，转让所得与未探明矿区权益账面价值的差额，计入当期损益。

解析与说明

如果转让所得大于未探明矿区权益的账面原值，则应将其差额确认为收益；如果转让所得小于矿区账面原值，将转让所得冲减矿区组权益的账面价值，冲减至零为止。

转让所得大于未探明 D1 矿区权益的账面原值，X 公司应将其差额确认为收益。相关账务处理如下：

借：银行存款　　1 100

　　贷：矿区权益　　1 000

　　　　营业外收入　　100

如果转让所得为 900 万元，转让所得小于未探明 D1 矿区权益的账面原值，X 公司应将转让所得冲减矿区组权益的账面价值。相关账务处理如下：

借：银行存款　　900

　　贷：矿区权益　　900

22.5 转让单独计提减值准备的部分未探明矿区权益会计处理

案例与问题

【例 22-5】X 石油公司拥有的未探明矿区 E，面积 50km^2，其账面原值为 1 000 万元，已计提减值准备 200 万元，目前账面价值为 800 万元。

【问题】若 X 公司转让 E 矿区中的 $20km^2$ 转让所得为 700 万元，X 公司如何处理？若 X 公司再次转让 E 矿区中的 $10km^2$，转让所得为 500 万元，X 公司如何处理？若 X 公司再次转让 E 矿区剩下的 $20km^2$ 的权益，转让所得为 400 万元，X 公司如何处理？若 X 公司转让 E 矿区剩余的 $20km^2$ 转让所得为 50 万元，X 公司如何处理？

规范与要求

《企业会计准则第 27 号——石油天然气开采》做了以下规定。

第八条　企业转让矿区权益的，应当按照下列规定进行处理。

（一）转让全部探明矿区权益的，将转让所得与矿区权益账面价值的差额计入当期损益。

转让部分探明矿区权益的，按照转让权益和保留权益的公允价值比例，计算确定已转让部分矿区权益账面价值，转让所得与已转让矿区权益账面价值的差额计入当期损益。

（二）转让单独计提减值准备的全部未探明矿区权益的，转让所得与未探明矿区权益账面价值的差额，计入当期损益。

转让单独计提减值准备的部分未探明矿区权益的，如果转让所得大于矿区权益账面价值，将其差额计入当期损益；如果转让所得小于矿区权益账面价值，以转让所得冲减矿区权益账面价值，不确认损益。

（三）转让以矿区组为基础计提减值准备的未探明矿区权益的，如果转让所得大于矿区权益账面原值，将其差额计入当期损益；如果转让所得小于矿区权益账面原值，以转让所得冲减矿区权益账面原值，不确认损益。

转让该矿区组最后一个未探明矿区的剩余矿区权益时，转让所得与未探明矿区权益账面价值的差额，计入当期损益。

解析与说明

如果转让部分未探明矿区权益所得大于该未探明矿区权益的账面价值，则应将两者的差额计入收益；如果转让所得小于其账面价值，则应使用转让所得冲减被转让矿区权益的账面价值，冲减至零为止。

（1）X 公司转让 E 矿区中的 $20km^2$，转让所得为 200 万元。

因转让所得小于 E 的账面价值（800 万元），故 X 公司应将转让所得冲减被转让矿区权益的账面价值。相关账务处理如下：

借：银行存款　　　　200

贷：矿区权益　　　　　　　　　　　　　　　　　　　　　　200

（2）X 公司再次转让 E 矿区中的 10km²，转让所得为 500 万元。

因转让所得小于其账面价值（600 万元），故 X 公司应将转让所得冲减被转让矿区权益的账面价值。相关账务处理如下：

借：银行存款　　　　　　　　　　　　　　　　　　　　500

贷：矿区权益　　　　　　　　　　　　　　　　　　　　　　500

（3）如果 X 公司转让 E 剩下的 20km² 的权益，转让所得为 400 万元。

X 公司转让部分 E 的所得大于该未探明矿区权益的账面价值（100 万元），应将其差额计入收益。相关账务处理如下：

借：油气资产减值准备　　　　　　　　　　　　　　　　200

银行存款　　　　　　　　　　　　　　　　　　　　　400

贷：矿区权益　　　　　　　　　　　　　　　　　　　　　　300

营业外收入　　　　　　　　　　　　　　　　　　　　　300

（4）如果 X 公司转让 E 矿区剩余的 20km² 的权益，转让所得为 50 万元。

X 公司转让 E 矿区的所得小于该未探明矿区权益的账面价值，应继续将转让所得冲减被转让矿区权益账面价值，冲减至零为止。

借：银行存款　　　　　　　　　　　　　　　　　　　　50

贷：矿区权益　　　　　　　　　　　　　　　　　　　　　　50

X 公司期末应对 E 矿区权益的剩余账面价值全额计提减值准备。减值准备 =（1 000-200）-200-500-50=50（万元）。账务处理如下：

借：减值损失　　　　　　　　　　　　　　　　　　　　50

贷：油气资产减值准备　　　　　　　　　　　　　　　　　　50

22.6　转让以矿区组为基础计提减值准备的部分未探明矿区权益会计处理

案例与问题

【例 22-6】X 石油公司拥有的未探明矿区 F1 和 F2 在进行减值测试时构成一个矿区组，其中，F1 的账面原值为 1 000 万元，F2 的账面原值为 2 000 万元。该矿区组已经计提减值准备 600 万元。矿区组的账面价值为 2 400 万元。2×18 年 4 月和 10 月，

X石油公司分别转让矿区F1的一部分，10月将整个F1转让完毕。

【问题】若4月X公司转让所得为500万元，X公司如何处理？若10月X公司转让所得为600万元，X公司如何处理？若10月X公司转让所得为400万元，X公司如何处理？

规范与要求

《企业会计准则第27号——石油天然气开采》做了以下规定。

第八条　企业转让矿区权益的，应当按照下列规定进行处理。

（一）转让全部探明矿区权益的，将转让所得与矿区权益账面价值的差额计入当期损益。

转让部分探明矿区权益的，按照转让权益和保留权益的公允价值比例，计算确定已转让部分矿区权益账面价值，转让所得与已转让矿区权益账面价值的差额计入当期损益。

（二）转让单独计提减值准备的全部未探明矿区权益的，转让所得与未探明矿区权益账面价值的差额，计入当期损益。

转让单独计提减值准备的部分未探明矿区权益的，如果转让所得大于矿区权益账面价值，将其差额计入当期损益；如果转让所得小于矿区权益账面价值，以转让所得冲减矿区权益账面价值，不确认损益。

（三）转让以矿区组为基础计提减值准备的未探明矿区权益的，如果转让所得大于矿区权益账面原值，将其差额计入当期损益；如果转让所得小于矿区权益账面原值，以转让所得冲减矿区权益账面原值，不确认损益。

转让该矿区组最后一个未探明矿区的剩余矿区权益时，转让所得与未探明矿区权益账面价值的差额，计入当期损益。

解析与说明

如果转让所得大于未探明矿区权益的账面原值，则企业应将两者的差额计入收益；如果转让所得小于该未探明矿区权益的账面原值，则企业应使用转让所得冲减矿区组的账面价值，冲减至零为止。

（1）4月，转让所得为500万元。

因转让所得小于F1的账面原值，X公司应将转让所得冲减矿区组的账面价值。相关账务处理如下：

借：银行存款　　　　500

　　贷：矿区权益　　　　500

（2）10 月，假设转让所得为 600 万元。

转让所得已经大于 F1 的账面原值，X 公司企业应将其差额计入收益：

借：银行存款　　600

　　贷：矿区权益　　500

　　　　营业外收入　　100

（3）10 月，如果转让所得为 400 万元。

累计转让所得小于 F1 的账面原值，X 公司应将转让所得继续冲减矿区组的账面价值。相关账务处理如下：

借：银行存款　　400

　　贷：矿区权益　　400

22.7　油气资产的处置的会计处理

案例与问题

【例 22-7】乙公司于 2×19 年 1 月 1 日建造完成某采油油田并交付使用，建造成本为 2 500 000 万元，预计使用寿命为 40 年。该油田将会对当地的生态环境产生一定的影响。根据法律规定，企业应在该项设施使用期满后将其拆除，并对造成的污染进行整治，预计发生弃置费用 250 000 万元。假定适用的折现率为 10%。

【问题】乙公司如何进行会计处理？

规范与要求

《企业会计准则第 27 号——石油天然气开采》做了以下规定。

第二十三条　企业承担的矿区废弃处置义务，满足《企业会计准则第 13 号——或有事项》中预计负债确认条件的，应当将该义务确认为预计负债，并相应增加井及相关设施的账面价值。

不符合预计负债确认条件的，在废弃时发生的拆卸、搬移、场地清理等支出，应当计入当期损益。

矿区废弃，是指矿区内的最后一口井停产。

解析与说明

企业在生产经营过程中，可能将不适用或不需用的油气资产对外出售转让，或因磨损、技术进步等原因对油气资产进行报废，或因遭受自然灾害而对毁损的油气资产进行处理。油气资产满足下列条件之一的应当予以终止确认：该油气资产处于处置状态；该油气资产预期通过使用或处置不能产生经济利益。对于上述事项，企业在进行会计核算时，应按规定程序办理有关手续，结转油气资产的账面价值，计算有关的清理收入、清理费用及残料价值等。

油气资产处置包括油气资产的出售、报废、毁损、对外投资、非货币性资产交换、债务重组等。处置油气资产应通过"油气资产清理"科目核算。

油气资产存在弃置义务的，应在取得油气资产时，按预计弃置费用的现值，借记"油气资产"科目，贷记"预计负债"科目。在油气资产的使用寿命内，计算确定各期应负担的利息费用，借记"财务费用"科目，贷记"预计负债"科目。

借：油气资产

  贷：预计负债

借：财务费用

  贷：预计负债

处置油气资产时，企业应按该项油气资产的账面价值，借记"油气资产清理"科目；按已计提的累计折耗，借记"累计折耗"科目；按其账面原价，贷记"油气资产"科目。已计提减值准备的，还应同时结转减值准备。

借：油气资产清理

  累计折耗

  资产减值准备

  贷：油气资产

油田属于特殊行业的资产，确定其成本时应考虑弃置费用。账务处理为：

（1）2×19 年 1 月 1 日，弃置费用的现值 =250 000 ×(*P/F*,10%,40)

=250 000×0.0221=5 525（万元）

油气资产的成本 =2 500 000+5 525=2 505 525（万元）

借：油气资产——×× 油田　　25 055 250 000

  贷：在建工程——×× 油田　　25 000 000 000

    预计负债——×× 油田——弃置费用　　55 250 000

（2）计算第 1 年应负担的利息费用 =55 250 000×10%=5 525 000（元）

借：财务费用　　5 525 000

  贷：预计负债——×× 油田——弃置费用　　5 525 000

以后年度，企业应当按照实际利率法计算确定每年财务费用，账务处理略。

22.8　油气资产处置的会计处理

案例与问题

【例 22-8】某油田刚开采时的年产量要高于随后几年的年产量，如果采用直线法，则刚开采时的单位产量的折旧比随后几年的单位产量的折旧低。另外，随着油田中后期开采难度越来越大，由于单位变动成本增加，需要支出更多的设备维修费用。若考虑这些生产后期单位生产成本上升的因素，则直线法就可能歪曲企业的经营成果，即开始几年的利润比较大，而随后年份的利润较低。

【问题】企业对油气资产计提折耗有哪些方法？

规范与要求

《企业会计准则第 27 号——石油天然气开采》做了以下规定。

第十九条　油气生产，是指将油气从油气藏提取到地表以及在矿区内收集、拉运、处理、现场储存和矿区管理等活动。

第二十条　油气的生产成本包括相关矿区权益折耗、井及相关设施折耗、辅助设备及设施折旧以及操作费用等。操作费用包括油气生产和矿区管理过程中发生的直接和间接费用。

第二十一条　企业应当采用产量法或年限平均法对井及相关设施计提折耗。井及相关设施包括确定发现了探明经济可采储量的探井和开采活动中形成的井，以及与开采活动直接相关的各种设施。采用产量法计提折耗的，折耗额可按照单个矿区计算，也可按照若干具有相同或类似地质构造特征或储层条件的相邻矿区所组成的矿区组计算。计算公式如下：

矿区井及相关设施折耗额 = 期末矿区井及相关设施账面价值 × 矿区井及相关设施折耗率矿区井及相关设施折耗率 = 矿区当期产量 /（矿区期末探明已开发经济可采储量 + 矿区当期产量）

探明已开发经济可采储量，包括矿区的开发井网钻探和配套设施建设完成后已全面投入开采的探明经济可采储量，以及在提高采收率技术所需的设施已建成并已投产后相应增加的可采储量。

解析与说明

油气资产的折耗，是指油气资产随着当期采掘工作的开展而逐渐转移到所开采产品（油气）成本的价值。根据上述规定，企业应当采用产量法或年限平均法对油气资产计提折耗。未探明矿区权益不计提折耗。

1. 产量法，又称单位产量法。该方法认为，特定矿区的油气资产成本与该矿区的探明经济可采储量密切相关。按照产量法对油气资产计提折耗时，矿区权益应以探明经济可采储量为基础，井及相关设施以探明已开发经济可采储量为基础。

2. 年限平均法，又称直线法。该方法将油气资产成本均衡地分摊到各会计期间。采用这种方法计算的每期油气资产折耗金额相等。

企业各期间油气产量相对比较稳定，按照产量法与按照年限平均法计提的油气资产折耗相差不大；如果各期间油气产量差异较大，产量法能够更准确地反映油气资产在报告期间的消耗。《企业会计准则第 27 号——石油天然气开采》规定了产量法，同时也允许年限平均法。企业无论采用产量法或者年限平均法，一经确定不得随意变更。

根据《企业会计准则讲解》的解释，如果各期间油气产量相对比较稳定，则按照年限平均法与按照产量法计提的油气资产折耗无显著差异；如果各期间油气产量差异较大，则产量法能更好地反映油气资产在报告期间的消耗。

在我国现行油气开采会计实务中，对油气资产一直采用年限平均法计提折耗，在海外上市的企业还需依照国际会计标准调整为产量法进行对外报告。油气准则规定了产量法，同时也保留了年限平均法。无论选择产量法还是年限平均法，一经选定不得随意更改。

第 23 章
企业会计准则第 28 号——会计政策、会计估计变更和差错更正

23.1　会计政策变更的追溯调整法

案例与问题

【例 23-1】甲公司分别在 2×17 年、2×18 年以 3 600 000 元和 1 200 000 元的价格从股票市场购入 A、B 两只以交易为目的的股票（假设不考虑购入股票发生的交易费用）。两只股票的市价一直高于购入成本。公司采用成本与市价孰低法对购入股票进行计量。公司从 2×19 年起对其以交易为目的购入的股票由成本与市价孰低改为公允价值计量，公司保存的会计资料比较齐备，可以通过会计资料追溯计算。假设所得税税率为 25%，公司按净利润的 10% 提取法定盈余公积，按净利润的 5% 提取任意盈余公积。公司发行的股票份额为 4 500 万股。两种方法计量的交易性金融资产的账面价值如表 23-1 所示。

表 23-1　交易性金融资产的账面价值

单位：元

股票	成本与市价孰低	2×15 年年末公允价值	2×16 年年末公允价值
A 股票	3 600 000	4 200 000	4 200 000
B 股票	1 200 000	—	1 300 000

【问题】甲公司如何进行追溯调整法？

规范与要求

《企业会计准则第 28 号——会计政策、会计估计变更和差错更正》做了以下规定。

第三条　企业应当对相同或者相似的交易或者事项采用相同的会计政策进

行处理。但是，其他会计准则另有规定的除外。

会计政策，是指企业在会计确认、计量和报告中所采用的原则、基础和会计处理方法。

第四条　企业采用的会计政策，在每一会计期间和前后各期应当保持一致，不得随意变更。但是，满足下列条件之一的，可以变更会计政策：

（一）法律、行政法规或者国家统一的会计制度等要求变更。

（二）会计政策变更能够提供更可靠、更相关的会计信息。

第六条　企业根据法律、行政法规或者国家统一的会计制度等要求变更会计政策的，应当按照国家相关会计规定执行。

会计政策变更能够提供更可靠、更相关的会计信息的，应当采用追溯调整法处理，将会计政策变更累积影响数调整列报前期最早期初留存收益，其他相关项目的期初余额和列报前期披露的其他比较数据也应当一并调整，但确定该项会计政策变更累积影响数不切实可行的除外。

追溯调整法，是指对某项交易或事项变更会计政策，视同该项交易或事项初次发生时即采用变更后的会计政策，并以此对财务报表相关项目进行调整的方法。

会计政策变更累积影响数，是指按照变更后的会计政策对以前各期追溯计算的列报前期最早期初留存收益应有金额与现有金额之间的差额。

解析与说明

发生会计政策变更时，有两种会计处理方法，即追溯调整法和未来适用法，两种方法适用于不同情形。

追溯调整法，是指对某项交易或事项变更会计政策，视同该项交易或事项初次发生时即采用变更后的会计政策，并以此对财务报表相关项目进行调整的方法。采用追溯调整法时，对于比较财务报表期间的会计政策变更，应调整各期间的净损益项目和财务报表的其他相关项目，视同该政策在比较财务报表期间上一直采用。

会计政策变更采用追溯调整法，应当根据会计政策变更的累积影响数调整期初留存收益。留存收益包括当年和以前年度的未分配利润和按照相关法律规定提取并累积的盈余公积。调整期初留存收益是指对期初未分配利润和留存收益两个项目的调整。

追溯调整法通常由以下步骤构成：

第一步，计算会计政策变更的累积影响数；

第二步，编制相关项目的调整分录；

第三步，调整列报前期最早期初财务报表相关项目及其金额；

第四步，附注说明。

其中，会计政策变更累积影响数，是指按照变更后的会计政策对以前各期追溯计算的列报前期最早期初留存收益应有金额与现有金额之间的差额。根据上述定义的表述，会计政策变更的累积影响数可以分解为以下两个金额之间的差额：①在变更会计政策当期，按变更后的会计政策对以前各期进行追溯计算，所得到的列报前期最早期初留存收益的金额；②在变更会计政策当期，列报前期最早期初留存收益的金额。上述留存收益金额，包括盈余公积和未分配利润等项目，不考虑由于损益的变化而应当补分的利润或股利。

在财务报表只提供列报项目上一个可比会计期间比较数据的情况下，上述第②项，在变更会计政策当期，列报前期最早期初留存收益金额，即为上期资产负债表所反映的期初留存收益，可以从上年资产负债表项目中获得；需要计算确定的是第①项，即按变更后的会计政策对以前各期的追溯计算，所得到的上期期初留存收益金额。

累积影响数通常可以通过以下各步计算获得：

第一步，根据新会计政策重新计算受影响的前期交易或事项；

第二步，计算两种会计政策下的差异；

第三步，计算差异的所得税影响金额；

第四步，确定前期中的每一期的税后差异；

第五步，计算会计政策变更的累积影响数。

需要注意的是，对以前年度损益进行追溯调整或追溯重述的，应当重新计算各列报期间的每股收益。

1. 计算改变交易性金融资产计量方法后的累积影响数

具体数据如表 23-2 所示。

表 23-2　改变计量方法后的累积影响数

单位：元

累积影响数	公允价值	成本与市价孰低	税前差异	所得税影响	税后差异
2×17 年年末	4 200 000	3 600 000	600 000	150 000	450 000
2×18 年年末	1 300 000	1 200 000	100 000	25 000	75 000
合计	5 500 000	4 800 000	700 000	175 000	525 000

甲公司 2×19 年 12 月 31 日的比较财务报表列报前期最早期初为 2×18 年 1 月 1 日。

对于A股票，甲公司在2×17年年末按公允价值计量的账面价值为4 200 000元，按成本与市价孰低计量的账面价值为3 600 000元，两者的所得税影响合计为150 000元，两者差异的税后净影响额为450 000元（为该公司2006年期初由成本与市价孰低改为公允价值的累积影响数）。

对于A、B两只股票，甲公司在2×18年年末按公允价值计量的账面价值为5 500 000元，按成本与市价孰低计量的账面价值为4 800 000元，两者的所得税影响合计为175 000元，两者差异的税后净影响额为525 000元，其中，450 000元是调整2×18年累积影响数，75 000元是调整2×18年当期金额。

甲公司按照公允价值重新计量2×18年年末B股票的账面价值，其结果为公允价值变动收益少计了100 000元，所得税费用少计了25 000元，净利润少计了75 000元。

2.编制有关项目的调整分录

（1）对2×17年有关事项的调整分录：

①对2×17年有关事项的调整分录：

借：交易性金融资产——公允价值变动　　600 000
　　贷：利润分配——未分配利润　　450 000
　　　　递延所得税负债　　150 000

②调整利润分配：

按照净利润的10%提取法定盈余公积，按照净利润的5%提取任意盈余公积，共计提取盈余公积450 000×15%=67 500（元）。

借：利润分配——未分配利润　　67 500
　　贷：盈余公积　　67 500

（2）对2×18年有关事项的调整分录：

①调整交易性金融资产：

借：交易性金融资产——公允价值变动　　100 000
　　贷：利润分配——未分配利润　　75 000
　　　　递延所得税负债　　25 000

②调整利润分配：

按照净利润的10%提取法定盈余公积，按照净利润的5%提取任意盈余公积，共计提取盈余公积75 000×15%=11 250（元）。

借：利润分配——未分配利润　　11 250
　　贷：盈余公积　　11 250

3. 财务报表调整和重述（财务报表略）。

甲公司在列报 2×19 年财务报表时，应调整 2×19 年资产负债表中有关项目的年初余额、利润表中有关项目的上年金额，所有者权益变动表中有关项目的上年金额和本年金额也应进行调整。

资产负债表项目的调整：调增交易性金融资产年初余额 700 000 元；调增递延所得税负债年初余额 175 000 元；调增盈余公积年初余额 78 750 元；调增未分配利润年初余额 446 250 元。

利润表项目的调整：调增公允价值变动收益上年金额 100 000 元；调增所得税费用上年金额 25 000 元；调增净利润上年金额 75 000 元；调增基本每股收益上年金额 0.0017 元。

所有者权益变动表项目的调整：调增会计政策变更项目中盈余公积上年金额 67 500 元，未分配利润上年金额 382 500 元，所有者权益合计上年金额 450 000 元；调增会计政策变更项目中盈余公积本年金额 11 250 元，未分配利润本年金额 63 750 元，所有者权益合计本年金额 75 000 元。

23.2　会计估计变更

案例与问题

【例 23-2】乙公司有一台管理用设备，原始价值为 64 000 元，预计使用寿命为 6 年，净残值为 4 000 元，自 2×17 年 1 月 1 日起按直线法计提折旧。2×19 年 1 月，由于新技术的发展等原因，需要对原预计使用寿命和净残值做出修正，修改后的预计使用寿命为 5 年，净残值为 2 000 元。乙公司适用的所得税税率均为 25%。假定税法允许按变更后的折旧额在税前扣除。

【问题】乙公司对会计估计变更如何处理？

规范与要求

《企业会计准则第 28 号——会计政策、会计估计变更和差错更正》做了以下规定。

第八条　企业据以进行估计的基础发生了变化，或者由于取得新信息、积累更多经验以及后来的发展变化，可能需要对会计估计进行修订。会计估计变更的依据应当真实、可靠。

会计估计变更，是指由于资产和负债的当前状况及预期经济利益和义务发生了变化，从而对资产或负债的账面价值或者资产的定期消耗金额进行调整。

第九条 企业对会计估计变更应当采用未来适用法处理。

会计估计变更仅影响变更当期的，其影响数应当在变更当期予以确认；既影响变更当期又影响未来期间的,其影响数应当在变更当期和未来期间予以确认。

第十条 企业难以对某项变更区分为会计政策变更或会计估计变更的，应当将其作为会计估计变更处理。

解析与说明

企业对会计估计变更应当采用未来适用法处理，即在会计估计变更当期及以后期间采用新的会计估计不改变以前期间的会计估计，也不调整以前期间的报告结果。

第一，会计估计变更仅影响变更当期的，其影响数应当在变更当期予以确认。例如，企业原按应收账款余额的5%提取坏账准备，由于企业不能收回应收账款的比例已达10%，因此企业改按应收账款余额的10%提取坏账准备。这类会计估计的变更，只影响变更当期，因此，应予变更当期确认。

第二，既影响变更当期又影响未来期间的，其影响数应当在变更当期和未来期间予以确认。例如，企业的某项可计提折旧的固定资产，其有效使用年限或预计净残值的估计发生的变更，常常影响变更当期及资产以后使用年限内各个期间的折旧费用，这类会计估计的变更，应予变更当期及以后各期确认。

会计估计变更的影响数应计入变更当期与前期相同的项目中。为了保证不同期间的财务报表具有可比性，企业应：如果以前期间的会计估计变更的影响数计入企业日常经营活动损益，则以后期间也应计入日常经营活动损益；如果以前期间的会计估计变更的影响数计入特殊项目中，则以后期间也应计入特殊项目。

1.分析

乙公司对上述会计估计变更的处理如下：①不调整以前各期折旧，也不计算累积影响数；②变更日以后发生的经济业务改按新估计使用寿命提取折旧。

2.计算

按原估计，每年折旧额为10 000元，已提折旧2年，共计20 000元，固定资产净值为44 000元。

改变估计使用寿命后，2×19年1月1日起，每年计提的折旧费用为14 000［(44 000-2 000)÷(5-2)］元。2×19年不必对以前年度已提折旧进行调整，只需按重新预计的尚可使用寿命和净残值计算确定的年折旧费用。

3. 会计分录

编制会计分录如下：

借：管理费用　　　　14 000

　　贷：累计折旧　　　　14 000

23.3　不重要的前期差错的识别与更正

案例与问题

【例 23-3】 A 公司在 2×18 年 12 月 31 日发现，一台价值 6 000 元，应计入固定资产，并于 2×17 年 2 月 1 日开始计提折旧的管理用设备，在 2×17 年计入了当期费用。该公司采用直线法计提固定资产折旧。该公司估计该资产的使用年限为 4 年。假设不考虑净残值因素。

【问题】A 公司如何进行更正差错的会计处理？

规范与要求

《企业会计准则第 28 号——会计政策、会计估计变更和差错更正》做了以下规定。

第十一条　前期差错，是指由于没有运用或错误运用下列两种信息，而对前期财务报表造成省略漏或错报。

（一）编报前期财务报表时预期能够取得并加以考虑的可靠信息。

（二）前期财务报告批准报出时能够取得的可靠信息。

前期差错通常包括计算错误、应用会计政策错误、疏忽或曲解事实以及舞弊产生的影响以及存货、固定资产盘盈等。

第十二条　企业应当采用追溯重述法更正重要的前期差错，但确定前期差错累积影响数不切实可行的除外。

追溯重述法，是指在发现前期差错时，视同该项前期差错从未发生过，从而对财务报表相关项目进行更正的方法。

第十三条　确定前期差错影响数不切实可行的，可以从可追溯重述的最早期间开始调整留存收益的期初余额，财务报表其他相关项目的期初余额也应当一并调整，也可以采用未来适用法。

第十四条　企业应当在重要的前期差错发现当期的财务报表中，调整前期比较数据。

解析与说明

企业应当采用追溯重述法更正重要的前期差错，但确定前期差错累积影响数不切实可行的除外。追溯重述法，是指在发现前期差错时，视同该项前期差错从未发生过，从而对财务报表相关项目进行更正的方法。

如果财务报表项目的遗漏或错误表述可能影响财务报表使用者根据财务报表所做出的经济决策，则该项目的遗漏或错误是重要的。重要的前期差错，是指足以影响财务报表使用者对企业财务状况、经营成果和现金流量做出正确判断的前期差错。不重要的前期差错，是指不足以影响财务报表使用者对企业财务状况、经营成果和现金流量做出正确判断的会计差错。

前期差错的重要性取决于在相关环境下对遗漏或错误表述的规模和性质的判断。前期差错所影响的财务报表项目的金额或性质，是判断该前期差错是否具有重要性的决定性因素。一般来说，前期差错所影响的财务报表项目的金额越大、性质越严重，其重要性水平越高。

对于不重要的前期差错，企业不需调整财务报表相关项目的期初数，但应调整发现当期与前期相同的相关项目。属于影响损益的，应直接计入本期与上期相同的净损益项目。属于不影响损益的，应调整本期与前期相同的相关项目。

本案例中，A 公司在 2×18 年 12 月 31 日更正此差错的会计分录为：

借：固定资产　　6 000

　　贷：管理费用　　3 125

　　　　累计折旧　　2 875

假设该项差错直到固定资产全部提足折旧后才发现，则不需要做任何分录，因为该项差错已经抵销了。

23.4 重要的前期差错的识别与更正

案例与问题

【例 23-4】 B 公司在 2×19 年发现，其在 2×18 年漏记一项固定资产的折旧费用 120 000 元，所得税申报表中未扣除该项费用。假设 2×18 年适用所得税税率为 25%，无其他纳税调整事项。该公司按净利润的 10%、5% 提取法定盈余公积和任意盈余公积。公司发行股票份额为 1 500 000 股。假定税法允许调整应交所得税。

【问题】B公司如何进行差错更正的会计处理？

规范与要求

《企业会计准则第28号——会计政策、会计估计变更和差错更正》做了以下规定。

第十一条 前期差错，是指由于没有运用或错误运用下列两种信息，而对前期财务报表造成省略漏或错报。

（一）编报前期财务报表时预期能够取得并加以考虑的可靠信息。

（二）前期财务报告批准报出时能够取得的可靠信息。

前期差错通常包括计算错误、应用会计政策错误、疏忽或曲解事实以及舞弊产生的影响以及存货、固定资产盘盈等。

第十二条 企业应当采用追溯重述法更正重要的前期差错，但确定前期差错累积影响数不切实可行的除外。

追溯重述法，是指在发现前期差错时，视同该项前期差错从未发生过，从而对财务报表相关项目进行更正的方法。

第十三条 确定前期差错影响数不切实可行的，可以从可追溯重述的最早期间开始调整留存收益的期初余额，财务报表其他相关项目的期初余额也应当一并调整，也可以采用未来适用法。

第十四条 企业应当在重要的前期差错发现当期的财务报表中，调整前期比较数据。

解析与说明

对于重要的前期差错，企业应当在当期的财务报表中，调整前期比较数据。具体地说，企业应当在重要的前期差错发现当期的财务报表中，通过下述处理对其进行追溯更正：

（1）追溯重述差错发生期间列报的前期比较金额。

（2）如果前期差错发生在列报的最早前期之前，则追溯重述列报的最早前期的资产、负债和所有者权益相关项目的期初余额。

对于发生的重要的前期差错，如影响损益，应将其对损益的影响数调整发现当期的期初留存收益，财务报表其他相关项目的期初数也应一并调整；如不影响损益，应调整财务报表相关项目的期初数。

在编制比较财务报表时，对于比较财务报表期间的重要的前期差错，应调整该期间的各净损益项目和其他相关项目，视同该差错在产生的当期已经更正；对于比较财务报表期间以前的重要的前期差错，应调整比较财务报表最早期间的期初留存收益，财务报表其他相关项目的数字也应一并调整。

确定前期差错影响数不切实可行的，可以从可追溯重述的最早期间开始调整留存收益的期初余额，财务报表其他相关项目的期初余额也应当一并调整，也可以采用未来适用法。当企业确定前期差错对列报的一个或者多个前期比较信息的特定期间的累积影响数不切实可行时，应当追溯重述切实可行的最早期间的资产、负债和所有者权益相关项目的期初余额（可能是当期）；当企业在当期期初确定前期差错对所有前期的累积影响数不切实可行时，应当从确定前期差错影响数切实可行的最早日期开始采用未来适用法追溯重述比较信息。

需要注意的是，为了保证经营活动的正常进行，企业应当建立健全内部稽核制度，保证会计资料的真实、完整。对于年度资产负债表日至财务报告批准报出日之间发现的报告年度的会计差错及报告年度前不重要的前期差错，应按照《企业会计准则第29号——资产负债表日后事项》的规定进行处理。

针对本案例，进行以下处理。

1.分析前期差错的影响数

2×15年少计折旧费用120 000元；多计所得税费用30 000（120 000×25%）元；多计净利润90 000元；多计应交税费30 000（120 000×25%）元；多提法定盈余公积和任意盈余公积9 000（90 000×10%）元和4 500（90 000×5%）元。

2.编制有关项目的调整分录

（1）补提折旧：

借：以前年度损益调整　　120 000

　　贷：累计折旧　　120 000

（2）调整应交所得税：

借：应交税费——应交所得税　　30 000

　　贷：以前年度损益调整　　30 000

（3）将“以前年度损益调整”科目余额转入利润分配：

借：利润分配——未分配利润　　90 000

　　贷：以前年度损益调整　　90 000

（4）调整利润分配有关数字：

借：盈余公积　　13 500

　　贷：利润分配——未分配利润　　13 500

3. 财务报表调整和重述（财务报表略）

B 公司在列报 2×19 年财务报表时，应调整 2×19 年资产负债表有关项目的年初余额、利润表有关项目，所有者权益变动表的上年金额也应进行调整。

（1）资产负债表项目的调整：

调增累计折旧 120 000 元；调减应交税费 30 000 元；调减盈余公积 13 500 元；调减未分配利润 67 500 元。

（2）利润表项目的调整：

调增营业成本上年金额 120 000 元；调减所得税费用上年金额 30 000 元；调减净利润上年金额 90 000 元；调减基本每股收益上年金额 0.06 元。

（3）所有者权益变动表项目的调整：

调减前期差错更正项目中盈余公积上年金额 13 500 元，未分配利润上年金额 67 500 元，所有者权益合计上年金额 112 500 元。

23.5　重要的前期差错更正如何披露

案例与问题

【例 23-5】沿用【例 23-4】。B 公司应在财务报表附注中就前期差错更正进行说明。

【问题】B 公司应在附注中披露哪些信息？

规范与要求

《企业会计准则第 28 号——会计政策、会计估计变更和差错更正》做了以下规定。

第十七条　企业应当在附注中披露与前期差错更正有关的下列信息：

（一）前期差错的性质。

（二）各个列报前期财务报表中受影响的项目名称和更正金额。

（三）无法进行追溯重述的，说明该事实和原因以及对前期差错开始进行更正的时点、具体更正情况。

第十八条　在以后期间的财务报表中，不需要重复披露在以前期间的附注中已披露的会计政策变更和前期差错更正的信息。

解析与说明

企业应当在附注中披露与前期差错更正有关的下列信息：

（1）前期差错的性质。

（2）各个列报前期财务报表中受影响的项目名称和更正金额。

（3）无法进行追溯重述的，说明该事实和原因以及对前期差错开始进行更正的时点、具体更正情况。

在以后期间的财务报表中，不需要重复披露在以前期间的附注中已披露的前期差错更正的信息。

本案例中，B公司应在2×19年的财务报表附注中披露以下信息：

本年度发现2×18年漏记固定资产折旧120 000元，在编制2×18年与2×19年比较财务报表时，已对该项差错进行了更正。更正后，调减2×18年净利润及留存收益90 000元，调增累计折旧120 000元。

23.6 固定资产盘盈时的账务处理

案例与问题

【例23-6】2×19年1月20日，丁公司在财产清查过程中，发现2×18年12月购入的一台设备尚未入账，重置成本为30 000元（假定与其计税基础不存在差异）。根据《企业会计准则第28号——会计政策、会计估计变更和差错更正》规定，丁公司将该盘盈固定资产作为前期差错进行处理。假定丁公司按净利润的10%计提法定盈余公积，不考虑相关税费及其他因素的影响。

【问题】丁公司如何进行固定资产盘盈时的账务处理？

规范与要求

《企业会计准则第28号——会计政策、会计估计变更和差错更正》做了以下规定。

第十一条　前期差错，是指由于没有运用或错误运用下列两种信息，而对前期财务报表造成省略漏或错报。

（一）编报前期财务报表时预期能够取得并加以考虑的可靠信息。

（二）前期财务报告批准报出时能够取得的可靠信息。

前期差错通常包括计算错误、应用会计政策错误、疏忽或曲解事实以及舞弊产生的影响以及存货、固定资产盘盈等。

第十二条　企业应当采用追溯重述法更正重要的前期差错，但确定前期差错累积影响数不切实可行的除外。

追溯重述法，是指在发现前期差错时，视同该项前期差错从未发生过，从而对财务报表相关项目进行更正的方法。

解析与说明

企业将在财产清查中盘盈的固定资产，作为前期差错处理。企业在财产清查中盘盈的固定资产，在按管理权限报经批准处理前应先通过“以前年度损益调整”科目核算。针对盘盈的固定资产，企业应按重置成本确定其入账价值，借记“固定资产”科目，贷记“以前年度损益调整”科目，如图 23-1 所示。

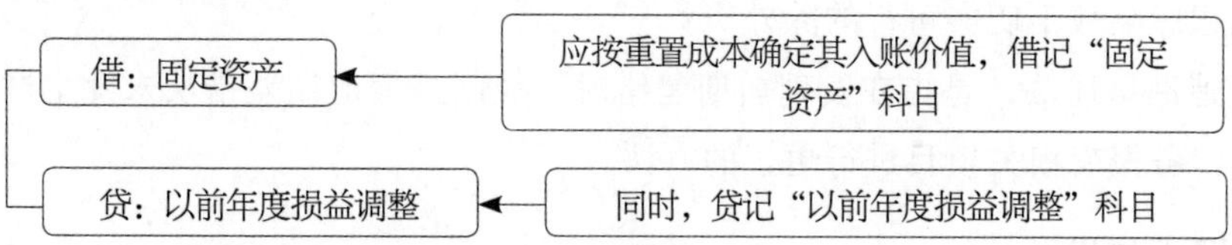

图 23-1　固定资产盘盈

丁公司应编制如下会计分录：

（1）盘盈固定资产时：

借：固定资产　　30 000

　　贷：以前年度损益调整　　30 000

（2）结转为留存收益时：

借：以前年度损益调整　　30 000

　　贷：盈余公积——法定盈余公积　　3 000

　　　　利润分配——未分配利润　　27 000

23.7　固定资产盘亏时的账务处理

案例与问题

【例 23-7】乙公司在进行财产清查时，发现短缺一台笔记本电脑。该笔记本电脑的原价为 10 000 元，已计提折旧 7 000 元。

【问题】乙公司如何进行固定资产盘亏时的账务处理？

规范与要求

《企业会计准则第 28 号——会计政策、会计估计变更和差错更正》做了以下规定。

第十一条　前期差错，是指由于没有运用或错误运用下列两种信息，而对前期财务报表造成省略漏或错报。

（一）编报前期财务报表时预期能够取得并加以考虑的可靠信息。

（二）前期财务报告批准报出时能够取得的可靠信息。

前期差错通常包括计算错误、应用会计政策错误、疏忽或曲解事实以及舞弊产生的影响以及存货、固定资产盘盈等。

第十二条　企业应当采用追溯重述法更正重要的前期差错，但确定前期差错累积影响数不切实可行的除外。

追溯重述法，是指在发现前期差错时，视同该项前期差错从未发生过，从而对财务报表相关项目进行更正的方法。

解析与说明

针对在财产清查中盘亏的固定资产，企业应按盘亏固定资产的账面价值，借记“待处理财产损溢”科目；按已计提的累计折旧，借记“累计折旧”科目；按已计提的减值准备，借记“固定资产减值准备”科目；按固定资产的原价，贷记“固定资产”科目。按管理权限报经批准后处理时，企业按可收回的保险赔偿或过失人赔偿，借记“其他应收款”科目；按应记入营业外支出的金额，借记“营业外支出——盘亏损失”科目，贷记“待处理财产损溢”科目。

乙公司应编制如下会计分录：

（1）盘亏固定资产时：

借：待处理财产损溢　　3 000

　　累计折旧　　7 000

　　贷：固定资产　　10 000

（2）报经批准转销时：

借：营业外支出——盘亏损失　　3 000

　　贷：待处理财产损溢　　3 000

23.8　未决诉讼或未决仲裁的账务处理

案例与问题

【例 23-8】A 公司 2×18 年度发生的有关交易或事项如下。

（1）2×18 年 10 月 1 日，有一笔已到期的银行贷款本金 10 000 000 元，利息 1 500 000 元，A 公司具有还款能力，但因与 B 银行存在其他经济纠纷，而未按时归还 B 银行的贷款。2×18 年 12 月 1 日，B 银行向人民法院提起诉讼。截至 2×18 年 12 月 31 日，人民法院尚未对案件进行审理。A 公司法律顾问人为败诉的可能性 60%，预计将要支付的罚息、诉讼费用在 1 000 000 ~ 1 200 000 元之间，其中诉讼费 50 000 元。

（2）2×18 年 10 月 6 日，A 公司委托银行向 K 公司贷款 60 000 000 元。由于经营困难，2×18 年 10 月 6 日贷款到期时，K 公司无力偿还贷款。A 公司依法起诉 K 公司。2×18 年 12 月 6 日，人民法院一审判决 A 公司胜诉，责成 K 公司向 A 公司偿付贷款本息 70 000 000 元，并支付罚息及其他费用 6 000 000 元，两项合计 76 000 000 元。由于种种原因，K 公司未履行判决。直到 2×18 年 12 月 31 日，A 公司尚未采取进一步的行动。

【问题】A 公司如何进行会计处理？

规范与要求

《企业会计准则第 28 号——会计政策、会计估计变更和差错更正》做了以下规定。

第十一条　前期差错，是指由于没有运用或错误运用下列两种信息，而对前期财务报表造成省略漏或错报。

（一）编报前期财务报表时预期能够取得并加以考虑的可靠信息。

（二）前期财务报告批准报出时能够取得的可靠信息。

前期差错通常包括计算错误、应用会计政策错误、疏忽或曲解事实以及舞弊产生的影响以及存货、固定资产盘盈等。

第十二条　企业应当采用追溯重述法更正重要的前期差错，但确定前期差错累积影响数不切实可行的除外。

追溯重述法，是指在发现前期差错时，视同该项前期差错从未发生过，从而对财务报表相关项目进行更正的方法。

第十三条　确定前期差错影响数不切实可行的，可以从可追溯重述的最早期间开始调整留存收益的期初余额，财务报表其他相关项目的期初余额也应当一并调整，也可以采用未来适用法。

第十四条 企业应当在重要的前期差错发现当期的财务报表中，调整前期比较数据。

解析与说明

企业在日常的经营活动中时常面临诉讼、仲裁的风险，但是这些风险具体对企业的财务状况和经营成果产生多少影响具有较大的不确定性。诉讼，是指当事人不能通过协商解决争议，因而在人民法院起诉、应诉，请求人民法院通过审判程序解决纠纷的活动。诉讼尚未裁决之前，对于被告者来说，可能形成一项或有负债或者预计负债；对于原告来说，则可能形成一项或有资产。仲裁，是指经济法的各方当事人依照事先约定或事后达成的书面仲裁协议，共同选定仲裁机构并由其对争议依法做出具有约束力裁决的一种活动。作为当事人一方，仲裁的结果在仲裁决定公布以前是不确定的，会构成一项潜在义务或现时义务，或者潜在资产。

如果相关未决诉讼引起的相关义务符合预计负债的确认条件，发生损失的可能性属于"很可能"并且能够可靠预计，则企业应将预计要发生的支出确认为预计负债，借记"营业外支出""管理费用"等科目，贷记"预计负债——预计未决诉讼"科目；实际支付确定的诉讼费用时，应该借记"预计负债——预计未决诉讼损失"科目，贷记"银行存款"等科目。

企业到期实际发生的诉讼损失金额和已经计提的相关预计负债之间的差额应该做以下处理：

（1）在前期资产负债表日，企业依据当时实际情况和所掌握的信息合理确认了预计负债，但法院的判决结果很可能和估计的金额不相等。这时应当将本期实际发生的诉讼损失与已确认的预计负债之间的差额，直接计入或冲减营业外支出。企业应该按照实际发生的支出超过预计的负债金额，借记"营业外支出"科目，贷记"预计负债"科目。

（2）在前期资产负债日，企业依据当时实际情况和所掌握的证据，确实无法合理预计诉讼损失，未确认预计负债；在本期取得裁决结果时将其作为当期的损失，直接计入营业外支出。

（3）在资产负债表日至财务报告批准报出日取得了裁决结果，则作为资产负债表日后调整事项处理。

（4）在前期资产负债表日，企业依据当时的实际情况和所掌握的信息应当能够合理估计诉讼损失，但企业所做的估计却与当时的事实严重不符的，在以后期资产负债日发现时应当按照前期重大会计差错进行处理。

本案例中，A 公司的会计处理如下。

（1）A 公司败诉的可能性为 60%，即很可能败诉，则 A 公司应在 2×18 年 12 月 31 日确认一项预计负债：

预计负债：（1 000 000+1 200 000）÷2=1 100 000（元）

账务处理：

借：管理费用——诉讼费　　50 000

　　营业外支出——罚息支出（1 100 000 – 50 000）　　1 050 000

　　贷：预计负债——未决诉讼——B 银行　　1 100 000

A 公司应在 2×18 年 12 月 31 日的财务报表附注中进行如下披露：

本公司欠 B 银行贷款于 2×18 年 10 月 1 日到期，到期本金和利息合计 11 500 000 元。由于与 B 银行存在其他经济纠纷，故本公司尚未偿还上述借款本金和利息。为此，B 银行起诉本公司，除要求本公司偿还本金和利息外，还要求支付罚息等费用。由于以上情况，本公司在 2×18 年 12 月 31 日确认了一项预计负债 1 100 000 元。目前，此案正在审理中。

（2）虽然一审判决 A 公司胜诉，将很可能从 K 公司收回委托贷款本金、利息及罚息，但是由于 K 公司本身经营困难，该款项是否能全额收回存在较大的不确定性，因此 A 公司 2×18 年 12 月 31 日不应确认资产，但应考虑该项委托贷款的减值问题。

A 公司应在 2×18 年 12 月 31 日的财务报表附注中进行如下披露：

本公司于 2×18 年 10 月 6 日委托银行向 K 公司贷款 60 000 000 元，K 公司逾期未还，为此本公司依法向人民法院起诉 K 公司。2×18 年 12 月 6 日，一审判决本公司胜诉，并可从 K 公司索偿款项 76 000 000 元，其中包括贷款本金 60 000 000 元、利息 10 000 000 元以及罚息等其他费用 6 000 000 元。截至 2×18 年 12 月 31 日，K 公司未履行判决，本公司业未采取进一步的措施。

23.9　未来适用法如何实施

案例与问题

【例 23-9】乙公司原对发出存货采用后进先出法，但在新会计准则实施后，其从 2×18 年 1 月 1 日起改用先进先出法。2×18 年 1 月 1 日，存货的价值为 2 500 000 元。公司当年购入存货的实际成本为 18 000 000 元，2×18 年 12 月 31 日按先进先出法计算确定的存货价值为 4 500 000 元，当年销售额为 25 000 000 元。假设该公司该年度发生的其他费用为 1 200 000 元，所得税税率为 25%。2×18 年 12 月 31 日按后进先出法计算的存货的价值为 2 200 000 元。

乙公司由于法律环境变化而改变会计政策，假定对其采用未来适用法进行处理，即对存货采用先进先出法从 2×18 年及以后才适用，不需要计算 2×18 年 1 月 1 日以前按先进先出法计算存货应有的余额以及对留存收益的影响金额。

【问题】运用未来适用法，乙公司如何进行处理？

规范与要求

《企业会计准则第 28 号——会计政策、会计估计变更和差错更正》做了以下规定。

第三条　企业应当对相同或者相似的交易或者事项采用相同的会计政策进行处理。但是，其他会计准则另有规定的除外。

会计政策，是指企业在会计确认、计量和报告中所采用的原则、基础和会计处理方法。

第四条　企业采用的会计政策，在每一会计期间和前后各期应当保持一致，不得随意变更。但是，满足下列条件之一的，可以变更会计政策：

（一）法律、行政法规或者国家统一的会计制度等要求变更。

（二）会计政策变更能够提供更可靠、更相关的会计信息。

第七条　确定会计政策变更对列报前期影响数不切实可行的，应当从可追溯调整的最早期间期初开始应用变更后的会计政策。

在当期期初确定会计政策变更对以前各期累积影响数不切实可行的，应当采用未来适用法处理。

未来适用法，是指将变更后的会计政策应用于变更日及以后发生的交易或者事项，或者在会计估计变更当期和未来期间确认会计估计变更影响数的方法。

解析与说明

《企业会计准则第 28 号——会计政策、会计估计变更和差错更正》规定，未来适用法，是指将变更后的会计政策应用于变更日及以后发生的交易或者事项，或者在会计估计变更当期和未来期间确认会计估计变更影响数的方法。

在未来适用法下，不需要计算会计政策变更产生的累积影响数，也无须重编以前年度的财务报表。企业会计账簿记录及财务报表上反映的金额，变更之日仍保留原有的金额，不因会计政策变更而改变以前年度的既定结果，并在现有金额的基础上再按新的会计政策进行核算。

本案例中，会计政策变更对当期净利润的影响数如表 23-3 所示。

表 23-3　当期净利润的影响数计算表

单位：元

项 目	先进先出法	后进先出法
营业收入	25 000 000	25 000 000
减：营业成本	16 000 000	18 300 000
减：其他费用	1 200 000	1 200 000
利润总额	7 800 000	5 500 000
减：所得税	1 950 000	1 375 000
净利润	5 850 000	4 125 000
差额	1 725 000	

公司由于会计政策变更使当期净利润增加了 1 725 000 元。其中，采用先进先出法的销售成本＝期初存货＋购入存货实际成本—期末存货 =2 500 000+18 000 000−4 500 000=16 000 000（元）；采用后进先出法的销售成本＝期初存货＋购入存货实际成本－期末存货 =2500 000+18 000 000−2 200 000=18 300 000（元）。

第 24 章 企业会计准则第 34 号——每股收益

24.1 如何计算基本每股收益

案例与问题

【例 24-1】某公司 2×18 年期初发行在外的普通股为 30 000 万股；5 月 1 日，新发行普通股 16 200 万股；12 月 1 日，回购普通股 7 200 万股，以备将来奖励职工之用。该公司 2×18 年实现净利润为 16 250 万元。假定该公司按月数计算每股收益的时间权重。

【问题】2×18 年，该公司的基本每股收益是多少?

规范与要求

《企业会计准则第 34 号——每股收益》做了以下规定。

第四条　企业应当按照归属于普通股股东的当期净利润，除以发行在外普通股的加权平均数计算基本每股收益。

第五条　发行在外普通股加权平均数按下列公式计算：

发行在外普通股加权平均数 = 期初发行在外普通股股数 + 当期新发行普通股股数 × 已发行时间 ÷ 报告期时间 - 当期回购普通股股数 × 已回购时间 ÷ 报告期时间。已发行时间、报告期时间和已回购时间一般按照天数计算；在不影响计算结果合理性的前提下，也可以采用简化的计算方法。

第六条　新发行普通股股数，应当根据发行合同的具体条款，从应收对价之日（一般为股票发行日）起计算确定。通常包括下列情况。

（一）为收取现金而发行的普通股股数，从应收现金之日起计算。

（二）因债务转资本而发行的普通股股数，从停计债务利息之日或结算日起计算。

（三）非同一控制下的企业合并，作为对价发行的普通股股数，从购买日起计算；同一控制下的企业合并，作为对价发行的普通股股数，应当计入各列报期间普通股的加权平均数。

（四）为收购非现金资产而发行的普通股股数，从确认收购之日起计算。

解析与说明

每股收益，是反映企业普通股股东持有每一股份所能享有企业利润或承担企业亏损的业绩评价指标。该指标有助于投资者、债权人等信息使用者评价企业或企业之间的盈利能力、预测企业成长潜力、进而做出经济决策。

根据上述第四条和第五条的规定，基本每股收益 = 归属于普通股股东的当期净利润 ÷ 发行在外普通股的加权平均数，发行在外普通股加权平均数 = 期初发行在外普通股股数 + 当期新发行普通股股数 × 已发行时间 ÷ 报告期时间 − 当期回购普通股股数 × 已回购时间 ÷ 报告期时间。已发行时间、报告期时间和已回购时间一般按照天数计算；在不影响计算结果合理性的前提下，也可以采用简化的计算方法。

在本案例中，已知归属于普通股股东的当期净利润为 16 250 万元，要求得基本每股收益就只需要先计算发行在外普通股加权平均数。根据公式，发行在外普通股加权平均数 =30 000+16 200×8 ÷ 12−7 200×1 ÷ 12=40 200（万股）。值得注意的是，这里的发行日、回购日都是月初 1 号，因此，此处在计算已发行时间、已回购时间时，可以采用按月计算的简化方法。最后，基本每股收益 =16 250 ÷ 40 200 ≈ 0.4（元 / 股）。

24.2　如何计算稀释每股收益

案例与问题

【例 24–2】某公司 2×18 年度归属于普通股股东的净利润为 5 625 万元，发行在外普通股加权平均数为 18 750 万股。年初已发行在外的潜在普通股有：

（1）认股权证 7 200 万份，每份认股权证可以在行权日以 8 元的价格认购 1 股本公司新发股票。

（2）按面值发行的 5 年期可转换公司债券 75 000 万元，债券每张面值 100 元，票面年利率为 2.6%，转股价格为每股 12.5 元，即每 100 元债券可转换为 8 股面值为 1 元的普通股。

（3）按面值发行的 3 年期可转换公司债券 150 000 万元，每张债券的面值为 100 元，票面年利率为 1.4%，转股价格为每股 10 元，即每 100 元债券可转换为 10 股面值为1元的普通股。当期普通股的平均市场价格为12元，年度内没有认股权证被行权，也没有可转换公司债券被转换或赎回，所得税税率为25%。假设不考虑可转换公司债券在负债和权益成分的分拆，且债券票面利率等于实际利率。

【问题】2×18年，该公司的稀释每股收益是多少？

规范与要求

《企业会计准则第34号——每股收益》做了以下规定。

第八条　计算稀释每股收益，应当根据下列事项对归属于普通股股东的当期净利润进行调整。

（一）当期已确认为费用的稀释性潜在普通股的利息；

（二）稀释性潜在普通股转换时将产生的收益或费用。

上述调整应当考虑相关的所得税影响。

第九条　计算稀释每股收益时，当期发行在外普通股的加权平均数应当为计算基本每股收益时普通股的加权平均数与假定稀释性潜在普通股转换为已发行普通股而增加的普通股股数的加权平均数之和。

计算稀释性潜在普通股转换为已发行普通股而增加的普通股股数的加权平均数时，以前期间发行的稀释性潜在普通股，应当假设在当期期初转换；当期发行的稀释性潜在普通股，应当假设在发行日转换。

第十条　认股权证和股份期权等的行权价格低于当期普通股平均市场价格时，应当考虑其稀释性。计算稀释每股收益时，增加的普通股股数按下列公式计算：

增加的普通股股数 = 拟行权时转换的普通股股数 - 行权价格 × 拟行权时转换的普通股股数 ÷ 当期普通股平均市场价格

第十一条　企业承诺将回购其股份的合同中规定的回购价格高于当期普通股平均市场价格时，应当考虑其稀释性。计算稀释每股收益时，增加的普通股股数按下列公式计算：

增加的普通股股数 = 回购价格 × 承诺回购的普通股股数 ÷ 当期普通股平均市场价格 - 承诺回购的普通股股数

第十二条　稀释性潜在普通股应当按照其稀释程度从大到小的顺序计入稀释每股收益，直至稀释每股收益达到最小值。

解析与说明

稀释每股收益＝调整后的归属于普通股股东的当期净利润 ÷ 当期发行在外普通股的加权平均数。其中，归属于普通股股东的当期净利润要根据潜在普通股进行调整；当期发行在外普通股的加权平均数＝计算基本每股收益时普通股加权平均数＋假定稀释性潜在普通股转换为已发行普通股而增加的普通股股数加权平均数。再进一步，增加的普通股股数受潜在普通股的类型影响，并按公式分别进行计算。

（1）假设潜在普通股转换为普通股。增量股每股收益并排序的结果如表 24-1 所示。

表 24-1　增量股每股收益的计算

项 目	净利润增加（万元）	股数增加（万股）	增量股的每股收益（元）	顺序
认股权证		2 400①		1
2.6% 债券	1 462.5②	6 000③	0.24	3
1.4% 债券	1 575④	15 000⑤	0.11	2

具体计算过程如下。

a）认股权证对每股收益的影响

根据上述第十条，增加的普通股股数＝拟行权时转换的普通股股数－行权价格 × 拟行权时转换的普通股股数 ÷ 当期普通股平均市场价格，因此股数增加①=7 200−7 200×8/12=2 400（万股），同时，认股权证不会影响净利润。

b）2.6% 债券对每股收益的影响

根据上述第八条，当期已确认为费用的稀释性潜在普通股的利息要调增回来，因此净利润增加②=75 000×2.6%×（1−25%）=1 462.5（万元），同时，股数增加③=75 000÷12.5=6 000（万股）。

c）1.4% 债券对每股收益的影响

根据上述第八条，当期已确认为费用的稀释性潜在普通股的利息要调增回来，因此净利润增加④=150 000×1.4%×（1−25%）=1575（万元），同时，股数增加⑤=150 000÷10=15 000（万股）。

根据增量股的每股收益排序，可以发现，认股权证的稀释性最大，1.4% 理论可转债的稀释性其次，2.6% 利率可转债的稀释性最小。

（2）分步计入稀释每股收益，如表 24-2 所示。

表 24-2　稀释每股收益的计算

项　目	净利润（万元）	股数（万股）	每股收益（元）	稀释性
基本每股收益	5 625	18 750	0.3	
认股权证	0	2 400		
	5 625	21 150	0.27	稀释
1.4% 债券	1 575	15 000		
	7 200	36 150	0.20	稀释
2.6% 债券	1 462.5	6 000		
	8 662.5	42 150	0.21	反稀释

根据上述第十二条，稀释性潜在普通股应当按照其稀释程度从大到小的顺序计入稀释每股收益，直至稀释每股收益达到最小值。因此，本案例中需按照认股权证、1.4% 可转债、2.6% 可转债依次进行稀释，并依次计算每股收益，最终取每股收益最小值为稀释每股收益，最终稀释每股收益为 0.20 元。

24.3　派发股票股利的情况下，如何重新计算基本每股收益

案例与问题

【例 24-3】某企业 2×17 年和 2×18 年归属于普通股股东的净利润分别为 1 596 万元和 1 848 万元。2×17 年 1 月 1 日，该企业发行在外的普通股的股数为 800 万股；2×17 年 4 月 1 日，按市价新发行普通股 160 万股；2×18 年 7 月 1 日，分派股票股利，以 2×17 年 12 月 31 日总股本 960 万股为基数每 10 股送 3 股，假设不存在其他股数变动因素。

【问题】2×18 年，比较利润表中，该企业的基本每股收益是多少？

规范与要求

《企业会计准则第 34 号——每股收益》做了以下规定。

第十三条　发行在外普通股或潜在普通股的数量因派发股票股利、公积金转增资本、拆股而增加或因并股而减少，但不影响所有者权益金额的，应当按调整后的股数重新计算各列报期间的每股收益。

上述变化发生于资产负债表日至财务报告批准报出日之间的，应当以调整

后的股数重新计算各列报期间的每股收益。

按照《企业会计准则第 28 号——会计政策、会计估计变更和差错更正》的规定对以前年度损益进行追溯调整或追溯重述的，应当重新计算各列报期间的每股收益。

解析与说明

本案例中，企业出现分派股票股利的行为，对普通股数量产生影响，进而对每股收益产生影响，应该追溯调整 2×17 年的基本每股收益。

2×18 年度发行在外普通股加权平均数 =（800+160+960×0.3）×12÷12
=1 248（万股）

2×17 年度发行在外普通股加权平均数 =800×1.3×12÷12+160×1.3×9÷12
=1 196（万股）

2×18 年度基本每股收益 =1 848÷1 248 ≈ 1.48（元 / 股）

2×17 年度基本每股收益 =1 596÷1 196 ≈ 1.33（元 / 股）

24.4　配股的情况下，如何重新计算基本每股收益

案例与问题

【例 24-4】某企业 2×18 年度归属于普通股股东的净利润为 23 500 万元，2×18 年 1 月 1 日发行在外普通股股数为 8 000 万股。2×18 年 6 月 10 日，该企业发布增资配股公告，向截至 2×18 年 6 月 30 日（股权登记日）所有登记在册的老股东配股，配股比例为每 4 股配 1 股，配股价格为每股 6 元，除权交易基准日为 2×18 年 7 月 1 日。假设行权前一日的市价为每股 11 元，2×17 年度基本每股收益为 2.64 元。

【问题】2×18 年度，该企业的基本每股收益是多少？

规范与要求

《企业会计准则第 34 号——每股收益》做了以下规定。

第十三条　发行在外普通股或潜在普通股的数量因派发股票股利、公积金转增资本、拆股而增加或因并股而减少，但不影响所有者权益金额的，应当按调整后的股数重新计算各列报期间的每股收益。

上述变化发生于资产负债表日至财务报告批准报出日之间的，应当以调整后的股数重新计算各列报期间的每股收益。

按照《企业会计准则第 28 号——会计政策、会计估计变更和差错更正》的规定对以前年度损益进行追溯调整或追溯重述的，应当重新计算各列报期间的每股收益。

解析与说明

在配股的情况下，每股收益的计算比较特殊，因为配股是向全部现有股东以低于当前股票市价的价格发行普通股，实际上配股可以理解为按市价发行股票和无对价送股的混合体。也就是说，配股中包含的送股因素具有与股票股利相同的效果，导致发行在外普通股股数增加的同时，却没有相应的经济资源流入。因此，计算基本每股收益时，应当考虑配股中的送股因素，将这部分无对价的送股（注意不是全部配发的普通股）视同列报最早期间期初就已发行在外，并据以调整各列报期间发行在外普通股的加权平均数，计算各列报期间的每股收益。

为此，企业首先应当计算出一个调整系数，再用配股前发行在外普通股的股数乘以该调整系数，得出计算每股收益时应采用的普通股股数。

每股理论除权价格 =（行权前发行在外普通股的公允价值总额 + 配股收到的款项）÷ 行权后发行在外的普通股股数

调整系数 = 行权前发行在外普通股的每股公允价值 ÷ 每股理论除权价格

因配股重新计算的上年度基本每股收益 = 上年度基本每股收益 ÷ 调整系数

本年度基本每股收益 = 归属于普通股股东的当期净利润 ÷（配股前发行在外普通股股数 × 调整系数 × 配股前普通股发行在外的时间权重 + 配股后发行在外普通股加权平均数）

本案例中：

每股理论除权价格 =（11×8 000+6×2 000）÷（8 000+2 000）=10（元）

调整系数 =11÷10=1.1

因配股重新计算的 2×17 年度基本每股收益 =2.64÷1.1=2.4（元 / 股）

2×18 年度基本每股收益 =23 500÷（8 000×1.1×6÷12+10 000×6÷12）=2.5（元 / 股）

第 25 章
企业会计准则第 40 号——合营安排

25.1　关于共同控制的判断

案例与问题

【例 25–1】假定一项安排涉及三方：A 公司、B 公司、C 公司。在该安排中，这三家公司拥有的表决权分别为 50%、30% 和 20%。A 公司、B 公司、C 公司之间的相关约定规定，75% 以上的表决权即可对安排的相关活动进行决策。

【问题】A、B、C 公司是否存在共同控制的情况？

规范与要求

《企业会计准则第 40 号——合营安排》做了以下规定。

第五条　共同控制，是指按照相关约定对某项安排所共有的控制，并且该安排的相关活动必须经过分享控制权的参与方一致同意后才能决策。

本准则所称相关活动，是指对某项安排的回报产生重大影响的活动。某项安排的相关活动应当根据具体情况进行判断，通常包括商品或劳务的销售和购买、金融资产的管理、资产的购买和处置、研究与开发活动以及融资活动等。

第六条　如果所有参与方或一组参与方必须一致行动才能决定某项安排的相关活动，则称所有参与方或一组参与方集体控制该安排。

在判断是否存在共同控制时，应当首先判断所有参与方或参与方组合是否集体控制该安排，其次再判断该安排相关活动的决策是否必须经过这些集体控制该安排的参与方一致同意。

第七条　如果存在两个或两个以上的参与方组合能够集体控制某项安排的，不构成共同控制。

第八条　仅享有保护性权利的参与方不享有共同控制。

解析与说明

合营安排是指一项由两个或两个以上参与方共同控制的安排。这种安排的各参与方均受到该安排的约束，参与方必须是两个或两个以上的参与方对该安排实施共同控制。

共同控制，是指按照相关约定对某项安排所共有的控制，并且该安排的相关活动必须经过分享控制权的参与方一致同意后才能决策。相关活动，是指对某项安排的回报产生重大影响的活动。

在本案例中，A公司和B公司是能够集体控制该安排的唯一组合，当且仅当A公司、B公司一致同意时，该安排的相关活动决策才能表决通过。因此A公司、B公司对安排具有共同控制权。

25.2 合营安排的认定和分类

案例与问题

【例 25-2】假定A公司和B公司均为房地产企业开发公司。A公司和B公司共同成立了一家从事项目管理的单独主体C，并投入一笔资金作为主体C的启动资金和土地竞拍资金。主体C相关活动的决策都需要A公司和B公司一致同意方可做出。由主体C代表A公司和B公司建造商品房，并负责商品房的公开销售。假定主体C的法律形式使得主体C（而不是A公司和B公司）拥有与该安排相关的资产，并负责商品房的公开销售。假定主体C的法律形式使得主体C（而不是A公司和B公司）拥有与该安排相关的资产，并承担相关负债。主体C通过向银行借款来建造该商品房，商品房销售收入优先用于偿还银行债务，剩余利润按照出资比例向A公司和B公司进行分配。

【问题】A、B两个公司对C公司的合营安排是哪一类?

规范与要求

《企业会计准则第 40 号——合营安排》做了以下规定。

第二条　合营安排，是指一项由两个或两个以上的参与方共同控制的安排。合营安排具有下列特征：

（一）各参与方均受到该安排的约束；

（二）两个或两个以上的参与方对该安排实施共同控制。任何一个参与方都不能够单独控制该安排，对该安排具有共同控制的任何一个参与方均能够阻止其他参与方或参与方组合单独控制该安排。

第三条　合营安排不要求所有参与方都对该安排实施共同控制。合营安排参与方既包括对合营安排享有共同控制的参与方（即合营方），也包括对合营安排不享有共同控制的参与方。

第九条　合营安排分为共同经营和合营企业。

共同经营，是指合营方享有该安排相关资产且承担该安排相关负债的合营安排。

合营企业，是指合营方仅对该安排的净资产享有权利的合营安排。

第十条　合营方应当根据其在合营安排中享有的权利和承担的义务确定合营安排的分类。对权利和义务进行评价时应当考虑该安排的结构、法律形式以及合同条款等因素。

第十一条　未通过单独主体达成的合营安排，应当划分为共同经营。

单独主体，是指具有单独可辨认的财务架构的主体，包括单独的法人主体和不具备法人主体资格但法律认可的主体。

第十二条　通过单独主体达成的合营安排，通常应当划分为合营企业。但有确凿证据表明满足下列任一条件并且符合相关法律法规规定的合营安排应当划分为共同经营：

（一）合营安排的法律形式表明，合营方对该安排中的相关资产和负债分别享有权利和承担义务。

（二）合营安排的合同条款约定，合营方对该安排中的相关资产和负债分别享有权利和承担义务。

（三）其他相关事实和情况表明，合营方对该安排中的相关资产和负债分别享有权利和承担义务，如合营方享有与合营安排相关的几乎所有产出，并且该安排中负债的清偿持续依赖于合营方的支持。

不能仅凭合营方对合营安排提供债务担保即将其视为合营方承担该安排相关负债。合营方承担向合营安排支付认缴出资义务的，不视为合营方承担该安排相关负债。

第二十一条　首次采用本准则的企业应当根据本准则的规定对其合营安排进行重新评估，确定其分类。

解析与说明

合营安排是指一项由两个或两个以上参与方共同控制的安排。这种安排的各参与方均受到该安排的约束，参与方必须是两个或两个以上的参与方对该安排实施共同控制。

根据合营方在合营安排中享有的权利和承担的义务的不同，合营安排分为共同经营和合营企业。共同经营和合营企业的会计处理各不相同，因此合营安排的认定和分类非常重要。

当单独主体的法律形式并不能将合营安排的资产的权利和对负债的义务授予该安排的参与方时，还需要进一步分析各参与方之间是否通过合同安排，赋予该安排的参与方对合营安排资产的权利和对合营安排负债的义务。合同安排中常见的某些特征或者条款可能表明该安排为共同经营或者合营企业。共同经营和合营企业的一些普遍特征的比较包括但不限于表 25-1 所列。

表 25-1　共同经营和合营企业对比表

对比项目	共同经营	合营企业
合营安排的条款	参与方对合营安排的相关资产享有权利并对相关负债承担义务	参与方对与合营安排有关的净资产享有权利，即单独主体(而不是参与方)，享有与安排相关资产的权利，并承担与安排相关负债的义务
对资产的权利	参与方按照约定的比例分享合营安排的相关资产的全部利益（例如权利、权属或所有权等）	资产属于合营安排，参与方并不对资产享有权利
对负债的义务	参与方按照约定的比例分担合营安排的成本、费用、债务及义务。第三方对该安排提出的索赔要求，参与方作为义务人承担索赔责任	合营安排对自身的债务或义务承担责任。参与方仅以其各自对该安排认缴的投资额为限对该安排承担相应的义务。合营安排的债权方无权就该安排的债务对参与方进行追索
收入、费用及损益	合营安排建立了各参与方按照约定的比例（例如按照各自所耗用的产能比例）分配收入和费用的机制。某些情况下，参与方按约定的份额比例享有合营安排产生的净损益不会必然使其被分类为合营企业，仍应当分析参与方对该安排相关资产的权利以及对该安排相关负债的义务	各参与方按照约定的份额比例享有合营安排产生的净损益
担保	参与方为合营安排提供担保（或提供担保的承诺）的行为本身并不直接导致一项安排被分类为共同经营	

在此案例中，A 公司和 B 公司共同控制主体 C。主体 C 是一项合营安排，而且是一项通过单独主体达成的合营安排。该合营安排的法律形式和合同条款都不能赋予各参与方享有该主体的资产或负债的权利和义务。同时，尽管 A 公司和 B 公司是主体 C 构建时现金流入的唯一来源，但是主体 C 所建造的商品房对外销售，A 公司和 B 公司仅预期获取偿还负债后的净利润，因此，没有任何证据表明 A 公司和 B 公司对合营安排中的相关资产和负债分别享有权利和承担义务。该合营安排为合营企业。

25.3　共同经营涉及投出或出售资产交易时的会计处理

案例与问题

【例 25–3】假定甲、乙、丙三方于 2×18 年初合作经营一个项目，共同拟定一项协议安排。根据该协议安排的约定，甲方拥有该项目 50% 的表决权，乙方与丙方分别享有 30% 和 20% 的表决权。

协议条款约定，所有对该项目的回报有重大影响的决策（即“相关活动”）均需要超过 75% 的表决权的参与方一致同意，方能实施。甲方以专用设备作价投入，账面折余价值 40 万元，投资作价 50 万元，占合营项目利益份额为 50%；乙方以专利技术作价投入，账面摊余价值 10 万元，投资作价 30 万元，占合营项目利益份额 30%；丙方以现金 20 万元投入，占项目利益份额 20%。

合营协议条款约定，甲、乙、丙三方在共同经营项目中的权利和义务（包括所有资产、负债、收入、成本费用）均按照表决权比例由各方分享和承担。

假定在 2×18 年甲、乙、丙三方共同经营的后续阶段，财务状况与经营成果发生变化；2×18 年，营业收入为 300 万元，营业成本为 220 万元，营业税费为 15 万元，营业利润为 65 万元，所得税税率为 20%；2×18 年末，银行存款为 72 万元，存货为 58 万元，银行借款为 50 万元；固定资产 10 年折旧无净残值，无形资产 10 年摊销；年末未分配利润全部转入留存收益。

假设甲投入的固定资产减值 0.8 万元，乙投入的无形资产未发生减值。

【问题】在共同控制初期和后续以及资产减值时，甲、乙、丙三方各应该如何进行会计计量?

规范与要求

《企业会计准则第 40 号——合营安排》做了以下规定。

第十一条　未通过单独主体达成的合营安排，应当划分为共同经营。

单独主体，是指具有单独可辨认的财务架构的主体，包括单独的法人主体和不具备法人主体资格但法律认可的主体。

第十二条　通过单独主体达成的合营安排，通常应当划分为合营企业。但有确凿证据表明满足下列任一条件并且符合相关法律法规规定的合营安排应当划分为共同经营：

（一）合营安排的法律形式表明，合营方对该安排中的相关资产和负债分别享有权利和承担义务。

（二）合营安排的合同条款约定，合营方对该安排中的相关资产和负债分别享有权利和承担义务。

（三）其他相关事实和情况表明，合营方对该安排中的相关资产和负债分别享有权利和承担义务，如合营方享有与合营安排相关的几乎所有产出，并且该安排中负债的清偿持续依赖于合营方的支持。

不能仅凭合营方对合营安排提供债务担保即将其视为合营方承担该安排相关负债。合营方承担向合营安排支付认缴出资义务的，不视为合营方承担该安排相关负债。

第十六条　合营方向共同经营投出或出售资产等（该资产构成业务的除外），在该资产等由共同经营出售给第三方之前，应当仅确认因该交易产生的损益中归属于共同经营其他参与方的部分。投出或出售的资产发生符合《企业会计准则第 8 号——资产减值》等规定的资产减值损失的，合营方应当全额确认该损失。

解析与说明

合营方向共同经营投出或出售资产称为顺流交易。顺流交易时，在共同经营将相关资产出售给第三方或相关资产消耗之前，应当仅确认因该交易产生的损益中归属于共同经营其他参与方的部分（关联方回避原则）。投出或出售的资产发生符合《企业会计准则第 8 号——资产减值》等规定的资产减值损失的，合营方应当全额确认该损失（全额承担原则）。除资产减值损失外的其他费用，不管是顺流交易还是逆流交易，合营各方不但应确认单独所发生的费用，而且应按其份额确认共同经营发生的费用。

根据上述第十一条，本案例的合营安排未能通过单独主体达成，因此应该划分为共同经营。又因为本案例的合营安排属于合营方共同经营投出或出售资产，因此其属于共同控制的顺流交易。

以下会计分录及计算以万元为单位。

（1）共同控制期初的会计处理

①甲方的会计处理：

借：固定资产——合营项目　　　　（50×50%-（50-40）×50%）20

　　无形资产——合营项目　　　　（30×50%）15

　　银行存款——合营项目　　　　（2×150%）10

　　贷：固定资产——与用设备　　　　40

　　　　营业外收入——固定资产处置损益　　　　[（50-40）×50%]5

说明：共同经营控制指的是具体资产而不是剩余控制权，因此借记具体资产而不是长期股权投资；甲持股比例为50%，按照关联方回避原则，甲只确认乙和丙所分担的收益部分（营业外收入）。下同。

②乙方的会计处理：

借：固定资产——共同经营项目　　　　（50×30%）15

　　无形资产——合营项目　　　　[30×30%-（30-10）×30%]3

　　银行存款——合营项目　　　　（20×30%）6

　　贷：无形资产——专利技术　　　　10

　　　　营业外收入——专利使用　　　　（（30-10）×70%）14

③丙方的会计处理：

借：固定资产——合营项目　　　　（50×20%）10

　　无形资产——合营项目　　　　（30×20%）6

　　银行存款——合营项目　　　　（20×20%）4

　　贷：银行存款　　　　20

甲、乙、丙三方共同经营的后续阶段的财务状况与经营成果如表25-2所示。

表25-2　共同经营后续阶段的财务状况与经营成果

单位：万元

会计科目	2×18年初	2×18年度	本年变动额
营业收入		300.00	300.00
营业成本		220.00	220.00
营业税费		15.00	15.00
营业利润		65.00	65.00

续表

会计科目	2×18 年初	2×18 年度	本年变动额
所得税（20%）		13.00	13.00
净利润		52.00	52.00
银行存款	20.00	72.00	52.00
存货		58.00	58.00
固定资产——专用设备（10 年折旧）	50.00	45.00	-5.00
无形资产——专利技术（10 年摊销）	30.00	27.00	-3.00
资产合计：	100.00	202.00	102.00
银行借款		50.00	50.00
负债合计	—	50.00	50.00
投入资本——甲	50.00	50.00	—
投入资本——乙	30.00	30.00	—
投入资本——丙	20.00	20.00	—
留存收益		52.00	52.00
净资产合计	100.00	152.00	52.00

（2）共同控制后期的会计处理

①甲方的后续会计处理：

借：银行存款　　[（72-20）×50%] 26

　存货　　[（58-0）×50%] 29

　营业成本　　（22×150%）110

　营业税费　　（15×50%）7.5

　所得税费用　　（13×50%）6.5

　贷：银行借款　　[（50-0）×50%] 25

　　固定资产——累计折旧——共同经营项目　　[（50-45）×50%] 2.5

　　无形资产——累计摊销——共同经营项目　　[（30-27）×50%] 1.5

　　营业收入　　（300×50%）150

甲方的后续会计处理：关联交易为未实现损益调整

借：固定资产——合营项目 [（50-40）×50%/10] 0.5

　贷：营业成本 0.5

②乙方的后续会计处理：

借：银行存款 [（72-20）×30%] 15.6

　存货 [（58-0）×30%] 17.4

　营业成本 （220×30%）66

　营业税费 （15×30%）4.5

　所得税费用 （13×30%）3.9

　贷：银行借款 （50×30%）15

　　固定资产——共同经营项目 [（50-45）×30%] 1.5

　　无形资产——共同经营项目 [（30-27）×30%] 0.9

　　营业收入 （300×30%）90

乙方的后续会计处理：关联交易为未实现损益处理

借：无形资产——共同经营项目 [（30-10）×30%÷10] 0.6

　贷：营业成本 0.6

③丙方的后续会计处理：

借：银行存款 [（72-20）×20%] 10.4

　存货 [（58-0）×20%] 11.6

　营业成本 （220×20%）44

　营业税费 （15×20%）3

　所得税费用 （13×20%）2.6

　贷：银行借款 [（50-0）×20%] 10

　　固定资产——共同经营项目 [（50-45）×20%] 1

　　无形资产——共同经营项目 [（30-27）×20%] 0.6

　　营业收入 （300×20%）60

（3）共同经营资产减值时的会计处理

在顺流交易时，仅甲公司全额计提减值损失，甲公司的账务处理为：

借：资产减值损失 0.8

　贷：资产减值准备 0.8

25.4 共同经营涉及共同购买资产交易时的会计处理

案例与问题

【例 25-4】假定甲、乙、丙三方于2×18年初合作经营一个项目，共同拟定一项协议安排。根据该协议安排的约定，甲方拥有该项目50%的表决权，乙方与丙方分别享有30%和20%的表决权。

协议条款约定，所有对该项目的回报有重大影响的决策（即“相关活动”）均需要超过75%的表决权的参与方一致同意，方能实施。甲、乙、丙三方分别投入50万元、30万元和20万元银行存款。

合营协议条款约定，甲、乙、丙三方在共同经营项目中的权利和义务（包括所有资产、负债、收入、成本费用）均按照表决权比例由各方分享和承担。

假定在2×18年初，该项目购入固定资产50万元、无形资产30万元。固定资产10年折旧无净残值，无形资产10年摊销。

甲、乙、丙三方共同经营的后续阶段的财务状况与经营成果发生变化；2×18年，营业收入为300万元，营业成本为220万元，营业税费为15万元，营业利润为65万元，所得税税率为20%；2×18年末，银行存款为72万元，存货为58万元，银行借款为50万元；年末未分配利润全部转入留存收益。

假设在2×18年底，固定资产减值0.8万元，无形资产未发生减值。

【问题】在共同控制初期和后续以及资产减值时，甲、乙、丙三方各应该如何进行会计计量？

规范与要求

《企业会计准则第40号——合营安排》做了以下规定。

第十一条　未通过单独主体达成的合营安排，应当划分为共同经营。

单独主体，是指具有单独可辨认的财务架构的主体，包括单独的法人主体和不具备法人主体资格但法律认可的主体。

第十二条　通过单独主体达成的合营安排，通常应当划分为合营企业。但有确凿证据表明满足下列任一条件并且符合相关法律法规规定的合营安排应当划分为共同经营：

（一）合营安排的法律形式表明，合营方对该安排中的相关资产和负债分别享有权利和承担义务。

（二）合营安排的合同条款约定，合营方对该安排中的相关资产和负债分别享有权利和承担义务。

（三）其他相关事实和情况表明，合营方对该安排中的相关资产和负债分别享有权利和承担义务，如合营方享有与合营安排相关的几乎所有产出，并且该安排中负债的清偿持续依赖于合营方的支持。

不能仅凭合营方对合营安排提供债务担保即将其视为合营方承担该安排相关负债。合营方承担向合营安排支付认缴出资义务的，不视为合营方承担该安排相关负债。

第十七条　合营方自共同经营购买资产等（该资产构成业务的除外），在将该资产等出售给第三方之前，应当仅确认因该交易产生的损益中归属于共同经营其他参与方的部分。购入的资产发生符合《企业会计准则第 8 号——资产减值》等规定的资产减值损失的，合营方应当按其承担的份额确认该部分损失。

解析与说明

合营方自共同经营购买资产称为逆流交易。逆流交易时，在将该资产等出售给第三方之前，应当仅确认因该交易产生的损益中归属于共同经营其他参与方的部分（关联方回避原则）。交易表明购入的资产发生符合《企业会计准则第 8 号——资产减值》等规定的资产减值损失的，合营方应当按其承担的份额确认该部分损失。除资产减值损失外，其他费用，不管是顺流交易还是逆流交易，合营各方不但应确认单独所发生的费用，而且应按其份额确认共同经营发生的费用。

该项合营安排未能通过单独主体达成，因此应该划分为共同安排。又因为上述案例属于合营方共同购买资产，因此以上案例属于共同安排的逆流交易。本案例的会计分录及相关计算以万元为单位。

（1）共同安排期初的会计处理

①甲方的会计处理：

借：固定资产——合营项目　　（50×50%）25

　　无形资产——合营项目　　（30×50%）15

　　贷：银行存款　　（80×50%）40

说明：共同经营控制指的是具体资产而不是剩余控制权，因此借记具体资产而不是长期股权投资；

（2）甲持股比例为 50%，因此，根据关联方回避原则，甲只确认乙和丙所分担的收益部分（营业外收入）。下同。

②乙方的会计处理：

借：固定资产——合营项目　　（50×30%）15

　　无形资产——合营项目　　（30×30%）9

　　贷：银行存款　　（80×30%）24

③丙方的会计处理：

借：固定资产——合营项目　　（50×20%）10

　　无形资产——合营项目　　（30×20%）6

　　贷：银行存款　　（80×20%）16

（3）甲、乙、丙应按照各自持股比例计提减值损失，具体账务处理为：

①甲公司在发生资产减值时的会计处理：

借：资产减值损失　　（0.8×50%）0.4

　　贷：资产减值准备　　0.4

②乙公司在发生资产减值时的会计处理：

借：资产减值损失　　（0.8×30%）0.24

　　贷：资产减值准备　　0.24

③丙公司在发生资产减值时的会计处理：

借：资产减值损失　　（0.8×20%）0.16

　　贷：资产减值准备　　0.16

25.5　合营企业合营方的相关会计处理

案例与问题

假定甲、乙、丙三方于2×18年初合作经营一个项目，并成立独立主体A公司进行运营，且各参与方对A公司的净资产按照比例享有相应的权利和承担相应的义务，甲方拥有该项目50%的表决权，乙方与丙方分别享有30%和20%的表决权。

A公司条款约定，所有对该项目的回报有重大影响的决策（即“相关活动”）均需要超过75%的表决权的参与方一致同意，方能实施。甲方以专用设备作价投入，账面折余价值40万元，投资作价50万元，占合营项目的利益份额为50%；乙方以专利技术作价投资，账面摊余价值为10万元，投资作价30万元，占合营项目的利益份额为30%；丙方以现金20万元投入，占合营项目的利益份额为20%。

合营协议条款约定，甲、乙、丙三方在共同经营项目中的利益（包括所有资产、负债、收入、成本费用）均按照表决权比例和利益份额比例由各方分享和承担。

假定在2×18年的后续阶段A公司的财务状况与经营成果发生变化。2×18年，A公司的营业收入为300万元，营业成本为220万元，营业税费为15万元，营业利润为65万元，所得税税率为20%；2×18年末，银行存款为72万元，存货为58万元，银行借款为50万元；固定资产10年折旧无净残值，无形资产10年摊销。年末未分配利润全部转入留存收益。

【问题】合营安排合营方初期和后续该如何进行会计计量？

规范与要求

《企业会计准则第40号——合营安排》做了以下规定。

第十九条　合营方应当按照《企业会计准则第2号——长期股权投资》的规定对合营企业的投资进行会计处理。

第二十条　对合营企业不享有共同控制的参与方应当根据其对该合营企业的影响程度进行会计处理：

（一）对该合营企业具有重大影响的，应当按照《企业会计准则第2号——长期股权投资》的规定进行会计处理。

（二）对该合营企业不具有重大影响的，应当按照《企业会计准则第22号——金融工具确认和计量》的规定进行会计处理。

解析与说明

该项合营安排通过独立主体进行运营，且各参与方对项目的净资产按照比例享有相应的权利和承担相应的义务，因此应判定为“合营企业”类型。

（1）合营企业参与方的初始会计处理

①甲方的初始会计处理：

借：长期股权投资——成本　50

　　贷：固定资产　40

　　　　营业外收入　（50-40）10

说明：年末再调整，也可借长期股权投资45万元，贷营业外收入5万元，下同。

②乙方的初始会计处理：

借：长期股权投资——成本　30

　　贷：无形资产　10

　　　　营业外收入　20

③丙方的初始会计处理：

借：长期股权投资——成本　　20

　　贷：银行存款　　20

由此可见，合营企业和共同经营除会计科目不一样外，计量方法及原则和金额大小完全一样。

（2）合营企业参与方的后续会计处理：

①甲方的后续会计处理：（权益法）

借：营业外收入　　[（50-40）×50%] 5

　　贷：长期股权投资——成本　　5

借：长期股权投资——损益调整　　（52×50%）26

　　贷：投资收益　　26

借：长期股权投资——损益调整　　[（50-40）×50%/÷10] 0.5

　　贷：投资收益（折旧对应的收益变现了）　　0.5

②乙方的后续会计处理：（权益法）

借：营业外收入　　[（30-10）×30%] 6

　　贷：长期股权投资——成本　　[（30-10）×30%] 6

借：长期股权投资——损益调整　　（52×30%）15.6

　　贷：投资收益　　15.6

借：长期股权投资——损益调整　　[（30-10）×30%÷10] 0.6

　　贷：投资收益　　0.6

③丙方的后续会计处理：（权益法）

借：长期股权投资——损益调整　　（520×20%）10.4

　　贷：投资收益　　10.4

第 26 章
企业会计准则第 41 号——在其他主体中权益的披露

26.1　其他主体中的权益

案例与问题

【例 26-1】甲银行（发起人）委托某信托公司设立乙信托（结构化主体）。甲银行将其信贷资产转让给乙主体，以满足甲银行自身资产负债管理的需要。这是一种结构化设计。乙主体以信贷资产产生的现金流为基础通过承销商向投资者发行不同等级的资产支持证券筹集资金，并向甲银行支付信贷资产转让对价。信贷资产产生的现金流是资产支持证券投资者的收益来源。本案例中，资产支持证券分为优先级和次级，其中优先级还分为优先 A 档、优先 B 档和优先 C 档，不同等级的证券对应着不同等级的受益权。这也是一种结构化设计。根据约定，甲银行持有乙主体发行的次级档资产支持证券，其持有规模为资产支持证券发行总规模的 5%。甲银行同时向乙主体提供资产管理服务，乙主体因此向甲银行支付服务费。本案例中，乙主体在信托合同等相关合同或协议约定的范围内开展业务活动，由于权益结构比较分散，表决权或类似权力不作为确定乙主体的控制方的决定性因素。该信贷资产证券化的交易结构见图 26-1，资金流见图 26-2。

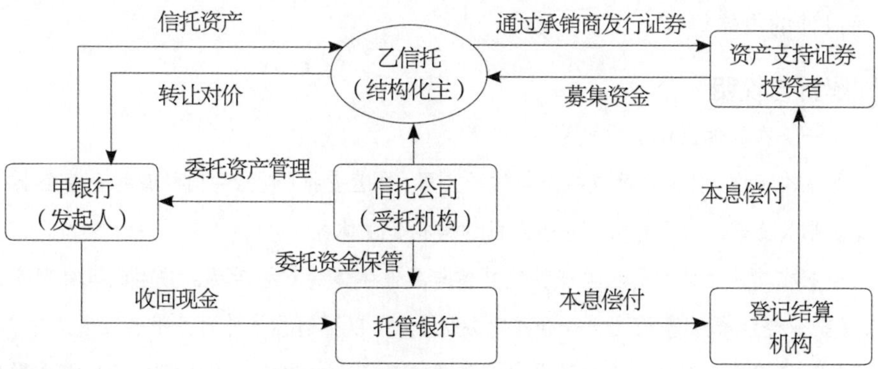

图 26-1　信贷资产证券化交易结构

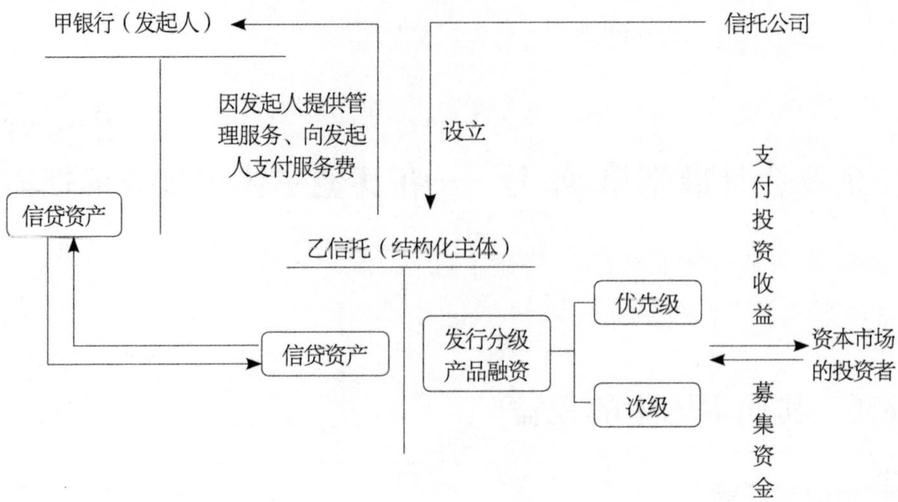

图 26-2　信贷资产证券化资金流

【问题】如何披露在其他主体中的权益。

规范与要求

《企业会计准则第 41 号——在其他主体中权益的披露》做了以下规定。

第三条　本准则所指的在其他主体中的权益，是指通过合同或其他形式能够使企业参与其他主体的相关活动并因此享有可变回报的权益。参与方式包括持有其他主体的股权、债权，或向其他主体提供资金、流动性支持、信用增级和担保等。企业通过这些参与方式实现对其他主体的控制、共同控制或重大影响。

其他主体包括企业的子公司、合营安排（包括共同经营和合营企业）、联营企业以及未纳入合并财务报表范围的结构化主体等。

结构化主体，是指在确定其控制方时没有将表决权或类似权利作为决定因素而设计的主体。

解析与说明

（一）在其他主体中的权益

在本准则中，其他主体包括企业的子公司、合营安排（包括共同经营和合营企业）、联营企业以及未纳入合并财务报表范围的结构化主体等。

企业在其他主体中的权益能够使其参与其他主体的相关活动，并因此享有可变回报。《企业会计准则第 33 号——合并财务报表》（以下简称合并财务报表准则）对“相关活动”和“可变回报”进行了界定。相关活动是指对被投资方的回报产生重大影响的活动。可变回报是指投资方自被投资方取得的回报可能会随着被投资方业务而变动。企业因其在其他主体中的权益承受了其他主体经营业绩变动的风险。企业的参与方式不仅包括持有其他主体的股权，还包括持有其他主体的债权，或向其他主体提供资金、流动性支持、信用增级和担保等。企业通过这些参与方式实现对其他主体的控制、共同控制或重大影响。

（二）结构化主体

结构化主体，是指在确定其控制方时没有将表决权或类似权利作为决定因素而设计的主体。通常情况下，结构化主体在合同约定的范围内开展业务活动，表决权或类似权利仅与行政性管理事务相关。

在判断某一主体是否为结构化主体，以及判断该主体与企业的关系时，应当综合考虑结构化主体的定义和特征。结构化主体通常具有下列特征中的多项或全部特征：

1. 业务活动范围受限

通常情况下，结构化主体在合同约定的范围内开展业务活动，业务活动范围受到了限制。例如，从事信贷资产证券化业务的结构化主体，在发行资产支持证券募集资金和购买信贷资产后，根据相关合同，其业务活动是将来源于信贷资产的现金向资产支持证券投资者分配收益。

2. 有具体明确的目的，而且目的比较单一

结构化主体通常是为了特殊目的而设立的主体。

例如，有的企业发起结构化主体是为了将企业的资产转让给结构化主体以迅速回收资金，并改变资产结构来满足资产负债管理的需要；有的企业发起结构化主体是为了满足客户特定的投资需求，吸引到更多的客户；还有的企业发起结构化主体是为了专门从事研究开发活动，或开展租赁业务等。

3. 股本（如有）不足以支撑其业务活动，必须依靠其他次级财务支持

次级财务支持是指承受结构化主体部分或全部预计损失的可变权益，其中的“次级”代表受偿顺序在后。股本本身就是一种次级财务支持，其他次级财务支持包括次级债权、对承担损失作出的承诺或担保义务等。

通常情况下，结构化主体的股本占资产规模的份额较小，甚至没有股本。当股本很少或没有股本，不足以支撑结构化主体的业务活动时，通常需要依靠其他次级财务支持来为结构化主体注入资金，支撑结构化主体的业务活动。

4. 通过向投资者发行不同等级的证券（如分级产品）等金融工具进行融资

不同等级的证券，相应的信用风险及其他风险的集中程度也不同。例如，以发行

分级产品的方式融资是对各级产品的受益权进行了分层配置。购买优先级的投资者享有优先受益权，购买次级的投资者享有次级受益权。

投资期满后，投资收益在逐级保证受益人本金、预期收益及相关费用后的余额归购买次级的投资者。如果出现投资损失，先由购买次级的投资者承担。由于不同等级的证券具有不同的信用风险、利率风险或流动性风险，因此发行分级产品可以满足不同风险偏好投资者的投资需求。

26.2 对控制、共同控制、重大影响的判断

案例与问题

【例 26-2】甲企业集团持有乙公司 40% 的股份，但甲集团认为其能够控制乙公司。甲集团 2×18 年报的合并财务报表附注中有如下披露：

本集团持有乙公司 40% 的股权，对乙公司的表决权比例亦为 40%。虽然本集团持有乙公司的表决权比例未达到半数以上，但本集团能够控制乙公司，理由如下：乙公司的其他股东的表决权比例均不超过 1%，且没有迹象表明其他股东会集体表决；近 5 年来，其他股东出席或通过代理人出席股东大会、行使表决权的比例未超过乙公司总表决权的 20%；本集团有权任免乙公司董事会中的多数成员；本集团有权主导乙公司的经营活动并享有可变回报。

甲企业集团持有丙公司 17% 的股份，但甲集团认为其能够对丙公司实施重大影响。甲集团 2×18 年报的合并财务报表附注中有如下披露：

本集团持有丙公司 17% 的股权，对丙公司的表决权比例亦为 17%。虽然该比例低于 20%，但由于本集团在丙公司董事会中派有代表并参与对丙公司的财务和经营政策的决策，所以本集团能够对丙公司施加重大影响。

【问题】甲企业如何披露其对其他主体实施控制、共同控制或重大影响的情况？

规范与要求

《企业会计准则第 41 号——在其他主体中权益的披露》做了以下规定。

第六条　企业应当披露对其他主体实施控制、共同控制或重大影响的重大判断和假设，以及这些判断和假设变更的情况，包括但不限于下列各项：

（一）企业持有其他主体半数或以下的表决权但仍控制该主体的判断和假

设，或者持有其他主体半数以上的表决权但并不控制该主体的判断和假设。

（二）企业持有其他主体 20% 以下的表决权但对该主体具有重大影响的判断和假设，或者持有其他主体 20% 或以上的表决权但对该主体不具有重大影响的判断和假设。

（三）企业通过单独主体达成合营安排的，确定该合营安排是共同经营还是合营企业的判断和假设。

（四）确定企业是代理人还是委托人的判断和假设。

解析与说明

企业应当披露对其他主体实施控制、共同控制或重大影响的重大判断和假设，以及这些判断和假设变更的情况。

企业在其他主体中持有权益的，应当判断企业能否通过持有该权益对其他主体实施控制、共同控制或重大影响，并在财务报表附注中披露对控制、共同控制和重大影响的总体判断依据，针对某些具体情况做出的重大判断和假设，以及权益性质改变导致企业得出与原先不同的结论时所做的重大判断和假设。具体情况包括但不限于下列各项：

（1）企业持有其他主体半数或以下的表决权但仍控制该主体的判断和假设，或者持有其他主体半数以上的表决权但并不控制该主体的判断和假设。

（2）企业持有其他主体 20% 以下的表决权但对该主体具有重大影响的判断和假设，或者持有其他主体 20% 或以上的表决权但对该主体不具有重大影响的判断和假设。

（3）企业通过单独主体达成合营安排的，确定该合营安排是共同经营还是合营企业的判断和假设。

（4）确定企业是代理人还是委托人的判断和假设。企业应当根据合并财务报表准则的规定，判断企业是代理人还是委托人。

26.3　披露使用企业集团资产和清偿企业集团债务的情况

案例与问题

【例 26–3】甲企业集团主要从事金融业务，总部设在中国，并在多个国家设立了子公司。甲集团在其 2×18 年报的合并财务报表附注中就集团成员企业使用企业集团资产和清偿企业集团债务受到的重大限制进行了如下披露。

本集团在欧洲的子公司乙公司因当地法律中有关银行资本充足率的规定使乙公司向母公司转移现金或其他资产的能力受到重大限制，该项限制涉及的资产在合并财务报表中的金额为73亿元（2×14年的金额为71亿元）。

本集团在欧洲的子公司丙公司需要遵循当地政府有关金融企业保持流动性的要求。根据该要求，丙公司不能使用已确认但未实现的收益进行利润分配。该限制涉及的金额为350万元（2×17年的金额为400万元）。

本集团有多家投资基金，这些投资基金是纳入合并财务报表范围的结构化主体。投资基金持有的资产具有专门用途，按照相关合同约定，对这部分资产不得擅自改变用途并转移至本集团的其他成员企业。该限制涉及的资产在合并财务报表中的金额为4.8亿元（2×17年的金额为4.5亿元）。

本集团在非洲的子公司丁公司需要遵循当地外汇管理政策。根据该政策，丁公司必须经过当地外汇管理局的批准才能向母公司及其他投资者支付现金股利。2×18年12月31日，丁公司的现金及现金等价物的金额为500万元。

【问题】甲企业集团应如何对其集团成员企业使用企业集团资产和清偿企业集团债务受到重大限制的情况进行披露？

规范与要求

《企业会计准则第41号——在其他主体中权益的披露》做了以下规定。

第九条　使用企业集团资产和清偿企业集团债务存在重大限制的，企业应当在合并财务报表附注中披露下列信息：

（一）该限制的内容，包括对母公司或其子公司与企业集团内其他主体相互转移现金或其他资产的限制，以及对企业集团内主体之间发放股利或进行利润分配、发放或收回贷款或垫款等的限制。

（二）子公司少数股东享有保护性权利、并且该保护性权利对企业使用企业集团资产或清偿企业集团负债的能力存在重大限制的，该限制的性质和程度。

（三）该限制涉及的资产和负债在合并财务报表中的金额。

解析与说明

企业集团成员企业使用企业集团资产和清偿企业集团债务可能因法律、行政法规的规定以及合同协议的约定而受到重大限制。企业需根据重要性原则判断限制是否重大，并在合并财务报表附注中披露对使用企业集团资产和清偿企业集团债务存在的重大限制。

此外，子公司的少数股东可能享有保护性权利。保护性权利是指仅为了保护权利持有人利益却没有赋予持有人对相关活动决策权的一项权利。例如，根据协议，母公司动用子公司资产、清偿子公司债务必须经过子公司少数股东的批准。保护性权利对企业使用企业集团资产或清偿企业集团负债的能力存在重大限制的，企业应当披露该限制的性质和程度。

上述重大限制对企业集团的资产和负债产生一定影响，企业应当在合并财务报表附注中披露该限制涉及的资产和负债在合并财务报表中的金额。

26.4　有合同约定情况时，披露纳入合并财务报表范围的结构化主体的相关信息

案例与问题

【例 26-4】甲公司是乙结构化主体的发起人，能够控制乙主体并将其纳入合并财务报表范围。甲公司在其 2×18 年报的合并财务报表附注中对有关事项披露如下。甲公司与乙主体以合同方式约定，如果乙主体资产的信用评级降至 AAA 级以下，甲公司将同乙主体进行资产交换，甲公司用信用评级为 AAA 级资产换取乙主体相同公允价值但信用许级低于 AAA 级的资产，用于交换的资产的公允价值上限为 1 000 万元。

【问题】甲公司如何披露纳入合并财务报表范围的结构化主体的信息？

规范与要求

《企业会计准则第 41 号——在其他主体中权益的披露》做了以下规定。

第十条　企业存在纳入合并财务报表范围的结构化主体的，应当在合并财务报表附注中披露下列信息：

（一）合同约定企业或其子公司向该结构化主体提供财务支持的，应当披露提供财务支持的合同条款，包括可能导致企业承担损失的事项或情况。

（二）在没有合同约定的情况下，企业或其子公司当期向该结构化主体提供了财务支持或其他支持，应当披露所提供支持的类型、金额及原因，包括帮助该结构化主体获得财务支持的情况。其中，企业或其子公司当期对以前未纳入合并财务报表范围的结构化主体提供了财务支持或其他支持并且该支持导致企业控制了该结构化主体的，还应当披露决定提供支持的相关因素。

（三）企业存在向该结构化主体提供财务支持或其他支持的意图的，应当

披露该意图，包括帮助该结构化主体获得财务支持的意图。

解析与说明

企业存在纳入合并财务报表范围的结构化主体的，应当在合并财务报表附注中披露与该结构化主体相关的风险信息。与结构化主体相关的风险主要是指企业或其子公司需要依合同约定或因其他原因向结构化主体提供财务支持或其他支持，包括帮助结构化主体取得财务支持。

本准则所指的支持不属于企业日常的经营活动，通常是指由特定事项触发的交易。例如，当纳入合并财务报表范围的结构化主体流动性紧张或资产信用评级被降低时，企业作为母公司可能需要向结构化主体提供流动性支持，或与结构化主体进行资产置换来提高结构化主体的资产信用评级，使结构化主体恢复到正常的经营状态。本准则所指的"财务支持"（即直接或间接地向结构化主体提供经济资源）通常包括：向结构化主体无偿提供资金；增加对结构化主体的权益投资；向结构化主体提供长期贷款；豁免结构化主体所欠的债务；从结构化主体购入资产，或购买结构化主体发行的证券；按照偏离市场公允价值的价格与结构化主体进行交易，造成企业资源的净流出；企业就结构化主体的经营业绩向第三方提供保证或承诺；其他情形。本准则所指的"其他支持"通常是非财务方面的支持，例如提供人力资源管理或其他管理服务等。

本准则规定，对纳入合并财务报表范围的结构化主体，合同约定企业或其子公司向该结构化主体提供财务支持的，应当披露提供财务支持的合同条款，包括可能导致企业承担损失的事项或情况。

26.5　没有合同约定情况时，披露纳入合并财务报表范围的结构化主体的相关信息

案例与问题

【例 26-5】甲公司是乙结构化主体的发起人，能够控制乙主体并将其纳入合并财务报表范围。甲公司在其 2×18 年报的合并财务报表附注中对有关事项披露如下：2×18 年 7 月，乙主体所持有的资产信用评级下降，由原先的 AAA 级下降至 AA 级，很有可能被迫回购其发行的中长期债券。为此，本公司在没有合同约定的情况下，仍将信用评级为 AAA 的资产按照该资产的公允价值 2 000 万元换取乙主体相同公允价值但信用评级为 AA 级的资产，使乙主体资产的信用评级维持在 AAA 级。

【问题】甲公司应如何披露乙结构化主体的情况？

规范与要求

《企业会计准则第 41 号——在其他主体中权益的披露》做了以下规定。

第十条　企业存在纳入合并财务报表范围的结构化主体的，应当在合并财务报表附注中披露下列信息：

（一）合同约定企业或其子公司向该结构化主体提供财务支持的，应当披露提供财务支持的合同条款，包括可能导致企业承担损失的事项或情况。

（二）在没有合同约定的情况下，企业或其子公司当期向该结构化主体提供了财务支持或其他支持，应当披露所提供支持的类型、金额及原因，包括帮助该结构化主体获得财务支持的情况。其中，企业或其子公司当期对以前未纳入合并财务报表范围的结构化主体提供了财务支持或其他支持并且该支持导致企业控制了该结构化主体的，还应当披露决定提供支持的相关因素。

（三）企业存在向该结构化主体提供财务支持或其他支持的意图的，应当披露该意图，包括帮助该结构化主体获得财务支持的意图。

解析与说明

对纳入合并财务报表范围的结构化主体，在没有合同约定的情况下，若企业或其子公司当期向该结构化主体提供了财务支持或其他支持，则企业应当披露所提供支持的类型、金额及原因，包括帮助该结构化主体获得财务支持的情况。其中，企业或其子公司当期对以前未纳入合并财务报表范围的结构化主体提供了财务支持或其他支持并且该支持导致企业控制了该结构化主体的，企业还应当披露其决定提供支持的相关因素。

26.6　在不丧失控制权的前提下处置所拥有子公司的所有者权益份额

案例与问题

【例 26-6】甲公司持有乙公司 80% 的股权，能够对乙公司实施控制。2×18 年 1 月，甲公司将其持有的乙公司的部分股份对外出售（占乙公司股份的 20%）。该项交易未导致甲公司丧失对乙公司的控制权。

甲公司在 2×18 年报的合并财务报表附注中对该项交易的披露如下：甲公司于

2×18年1月处置部分对乙公司的投资（占乙公司股份的20%），但未丧失对乙公司的控制权。处置股权取得的对价为2 600万元。该项交易导致少数股东权益增加2 400万元，资本公积增加200万元。

【问题】甲公司应如何披露该项变动？

规范与要求

《企业会计准则第41号——在其他主体中权益的披露》做了以下规定。

第十一条　企业在其子公司所有者权益份额发生变化且该变化未导致企业丧失对子公司控制权的，应当在合并财务报表附注中披露该变化对本企业所有者权益的影响。

企业丧失对子公司控制权的，应当在合并财务报表附注中披露按照《企业会计准则第33号——合并财务报表》计算的下列信息。

（一）由于丧失控制权而产生的利得或损失以及相应的列报项目。

（二）剩余股权在丧失控制权日按照公允价值重新计量而产生的利得或损失。

解析与说明

企业在其子公司所有者权益份额发生变化且该变化未导致企业丧失对子公司控制权的，应当在合并财务报表附注中披露该变化对本企业所有者权益的影响。在不丧失控制权的情况下，子公司仍纳入合并财务报表范围，但这一交易会影响合并财务报表中少数股东权益等金额，对本企业所有者权益产生影响，因此企业应在合并财务报表附注中披露该变化对本企业所有者权益的影响。

26.7　所拥有的子公司的所有者权益份额发生变化且该变化导致控制权丧失

案例与问题

【例26-7】甲公司持有乙公司60%的股权，能够对乙公司实施控制。2×18年6月，甲公司将其持有的乙公司的部分股份对外出售（占乙公司股份的40%）。该项交易导致甲公司丧失了对乙公司的控制权，但仍对乙公司具有重大影响。

甲公司在2×18年报的合并财务报表附注中对该项交易的披露如下：甲公司2×18年6月处置部分对乙公司的投资（占乙公司股份的40%），丧失了对乙公司的控制权。处置股权取得的对价为 6 000 万元。该项交易的收益为 720 万元，列示在合并财务报表的“投资收益”项目中。处置当日剩余股权的公允价值为 3 000 万元，剩余股权按照公允价值计量而产生的利得为 200 万元。

【问题】甲公司应如何对该项交易进行披露?

规范与要求

《企业会计准则第 41 号——在其他主体中权益的披露》做了以下规定。

第十一条　企业在其子公司所有者权益份额发生变化且该变化未导致企业丧失对子公司控制权的，应当在合并财务报表附注中披露该变化对本企业所有者权益的影响。

企业丧失对子公司控制权的，应当在合并财务报表附注中披露按照《企业会计准则第 33 号——合并财务报表》计算的下列信息。

（一）由于丧失控制权而产生的利得或损失以及相应的列报项目。

（二）剩余股权在丧失控制权日按照公允价值重新计量而产生的利得或损失。

解析与说明

本案例中，甲公司丧失了对乙公司的控制权，但考虑到甲公司可能还有其他子公司并需要编制合并财务报表，应当在合并财务报表附注中披露按照合并财务报表准则计算的下列信息:

（1）由于丧失对乙公司的控制权而产生的利得或损失以及相应的列报项目。

（2）由于甲公司对乙公司仍具有重大影响，剩余股权在丧失控制权日按照公允价值重新计算而产生的利得或损失。

26.8　与企业在合营企业和联营企业中权益相关的超额亏损信息

案例与问题

【例 26-8】甲公司持有乙公司 40% 的股权，能够对乙公司实施重大影响。2×14 年度，乙公司发生巨额亏损。甲公司在其 2×18 年报的财务报表附注中对该事项披露如下: 2×18 年度乙公司亏损 10 000 万元，本公司按照持股比例应分担损失 4 000 万元，但本公司对乙公司权益投资的账面价值仅为 3 500 万元。本公司不存在长期应收款等其他实质上构成对乙公司净投资的权益项目。本公司确认了3 500万元的投资损失，当期未确认的对乙公司投资的损失份额为500万元，本期末累积未确认的对乙公司投资的损失份额为500万元。

【问题】甲公司应如何披露企业应分担的超额亏损信息？

规范与要求

《企业会计准则第41号——在其他主体中权益的披露》做了以下规定。

第十八条　企业对合营企业或联营企业投资采用权益法进行会计处理，被投资方发生超额亏损且投资方不再确认其应分担合营企业或联营企业损失份额的，应当披露未确认的合营企业或联营企业损失份额，包括当期份额和累积份额。

解析与说明

根据企业会计准则第41号规定，甲公司理应分担4 000万元，但由于权益投资账面价值仅有3 500万元，不足以抵扣4 000万元。因此，甲公司应于报表披露中列明损失份额4 000万元，其中当期份额3 500万元，累计未确认份额500万元。在合营企业或联营企业发生超额亏损的情况下，企业可以采用表格的格式披露企业应分担的超额亏损，也可以用文字形式披露相关信息。

26.9　与对合营企业投资相关的未确认承诺

案例与问题

【例26-9】2×18年7月1日，甲公司、乙公司和丙公司共同出资设立丁企业，出资比例分别为50%、40%及10%，各参与方的表决权比例与其出资比例相同。假设根据协议，甲公司和乙公司对丁企业具有共同控制，且该合营安排为合营企业。协议约定，乙公司承诺丙公司在丁企业成立届满3年后，丙公司可以选择将其在丁企业中的财产份额全部转让给乙公司，由乙公司一次性全额向丙公司支付丙公司初始投资成本的120%。丙公司的初始投资成本为150万元，乙公司承担的未确认承诺为180万元。

乙公司在其2×18年报的财务报表附注中对该项未确认承诺披露如下：本公司对丁企业（2×18年7月成立）享有共同控制，表决权比例为40%。根据协议，如果丁企业的参与方丙公司选择在丁企业成立届满3年后将其在丁企业中的财产份额转让给本公司，本公司需要一次性全额向丙公司支付180万元。

【问题】乙公司对与丁公司投资相关的未确认承诺应如何披露？

规范与要求

《企业会计准则第 41 号——在其他主体中权益的披露》做了以下规定。

第十九条　企业应当单独披露与其对合营企业投资相关的未确认承诺，以及与其对合营企业或联营企业投资相关的或有负债。

解析与说明

企业应当单独披露与其对合营企业投资相关的未确认承诺。未确认承诺是指企业已做出但未确认的各项承诺，既包括企业单独做出的未确认承诺，又包括企业与其他参与方共同做出的未确认承诺中企业所承担的份额。

未确认承诺的具体内容包括但不限于：

（1）企业因下列事项而做出的提供资金或资源的未确认承诺。例如，企业对合营企业的出资承诺，对于合营企业承担的资本性支出企业将提供支持的承诺，企业承诺从合营企业购买或代表合营企业购买设备、存货或服务等无条件购买义务，企业向合营企业承诺提供贷款或其他财务支持，以及企业做出的与对合营企业投资相关的其他不可撤销的承诺。

（2）企业购买合营企业其他参与方在合营企业的全部或部分权益的未确认承诺。企业是否需要履行这一承诺通常取决于特定事件是否在未来期间发生。

26.10　或有负债的披露

案例与问题

【例 26-10】甲公司在其 2×18 年报的财务报表附注中对与联营企业相关的或有负债单独披露如下：2×18 年 12 月 31 日，本公司为联营企业提供财务担保的金额为 4 625 万元（2×17 年的金额为 4 519 万元），半数以上的财务担保将在一年内到期。上述金额代表联营企业违约将给本公司造成的最大损失。由于不符合预计负债确认条件，上述财务担保属于未确认或有负债。

【问题】甲公司应如何对或有负债进行披露？

规范与要求

《企业会计准则第 41 号——在其他主体中权益的披露》做了以下规定。

第十九条　企业应当单独披露与其对合营企业投资相关的未确认承诺，以及与其对合营企业或联营企业投资相关的或有负债。

解析与说明

企业应当单独披露与其对合营企业或联营企业投资相关的或有负债，但不包括极小可能导致经济利益流出企业的或有负债。企业应当按照《企业会计准则第 13 号——或有事项》来判断某一事项是否属于或有负债。本案例中，甲公司为联营企业提供财务担保 4 625 元，符合企业与合营企业的其他参与方、联营企业的其他投资方共同承担某项或有负债，因此甲公司应当在财务报表附注中披露在该项或有负债中企业所承担的份额。在或有负债较多的情况下，企业可以按照或有负债的类别进行汇总披露。

26.11 未纳入合并财务报表范围的结构化主体的基础信息

案例与问题

【例 26-11】甲企业集团在其 2×18 年报中就未纳入合并财务报表范围的结构化主体的基础信息披露如下：2×18 年 12 月 31 日，与本集团相关联但未纳入本集团合并财务报表范围的结构化主体主要从事信贷资产证券化业务，其从本集团成员企业购买信贷资产，以信贷资产产生的现金流为基础发行资产支持证券融资。这类结构化主体 2×18 年 12 月 31 日的资产总额为 5 亿元（2×17 年的金额为 4.8 亿元）。

【问题】甲企业集团如何就未纳入合并财务报表范围的结构化主体进行披露？

规范与要求

《企业会计准则第 41 号——在其他主体中权益的披露》做了以下规定。

第二十一条　对于未纳入合并财务报表范围的结构化主体，企业应当披露下列信息：

（一）未纳入合并财务报表范围的结构化主体的性质、目的、规模、活动及融资方式。

（二）在财务报表中确认的与企业在未纳入合并财务报表范围的结构化主体中权益相关的资产和负债的账面价值及其在资产负债表中的列报项目。

（三）在未纳入合并财务报表范围的结构化主体中权益的最大损失敞口及其确定方法。企业不能量化最大损失敞口的，应当披露这一事实及其原因。

（四）在财务报表中确认的与企业在未纳入合并财务报表范围的结构化主体

体中权益相关的资产和负债的账面价值与其最大损失敞口的比较。企业发起设立未纳入合并财务报表范围的结构化主体，但资产负债表日在该结构化主体中没有权益的，企业不需要披露上述（二）至（四）项要求的信息，但应当披露企业作为该结构化主体发起人的认定依据，并分类披露企业当期从该结构化主体获得的收益、收益类型，以及转移至该结构化主体的所有资产在转移时的账面价值。

解析与说明

对于未纳入合并财务报表范围的结构化主体，企业应当披露该结构化主体的性质、目的、规模、活动及融资方式，包括与之相关的定性信息和定量信息。其中，结构化主体的规模通常以资产总额或者所发行证券的规模来表示，融资方式包括股权融资、债权融资以及其他融资方式。本准则不要求逐个披露结构化主体的信息，企业应当按照重要性原则来确定信息披露的详细程度，只要不影响财务报表使用者评价企业与结构化主体之间的关系及企业因涉入结构化主体业务活动而面临的风险，企业可以根据需要汇总披露相关信息。

本案例中，甲企业应就与本集团相关但未纳入本集团的合并财务报表范围的结构化主体的性质、活动（指从事信贷资产证券化业务）、目的（从本集团成员企业购买信贷资产）等信息进行汇总披露。

第 27 章 企业会计准则第 42 号——持有待售的非流动资产、处置组和终止经营

27.1 持有待售的非流动资产、处置组的初始计量

案例与问题

【例 27-1】2×18 年 10 月 2 日，A 公司通过与 B 公司签订的不可撤销合同将一项无形资产（非土地使用权）出售，取得不含税价款 300 万元，应缴纳的增值税为 18 万元（适用增值税税率为 6%，不考虑其他税费），相关手续预计将于 2×19 年 1 月办理完毕。该无形资产系 2×16 年 7 月 2 日购入，实际支付全部价款为 720 万元，预计法律剩余有效年限为 8 年，A 公司估计受益期限为 5 年，采用直线法摊销。2×19 年 1 月 2 日，A 公司将与出售无形资产相关的手续办理完毕。

【问题】A 公司应如何进行会计处理？

规范与要求

《企业会计准则第 42 号——持有待售的非流动资产、处置组和终止经营》做了以下规定。

第十二条　企业将非流动资产或处置组首次划分为持有待售类别前，应当按照相关会计准则规定计量非流动资产或处置组中各项资产和负债的账面价值。

第十三条　企业初始计量或在资产负债表日重新计量持有待售的非流动资产或处置组时，其账面价值高于公允价值减去出售费用后的净额的，应当将账面价值减记至公允价值减去出售费用后的净额，减记的金额确认为资产减值损失，计入当期损益，同时计提持有待售资产减值准备。

第十四条　对于取得日划分为持有待售类别的非流动资产或处置组，企业

应当在初始计量时比较假定其不划分为持有待售类别情况下的初始计量金额和公允价值减去出售费用后的净额，以两者孰低计量。除企业合并中取得的非流动资产或处置组外，由非流动资产或处置组以公允价值减去出售费用后的净额作为初始计量金额而产生的差额，应当计入当期损益。

第二十三条　企业应当在资产负债表中区别于其他资产单独列示持有待售的非流动资产或持有待售的处置组中的资产，区别于其他负债单独列示持有待售的处置组中的负债。持有待售的非流动资产或持有待售的处置组中的资产与持有待售的处置组中的负债不应当相互抵销，应当分别作为流动资产和流动负债列示。

解析与说明

A公司的相关会计处理如下。

（1）2×18年10月末：

至2×18年10月2日，无形资产的累计摊销额=720÷（5×12）×27=324（万元）

至2×18年10月2日，该无形资产的账面价值=720−324=396（万元）

原账面价值高于调整后预计残值的差额，应作为资产减值损失计入当期损益。

调整后预计净残值=公允价值−处置费用=300−0=300（万元）；

原账面价值高于调整后预计残值的差额=396−300=96（万元）

借：资产减值损失　　96

　　贷：无形资产减值准备　　96

（2）2×18年12月31日，资产负债表中“划分为持有待售的资产”项目列示的金额为300万元。

（3）2×19年1月2日。

借：银行存款　　318

　　累计摊销　　324

　　无形资产减值准备　　96

　　贷：无形资产　　720

　　　　应交税费——应交增值税（销项税额）　　18

27.2 持有待售的非流动资产、处置组的计算

案例与问题

【例 27-2】甲公司为增值税一般纳税人，适用的增值税税率为 13%。2×16 年 1 月 1 日，甲公司通过与乙公司签订的一项购货合同，甲公司从乙公司购入一台需要安装的大型机器设备。合同约定，甲公司采用分期付款方式支付价款。该设备价款共计 6 000 万元（不含增值税），分 6 期平均支付，首期款项 1 000 万元于 2×16 年 1 月 1 日支付，其余款项在 5 年期间平均支付，每年的付款日期为当年 12 月 31 日。支付款项后，甲公司收到增值税专用发票。2×16 年 1 月 1 日，设备如期运抵并开始安装，发生运杂费和相关税费 260 万元。甲公司已用银行存款付讫。2×16 年 12 月 31 日，为使设备达到预定可使用状态，甲公司发生安装费 360 万元，已用银行存款付讫。甲公司按照合同约定用银行存款如期支付了款项。假定折现率为 10%。[(*P*/*A*,10%,5)=3.7908]。

假定 2×18 年 12 月 31 日甲公司与丙公司签订资产组（包括上述固定资产和长期应付款）转让协议，约定将 2×16 年 1 月 1 日从乙公司取得的固定资产转让给丙公司，转让价款为 5 000 万元。同时，甲公司、乙公司与丙公司签订协议，约定甲公司因取得该固定资产尚未支付乙公司的款项 2 000 万元由丙公司负责偿还。预计 2×19 年 3 月末，甲公司与丙公司办理完成固定资产的权利变更手续。2×19 年 3 月末，甲公司开出增值税发票，价款为 5 000 万元，增值税为 650 万元，同日，收到丙公司支付的款项 3 850 万元。转让前，固定资产采用直线法计提折旧，预计使用年限 10 年。

【问题】甲公司应如何进行会计处理？

规范与要求

《企业会计准则第 42 号——持有待售的非流动资产、处置组和终止经营》做了以下规定。

第十五条　资产负债表日，存货应当按照成本与可变现净值孰低计量。

存货成本高于其可变现净值的，应当计提存货跌价准备，计入当期损益。

可变现净值，是指在日常活动中，存货的估计售价减去至完工时估计将要发生的成本、估计的销售费用以及相关税费后的金额。

第十六条　企业确定存货的可变现净值，应当以取得的确凿证据为基础，并且考虑持有存货的目的、资产负债表日后事项的影响等因素。

为生产而持有的材料等，用其生产的产成品的可变现净值高于成本的，该

材料仍然应当按照成本计量；材料价格的下降表明产成品的可变现净值低于成本的，该材料应当按照可变现净值计量。

第十七条　为执行销售合同或者劳务合同而持有的存货，其可变现净值应当以合同价格为基础计算。

企业持有存货的数量多于销售合同订购数量的，超出部分的存货的可变现净值应当以一般销售价格为基础计算。

第二十三条　企业应当在资产负债表中区别于其他资产单独列示持有待售的非流动资产或持有待售的处置组中的资产，区别于其他负债单独列示持有待售的处置组中的负债。持有待售的非流动资产或持有待售的处置组中的资产与持有待售的处置组中的负债不应当相互抵销，应当分别作为流动资产和流动负债列示。

解析与说明

甲公司的会计处理如下（以下会计分录以万元为单位）。

（1）购买价款的现值为：

1 000+1 000×(*P/A*,10%,5)=1 000+1 000×3.7908=4 790.8（万元）

（2）2×16 年 1 月 1 日：

借：在建工程　　4 790.8

　　未确认融资费用　　1 209.2

　　贷：长期应付款　　（1 000×6）6 000

借：长期应付款　　1 000

　　应交税费——应交增值税（进项税额）　　130

　　贷：银行存款　　1 130

借：在建工程　　260

　　贷：银行存款　　260

（3）2×16 年 1 月 1 日至 2×16 年 12 月 31 日为设备的安装期间，未确认融资费用的分摊额符合资本化条件，计入固定资产成本。

2×16 年 12 月 31 日：

本期摊销金额 =（长期应付款期初余额—未确认融资费用期初余额）× 折现率

借：在建工程　　[（5 000−1 209.2）×10%]379.08

　　贷：未确认融资费用　　379.08

借：长期应付款　　1 000

应交税费——应交增值税（进项税额）　130

贷：银行存款　1 130

借：在建工程　360

贷：银行存款　360

借：固定资产　（4 790.8+260+379.08+360）5 789.88

贷：在建工程　5 789.88

（4）2×16 年 12 月 31 日，设备已经达到预定可使用状态。2×17 年至 2×20 年未确认融资费用的分摊额不再符合资本化条件，应计入当期损益。

2×17 年 12 月 31 日：

未确认融资费用的分摊额 =[4 000-（1 209.2-379.08）]×10%=3 169.88×10% =316.99（万元）

借：财务费用　316.99

贷：未确认融资费用　316.99

借：长期应付款　1 000

应交税费——应交增值税（进项税额）　130

贷：银行存款　1 130

（5）2×18 年 12 月 31 日，未确认融资费用的分摊额：

未确认融资费用的分摊额 =[3 000-（1 209.2-379.08-316.99）]×10%=2 486.87×10%=248.69（万元）

甲公司 2×18 年 12 月 31 日的处理如下：

（1）计量：

该资产组符合持有待售的非流动资产，按照资产组的账面价值（5 789.88-578.99×2=4 631.9 万元）与公允价值减去处置费用后的净额 [5 000-264.44=4 735.56（万元），264.44 即 1 209.2-379.02-316.99-248.69] 孰低进行计量，不调整资产组的账面价值。

（2）列报：

持有待售的非流动资产既包括单项资产也包括处置组。因此，无论是被划分为持有待售的单项非流动资产还是处置组中的资产，都应当在资产负债表的流动资产部分单独列报，即“持有待售的资产”项目列报 4 631.9 万元；类似地，被划分为持有待售的处置组中的与转让资产相关的负债应当在资产负债表的流动负债部分单独列报，即“持有待售的负债”项目列报 1 735.56 万元。

第四篇　金融行业篇

第 28 章
企业会计准则第 22 号——金融工具确认和计量

28.1　如何判断一项金融工具是金融资产还是金融负债

案例与问题

【例 28-1】2×18 年 1 月 31 日，丙上市公司的股票价格为 113 元。甲企业与乙企业签订 6 个月后结算的期权合同。该合同规定：甲企业以每股 4 元的期权费买入 6 个月后执行价格为 115 元的丙公司股票的看涨期权。2×18 年 7 月 31 日，如果丙公司股票的价格高于 115 元，则行权对甲企业有利，甲企业将选择执行该期权。

【问题】甲公司买入的看涨期权是属于金融资产还是金融负债？

规范与要求

《企业会计准则第 22 号——金融工具确认和计量》做了以下规定。

第三条　金融资产，是指企业持有的现金、其他方的权益工具以及符合下列条件之一的资产：

（一）从其他方收取现金或其他金融资产的合同权利。

（二）在潜在有利条件下，与其他方交换金融资产或金融负债的合同权利。

（三）将来须用或可用企业自身权益工具进行结算的非衍生工具合同，且企业根据该合同将收到可变数量的自身权益工具。

（四）将来须用或可用企业自身权益工具进行结算的衍生工具合同，但以固定数量的自身权益工具交换固定金额的现金或其他金融资产的衍生工具合同除外。其中，企业自身权益工具不包括应当按照《企业会计准则第 37 号——金融工具列报》分类为权益工具的可回售工具或发行方仅在清算时才有义务向另一方按比例交付其净资产的金融工具，也不包括本身就要求在未来收取或交付企业自身权益工具的合同。

解析与说明

行权日，如果丙公司股票的价格高于115元，则行权对甲企业有利，甲企业将选择执行该期权。此时，甲企业享有在潜在有利条件下与乙企业交换金融资产的合同权利，符合上述规定中的第（二）种情况，因此甲公司应将买入的看涨期权确认为一项金融资产。

28.2 以摊余成本计量的金融资产重分类为以公允价值计量且其变动计入当期损益的金融资产

案例与问题

【例 28-2】2×17 年 10 月 15 日，甲银行以公允价值 500 000 元购入一项债券投资，并按规定将其分类为以摊余成本计量的金融资产。该债券的账面余额为 500 000 元。2×18 年 10 月 15 日，甲银行变更了其管理债券投资组合的业务模式，其变更符合重分类的要求。甲银行于 2×19 年 1 月 1 日将该债券从以摊余成本计量重分类为以公允价值计量且其变动计入当期损益。2×19 年 1 月 1 日，该债券的公允价值为 490 000 元，已确认的减值准备为 6 000 元。假设不考虑该债券的利息收入。

【问题】甲银行应怎样进行会计处理？

规范与要求

《企业会计准则第 22 号——金融工具确认和计量》做了以下规定。

第二十九条　企业对金融资产进行重分类，应当自重分类日起采用未来适用法进行相关会计处理，不得对以前已经确认的利得、损失（包括减值损失或利得）或利息进行追溯调整。

重分类日，是指导致企业对金融资产进行重分类的业务模式发生变更后的首个报告期间的第一天。

第三十条　企业将一项以摊余成本计量的金融资产重分类为以公允价值计量且其变动计入当期损益的金融资产的，应当按照该资产在重分类日的公允价值进行计量。原账面价值与公允价值之间的差额计入当期损益。

企业将一项以摊余成本计量的金融资产重分类为以公允价值计量且其变动计入其他综合收益的金融资产的，应当按照该金融资产在重分类日的公允价值进行计量。原账面价值与公允价值之间的差额计入其他综合收益。该金融资产重分类不影响其实际利率和预期信用损失的计量。

解析与说明

本案例中，2×18 年 10 月 15 日，甲银行变更了其管理债券投资组合的业务模式，其变更符合重分类的要求。因此，在发生变更后的首个报告期间的第一天即 2×19 年 1 月 1 日，甲公司应当将该债券从以摊余成本计量重分类为以公允价值计量且其变动计入当期损益的金融资产，冲减原账面价值及已经计提的减值准备，按照该资产在重分类日的公允价值进行计量，将原账面价值与公允价值之间的差额计入当期损益。

甲银行的会计处理如下：

借：交易性金融资产	490 000	
债权投资减值准备	6 000	
公允价值变动损益	4 000	
贷：债权投资		500 000

28.3　以公允价值计量且其变动计入其他综合收益重分类为以摊余成本计量的金融资产

案例与问题

【例 28–3】2×17 年 9 月 15 日，甲银行以 500 000 元购入一项债券投资，并按规定将其分类为以公允价值计量且其变动计入其他综合收益的金融资产。该债券的账面余额为 500 000 元。2×18 年 10 月 15 日，甲银行变更了其管理债券投资组合的业务模式，其变更符合重分类的要求。甲银行于 2×19 年 1 月 1 日将该债券从以公允价值计量且其变动计入其他综合收益的金融资产重分类为以摊余成本计量的金融资产。2×19 年 1 月 1 日，该债券的公允价值为 490 000 元，已确认的减值准备为 6 000 元。假设不考虑利息收入。

【问题】甲银行应怎样进行会计处理？

规范与要求

《企业会计准则第 22 号——金融工具确认和计量》做了以下规定。

第二十九条　企业对金融资产进行重分类，应当自重分类日起采用未来适用法进行相关会计处理，不得对以前已经确认的利得、损失（包括减值损失或利得）或利息进行追溯调整。

重分类日，是指导致企业对金融资产进行重分类的业务模式发生变更后的首个报告期间的第一天。

第三十一条　企业将一项以公允价值计量且其变动计入其他综合收益的金融资产重分类为以摊余成本计量的金融资产的，应当将之前计入其他综合收益的累计利得或损失转出，调整该金融资产在重分类日的公允价值，并以调整后的金额作为新的账面价值，即视同该金融资产一直以摊余成本计量。该金融资产重分类不影响其实际利率和预期信用损失的计量。

解析与说明

本案例中，2×18年10月15日，甲银行变更了其管理债券投资组合的业务模式，其变更符合重分类的要求。因此，在发生变更后的首个报告期间的第一天即2×19年1月1日，甲公司应当将该债券从以公允价值计量且其变动计入其他综合收益的金融资产重分类为以摊余成本计量的金融资产。将之前计入其他综合收益的累计利得或损失转出，调整该金融资产在重分类日的公允价值，并以调整后的金额作为新的账面价值，即视同该金融资产一直以摊余成本计量。

甲银行的会计处理如下：

借：债权投资	500 000	
其他债权投资——公允价值变动	10 000	
其他综合收益——信用减值准备	6 000	
贷：其他债权投资——成本		500 000
其他综合收益——其他债权投资公允价值变动		10 000
债权投资减值准备		6 000

28.4　以摊余成本计量的金融资产

案例与问题

【例28-4】2×15年1月1日，甲公司同1 000万元（含交易费用）从上海证券交易所购入乙公司同日发行的5年期公司债券12 500份。该批债券的票面价值总额为1 250万元，票面年利率为4.72%。乙公司于每年年末支付年度债券利息（即每年利息为59万元）。本金在债券到期时一次性偿还。按照约定，该债券的发行方在遇到特定情况时可以将债券赎回，且不需要为提前赎回支付额外款项。甲公司在购买该债券时，预计发行方不会提前赎回。甲公司根据其管理该债券的业务模式和该债券的合同现金流量特征，将该债券分类为以摊余成本计量的金融资产。

【问题】假定不考虑所得税、减值损失等因素。请帮助甲公司针对下列情形进行会计处理。

情形 1：假定甲公司于 2×19 年年末一次性偿还全部本金。

情形 2：假定在 2×17 年 1 月 1 日，甲公司预计本金的一半（即 625 万元）将会在该年末收回，而其余的一半本金将于 2×19 年年末付清。

情形 3：假定甲公司购买的乙公司债券不是分次付息，而是到期一次还本付息，且利息不以复利计算。

规范与要求

《企业会计准则第 22 号——金融工具确认和计量》做了以下规定。

第三十三条　企业初始确认金融资产或金融负债，应当按照公允价值计量。对于以公允价值计量且其变动计入当期损益的金融资产和金融负债，相关交易费用应当直接计入当期损益；对于其他类别的金融资产或金融负债，相关交易费用应当计入初始确认金额。但是，企业初始确认的应收账款未包含《企业会计准则第 14 号——收入》所定义的重大融资成分或根据《企业会计准则第 14 号——收入》规定不考虑不超过一年的合同中的融资成分的，应当按照该准则定义的交易价格进行初始计量。

交易费用，是指可直接归属于购买、发行或处置金融工具的增量费用。增量费用是指企业没有发生购买、发行或处置相关金融工具的情形就不会发生的费用，包括支付给代理机构、咨询公司、券商、证券交易所、政府有关部门等的手续费、佣金、相关税费以及其他必要支出，不包括债券溢价、折价、融资费用、内部管理成本和持有成本等与交易不直接相关的费用。

第三十五条　初始确认后，企业应当对不同类别的金融资产，分别以摊余成本、以公允价值计量且其变动计入其他综合收益或以公允价值计量且其变动计入当期损益进行后续计量。

第三十八条　金融资产或金融负债的摊余成本，应当以该金融资产或金融负债的初始确认金额经下列调整后的结果确定。

（一）扣除已偿还的本金。

（二）加上或减去采用实际利率法将该初始确认金额与到期日金额之间的差额进行摊销形成的累计摊销额。

（三）扣除累计计提的损失准备（仅适用于金融资产）。

实际利率法，是指计算金融资产或金融负债的摊余成本以及将利息收入或利息费用分摊计入各会计期间的方法。

实际利率，是指将金融资产或金融负债在预计存续期的估计未来现金流量，折现为该金融资产账面余额或该金融负债摊余成本所使用的利率。在确定实际利率时，应当在考虑金融资产或金融负债所有合同条款（如提前还款、展期、看涨期权或其他类似期权等）的基础上估计预期现金流量，但不应当考虑预期信用损失。

解析与说明

【情形 1】

计算该债券的实际利率 r：$59\times(1+r)^{-1}+59\times(1+r)^{-2}+59\times(1+r)^{-3}+59\times(1+r)^{-4}+(59+1\ 250)\times(1+r)^{-5}=1\ 000$（万元）

采用插值法，计算得出 $r=10\%$。

表 28-1　与债券投资相关的成本和收入

单位：万元

年度	期初摊余成本（A）	实际利息收入（B=A×10%）	现金流入（C）	期末摊余成本（D=A+B-C）
2×15 年	1 000	100	59	1 041
2×16 年	1 041	104.1	59	1 086.1
2×17 年	1 086.1	108.61	59	1 135.71
2×18 年	1 135.71	113.571	59	1 190.281
2×19 年	1 190.281	118.719*	1 309	0

注：* 尾数调整 1 250 +59−1 190.281 =118.719。

根据表 28-1 中的数据，甲公司的有关账务处理如下。

（1）2×15 年 1 月 1 日，购入乙公司债券。

借：债权投资——成本　　12 500 000

　　贷：银行存款　　10 000 000

　　　　债权投资——利息调整　　2 500 000

（2）2×15 年 12 月 31 日，确认乙公司债券实际利息收入、收到债券利息。

借：应收利息　　590 000
　　债权投资——利息调整　　410 000
　　贷：投资收益　　1 000 000
借：银行存款　　590 000
　　贷：应收利息　　590 000

（3）2×16年12月31日，确认乙公司债券实际利息收入、收到债券利息。

借：应收利息　　590 000
　　债权投资——利息调整　　451 000
　　贷：投资收益　　1 041 000
借：银行存款　　590 000
　　贷：应收利息　　590 000

（4）2×17年12月31日，确认乙公司债券实际利息收入、收到债券利息。

借：应收利息　　590 000
　　债权投资——利息调整　　496 100
　　贷：投资收益　　1 086 100
借：银行存款　　590 000
　　贷：应收利息　　590 000

（5）2×18年12月31日，确认乙公司债券实际利息收入、收到债券利息。

借：应收利息　　590 000
　　债权投资——利息调整　　545 710
　　贷：投资收益　　1 135 710
借：银行存款　　590 000
　　贷：应收利息　　590 000

（6）2×19年12月31日，确认乙公司债券实际利息收入、收到债券利息和本金。

借：应收利息　　590 000
　　债权投资——利息调整　　600 281
　　贷：投资收益　　1 190 281
借：银行存款　　590 000
　　贷：应收利息　　590 000
借：银行存款　　12 500 000
　　贷：债权投资——成本　　12 500 000

【情形2】

甲公司应当调整2×17年年初的摊余成本；调整时采用最初确定的实际利率。相关数据如表28-2所示。

表28-2 与债券相关的成本和收入

单位：万元

年度	期初摊余成本（A）	实际利息收入（B=A×10%）	现金流入（C）	期末摊余成本（D=A+B−C）
2×15年	1 000	100	59	1 041
2×16年	1 041	104.1	59	1 086
2×17年	1 139*	114	684	569
2×18年	569	57	30**	596
2×19年	596	59***	655	0

注：*（625+59）×（1+10%）$^{-1}$+30×（1+10%）$^{-2}$+（625+30）×（1+10%）$^{-3}$=1139（四舍五入）。

**625×4.72%=30（四舍五入）。

***625+30−596=59（尾数调整）。

根据上述调整，甲公司的账务处理如下：

（1）2×17年1月1日，调整期初账面余额。

借：债权投资——利息调整　530 000

　　贷：投资收益　530 000

（2）2×17年12月31日，确认实际利息、收回本金等。

借：应收利息　590 000

　　债权投资——利息调整　550 000

　　贷：投资收益　1 140 000

借：银行存款　590 000

　　贷：应收利息　590 000

借：银行存款　6 250 000

　　贷：债权投资——成本　6 250 000

（3）2×18年12月31日，确认实际利息等。

借：应收利息　300 000

　　债权投资——利息调整　270 000

贷：投资收益　　570 000

借：银行存款　　300 000

贷：应收利息　　300 000

（4）2×19 年 12 月 31 日，确认实际利息、收回本金等。

借：应收利息　　300 000

债权投资——利息调整　　290 000

贷：投资收益　　590 000

借：银行存款　　300 000

贷：应收利息　　300 000

借：银行存款　　6 250 000

贷：债权投资——成本　　6 250 000

【情形 3】

甲公司所购买乙公司债券的实际利率 r：

（59+59+59+59+59+1250）×（1+r）−5=1000（万元）

由此计算得出 $r\approx 9.05\%$。

据此，相关数据如表 28-3 所示。

表 28-3　与债券相关的成本和收入

单位：万元

日期	期初摊余成本（A）	实际利息收入（B=A×9.05%）	现金流入（C）	期末摊余成本（D=A+B−C）
2×15 年 12 月 31 日	1 000	90.5	0	1 090.50
2×16 年 12 月 31 日	1 090.50	98.69	0	1 189.19
2×17 年 12 月 31 日	1 189.19	107.62	0	1 296.81
2×18 年 12 月 31 日	1 296.81	117.36	0	1 414.17
2×19 年 12 月 31 日	1 414.17	130.83*	1 545	0

注：* 尾数调整 1 250 +295 −1 414.17 =130.83 万元

根据表 28-3 中的数据，甲公司的有关账务处理如下：

（1）2×15 年 1 月 1 日，购入乙公司债券。

借：债权投资——成本　　12 500 000

贷：银行存款　　10 000 000

　　债权投资——利息调整　　2 500 000

（2）2×15年12月31日，确认乙公司债券的实际利息收入。

借：债权投资——应计利息　　590 000

　　——利息调整　　315 000

　贷：投资收益　　905 000

（3）2×16年12月31日，确认乙公司债券的实际利息收入。

借：债权投资——应计利息　　590 000

　　——利息调整　　396 900

　贷：投资收益　　986 900

（4）2×17年12月31日，确认乙公司债券的实际利息收入。

借：债权投资——应计利息　　590 000

　　——利息调整　　486 200

　贷：投资收益　　1 076 200

（5）2×18年12月31日，确认乙公司债券的实际利息收入。

借：债权投资——应计利息　　590 000

　　——利息调整　　583 600

　贷：投资收益　　1 173 600

（6）2×19年12月31日，确认乙公司债券的实际利息收入，并收回债券本金和票面利息。

借：债权投资——应计利息　　590 000

　　——利息调整　　718 300

　贷：投资收益　　1 308 300

借：银行存款　　15 450 000

　贷：债权投资——成本　　12 500 000

　　——应计利息　　2 950 000

28.5　以公允价值计量且其变动计入其他综合收益的金融资产

案例与问题

【例 28-5】2×15 年 1 月 1 日，甲公司用 1 000 万元（含交易费用）从上海证券交易所购入乙公司同日发行的 5 年期公司债券 12 500 份。该债券的票面价值总额为 1 250 万元，票面年利率为 4.72%。乙公司于每年年末支付年度债券利息（即每年利息为 59 万元）。债券本金在债券到期时一次性偿还。按照约定，该债券的发行方在遇到特定情况时可以将债券赎回，且不需要为提前赎回支付额外款项。甲公司在购买该债券时，预计发行方不会提前赎回。甲公司根据其管理该债券的业务模式和该债券的合同现金流量特征，将该债券分类为以公允价值计量且其变动计入其他综合收益的金融资产。

其他资料如下：

（1）2×15 年 12 月 31 日，乙公司债券的公允价值为 1 200 万元（不含利息）。

（2）2×16 年 12 月 31 日，乙公司债券的公允价值为 1 300 万元（不含利息）。

（3）2×17 年 12 月 31 日，乙公司债券的公允价值为 1 250 万元（不含利息）。

（4）2×18 年 12 月 31 日，乙公司债券的公允价值为 1 200 万元（不含利息）。

（5）2×19 年 1 月 20 日，甲公司通过上海证券交易所将乙公司债券出售，取得价款 1 260 万元。

【问题】假定不考虑所得税、减值等因素，请问甲公司应如何进行确认和后续计量？

规范与要求

《企业会计准则第 22 号——金融工具确认和计量》做了以下规定。

第十八条　金融资产同时符合下列条件的，应当分类为以公允价值计量且其变动计入其他综合收益的金融资产：

（一）企业管理该金融资产的业务模式既以收取合同现金流量为目标又以出售该金融资产为目标。

（二）该金融资产的合同条款规定，在特定日期产生的现金流量，仅为对本金和以未偿付本金金额为基础的利息的支付。

第三十三条　企业初始确认金融资产或金融负债，应当按照公允价值计量。

对于以公允价值计量且其变动计入当期损益的金融资产和金融负债，相关交易费用应当直接计入当期损益；对于其他类别的金融资产或金融负债，相关交易费用应当计入初始确认金额。但是，企业初始确认的应收账款未包含《企业会计准则第 14 号——收入》所定义的重大融资成分或根据《企业会计准则第 14 号——收入》规定不考虑不超过一年的合同中的融资成分的，应当按照该准则定义的交易价格进行初始计量。

交易费用，是指可直接归属于购买、发行或处置金融工具的增量费用。增量费用是指企业没有发生购买、发行或处置相关金融工具的情形就不会发生的费用，包括支付给代理机构、咨询公司、券商、证券交易所、政府有关部门等的手续费、佣金、相关税费以及其他必要支出，不包括债券溢价、折价、融资费用、内部管理成本和持有成本等与交易不直接相关的费用。

第三十四条　企业应当根据《企业会计准则第 39 号——公允价值计量》的规定，确定金融资产和金融负债在初始确认时的公允价值。公允价值通常为相关金融资产或金融负债的交易价格。金融资产或金融负债公允价值与交易价格存在差异的，企业应当区别下列情况进行处理：

（一）在初始确认时，金融资产或金融负债的公允价值依据相同资产或负债在活跃市场上的报价或者以仅使用可观察市场数据的估值技术确定的，企业应当将该公允价值与交易价格之间的差额确认为一项利得或损失。

（二）在初始确认时，金融资产或金融负债的公允价值以其他方式确定的，企业应当将该公允价值与交易价格之间的差额递延。初始确认后，企业应当根据某一因素在相应会计期间的变动程度将该递延差额确认为相应会计期间的利得或损失。该因素应当仅限于市场参与者对该金融工具定价时将予考虑的因素，包括时间等。

解析与说明

计算该债券的实际利率 r：$59\times(1+r)^{-1}+59\times(1+r)^{-2}+59\times(1+r)^{-3}+59\times(1+r)^{-4}+(59+1250)\times(1+r)^{-5}=1\ 000$（万元）

采用插值法，计算得出 $r=10\%$。

公允价值变动数额如表 28-4 所示。

表 28-4　公允价值变动数额

单位：万元

日期	现金流入（A）	实际利息收入（B=期初 D×10%）	已收回的本金（C=A−B）	摊余成本余额（D=期初 D−C）	公允价值（E）	公允价值变动额（F=E−D−期初 G）	公允价值变动累计金额（G=期初 G+F）
2×15 年 1 月 1 日				1 000	1 000	0	0
2×15 年 12 月 31 日	59	100	−41	1 041	1 200	159	159
2×16 年 12 月 31 日	59	104	−45	1 086	1 300	55	214
2×17 年 12 月 31 日	59	109	−50	1 136	1 250	−100	114
2×18 年 12 月 31 日	59	113	−54	1 190	1 200	−104	10

甲公司的有关账务处理如下：

（1）2×15 年 1 月 1 日，购入乙公司债券。

借：其他债权投资——成本　　12 500 000

　　贷：银行存款　　10 000 000

　　　　其他债权投资——利息调整　　2 500 000

（2）2×15 年 12 月 31 日，确认实际利息收入、公允价值变动，收到债券利息。

借：应收利息　　590 000

　　其他债权投资——利息调整　　410 000

　　贷：投资收益　　1 000 000

借：银行存款　　590 000

　　贷：应收利息　　590 000

借：其他债权投资——公允价值变动　　1 590 000

　　贷：其他综合收益——其他债权投资公允价值变动　　1 590 000

（3）2×16 年 12 月 31 日，确认实际利息收入、公允价值变动，收到债券利息。

借：应收利息　　590 000

　　其他债权投资——利息调整　　450 000

贷：投资收益　　1 040 000

借：银行存款　　590 000

贷：应收利息　　590 000

借：其他债权投资——公允价值变动　　550 000

贷：其他综合收益——其他债权投资公允价值变动　　550 000

（4）2×17 年 12 月 31 日，确认实际利息收入、公允价值变动，收到债券利息。

借：应收利息　　590 000

其他债权投资——利息调整　　500 000

贷：投资收益　　1 090 000

借：银行存款　　590 000

贷：应收利息　　590 000

借：其他综合收益——其他债权投资公允价值变动　　1 000 000

贷：其他债权投资——公允价值变动　　1 000 000

（5）2×18 年 12 月 31 日，确认实际利息收入、公允价值变动，收到债券利息。

借：应收利息　　590 000

其他债权投资——利息调整　　540 000

贷：投资收益　　1 130 000

借：银行存款　　590 000

贷：应收利息　　590 000

借：其他综合收益——其他债权投资公允价值变动　　1 040 000

贷：其他债权投资——公允价值变动　　1 040 000

（6）2×19 年 1 月 20 日，确认出售乙公司债券实现的损益。

借：银行存款　　12 600 000

其他综合收益——其他债权投资公允价值变动　　100 000

其他债权投资——利息调整　　600 000

贷：其他债权投资——成本　　12 500 000

投资收益　　800 000

28.6　以公允价值计量且其变动计入当期损益的金融资产

案例与问题

【例 28-6】2×17 年 1 月 1 日，甲公司从二级市场购入丙公司发行的公司债，支付价款合计 1 020 000 元（含已到付息期但尚未领取的利息 20 000 元），另发生交易费用 20 000 元。该债券的面值总额为 10 000 000 元，剩余期限为 2 年，票面年利率为 4%，每半年末付息一次。甲公司根据其管理该债券的业务模式和该债券的合同现金流量特征，将该债券分类为以公允价值计量且其变动计入当期损益的金融资产。其他资料如下：

（1）2×17 年 1 月 5 日，收到丙公司债券 2×15 年下半年利息 20 000 元。

（2）2×17 年 6 月 30 日，丙公司债券的公允价值为 1 150 000 元（不含利息）。

（3）2×17 年 7 月 5 日，收到丙公司债券 2×16 年上半年利息。

（4）2×17 年 12 月 31 日，丙公司债券的公允价值为 1 100 000 元（不含利息）。

（5）2×18 年 1 月 5 日，收到丙公司债券 2×16 年下半年利息。

（6）2×18 年 6 月 20 日，通过二级市场出售丙公司债券，取得价款 1 180 000 元（含季度利息 10 000 元）

【问题】假定不考虑其他因素，请问甲公司应如何进行会计处理？

规范与要求

《企业会计准则第 22 号——金融工具确认和计量》做了以下规定。

第十九条　按照本准则第十七条分类为以摊余成本计量的金融资产和按照本准则第十八条分类为以公允价值计量且其变动计入其他综合收益的金融资产之外的金融资产，企业应当将其分类为以公允价值计量且其变动计入当期损益的金融资产。

在初始确认时，企业可以将非交易性权益工具投资指定为以公允价值计量且其变动计入其他综合收益的金融资产，并按照本准则第六十五条规定确认股利收入。该指定一经做出，不得撤销。企业在非同一控制下的企业合并中确认的或有对价构成金融资产的，该金融资产应当分类为以公允价值计量且其变动计入当期损益的金融资产，不得指定为以公允价值计量且其变动计入其他综合收益的金融资产。

金融资产或金融负债满足下列条件之一的，表明企业持有该金融资产或承担该金融负债的目的是交易性的：

（一）取得相关金融资产或承担相关金融负债的目的，主要是为了近期出售或回购。

（二）相关金融资产或金融负债在初始确认时属于集中管理的可辨认金融工具组合的一部分，且有客观证据表明近期实际存在短期获利模式。

（三）相关金融资产或金融负债属于衍生工具。但符合财务担保合同定义的衍生工具以及被指定为有效套期工具的衍生工具除外。

第二十条　在初始确认时，如果能够消除或显著减少会计错配，企业可以将金融资产指定为以公允价值计量且其变动计入当期损益的金融资产。该指定一经做出，不得撤销。

解析与说明

甲公司的账务处理如下：

（1）2×17 年 1 月 1 日，从二级市场购入丙公司债券：

	借方	贷方
借：交易性金融资产——成本	1 000 000	
应收利息	20 000	
投资收益	20 000	
贷：银行存款		104 000

（2）2×17 年 1 月 5 日，收到该债券 2×15 年下半年利息 20 000 元：

	借方	贷方
借：银行存款	20 000	
贷：应收利息		20 000

（3）2×17 年 6 月 30 日，确认丙公司债券的公允价值变动和投资收益：

	借方	贷方
借：交易性金融资产——公允价值变动	150 000	
贷：公允价值变动损益		150 000
借：应收利息	20 000	
贷：投资收益		20 000

（4）2×17 年 7 月 10 日，收到丙公司债券 2×16 年上半年利息：

	借方	贷方
借：银行存款	20 000	
贷：应收利息		20 000

（5）2×17 年 12 月 31 日，确认丙公司债券的公允价值变动和投资收益：

	借方	贷方
借：公允价值变动损益	50 000	
贷：交易性金融资产——公允价值变动		50 000
借：应收利息	20 000	

贷：投资收益　　　　20 000

（6）2×18 年 1 月 10 日，收到丙公司债券 2×16 年下半年利息：

借：银行存款　　　　20 000

贷：应收利息　　　　20 000

（7）2×18 年 6 月 20 日，通过二级市场出售丙公司债券：

借：银行存款　　　　1 180 000

贷：交易性金融资产——成本　　　　1 000 000

——公允价值变动　　　　100 000

投资收益　　　　80 000

28.7　以摊余成本计量的金融负债

案例与问题

【例 28-7】甲公司通过发行公司债券来为建造专用生产线筹集资金。有关资料如下：

（1）2×15 年 12 月 31 日，委托证券公司以 7 755 万元的价格发行 3 年期分期付息公司债券。该债券的面值总额为 8 000 万元，票面年利率 4.5%，实际年利率 5.64%，每年付息一次，到期后按面值偿还。支付的发行费用与发行期间冻结资金产生的利息收入相等。

（2）生产线建造工程采用出包方式，于 2×16 年 1 月 1 日开始动工；发行债券所得款项当日全部支付给建造承包商；2×17 年 12 月 31 日，所建造的生产线达到预定可使用状态。

（3）假定各年度利息的实际支付日期均为下年度的 1 月 10 日；2×19 年 1 月 10 日，支付 2×18 年度利息，一并偿付面值。

（4）所有款项均以银行存款支付。

【问题】甲公司应如何进行会计处理？

规范与要求

《企业会计准则第 22 号——金融工具确认和计量》做了以下规定。

第三十八条　金融资产或金融负债的摊余成本，应当以该金融资产或金融负债的初始确认金额经下列调整后的结果确定：

（一）扣除已偿还的本金。

（二）加上或减去采用实际利率法将该初始确认金额与到期日金额之间的差额进行摊销形成的累计摊销额。

（三）扣除累计计提的损失准备（仅适用于金融资产）。

实际利率法，是指计算金融资产或金融负债的摊余成本以及将利息收入或利息费用分摊计入各会计期间的方法。

实际利率，是指将金融资产或金融负债在预计存续期的估计未来现金流量，折现为该金融资产账面余额或该金融负债摊余成本所使用的利率。在确定实际利率时，应当在考虑金融资产或金融负债所有合同条款（如提前还款、展期、看涨期权或其他类似期权等）的基础上估计预期现金流量，但不应当考虑预期信用损失。

解析与说明

根据给定资料，甲公司计算得出该债券在各年末的摊余成本、应付利息金额、当年应予资本化或费用化的利息金额、利息调整的本年摊销和年末余额，如表 28-5 所示。

表 28-5　与该债券相关的数据

单位：万元

<table>
<tr><th colspan="2">时间</th><th>2×15 年 12 月 31 日</th><th>2×16 年 12 月 31 日</th><th>2×17 年 12 月 31 日</th><th>2×18 年 12 月 31 日</th></tr>
<tr><td rowspan="3">年末摊余成本</td><td>面值</td><td>8 000</td><td>8 000</td><td>8 000</td><td>8 000</td></tr>
<tr><td>利息调整</td><td>−245</td><td>−167.62</td><td>−85.87</td><td>0</td></tr>
<tr><td>合计</td><td>7755</td><td>7 832.38</td><td>9 714.13</td><td>8 000</td></tr>
<tr><td colspan="2">当年应予资本化或费用化的利息金额</td><td></td><td>437.38</td><td>441.75</td><td>445.87</td></tr>
<tr><td colspan="2">年末应付利息金额</td><td></td><td>360</td><td>360</td><td>360</td></tr>
<tr><td colspan="2">“利息调整”本年摊销额</td><td></td><td>77.38</td><td>81.75</td><td>85.87</td></tr>
</table>

甲公司的相关账务处理如下（金额单位：元）：

（1）2×15 年 12 月 31 日，发行债券：

借：银行存款　　77 550 000

　　应计债券——利息调整　　2 450 000

　　贷：应计债券——面值　　80 000 000

（2）2×16 年 12 月 31 日，确认和结转利息：

借：在建工程　　4 373 800

　　贷：应计利息　　3 600 000

　　　　应付债券——利息调整　　773 800

借：应付利息　　3 600 000

　　贷：银行存款　　3 600 000

（3）2×17年12月31日，确认利息：

借：在建工程　　4 417 500

　　贷：应付利息　　3 600 000

　　　　应付债券——利息调整　　817 500

借：应付利息　　3 600 000

　　贷：银行存款　　3 600 000

借：固定资产　　8 791 300

　　贷：在建工程　　8 791 300

（4）2×18年12月31日，确认债券利息：

借：财务费用　　4 458 700

　　贷：应付利息　　3 600 000

　　　　应付债券——利息调整　　858 700

借：应付利息　　3 600 000

　　贷：银行存款——利息调整　　3 600 000

（5）2×19年1月10日，债券到期兑付：

借：应付利息　　3 600 000

　　应付债券——面值　　80 000 000

　　贷：银行存款　　83 600 000

28.8　以公允价值计量且其变动计入当期损益的金融负债

案例与问题

【例28-8】甲公司通过发行公司债券来为建造专用生产线筹集资金。有关资料同【例28-7】。

【问题】甲公司对其发行的公司债券应如何进行确认及后续计量?

规范与要求

《企业会计准则第 22 号——金融工具确认和计量》做了以下规定。

第三十六条　初始确认后，企业应当对不同类别的金融负债，分别以摊余成本、以公允价值计量且其变动计入当期损益或以本准则第二十一条规定的其他适当方法进行后续计量。

第三十八条　金融资产或金融负债的摊余成本，应当以该金融资产或金融负债的初始确认金额经下列调整后的结果确定：

（一）扣除已偿还的本金。

（二）加上或减去采用实际利率法将该初始确认金额与到期日金额之间的差额进行摊销形成的累计摊销额。

（三）扣除累计计提的损失准备（仅适用于金融资产）。

实际利率法，是指计算金融资产或金融负债的摊余成本以及将利息收入或利息费用分摊计入各会计期间的方法。

实际利率，是指将金融资产或金融负债在预计存续期的估计未来现金流量，折现为该金融资产账面余额或该金融负债摊余成本所使用的利率。在确定实际利率时，应当在考虑金融资产或金融负债所有合同条款（如提前还款、展期、看涨期权或其他类似期权等）的基础上估计预期现金流量，但不应当考虑预期信用损失。

解析与说明

甲公司应将该公司债券确认为以公允价值计量且其变动计入当期损益的金融负债，并计算得出该债券在各年末的摊余成本、应付利息金额、当年应予资本化或费用化的利息金额、利息调整的本年摊销和年末余额。有关结果如表 28-6 所示。

表 28-6　与债券相关的金融

金额单位：万元

时间		2×15 年 12 月 31 日	2×16 年 12 月 31 日	2×17 年 12 月 31 日	2×18 年 12 月 31 日
年末摊余成本	面值	8 000	8 000	8 000	8 000
	利息调整	– 245	– 167.62	– 85.87	0
	合计	7 755	7 832.38	7 914.13	8 000

续表

时间	2×15年 12月31日	2×16年 12月31日	2×17年 12月31日	2×18年 12月31日
当年应予资本化或费用化的利息金额		437.38	441.75	445.87
年末应付利息金额		360	360	360
“利息调整”本年摊销额		77.38	81.75	85.87

相关账务处理如下：

（1）2×15年12月31日，发行债券。

借：银行存款　　77 550 000

　　应付债券——利息调整　　2 450 000

　　贷：应付债券——面值　　80 000 000

（2）2×16年12月31日，确认和结转利息。

借：在建工程　　4 373 800

　　贷：应付利息　　3 600 000

　　　　应付债券——利息调整　　773 800

（3）2×17年1月10日，支付利息。

借：应付利息　　3 600 000

　　贷：银行存款　　3 600 000

（4）2×17年12月31日，确认和结转利息。

借：在建工程　　4 417 500

　　贷：应付利息　　3 600 000

　　　　应付债券——利息调整　　817 500

（5）2×18年1月10日，支付利息。

借：应付利息　　3 600 000

　　贷：银行存款　　3 600 000

（6）2×18年12月31日，确认和结转利息。

借：财务费用　　4 458 700

　　贷：应付利息　　3 600 000

　　　　应付债券——利息调整　　858 700

（7）2×19 年 1 月 10 日，债券到期兑付。

借：应付利息　　3 600 000

　　应付债券——面值　　80 000 000

　　贷：银行存款　　83 600 000

28.9 金融工具如何计提减值准备

案例与问题

【例 28-9】乙银行为甲公司提供一项贷款。在发放该笔贷款时，与其他具有相似信用风险的发行人相比，甲公司的杠杆率较高，但乙银行预计甲公司在该贷款的存续期内能够履行贷款合同的规定。同时乙银行预计：在该工具存续期内，甲公司所属行业能够产生稳定的收入和现金流量，但在提高现有业务毛利率的能力方面，甲公司所属行业仍然存在一定商业风险。

在初始确认时，乙银行考虑了该工具在初始确认时的信用风险水平，由于该贷款不符合《企业会计准则第 22 号——金融工具确认和计量》对已发生信用减值的金融资产的定义，因此判断其不属于源生的已发生信用减值的贷款。

自初始确认后，由于宏观经济波动，甲公司所属行业的总体销售情况和甲公司的销售情况呈现下滑趋势，甲公司的收入和现金流量低于其经营计划和乙银行的预计。尽管甲公司已采取措施（例如增加对库存的清理），但其销售情况仍未达到预期水平。为保证流动性，甲公司已提用了另一项循环信贷额度，导致其杠杆率升高。因此，甲公司目前（即乙银行的资产负债表日）已处于对乙银行的贷款违约的边缘。

乙银行在资产负债表日对甲公司进行了总体信用风险评估，全面考虑了自初始确认后，所有与信用风险增加程度的评估相关的、以合理成本即可获得的、合理且有依据的信息。这些信息如下：

（1）乙银行预计宏观经济环境近期将持续恶化，并对甲公司现金流量和去杠杆的能力进一步产生负面影响。

（2）甲公司距离对乙银行的贷款产生违约越来越近，有可能导致重组贷款或者修改该贷款合同。

（3）乙银行评估发现，甲公司所发行的债券的交易价格已下降，且新取得的贷款的信用利差已提高。这反映了甲公司的信用风险已经增加。上述变化与市场环境的变化无关（例如基准利率在此期间保持不变）。通过进一步与甲公司同行业其他公司的情况进行比较，乙银行发现甲公司所发行的债券价格的下跌及其贷款信用利差的提高，很可能是由甲公司特有的因素造成的。

（4）乙银行根据反映信用风险增加的可获得信息，重新评估了该贷款的内部风险评级。

【问题】在上述情况下，乙银行是否需要对该项金融工具确认减值准备？

规范与要求

《企业会计准则第 22 号——金融工具确认和计量》做了以下规定。

第四十七条　预期信用损失，是指以发生违约的风险为权重的金融工具信用损失的加权平均值。

信用损失，是指企业按照原实际利率折现的、根据合同应收的所有合同现金流量与预期收取的所有现金流量之间的差额，即全部现金短缺的现值。其中，对于企业购买或源生的已发生信用减值的金融资产，应按照该金融资产经信用调整的实际利率折现。由于预期信用损失考虑付款的金额和时间分布，因此即使企业预计可以全额收款但收款时间晚于合同规定的到期期限，也会产生信用损失。

在估计现金流量时，企业应当考虑金融工具在整个预计存续期的所有合同条款（如提前还款、展期、看涨期权或其他类似期权等）。企业所考虑的现金流量应当包括出售所持担保品获得的现金流量，以及属于合同条款组成部分的其他信用增级所产生的现金流量。

企业通常能够可靠估计金融工具的预计存续期。在极少数情况下，金融工具预计存续期无法可靠估计的，企业在计算确定预期信用损失时，应当基于该金融工具的剩余合同期间。

第四十八条　除了按照本准则第五十七条和第六十三条的相关规定计量金融工具损失准备的情形以外，企业应当在每个资产负债表日评估相关金融工具的信用风险自初始确认后是否已显著增加，并按照下列情形分别计量其损失准备、确认预期信用损失及其变动：

（一）如果该金融工具的信用风险自初始确认后已显著增加，企业应当按照相当于该金融工具整个存续期内预期信用损失的金额计量其损失准备。无论企业评估信用损失的基础是单项金融工具还是金融工具组合，由此形成的损失准备的增加或转回金额，应当作为减值损失或利得计入当期损益。

（二）如果该金融工具的信用风险自初始确认后并未显著增加，企业应当按照相当于该金融工具未来12个月内预期信用损失的金额计量其损失准备，无论企业评估信用损失的基础是单项金融工具还是金融工具组合，由此形成的损失准备的增加或转回金额，应当作为减值损失或利得计入当期损益。

未来12个月内预期信用损失，是指因资产负债表日后12个月内（若金融工具的预计存续期少于12个月，则为预计存续期）可能发生的金融工具违约事件而导致的预期信用损失，是整个存续期预期信用损失的一部分。

企业在进行相关评估时，应当考虑所有合理且有依据的信息，包括前瞻性信息。为确保自金融工具初始确认后信用风险显著增加即确认整个存续期预期信用损失，企业在一些情况下应当以组合为基础考虑评估信用风险是否显著增加。整个存续期预期信用损失，是指因金融工具整个预计存续期内所有可能发生的违约事件而导致的预期信用损失。

第五十七条　对于购买或源生的已发生信用减值的金融资产，企业应当在资产负债表日仅将自初始确认后整个存续期内预期信用损失的累计变动确认为损失准备。在每个资产负债表日，企业应当将整个存续期内预期信用损失的变动金额作为减值损失或利得计入当期损益。即使该资产负债表日确定的整个存续期内预期信用损失小于初始确认时估计现金流量所反映的预期信用损失的金额，企业也应当将预期信用损失的有利变动确认为减值利得。

解析与说明

本案例中，按照上述第四十八条的规定，乙银行对甲公司的贷款的信用风险自初始确认后已显著增加。因此，乙银行对该贷款确认了整个存续期内的预期信用损失。

值得注意的是，乙银行调整了对甲公司贷款的内部风险评级。但是是否调整风险评级这一行动本身，并不是确定自初始确认后信用风险是否显著增加的决定性因素。即使乙银行尚未调整该贷款的内部风险评级，乙银行也仍然将得出上述结论。

28.10　如何确定某项金融工具的预期信用损失

案例与问题

【例28-10】甲银行发放了一笔1 000 000元的十年期分期还本贷款。在初始确认时，考虑到对具有相似信用风险的其他金融工具的预期、借款人的信用风险以及未来12个月的经济形势前景，甲银行估计该贷款在后续12个月内的违约概率为0.5%。此外，为确定信用风险自初始确认后是否已显著增加，甲银行还认定未来12个月的违约概率变动合理近似于整个存续期的违约概率变动。

在初始确认后的首个资产负债表日（在该贷款最终还款到期日之前），甲银行预计未来 12 个月的违约概率无变化，因此其认为自初始确认后信用风险并无显著增加。甲银行预计，如果该贷款违约，其将会损失账面余额的 25%（即违约损失率为 25%）。

【问题】甲银行应确定多少预期信用损失？

规范与要求

《企业会计准则第 22 号——金融工具确认和计量》做了以下规定。

第六十条　企业应当以概率加权平均为基础对预期信用损失进行计量。企业对预期信用损失的计量应当反映发生信用损失的各种可能性，但不必识别所有可能的情形。

第六十一条　在计量预期信用损失时，企业需考虑的最长期限为企业面临信用风险的最长合同期限（包括考虑续约选择权），而不是更长期间，即使该期间与业务实践相一致。

解析与说明

根据上述规定，甲银行按照未来 12 个月的违约概率 0.5% 计量未来 12 个月的预期信用损失，并据此确认相应的损失准备。因此，在该资产负债表日，12 个月内的预期信用损失为 1250（1 000 000×0.5%×25%）元。

28.11　如何对已发生减值的金融工具进行会计处理

案例与问题

【例 28-11】甲公司于 2×18 年 12 月 15 日购入一项公允价值为 1 000 万元的债务工具，并将其分类为以公允价值计量且其变动计入其他综合收益的金融资产。该工具的合同期限为 10 年，年利率为 5%。本案例假定实际利率也为 5%。初始确认时，甲公司已经确定该债务工具不属于购入或源生的已发生信用减值的金融资产。

2×18 年 12 月 31 日，由于市场利率变动，该债务工具的公允价值跌至 950 万元。甲公司认为，该工具的信用风险自初始确认后并无显著增加，应按 12 个月内预期信用损失计量损失准备，损失准备金额为 30 万元。为简化起见，本案例不考虑利息。

2×19 年 1 月 1 日，甲公司决定以当日的公允价值 950 万元，出售该债务工具。

【问题】甲公司应如何进行账务处理？

规范与要求

《企业会计准则第 22 号——金融工具确认和计量》做了以下规定。

第四十六条　企业应当按照本准则规定，以预期信用损失为基础，对下列项目进行减值会计处理并确认损失准备：

（一）准则第十七条分类为以摊余成本计量的金融资产和按照本准则第十八条分类为以公允价值计量且其变动计入其他综合收益的金融资产。

（二）租赁应收款。

（三）合同资产。合同资产是指《企业会计准则第 14 号——收入》定义的合同资产。

（四）企业发行的分类为以公允价值计量且其变动计入当期损益的金融负债以外的贷款承诺和适用本准则第二十一条（三）规定的财务担保合同。

损失准备，是指针对按照本准则第十七条计量的金融资产、租赁应收款和合同资产的预期信用损失计提的准备，按照本准则第十八条计量的金融资产的累计减值金额以及针对贷款承诺和财务担保合同的预期信用损失计提的准备。

第四十八条　除了按照本准则第五十七条和第六十三条的相关规定计量金融工具损失准备的情形以外，企业应当在每个资产负债表日评估相关金融工具的信用风险自初始确认后是否已显著增加，并按照下列情形分别计量其损失准备、确认预期信用损失及其变动：

（一）如果该金融工具的信用风险自初始确认后已显著增加，企业应当按照相当于该金融工具整个存续期内预期信用损失的金额计量其损失准备。无论企业评估信用损失的基础是单项金融工具还是金融工具组合，由此形成的损失准备的增加或转回金额，应当作为减值损失或利得计入当期损益。

（二）如果该金融工具的信用风险自初始确认后并未显著增加，企业应当按照相当于该金融工具未来 12 个月内预期信用损失的金额计量其损失准备，无论企业评估信用损失的基础是单项金融工具还是金融工具组合，由此形成的损失准备的增加或转回金额，应当作为减值损失或利得计入当期损益。

未来 12 个月内预期信用损失，是指因资产负债表日后 12 个月内（若金融工具的预计存续期少于 12 个月，则为预计存续期）可能发生的金融工具违约事件而导致的预期信用损失，是整个存续期预期信用损失的一部分。

企业在进行相关评估时，应当考虑所有合理且有依据的信息，包括前瞻性信息。为确保自金融工具初始确认后信用风险显著增加即确认整个存续期预期信用损失，企业在一些情况下应当以组合为基础考虑评估信用风险是否显著增加。整个存续期预期信用损失，是指因金融工具整个预计存续期内所有可能发生的违约事件而导致的预期信用损失。

第四十九条　对于按照本准则第十八条分类为以公允价值计量且其变动计入其他综合收益的金融资产，企业应当在其他综合收益中确认其损失准备，并将减值损失或利得计入当期损益，且不应减少该金融资产在资产负债表中列示的账面价值。

解析与说明

甲公司的相关账务处理如下：

（1）购入该工具时：

借：其他债权投资——成本	10 000 000	
贷：银行存款		10 000 000

（2）2×18年12月31日：

借：信用减值损失	300 000	
其他综合收益——其他债权投资公允价值变动	500 000	
贷：其他债权投资——公允价值变动		500 000
其他综合收益——信用减值准备		300 000

甲公司在其2×18年年度财务报表中披露了该工具的累计减值30万元。

（3）2×19年1月1日：

借：银行存款	9 500 000	
投资收益	200 000	
其他综合收益——信用减值准备	300 000	
其他债权投资——公允价值变动	500 000	
贷：其他综合收益——其他债权投资公允价值变动		500 000
其他债权投资——成本		10 000 000

28.12　应当终止的金融工具应如何进行会计处理

案例与问题

【例28-12】2×19年1月1日，甲公司将持有的乙公司发行的10年期公司债券出售给丙公司，经协商出售价格为311万元人民币。2×18年12月31日，该债券的公允价值为310万元人民币。该债券于2×18年1月1日发行，甲公司持有该债券时将其分类为以公允价值计量且其变动计入其他综合收益的金融资产。该债券的面值(取得成本)总额为300万元人民币。同时，甲公司和丙公司在出售协议中约定，出售后，该公司债券发生的所有损失均由丙公司自行承担。

【问题】甲公司应如何进行会计处理?

规范与要求

《企业会计准则第22号——金融工具确认和计量》做了以下规定。

第十一条　金融资产满足下列条件之一的，应当终止确认。

（一）收取该金融资产现金流量的合同权利终止。

（二）该金融资产已转移，且该转移满足《企业会计准则第23号——金融资产转移》关于金融资产终止确认的规定。

本准则所称金融资产或金融负债终止确认，是指企业将之前确认的金融资产或金融负债从其资产负债表中予以转出。

解析与说明

本案例中，甲公司已将债券所有权上的几乎所有风险和报酬转移给丙公司，因此，应当终止确认该金融资产。根据上述资料，首先应确定出售日该笔债券的账面价值。由于资产负债表日（即2×18年12月31日）该债券的公允价值为310万元人民币，而且该债券属于以公允价值计量且其变动计入其他综合收益的金融资产，因此出售日该债券的账面价值为310万元人民币。

其次，应确定已计入其他综合收益的公允价值累计变动额。2×18年12月31日，甲公司计入其他综合收益的利得为10（310-300）万元人民币。

最后，确定甲公司出售该债券形成的损益。按照金融资产整体转移形成的损益的计算公式计算，出售该债券形成的收益为11（311-310+10）万元（包含因终止确认而从其他综合收益中转出至当期损益的10万元）。

甲公司出售该公司债券时应进行如下账务处理:

借: 银行存款　　3 110 000

　贷: 其他债权投资　　3 100 000

　　投资收益　　10 000

同时，将原计入其他综合收益的公允价值变动转出:

借: 其他综合收益——公允价值变动　　100 000

　贷: 投资收益　　100 000

第 29 章
企业会计准则第 23 号——金融资产转移

29.1　金融资产符合终止确认条件时的会计处理

案例与问题

【例 29-1】2×18 年 3 月 15 日，甲公司销售一批商品给乙公司，开出的增值税专用发票上注明的销售价款为 300 000 元，增值税销项税额为 51 000 元，款项尚未收到。双方约定，乙公司应于 2×18 年 10 月 31 日付款。2×18 年 6 月 4 日，经与银行协商后约定：甲公司将应收乙公司的货款出售给银行，价款为 263 250 元；在应收乙公司货款到期无法收回时，银行不能向甲公司追偿。甲公司根据以往经验，预计该批商品将发生的销售退回金额为 23 400 元，其中，增值税销项税额为 3 400 元，成本为 13 000 元，实际发生的销售退回由甲公司承担。2×18 年 8 月 3 日，甲公司收到乙公司退回的商品，价款为 23 400 元。假定不考虑其他因素。

【问题】甲公司应如何针对与应收债权出售有关的事项进行账务处理？

规范与要求

《企业会计准则第 23 号——金融资产转移》做了以下规定。

第五条　金融资产满足下列条件之一的，应当终止确认。

（一）收取该金融资产现金流量的合同权利终止。

（二）该金融资产已转移，且该转移满足本准则关于终止确认的规定。

第十四条　金融资产转移整体满足终止确认条件的，应当将下列两项金额的差额计入当期损益：

（一）被转移金融资产在终止确认日的账面价值。

（二）因转移金融资产而收到的对价，与原直接计入其他综合收益的公允价值变动累计额中对应终止确认部分的金额（涉及转移的金融资产为根据《企业会计准则第 22 号——金融工具确认和计量》第十八条分类为以公允价值计量且其变动计入其他综合收益的金融资产的情形）之和。企业保留了向该金融资产提供相关收费服务的权利（包括收取该金融资产的现金流量，并将所收取的现金流量划转给指定的资金保管机构等），应当就该服务合同确认一项服务资产或服务负债。如果企业将收取的费用预计超过对服务的充分补偿的，应当将该服务权利作为继续确认部分确认为一项服务资产，并按照本准则第十五条的规定确定该服务资产的金额。如果将收取的费用预计不能充分补偿企业所提供服务的，则应当将由此形成的服务义务确认一项服务负债，并以公允价值进行初始计量。

企业因金融资产转移导致整体终止确认金融资产，同时获得了新金融资产或承担了新金融负债或服务负债的，应当在转移日确认该金融资产、金融负债（包括看涨期权、看跌期权、担保负债、远期合同、互换等）或服务负债，并以公允价值进行初始计量。该金融资产扣除金融负债和服务负债后的净额应当作为上述对价的组成部分。

解析与说明

根据上述第五条，本案例中的应收债权满足金融资产终止确认的条件。同时，根据上述第十四条，甲公司可以相应做出账务处理。

本案例涉及企业将应收债权不附追索权予以出售（处置）。应收债权的出售通常分为不附追索权的出售和附追索权出售。不附追索权应收债权出售的含义是：企业将其按照销售商品、提供劳务的销售合同所产生的应收债权出售给银行等金融机构，根据企业、债务人及银行等金融机构之间的协议，在所售应收债权到期无法收回时，银行等金融机构不能够向出售应收债权的企业进行追偿。在这种情况下，企业应将所售应收债权予以转销，结转计提的相关坏账准备，确认按协议的约定预计将发生的销售退回、销售折让、现金折扣等，确认出售损益。

（1）2×18年6月4日，出售应收债权：

借：银行存款	263 250	
财务费用	64 350	
其他应收款	23 400	
贷：应收账款		351 000

（2）2×18年8月3日，收到退回的商品：

借：主管业务收入	20 000	
应交税费——应交增值税（销项税额）	3 400	

贷：其他应收款　　23 400

借：库存商品　　13 000

贷：主营业务成本　　13 000

29.2　金融资产不符合终止确认条件时的会计处理

案例与问题

【例 29-2】甲企业销售一批商品给乙企业，货已发出，增值税专用发票上注明的商品价款为 200 000 元，增值税销项税额为 34 000 元。当日，甲企业收到乙企业签发的不带息商业承兑汇票一张。该票据的期限为 3 个月。相关销售商品收入符合收入确认条件。

【问题】甲企业的账务处理应当如何?

规范与要求

《企业会计准则第 23 号——金融资产转移》做了以下规定。

第五条　金融资产满足下列条件之一的，应当终止确认。

（一）收取该金融资产现金流量的合同权利终止。

（二）该金融资产已转移，且该转移满足本准则关于终止确认的规定。

第十七条　企业保留了被转移金融资产所有权上几乎所有风险和报酬而不满足终止确认条件的，应当继续确认被转移金融资产整体，并将收到的对价确认为一项金融负债。

第十八条　在继续确认被转移金融资产的情形下，金融资产转移所涉及的金融资产与所确认的相关金融负债不得相互抵销。在后续会计期间，企业应当继续确认该金融资产产生的收入（或利得）和该金融负债产生的费用（或损失），不得相互抵销。

解析与说明

根据上述第五条，如果甲企业将带有追索权的应收票据向银行贴现，则甲企业收取应收票据现金流量的合同权利并未终止，不符合金融资产终止确认的条件。根据上述第十七条和第十八条，可以做出相应的会计处理。

（1）销售实现时：

借：应收票据　　234 000

贷：主营业务收入　　　　　　　　　　　　　　　　　　200 000

　　应交税费——应交增值税（销项税额）　　　　　　　　34 000

（2）3个月后，应收票据到期，甲企业收回款项 234 000 元，存入银行：

借：银行存款　　　　　　　　　　　　　　　　　　234 000

　　贷：应收票据　　　　　　　　　　　　　　　　　　234 000

（3）如果甲企业在该票据到期前向银行贴现，且银行拥有追索权，则表明甲企业的应收票据贴现不符合金融资产终止确认条件，应将贴现所得确认为一项金融负债（短期借款）。假定甲企业贴现获得现金净额 231 660 元，则甲企业的账务处理如下：

借：银行存款　　　　　　　　　　　　　　　　　　231 660

　　短期借款——利息调整　　　　　　　　　　　　　　2 340

　　贷：短期借款——成本　　　　　　　　　　　　　　234 000

注意：贴现息 2 340 元应在票据贴现期间采用实际利率法确认为利息费用。

29.3　继续涉入被转移金融资产的会计账务处理

案例与问题

【例 29-3】甲银行持有一组住房抵押贷款，借款方可提前偿付。2×19 年 1 月 1 日，该组贷款的本金和摊余成本均为 100 000 000 元，票面年利率和实际年利率均为 10%。经批准，甲银行拟将该组贷款转移给某信托机构（以下简称受让方）进行证券化。2×19 年 1 月 1 日，甲银行与受让方签订协议，将该组贷款转移给受让方，并办理有关手续。甲银行收到款项 91 150 000 元，同时保留以下权利。

（1）收取本金 10 000 000 元以及这部分本金按 10% 的利率所计算确定利息的权利；

（2）收取本金 90 000 000 元以及这部分本金按 0.5% 的利率所计算确定的利息（超额利差）的权利。

受让人取得收取该组贷款本金中的 90 000 000 元以及这部分本金按 9.5% 的利率收取利息的权利。根据双方签订的协议，如果该组贷款被提前偿付，则偿付金额按 1:9 的比例在甲银行和受让人之间进行分配。但是，如该组贷款发生违约，则违约金额从甲银行拥有的 10 000 000 元贷款本金中扣除，直到扣完为止。

2×19 年 1 月 1 日，该组贷款的公允价值为 101 000 000 元，0.5% 的超额利差的公允价值为 400 000 元。

【问题】甲银行的会计处理应当如何？

规范与要求

《企业会计准则第 23 号——金融资产转移》做了以下规定。

第十九条　企业既没有转移也没有保留金融资产所有权上几乎所有风险和报酬，且保留了对该金融资产控制的，应当按照其继续涉入被转移金融资产的程度继续确认该被转移金融资产，并相应确认相关负债。被转移金融资产和相关负债应当在充分反映企业因金融资产转移所保留的权利和承担的义务的基础上进行计量。企业应当按照下列规定对相关负债进行计量：

（一）被转移金融资产以摊余成本计量的，相关负债的账面价值等于继续涉入被转移金融资产的账面价值减去企业保留的权利（如果企业因金融资产转移保留了相关权利）的摊余成本并加上企业承担的义务（如果企业因金融资产转移承担了相关义务）的摊余成本；相关负债不得指定为以公允价值计量且其变动计入当期损益的金融负债。

（二）被转移金融资产以公允价值计量的，相关负债的账面价值等于继续涉入被转移金融资产的账面价值减去企业保留的权利（如果企业因金融资产转移保留了相关权利）的公允价值并加上企业承担的义务（如果企业因金融资产转移承担了相关义务）的公允价值，该权利和义务的公允价值应为按独立基础计量时的公允价值。

解析与说明

甲银行转移了该组贷款所有权相关的部分重大风险和报酬（如重大提前偿付风险），但由于设立了次级权益（即内部信用增级），因而也保留了所有权相关的部分重大风险和报酬，并且能够对留存的该部分权益实施控制。根据上述第十九条，甲银行应采用继续涉入法对该金融资产转移交易进行会计处理。

（1）甲银行收到的 91 150 000 元对价，由两部分构成：一部分是转移的 90% 贷款及相关利息的对价，即 90 900 000（101 000 000×90%）元；另一部分是因为使保留的权利次级化所取得的对价 250 000 元。此外，由于超额利差的公允价值为 400 000 元，从而甲银行的该项金融资产转移交易的信用增级相关的对价为 650 000 元。

假定甲银行无法取得所转移该组贷款的 90% 和 10% 部分各自的公允价值，则甲银行所转移该组贷款的 90% 部分形成的利得或损失如表 29-1 所示。

表 29-1　相关利得或损失

单位：元

项目	估计公允价值	百分比	分摊后的账面价值
已转移部分	90 900 000	90%	90 000 000
未转移部分	10 100 000	10%	10 000 000
合计	101 000 000	100%	100 000 000

该项金融资产转移形成的利得 =90 900 000−90 000 000=900 000（元）

（2）甲银行仍保留的贷款的账面价值为 10 000 000 元。

（3）甲银行因继续涉入而确认资产的金额，按双方协议约定的、因信用增级使甲银行不能收到的现金流入的最大值为 10 000 000 元；另外，超额利差形成的资产 400 000 元本质上也是继续涉入形成的资产。

因继续涉入而确认的负债的金额为按因信用增级使甲银行不能收到的现金流入的最大值（10 000 000 元）与信用增级的公允价值总额（650 000 元）之和（10 650 000 元）。

据此，甲银行在金融资产转移日应进行如下账务处理：

借：存放同业　91 150 000

　　继续涉入资产——次级权益　10 000 000

　　　　　　　　——超额账户　400 000

　贷：贷款　90 000 000

　　　继续涉入负债　1 065 000

　　　其他业务收入　900 000

（4）金融产转移后，甲银行应该用实际利率法将信用增级取得的对价 650 000 元予以分期确认。此外，甲银行还应在资产负债表日对已确认的资产计提可能发生的减值损失。比如，在 2×19 年 12 月 31 日，已转移贷款发生信用损失 3 000 000 元，则甲银行应进行如下账务处理：

借：资产减值损失　3 000 000

　贷：贷款损失准备——次级权益　300 000

借：继续涉入负债　3 000 000

　贷：继续涉入资产——次级权益　3 000 000

第 30 章
企业会计准则第 24 号——套期保值

30.1　如何识别被套期项目

案例与问题

【例 30-1】甲公司为我国境内机器生产企业，以人民币为记账本位币。甲公司与境外某公司签订了一项设备购买合同，约定 6 个月后按固定的外币价格购入设备，即甲公司与境外公司达成了一项确定承诺。同时，甲公司签订了一份外币远期合同，以对该项确定承诺产生的外汇风险进行套期。

【问题】该案例中的哪个项目可以被指定为被套期项目?

规范与要求

《企业会计准则第 24 号——套期保值》做了以下规定。

第九条　被套期项目，是指使企业面临公允价值或现金流量变动风险，且被指定为被套期对象的、能够可靠计量的项目。企业可以将下列单个项目、项目组合或其组成部分指定为被套期项目：

（一）已确认资产或负债。

（二）尚未确认的确定承诺。确定承诺，是指在未来某特定日期或期间，以约定价格交换特定数量资源、具有法律约束力的协议。

（三）极可能发生的预期交易。预期交易，是指尚未承诺但预期会发生的交易。

（四）境外经营净投资。

上述项目组成部分是指小于项目整体公允价值或现金流量变动的部分，企业只能将下列项目组成部分或其组合指定为被套期项目：

（一）项目整体公允价值或现金流量变动中仅由某一个或多个特定风险引起的公允价值或现金流量变动部分(风险成分)。根据在特定市场环境下的评估，该风险成分应当能够单独识别并可靠计量。风险成分也包括被套期项目公允价值或现金流量的变动仅高于或仅低于特定价格或其他变量的部分。

（二）一项或多项选定的合同现金流量。

（三）项目名义金额的组成部分，即项目整体金额或数量的特定部分，其可以是项目整体的一定比例部分，也可以是项目整体的某一层级部分。若某一层级部分包含提前还款权，且该提前还款权的公允价值受被套期风险变化影响的，企业不得将该层级指定为公允价值套期的被套期项目，但企业在计量被套期项目的公允价值时已包含该提前还款权影响的情况除外。

解析与说明

根据上述第九条，尚未确认的确定承诺可以视作被套期项目。在本案例中，甲公司与境外公司签订的设备购买合同为被套期项目，外币远期合同可以为公允价值套期或现金流量套期中的套期工具。

案例与问题

【例 30-2】甲公司与乙公司订立了一项以指定公式进行定价的长期天然气供应合同。该公式主要参考商品价格（如柴油、燃油等）和其他因素（如运输费等）对长期天然气进行定价。为了管理长期天然气供应合同涉及的长期天然气价格风险，甲公司利用柴油远期合同对该供应合同定价中的柴油组成部分进行套期。柴油组成部分的价格风险敞口属于合同明确的风险成分。

【问题】该案例中的哪个项目可以被指定为被套期项目？

规范与要求

《企业会计准则第 24 号——套期保值》做了以下规定。

第九条　被套期项目，是指使企业面临公允价值或现金流量变动风险，且被指定为被套期对象的、能够可靠计量的项目。企业可以将下列单个项目、项目组合或其组成部分指定为被套期项目：

（一）已确认资产或负债。

（二）尚未确认的确定承诺。确定承诺，是指在未来某特定日期或期间，以约定价格交换特定数量资源、具有法律约束力的协议。

（三）极可能发生的预期交易。预期交易，是指尚未承诺但预期会发生的交易。

（四）境外经营净投资。

上述项目组成部分是指小于项目整体公允价值或现金流量变动的部分，企业只能将下列项目组成部分或其组合指定为被套期项目：

（一）项目整体公允价值或现金流量变动中仅由某一个或多个特定风险引起的公允价值或现金流量变动部分(风险成分)。根据在特定市场环境下的评估，该风险成分应当能够单独识别并可靠计量。风险成分也包括被套期项目公允价值或现金流量的变动仅高于或仅低于特定价格或其他变量的部分。

（二）一项或多项选定的合同现金流量。

（三）项目名义金额的组成部分，即项目整体金额或数量的特定部分，其可以是项目整体的一定比例部分，也可以是项目整体的某一层级部分。若某一层级部分包含提前还款权，且该提前还款权的公允价值受被套期风险变化影响的，企业不得将该层级指定为公允价值套期的被套期项目，但企业在计量被套期项目的公允价值时已包含该提前还款权影响的情况除外。

解析与说明

根据上述第九条，项目整体的公允价值或现金流量变动中仅由某一个或多个特定风险引起的公允价值或现金流量变动部分（风险成分），可指定为套期项目。根据在特定市场环境下的评估，该风险成分应当能够单独识别并可靠计量。风险成分也包括被套期项目公允价值或现金流量的变动仅高于或仅低于特定价格或其他变量的部分。

本案例中，根据指定的定价公式，柴油组成部分的价格风险敞口能够单独识别；由于市场上存在可交易的柴油远期合同，所以柴油组成部分的价格风险敞口能够可靠计量。因此，甲公司的长期天然气供应合同定价中的柴油组成部分的价格风险敞口（风险成分）可以作为符合条件的被套期项目。

案例与问题

【例 30-3】甲公司向乙银行申请了一笔本金为 100 万元人民币、期限为 5 年的贷款。该贷款允许甲公司于每年年末最多偿还本金 10 万元，即贷款本金中的 40 万元可以提前偿还（分别在贷款第 1 年至第 4 年年末偿还），而贷款本金中的 60 万元则不可提前偿还且具有 5 年的固定期限。

【问题】该案例中，哪部分款项可以被指定为被套期项目?

规范与要求

《企业会计准则第 24 号——套期保值》做了以下规定。

第九条　被套期项目，是指使企业面临公允价值或现金流量变动风险，且被指定为被套期对象的、能够可靠计量的项目。企业可以将下列单个项目、项目组合或其组成部分指定为被套期项目：

（一）已确认资产或负债。

（二）尚未确认的确定承诺。确定承诺，是指在未来某特定日期或期间，以约定价格交换特定数量资源、具有法律约束力的协议。

（三）极可能发生的预期交易。预期交易，是指尚未承诺但预期会发生的交易。

（四）境外经营净投资。

上述项目组成部分是指小于项目整体公允价值或现金流量变动的部分，企业只能将下列项目组成部分或其组合指定为被套期项目：

（一）项目整体公允价值或现金流量变动中仅由某一个或多个特定风险引起的公允价值或现金流量变动部分（风险成分）。根据在特定市场环境下的评估，该风险成分应当能够单独识别并可靠计量。风险成分也包括被套期项目公允价值或现金流量的变动仅高于或仅低于特定价格或其他变量的部分。

（二）一项或多项选定的合同现金流量。

（三）项目名义金额的组成部分，即项目整体金额或数量的特定部分，其可以是项目整体的一定比例部分，也可以是项目整体的某一层级部分。若某一层级部分包含提前还款权，且该提前还款权的公允价值受被套期风险变化影响的，企业不得将该层级指定为公允价值套期的被套期项目，但企业在计量被套期项目的公允价值时已包含该提前还款权影响的情况除外。

解析与说明

根据上述第九条，项目名义金额的组成部分，即项目整体金额或数量的特定部分，其可以是项目整体的一定比例部分，也可以是项目整体的某一层级部分。若某一层级部分包含提前还款权，且该提前还款权的公允价值受被套期风险变化影响，则企业不得将该层级指定为公允价值套期的被套期项目，但企业在计量被套期项目的公允价值时已包含该提前还款权影响的情况除外。

由于该 60 万元属于固定期限债务、不可提前偿还，且其公允价值不包含提前还款选择权的影响（即该层组成部分不包含提前还款选择权），因此，甲公司可将此项金额的某一层组成部分指定为被套期项目。

但是，与可提前还款的 40 万元相关的公允价值变动则包含提前还款选择权（其公允价值受利率变动风险的影响），因此，40 万元的该层组成部分无法成为符合条件的项目组成部分，不能作为被套期项目，除非甲公司在确定被套期项目的公允价值变动时已包含相关提前还款选择权的影响。

案例与问题

【例 30-4】甲公司的记账本位币为人民币，其利用合同期限为 15 个月的咖啡期货合同对在未来 15 个月后极可能发生的确定数量的咖啡采购进行套期，以管理价格风险（基于美元的）。

【问题】该案例中，哪个项目可以被指定为被套期项目？

规范与要求

《企业会计准则第 24 号——套期保值》做了以下规定。

第九条　被套期项目，是指使企业面临公允价值或现金流量变动风险，且被指定为被套期对象的、能够可靠计量的项目。企业可以将下列单个项目、项目组合或其组成部分指定为被套期项目：

（一）已确认资产或负债。

（二）尚未确认的确定承诺。确定承诺，是指在未来某特定日期或期间，以约定价格交换特定数量资源、具有法律约束力的协议。

（三）极可能发生的预期交易。预期交易，是指尚未承诺但预期会发生的交易。

（四）境外经营净投资。

上述项目组成部分是指小于项目整体公允价值或现金流量变动的部分，企业只能将下列项目组成部分或其组合指定为被套期项目：

（一）项目整体公允价值或现金流量变动中仅由某一个或多个特定风险引起的公允价值或现金流量变动部分(风险成分)。根据在特定市场环境下的评估，该风险成分应当能够单独识别并可靠计量。风险成分也包括被套期项目公允价值或现金流量的变动仅高于或仅低于特定价格或其他变量的部分。

（二）一项或多项选定的合同现金流量。

（三）项目名义金额的组成部分，即项目整体金额或数量的特定部分，其可以是项目整体的一定比例部分，也可以是项目整体的某一层级部分。若某一层级部分包含提前还款权，且该提前还款权的公允价值受被套期风险变化影响的，企业不得将该层级指定为公允价值套期的被套期项目，但企业在计量被套期项目的公允价值时已包含该提前还款权影响的情况除外。

第十条　企业可以将符合被套期项目条件的风险敞口与衍生工具组合形成

的汇总风险敞口指定为被套期项目。

解析与说明

根据上述第九条，尚未承诺但预期会发生的交易称为预期交易，极可能发生的预期交易可以视作被套期项目。

根据准则第十条，被套期项目条件的风险敞口与衍生工具组合形成的汇总风险敞口指定为被套期项目。

结合第九条和第十条，本案例中极可能发生的咖啡采购和咖啡期货合同的组合可被视为一项15个月后固定金额的美元外汇风险敞口（汇总风险敞口），可以被指定为被套期项目。

30.2　如何对公允价值套期进行计量

案例与问题

【例30-5】2×19年1月1日，甲公司为规避所持有的铜存货的公允价值变动风险与某金融机构签订了一项铜期货合同，并将其指定为对2×19年前两个月铜存货的商品价格变化引起的公允价值变动风险的套期期工具。铜期货合同的标的资产与被套期项目铜存货在数量、质次、价格变动和产地方面相同。本示例中假设套期工具与被套期项目因铜价变化引起的公允价值变动一致，且不考虑期货市场中每日无负债结算制度的影响。

2×19年1月1日，铜期货合同的公允价值为零，被套期项目（铜存货）的账面价值和成本均为1 000 000元，公允价值为1 100 000元。2×19年1月31日，铜期货合同的公允价值上涨了25 000元，铜存货的公允价值下降了25 000元。2×19年2月28日，铜期货合同的公允价值下降了15 000元，铜存货的公允价值上升了15 000元。当日，甲公司将铜存货以1 100 000元的价格出售，并将铜期货合同结算。

甲公司通过分析发现，铜存货与铜期货合同存在经济关系。信用风险在该经济关系产生的价值变动中不占主导地位。套期比率反映了套期的实际数量，符合套期有效性要求。

【问题】假定不考虑商品销售相关的增值税及其他因素，那么甲公司应如何进行账务处理？

规范与要求

《企业会计准则第 24 号——套期保值》做了以下规定。

第二十二条　公允价值套期满足运用套期会计方法条件的，应当按照下列规定处理：

（一）套期工具产生的利得或损失应当计入当期损益。如果套期工具是对选择以公允价值计量且其变动计入其他综合收益的非交易性权益工具投资（或其组成部分）进行套期的，套期工具产生的利得或损失应当计入其他综合收益。

（二）被套期项目因被套期风险敞口形成的利得或损失应当计入当期损益，同时调整未以公允价值计量的已确认被套期项目的账面价值。被套期项目为按照《企业会计准则第 22 号——金融工具确认和计量》第十八条分类为以公允价值计量且其变动计入其他综合收益的金融资产（或其组成部分）的，其因被套期风险敞口形成的利得或损失应当计入当期损益，其账面价值已经按公允价值计量，不需要调整；被套期项目为企业选择以公允价值计量且其变动计入其他综合收益的非交易性权益工具投资（或其组成部分）的，其因被套期风险敞口形成的利得或损失应当计入其他综合收益，其账面价值已经按公允价值计量，不需要调整。

被套期项目为尚未确认的确定承诺（或其组成部分）的，其在套期关系指定后因被套期风险引起的公允价值累计变动额应当确认为一项资产或负债，相关的利得或损失应当计入各相关期间损益。当履行确定承诺而取得资产或承担负债时，应当调整该资产或负债的初始确认金额，以包括已确认的被套期项目的公允价值累计变动额。

第二十三条　公允价值套期中，被套期项目为以摊余成本计量的金融工具（或其组成部分）的，企业对被套期项目账面价值所作的调整应当按照开始摊销日重新计算的实际利率进行摊销，并计入当期损益。该摊销可以自调整日开始，但不应当晚于对被套期项目终止进行套期利得和损失调整的时点。被套期项目为按照《企业会计准则第 22 号——金融工具确认和计量》第十八条分类为以公允价值计量且其变动计入其他综合收益的金融资产（或其组成部分）的，企业应当按照相同的方式对累计已确认的套期利得或损失进行摊销，并计入当期损益，但不调整金融资产（或其组成部分）的账面价值。

解析与说明

（1）2×19 年 1 月 1 日

借：被套期项目——库存商品铜　　1 000 000

贷：库存商品——铜　　1 000 000

（指定铜存货为被套期项目）

2×19 年 1 月 1 日，被指定为套期工具的铜期货合同的公允价值为零，因此无账务处理。

（2）2×17 年 1 月 31 日

借：套期工具——铜期货合同　　25 000

贷：套期损益　　25 000

（确认套期工具的公允价值变动）

借：套期损益　　25 000

贷：被套期项目——库存商品铜　　25 000

（确认套期工具的公允价值变动）

（3）2×19 年 2 月 28 日

借：套期损益　　15 000

贷：套期工具——铜期货合同　　15 000

（确认套期工具的公允价值变动）

借：被套期项目——存商品铜　　15 000

贷：套期损益　　15 000

（确认被套期项目的公允价值变动）

借：应收账款或银行存款　　1 090 000

贷：主营业务收入　　1 090 000

（确认销售铜存货的收入）

借：主营业务成本　　990 000

贷：被套期项目——库存商品铜　　990 000

（结转销售铜存货的成本）

借：银行存款　　10 000

贷：套期工具——铜期货合同　　10 000

（结算铜期货合同）

注：由于甲公司采用套期进行风险管理，规避了铜存货的公允价值变动风险，因此铜存货的公允价值下降没有对预期毛利 100 000（1 100 000-1 000 000）元产生不利影响。同时，甲公司运用公允价值套期会计将套期工具与被套期项目的公允价值变动计入相同会计期间的损益，消除了因企业风险管理活动可能导致的损益波动。

30.3　如何对现金流量套期进行计量

案例与问题

【例 30-6】2×19 年 1 月 1 日，DEF 公司预期在 2×19 年 2 月 28 日销售一批商品 X，数量为 100 吨，预期售价为 1 100 000 元。为规避该预期销售中与商品价格有关的现金流量变动风险，DEF 公司于 2×19 年 1 月 1 日与某金融机构签订了一项商品期货合同 Y，约定 DEF 公司于 2×19 年 2 月 28 日以总价 1 100 000 元的价格销售 100 吨商品 X，且将其指定为对预期商品销售的套期工具。商品期货合同 Y 的标的资产与被套期预期销售商品在数量、质次、价格变动和产地等方面相同，并且商品期货合同 Y 的结算日和预期商品销售日均为 2×19 年 2 月 28 日。

2×19 年 1 月 1 日，商品期货合同 Y 的公允价值为零。2×19 年 1 月 31 日，商品期货合同 Y 的公允价值上涨了 25 000 元，预期销售价格下降了 25 000 元。2×19 年 2 月 28 日，商品期货合同 Y 的公允价值上涨了 10 000 元，商品销售价格下降了 10 000 元。当日，DEF 公司将商品 X 出售，并结算了商品期货合同 Y。

DEF 公司认为该套期符合套期有效性的条件。假定不考虑商品销售相关的增值税及其他因素，且商品期货合约自套期开始的累计利得或损失与被套期项目自套期开始因商品价格变动引起的未来现金流量现值的累计变动额一致。同时，假定不考虑期货市场每日无负债结算制度的影响。

【问题】DEF 公司的账务应如何处理？（单位：元）

规范与要求

《企业会计准则第 24 号——套期保值》做了以下规定。

第二十四条　现金流量套期满足运用套期会计方法条件的，应当按照下列规定处理：

（一）套期工具产生的利得或损失中属于套期有效的部分，作为现金流量套期储备，应当计入其他综合收益。现金流量套期储备的金额，应当按照下列两项的绝对额中较低者确定：

1. 套期工具自套期开始的累计利得或损失；

2. 被套期项目自套期开始的预计未来现金流量现值的累计变动额。

每期计入其他综合收益的现金流量套期储备的金额应当为当期现金流量套期储备的变动额。

（二）套期工具产生的利得或损失中属于套期无效的部分（即扣除计入其

他综合收益后的其他利得或损失），应当计入当期损益。

第二十五条　现金流量套期储备的金额，应当按照下列规定处理。

（一）被套期项目为预期交易，且该预期交易使企业随后确认一项非金融资产或非金融负债的，或者非金融资产或非金融负债的预期交易形成一项适用于公允价值套期会计的确定承诺时，企业应当将原在其他综合收益中确认的现金流量套期储备金额转出，计入该资产或负债的初始确认金额。

（二）对于不属于本条（一）涉及的现金流量套期，企业应当在被套期的预期现金流量影响损益的相同期间，将原在其他综合收益中确认的现金流量套期储备金额转出，计入当期损益。

（三）如果在其他综合收益中确认的现金流量套期储备金额是一项损失，且该损失全部或部分预计在未来会计期间不能弥补的，企业应当在预计不能弥补时，将预计不能弥补的部分从其他综合收益中转出，计入当期损益。

第二十六条　当企业对现金流量套期终止运用套期会计时，在其他综合收益中确认的累计现金流量套期储备金额，应当按照下列规定进行处理：

（一）被套期的未来现金流量预期仍然会发生的，累计现金流量套期储备的金额应当予以保留，并按照本准则第二十五条的规定进行会计处理。

（二）被套期的未来现金流量预期不再发生的，累计现金流量套期储备的金额应当从其他综合收益中转出，计入当期损益。被套期的未来现金流量预期不再极可能发生但可能预期仍然会发生，在预期仍然会发生的情况下，累计现金流量套期储备的金额应当予以保留，并按照本准则第二十五条的规定进行会计处理。

解析与说明

（1）2×19 年 1 月 1 日

DEF 公司不进行账务处理。

（2）2×19 年 1 月 31 日

借：套期工具——商品期货合同 Y　　25 000

　　贷：其他综合收益——套期储备　　25 000

（确认现金流量套期储备）

（3）2×19 年 2 月 28 日

借：套期工具——商品期货合同 Y　　10 000

　　贷：其他综合收益——套期储备　　10 000

（确认现金流量套期储备）

套期工具自套期开始的累计利得或损失与被套期项目自套期开始的预计未来现金流量现值的累计变动额一致，因此，DEF 公司可将套期工具的公允价值变动额作为现金流量套期储备计入其他综合收益。

借：应收账款（或银行存款）　　　　1 065 000

　　贷：主营业务收入　　　　1 065 000

（确认商品 X 的销售收入）

借：银行存款　　　　35 000

　　贷：套期工具——商品期货合同 Y　　　　35 000

（结算衍生工具 Y）

借：其他综合收益——套期储备　　　　35 000

　　贷：主营业务收入　　　　35 000

（将现金流量套期储备金额转出，计入当期收入）

30.4　如何对境外经营净投资套期进行计量

案例与问题

【例 30-7】2×18 年 10 月 1 日，甲公司（记账本位币为人民币）在其境外子公司有一项境外经营净投资，金额为 5 000 万元（外币，FC）。为规避境外经营净投资外汇风险，甲公司与某境外金融机构签订了一项外汇远期合同，约定于 2×17 年 4 月 1 日卖出 FC5 000 万元。其他有关资料如表 30-1 所示。假定不考虑远期合同的远期要素。

表 30-1　汇率及公允价值

单位：元

日期	即期汇率（FC/ 人民币）	远期汇率（FC/ 人民币）	远期合同的公允价值
2×18 年 10 月 1 日	1.71	1.70	0
2×18 年 12 月 31 日	1.64	1.63	3 430 000
2×19 年 3 月 31 日	1.60	不适用	5 000 000

【问题】如果甲公司的上述套期满足运用套期会计方法的所有条件，那么甲公司

的账务应如何处理?

规范与要求

《企业会计准则第 24 号——套期保值》做了以下规定。

第二十七条　对境外经营净投资的套期,包括对作为净投资的一部分进行会计处理的货币性项目的套期,应当按照类似于现金流量套期会计的规定处理:

(一)套期工具形成的利得或损失中属于套期有效的部分,应当计入其他综合收益。

全部或部分处置境外经营时,上述计入其他综合收益的套期工具利得或损失应当相应转出,计入当期损益。

(二)套期工具形成的利得或损失中属于套期无效的部分,应当计入当期损益。

解析与说明

(1)2×18 年 10 月 1 日,外汇远期合同的公允价值为 0,不进行账务处理。

(2)2×18 年 12 月 31 日,确认外汇远期合同的公允价值变动:

借:套期工具——外汇远期合同　　3 430 000

　　贷:其他综合收益——外币报表折算差额　　3 430 000

确认对子公司净投资的汇兑损益:

借:其他综合收益——外币报表折算差额　　3 500 000

　　贷:长期股权投资　　3 500 000

(3)2×19 年 3 月 31 日,确认外汇远期合同的公允价值变动:

借:套期工具——外汇远期合同　　1 570 000

　　贷:其他综合收益——外币报表折算差额　　1 570 000

确认对子公司净投资的汇兑损益:

借:其他综合收益——外币报表折算差额　　2 000 000

　　贷:长期股权投资　　2 000 000

结算外汇远期合同:

借:银行存款　　5 000 000

　　贷:套期工具——外汇远期合同　　5 000 000

注:境外经营净投资中,套期工具形成的利得在其他综合收益中列示,直至子公司被处置。

30.5　套期关系再平衡时的账务处理

案例与问题

【例 30-8】2×18 年 1 月 1 日，甲公司预计在未来 12 个月内采购 100 万桶西德克萨斯中质原油（下称 WTI 原油）。甲公司采用现金流量套期，并购入 105 万桶布伦特原油（下称 Brent 原油）期货合约，以对极可能发生的 100 万桶 WTI 原油的预期采购进行套期（套期比率为 1:1.05）。该期货合约在指定日的公允价值为 0。

2×18 年 6 月 30 日，被套期项目 WTI 原油的预期采购自套期开始的预计未来现金流量现值的累计变动额为 200 万美元，套期工具的公允价值累计下降了 229 万美元。甲公司通过分析发现，Brent 原油和 WTI 原油的经济关系与其预期不同，因此考虑对套期关系进行再平衡。甲公司通过分析决定将套期比率重新设定为 1:0.98。

为了在 2×18 年 6 月 30 日进行再平衡，甲公司可以指定更大的被套期风险敞口或终止指定部分套期工具。甲公司决定选择后者，即终止指定 7 万桶 Brent 原油期货合约的套期工具。

假定甲公司的上述套期满足运用套期会计方法的所有条件，不考虑其他因素。假定美元兑人民币的汇率为 1:6。

【问题】甲公司应如何做相应的账务处理?

规范与要求

《企业会计准则第 24 号——套期保值》做了以下规定。

第十八条　套期关系由于套期比率的原因而不再符合套期有效性要求，但指定该套期关系的风险管理目标没有改变的，企业应当进行套期关系再平衡。

本准则所称套期关系再平衡，是指对已经存在的套期关系中被套期项目或套期工具的数量进行调整，以使套期比率重新符合套期有效性要求。基于其他目的对被套期项目或套期工具所指定的数量进行变动，不构成本准则所称的套期关系再平衡。

企业在套期关系再平衡时，应当首先确认套期关系调整前的套期无效部分，并更新在套期剩余期限内预期将影响套期关系的套期无效部分产生原因的分析，同时相应更新套期关系的书面文件。

第二十八条　企业根据本准则第十八条规定对套期关系作出再平衡的，应当在调整套期关系之前确定套期关系的套期无效部分，并将相关利得或损失计入当期损益。

套期关系再平衡可能会导致企业增加或减少指定套期关系中被套期项目或套期工具的数量。企业增加了指定的被套期项目或套期工具的，增加部分自指定增加之日起作为套期关系的一部分进行处理；企业减少了指定的被套期项目或套期工具的，减少部分自指定减少之日起不再作为套期关系的一部分，作为套期关系终止处理。

解析与说明

根据上述第二十八条的规定，企业对套期关系做出再平衡的，应当在调整套期关系之前确定套期关系的套期无效部分，并将相关利得或损失立即计入当期损益。同时，更新在套期剩余期限内预期将影响套期关系的套期无效部分产生原因的分析，并相应更新套期关系的书面文件。

本案例中，套期关系再平衡后选择终止指定部分套期工具，即需将7万桶Brent原油期货合约的套期工具重分类为衍生工具，对应衍生工具的公允价值为916 000（137 400×7÷1.05）元。

（1）2×18年1月1日，甲公司不作账务处理。

（2）2×18年6月30日：

借：其他综合收益——套期储备　　12 000 000

　　套期损益　　1 740 000

　　贷：套期工具——期货合同　　13 740 000

在总计105万桶的Brent原油期货合约中，7万桶不再属于该套期关系。因此，甲公司需将相应的套期工具重分类为衍生工具，且应当相应更新有关套期文件的书面记录。

甲公司进行再平衡时的会计处理如下：

借：套期工具——期货合同　　916 000

　　贷：衍生工具——期货合同　　916 000

30.6　被套期项目为风险净敞口的套期的账务处理

案例与问题

【例30-9】2×18年1月1日，甲公司预期2×18年12月31日将有一项1 000万美元的现金销售和一项1 200万美元的固定资产现金采购。上述交易极有可能发生。上述固定资产将采用直线法在5年内计提折旧。甲公司的记账本位币为人民币。

2×18 年 1 月 1 日，甲公司签订了一项 1 年期外汇远期合同对上述 200 万美元的外汇净头寸进行套期。甲公司 1 年后将按 1 美元 =6.5 人民币元的汇率购入 200 万美元。

2×18 年 1 月 1 日及 2×18 年 12 月 31 日，美元的即期汇率分别为 1 美元 =6.5 人民币元及 1 美元 =6.4 人民币元。2×18 年 1 月 1 日，外汇远期合同的公允价值为 0。2×16 年 12 月 31 日，外汇远期合同的公允价值为亏损 20 万人民币元。

预期销售现金流入和预期采购现金流出如期于 2×18 年 12 月 31 日发生，外汇远期合同也于 2×18 年 12 月 31 日结算。假设不考虑外汇远期合同的远期要素。

【问题】甲公司应如何做相应的账务处理？

规范与要求

《企业会计准则第 24 号——套期保值》做了以下规定。

第二十九条　对于被套期项目为风险净敞口的套期，被套期风险影响利润表不同列报项目的，企业应当将相关套期利得或损失单独列报，不应当影响利润表中与被套期项目相关的损益列报项目金额（如营业收入或营业成本）。

对于被套期项目为风险净敞口的公允价值套期，涉及调整被套期各组成项目账面价值的，企业应当对各项资产和负债的账面价值做相应调整。

解析与说明

根据上述第二十九条规定，本案例属于风险净敞口的套期，因此应当将相关套期利得或损失单独列报。

（1）2×18 年 1 月 1 日，外汇远期合同公允价值为 0，无须进行账务处理。

（2）2×18 年 12 月 31 日，确认套期工具公允价值变动：

借：其他综合收益——套期储备　　　　200 000

　　贷：套期工具——外汇远期合同　　　　200 000

结算外汇远期合同：

借：套期工具——外汇远期合同　　　　200 000

　　贷：银行存款　　　　200 000

将套期工具的累计损失中对应预期销售的部分，即 1 000 000[10 000 000×（6.5−6.4）] 元的人民币利得，从其他综合收益中转出，并将其计入净敞口套期损益：

借：其他综合收益——套期储备　　　　1 000 000

贷：净敞口套期损益　　　　　　　　　　　　　　　　　　　　1 000 000

借：应收账款或银行存款　　　　　　　　　　　　　　　64 000 000

贷：主营业务收入　　　　　　　　　　　　　　　　　　　　64 000 000

将套期工具的累计损失中对应预期采购的部分，即 1 200 000[12 000 000×（6.4−6.5）]元的人民币损失，从其他综合收益中转出，并将其计入固定资产的初始确认金额：

借：固定资产　　　　　　　　　　　　　　　　　　　　78 000 000

贷：银行存款　　　　　　　　　　　　　　　　　　　　　76 800 000

其他综合收益——套期储备　　　　　　　　　　　　　　　1 200 000

后续第 2 年至第 6 年，基于固定资产的采购价格（不含套期调整），甲公司每年应计提的折旧额 =76 800 000÷5=15 360 000（人民币元）：

借：制造费用——折旧费用　　　　　　　　　　　　　　15 360 000

贷：累计折旧　　　　　　　　　　　　　　　　　　　　　15 360 000

将套期调整在固定资产折旧期间进行摊销，每年的摊销额 =1 200 000÷5=240 000（人民币元），并将其计入净敞口套期损益：

借：净敞口套期损益　　　　　　　　　　　　　　　　　240 000

贷：累计折旧　　　　　　　　　　　　　　　　　　　　　240 000

注：由于本案例涉及净敞口套期，因此与被套期项目相关的利润表列示项目（即营业收入和营业成本）不会因采用套期会计而受到影响。

30.7　套期工具为期权的套期的账务处理

案例与问题

【例 30-10】甲公司发行了 7 年期浮动利率债券，并希望在前 2 年内使其免于因利率上升而导致的利息费用增加所带来的风险。因此，甲公司买进了一份为期 2 年的期权。

假定该期权被指定时的实际时间价值为 200 000 元，甲公司将该金额按照系统、合理的方法在保护期（即前 2 年）内分摊至当期损益。为简化核算，本案例中以直线法分摊至当期损益。

【问题】甲公司如何做相应的账务处理？

规范与要求

《企业会计准则第 24 号——套期保值》做了以下规定。

第七条　在确立套期关系时，企业应当将符合条件的金融工具整体指定为套期工具，但下列情形除外：

（一）对于期权，企业可以将期权的内在价值和时间价值分开，只将期权的内在价值变动指定为套期工具。

（二）对于远期合同，企业可以将远期合同的远期要素和即期要素分开，只将即期要素的价值变动指定为套期工具。

（三）对于金融工具，企业可以将金融工具的外汇基差单独分拆，只将排除外汇基差后的金融工具指定为套期工具。

（四）企业可以将套期工具的一定比例指定为套期工具，但不可以将套期工具剩余期限内某一时段的公允价值变动部分指定为套期工具。

第三十一条　企业根据本准则第七条规定将期权的内在价值和时间价值分开，只将期权的内在价值变动指定为套期工具时，应当区分被套期项目的性质是与交易相关还是与时间段相关。被套期项目与交易相关的，对其进行套期的期权时间价值具备交易成本的特征；被套期项目与时间段相关的，对其进行套期的期权时间价值具备为保护企业在特定时间段内规避风险所需支付成本的特征。企业应当根据被套期项目的性质分别进行以下会计处理：

（一）对于与交易相关的被套期项目，企业应当按照本准则第三十二条的规定，将期权时间价值的公允价值变动中与被套期项目相关的部分计入其他综合收益。对于在其他综合收益中确认的期权时间价值的公允价值累计变动额，应当按照本准则第二十五条规定的与现金流量套期储备金额相同的会计处理方法进行处理。

（二）对于与时间段相关的被套期项目，企业应当按照本准则第三十二条的规定，将期权时间价值的公允价值变动中与被套期项目相关的部分计入其他综合收益。同时，企业应当按照系统、合理的方法，将期权被指定为套期工具当日的时间价值中与被套期项目相关的部分，在套期关系影响损益或其他综合收益（仅限于企业对指定为以公允价值计量且其变动计入其他综合收益的非交易性权益工具投资的公允价值变动风险敞口进行的套期）的期间内摊销，摊销金额从其他综合收益中转出，计入当期损益。若企业终止运用套期会计，则其他综合收益中剩余的相关金额应当转出，计入当期损益。

期权的主要条款（如名义金额、期限和标的）与被套期项目相一致的，期权的实际时间价值与被套期项目相关；期权的主要条款与被套期项目不完全一致的，企业应当通过对主要条款与被套期项目完全一致的期权进行估值确定校准时间价值，并确认期权的实际时间价值中与被套期项目相关的部分。

第三十二条　在套期关系开始时，期权的实际时间价值高于校准时间价值的，企业应当以校准时间价值为基础，将其累计公允价值变动计入其他综合收益，并将这两个时间价值的公允价值变动差额计入当期损益；在套期关系开始时，期权的实际时间价值低于校准时间价值的，企业应当将两个时间价值中累计公允价值变动的较低者计入其他综合收益，如果实际时间价值的累计公允价值变动扣减累计计入其他综合收益金额后尚有剩余的，应当计入当期损益。

解析与说明

根据上述第七条的规定，期权的时间价值不能作为套期工具，只有内在价值能够作为套期工具，因此，当期权作为套期工具时，应该将其时间价值和内在价值分离出来。

同时，根据上述第三十二条的规定，在套期关系开始时，期权的实际时间价值与校准时间价值的大小关系对后续账务处理有影响，由于本案例中并未出现具体的校准时间价值，所以可以分类为三种情况进行账务处理。

（1）实际时间价值等于校准时间价值。

由于期权被指定时的实际时间价值为 200 000 元，假定其开始时的校准时间价值也为 200 000 元，因此，期权实际时间价值等于校准时间价值。假定在第 1 年年末期权的时间价值为 130 000 元。

在这种情形下，期权的时间价值变动情况如表 30-2 所示。

表 30-2　期权的时间价值变动情况

单位：元

	指定套期时	第 1 年年末	第 2 年年末	合计
期权的时间价值	200 000	130 000	0	
计入其他综合收益的公允价值变动		70 000	130 000	200 000
从其他综合收益转出（分摊）的金额		100 000	100 000	200 000

针对期权的时间价值，甲公司的账务处理如下：

①第 1 年：

借：其他综合收益——套期成本　　70 000

　　贷：衍生工具　　70 000

借：财务费用　　100 000

　　贷：其他综合收益——套期成本　　100 000

②第 2 年：

借：其他综合收益——套期成本　　130 000

　　贷：衍生工具　　130 000

借：财务费用　　100 000

　　贷：其他综合收益——套期成本　　100 000

（2）实际时间价值高于校准时间价值。

期权指定时的实际时间价值为 200 000 元，假定开始时的校准时间价值为 150 000 元，此时期权实际时间价值高于校准时间价值。假定第 1 年年末该期权的实际时间价值为 100 000 元，同时，该期权的校准时间价值为 90 000 元。

在这种情形下，期权的时间价值变动情况如表 30-3 所示。

表 30-3　期权的时间价值变动情况

单位：元

	指定套期时	第 1 年年末	第 2 年年末	合计
期权的实际时间价值	200 000	100 000	0	
期权的校准时间价值	150 000	90 000	0	
期权实际时间价值的变动金额		100 000	100 000	200 000
期权校准时间价值的变动金额（计入其他综合收益）		60 000	90 000	150 000
期权实际时间价值变动不计入其他综合收益的部分		40 000	10 000	50 000
从其他综合收益转出（分摊）的金额		75 000	75 000	150 000
影响当期损益的金额		115 000	85 000	200 000

针对期权的时间价值，甲公司的账务处理如下：

①第 1 年：

借：其他综合收益——套期成本　　60 000

　　公允价值变动损益　　40 000

　　贷：衍生工具　　100 000

借：财务费用　　75 000

　　贷：其他综合收益——套期成本　　75 000

②第 2 年：

借：其他综合收益——套期成本　　90 000

　　公允价值变动损益　　10 000

　　贷：衍生工具　　100 000

借：财务费用　　75 000

　　贷：其他综合收益——套期成本　　75 000

（3）实际时间价值低于校准时间价值。

期权指定时的实际时间价值为 200 000 元，假定开始时的校准时间价值为 240 000 元，此时期权实际时间价值低于校准时间价值。假定第 1 年年末该期权的实际时间价值为 120 000 元，同时，该期权的校准时间价值为 100 000 元。

在这种情形下，期权的时间价值变动情况如表 30-4 所示。

表 30-4　期权的时间价值变动情况

单位：元

	指定套期时	第 1 年年末	第 2 年年末	合计
期权的实际时间价值	200 000	120 000	0	
期权的校准时间价值	240 000	100 000	0	
期权实际时间价值的变动金额		80 000	120 000	200 000
期权校准时间价值的变动金额		140 000	100 000	240 000
计入其他综合收益的变动金额		80 000	120 000	200 000
从其他综合收益转出（分摊）的金额		100 000	100 000	200 000
影响当期损益的金额		100 000	100 000	200 000

甲公司有关期权时间价值的账务处理如下：

①第 1 年：

借：其他综合收益——套期成本　　80 000

　　贷：衍生工具　　80 000

借：财务费用　　100 000

　　贷：其他综合收益——套期成本　　100 000

②第 2 年：

借：其他综合收益——套期成本　　120 000

　　贷：衍生工具　　120 000

借：财务费用　　100 000

　　贷：其他综合收益——套期成本　　100 000

第 31 章
企业会计准则第 37 号——金融工具列报

31.1 如何区分金融负债和权益工具

案例与问题

【例 31-1】假定 B 公司发行了一项永续工具，具有如下条款：名义金额为人民币 1 亿元，8 年期，年利率为 8%。B 企业在该工具中嵌入了一项买入期权，允许其在第 8 年末及之后的每年以人民币 1 亿元的价格回购该工具。如果发行方在第 8 年末没有回购该工具，则工具的年利率增长至每年 14%(即票息递升)。在回购日之前和之后，只有在 B 企业向其普通股（这些普通股全部被分类为权益）支付股利时，B 企业才应支付该工具的利息（即股利推动机制）；B 企业一贯选择支付普通股股利。在永续工具发行时，B 企业类似债务工具的成本约为 8%。

【问题】B 公司的财务报表中，该永续债是应该列报为金融负债，还是应该列报为权益工具?

规范与要求

《企业会计准则第 37 号——金融工具列报》做了以下规定。

第七条　企业应当根据所发行金融工具的合同条款及其所反映的经济实质而非仅以法律形式，结合金融资产、金融负债和权益工具的定义，在初始确认时将该金融工具或其组成部分分类为金融资产、金融负债或权益工具。

第八条　金融负债，是指企业符合下列条件之一的负债：

（一）向其他方交付现金或其他金融资产的合同义务。

（二）在潜在不利条件下，与其他方交换金融资产或金融负债的合同义务。

（三）将来须用或可用企业自身权益工具进行结算的非衍生工具合同，且企业根据该合同将交付可变数量的自身权益工具。

（四）将来须用或可用企业自身权益工具进行结算的衍生工具合同，但以固定数量的自身权益工具交换固定金额的现金或其他金融资产的衍生工具合同除外。企业对全部现有同类别非衍生自身权益工具的持有方同比例发行配股权、期权或认股权证，使之有权按比例以固定金额的任何货币换取固定数量的该企业自身权益工具的，该类配股权、期权或认股权证应当分类为权益工具。其中，企业自身权益工具不包括应按照本准则第三章分类为权益工具的金融工具，也不包括本身就要求在未来收取或交付企业自身权益工具的合同。

第九条　权益工具，是指能证明拥有某个企业在扣除所有负债后的资产中的剩余权益的合同。企业发行的金融工具同时满足下列条件的，符合权益工具的定义，应当将该金融工具分类为权益工具：

（一）该金融工具应当不包括交付现金或其他金融资产给其他方，或在潜在不利条件下与其他方交换金融资产或金融负债的合同义务；

（二）将来须用或可用企业自身权益工具结算该金融工具。如为非衍生工具，该金融工具应当不包括交付可变数量的自身权益工具进行结算的合同义务；如为衍生工具，企业只能通过以固定数量的自身权益工具交换固定金额的现金或其他金融资产结算该金融工具。企业自身权益工具不包括应按照本准则第三章分类为权益工具的金融工具，也不包括本身就要求在未来收取或交付企业自身权益工具的合同。

第十条　企业不能无条件地避免以交付现金或其他金融资产来履行一项合同义务的，该合同义务符合金融负债的义务。有些金融工具虽然没有明确地包含交付现金或其他金融资产义务的条款和条件，但有可能通过其他条款和条件间接地形成合同义务。

如果一项金融工具须用或可用企业自身权益工具进行结算，需要考虑用于结算该工具的企业自身权益工具，是作为现金或其他金融资产的替代品，还是为了使该工具持有方享有在发行方扣除所有负债后的资产中的剩余权益。如果是前者，该工具是发行方的金融负债；如果是后者，该工具是发行方的权益工具。在某些情况下，一项金融工具合同规定企业须用或可用自身权益工具结算该金融工具，其中合同权利或合同义务的金额等于可获取或需交付的自身权益工具的数量乘以其结算时的公允价值，则无论该合同权利或合同义务的金额是固定的，还是完全或部分地基于除企业自身权益工具的市场价格以外变量（例如利率、某种商品的价格或某项金融工具的价格）的变动而变动的，该合同应当分类为金融负债。

第十一条　除根据本准则第三章分类为权益工具的金融工具外，如果一项合同使发行方承担了以现金或其他金融资产回购自身权益工具的义务，即使发行方的回购义务取决于合同对手方是否行使回售权，发行方应当在初始确认时将该义务确认为一项金融负债，其金额等于回购所需支付金额的现值（如远期回购价格的现值、期权行权价格的现值或其他回售金额的现值）。如果最终发行方无需以现金或其他金融资产回购自身权益工具，应当在合同到期时将该项金融负债按照账面价值重分类为权益工具。

第十二条　对于附有或有结算条款的金融工具，发行方不能无条件地避免交付现金、其他金融资产或以其他导致该工具成为金融负债的方式进行结算的，应当分类为金融负债。但是，满足下列条件之一的，发行方应当将其分类为权益工具：

（一）要求以现金、其他金融资产或以其他导致该工具成为金融负债的方式进行结算的或有结算条款几乎不具有可能性，即相关情形极端罕见、显著异常且几乎不可能发生。

（二）只有在发行方清算时，才需以现金、其他金融资产或以其他导致该工具成为金融负债的方式进行结算。

（三）按照本准则第三章分类为权益工具的可回售工具。

附有或有结算条款的金融工具，指是否通过交付现金或其他金融资产进行结算，或者是否以其他导致该金融工具成为金融负债的方式进行结算，需要由发行方和持有方均不能控制的未来不确定事项（如股价指数、消费价格指数变动、利率或税法变动、发行方未来收入、净收益或债务权益比率等）的发生或不发生（或发行方和持有方均不能控制的未来不确定事项的结果）来确定的金融工具。

解析与说明

由于B企业总是能通过自行选择不支付普通股股利来避免利息支付，因此B企业不存在支付利息的合同义务。同时，由于回购的权利是一项选择权且B企业总是能够选择不行使该权利，因此B企业也没有义务在第8年末行使其回购金融工具的权利。由于该工具是永续的，不存在赎回日，因此该工具并不包含任何支付现金或其他金融资产的合同义务。对于该永续工具，银行没有支付现金或其他金融资产的间接或直接义务，因此该工具整体归类为权益工具。

在确定合同安排的实质时，主体必须评估工具的条款是否为发行方提供了关于是否交付现金或其他金融资产的真实的选择权。依本案例所述，对于是否希望支付普通股股利，B 企业拥有真正的选择权。即使 B 企业很有可能选择每年支付普通股股利，从而必须支付该永续工具的利息，但是该高可能性本身并不足以使该工具归类为一项金融负债。虽然由于票息递升机制的存在，B 业很有可能为该永续工具支付利息并在第 8 年末行使其回购权，从而使该金融工具在经济上等同于一项 8 年期的贷款，但这并不足以使该工具归类为一项金融负债。

因此,就该永续工具而言,B企业没有间接或直接支付现金或其他金融工具的义务，故该工具整体应分类为权益工具。

31.2　金融资产和金融负债可以相互抵销吗

案例与问题

【例 31–2】假定 B 保险公司公司有如下金融资产和金融负债。

（1）B 公司有一项 500 万元的金融负债，对应的担保物的价值为 200 万元。

（2）B 保险公司在保险合同下的应收分保保险责任准备金为 900 万元，相关保险责任准备金为 900 万元。

（3）金融工具所形成的 300 万元金融资产和 250 万元金融负债具有同样的基础风险，涉及的交易对手相同。

（4）由于投保方发生损失，B 保险公司按合同赔偿 100 万元，确认 100 万元的负债，但 B 公司需要向有侵权责任的 C 公司要求赔偿。

【问题】资产负债表日 B 公司如何列报金融资产和金融负债?

规范与要求

《企业会计准则第 37 号——金融工具列报》做了以下规定。

第二十八条　金融资产和金融负债应当在资产负债表内分别列示，不得相互抵销。但同时满足下列条件的，应当以相互抵销后的净额在资产负债表内列示:

（一）企业具有抵销已确认金额的法定权利，且该种法定权利是当前可执行的；

（二）企业计划以净额结算，或同时变现该金融资产和清偿该金融负债。

不满足终止确认条件的金融资产转移，转出方不得将已转移的金融资产和相关负债进行抵销。

第二十九条　抵销权是债务人根据合同或其他协议，以应收债权人的金额全部或部分抵销应付债权人的金额的法定权利。在某些情况下，如果债务人、债权人和第三方三者之间签署的协议明确表示债务人拥有该抵销权，并且不违反法律法规或其他相关规定，债务人可能拥有以应收第三方的金额抵销应付债权人的金额的法定权利。

第三十条　抵销权应当不取决于未来事项，而且在企业和所有交易对手方的正常经营过程中，或在出现违约、无力偿债或破产等各种情形下，企业均可执行该法定权利。

在确定抵销权是否可执行时，企业应当充分考虑法律法规或其他相关规定以及合同约定等各方面因素。

第三十一条　当前可执行的抵销权不构成相互抵销的充分条件，企业既不打算行使抵销权（即净额结算），又无计划同时结算金融资产和金融负债的，该金融资产和金融负债不得抵销。

在没有法定权利的情况下，一方或双方即使有意向以净额为基础进行结算或同时结算相关金融资产和金融负债的，该金融资产和金融负债也不得抵销。

第三十二条　企业同时结算金融资产和金融负债的，如果该结算方式相当于净额结算，则满足本准则第二十八条（二）以净额结算的标准。这种结算方式必须在同一结算过程或周期内处理了相关应收和应付款项，最终消除或几乎消除了信用风险和流动性风险。如果某结算方式同时具备如下特征，可视为满足净额结算标准：

（一）符合抵销条件的金融资产和金融负债在同一时点提交处理；

（二）金融资产和金融负债一经提交处理，各方即承诺履行结算义务；

（三）金融资产和金融负债一经提交处理，除非处理失败，这些资产和负债产生的现金流量不可能发生变动；

（四）以证券作为担保物的金融资产和金融负债，通过证券结算系统或其他类似机制进行结算（例如券款对付），即如果证券交付失败，则以证券作为抵押的应收款项或应付款项的处理也将失败，反之亦然；

（五）若发生本条（四）所述的失败交易，将重新进入处理程序，直至结算完成；

（六）由同一结算机构执行；

（七）有足够的日间信用额度，并且能够确保该日间信用额度一经申请提取即可履行，以支持各方能够在结算日进行支付处理。

第三十三条　在下列情况下，通常认为不满足本准则第二十八条所列条件，不得抵销相关金融资产和金融负债：

（一）使用多项不同金融工具来仿效单项金融工具的特征（即合成工具）。例如利用浮动利率长期债券与收取浮动利息且支付固定利息的利率互换，合成一项固定利率长期负债。

（二）金融资产和金融负债虽然具有相同的主要风险敞口（例如远期合同或其他衍生工具组合中的资产和负债），但涉及不同的交易对手方。

（三）无追索权金融负债与作为其担保物的金融资产或其他资产。

（四）债务人为解除某项负债而将一定的金融资产进行托管（例如偿债基金或类似安排），但债权人尚未接受以这些资产清偿负债。

（五）因某些导致损失的事项而产生的义务预计可以通过保险合同向第三方索赔而得以补偿。

第三十四条　企业与同一交易对手方进行多项金融工具交易时，可能与对手方签订总互抵协议。只有满足本准则第二十八条所列条件时，总互抵协议下的相关金融资产和金融负债才能抵销。

总互抵协议，是指协议所涵盖的所有金融工具中的任何一项合同在发生违约或终止时，就协议所涵盖的所有金融工具按单一净额进行结算。

第三十五条　企业应当区分金融资产和金融负债的抵销与终止确认。抵销金融资产和金融负债并在资产负债表中以净额列示，不应当产生利得或损失；终止确认是从资产负债表列示的项目中移除相关金融资产或金融负债，有可能产生利得或损失。

解析与说明

根据上述规定，金融资产和金融负债应当在资产负债表内分别列示，不得相互抵销。但同时满足具有抵销已确认金额的法定权利，且该种法定权利是当前可执行的且B公司计划以净额结算，或同时变现该金融资产和清偿该金融负债时，应当以相互抵销后的净额在资产负债表内列示。

在下列情况下，不得抵销相关金融资产和金融负债：

（1）使用多项不同金融工具来仿效单项金融工具的特征（即合成工具）。例如，利用浮动利率长期债券与收取浮动利息且支付固定利息的利率互换，合成一项固定利率长期负债。

（2）金融资产和金融负债虽然具有相同的主要风险敞口（例如远期合同或其他衍生工具组合中的资产和负债），但涉及不同的交易对手方。

（3）无追索权金融负债与作为其担保物的金融资产或其他资产。

（4）债务人为解除某项负债而将一定的金融资产进行托管（例如偿债基金或类似安排），但债权人尚未接受以这些资产清偿负债。

（5）因某些导致损失的事项而产生的义务预计可以通过保险合同向第三方索赔而得以补偿。

因此，（1）B公司有一项500万元的金融负债，对应担保物的价值为200万元，此时因为担保物与金融负债不具有可以抵销合同，因此两者不能够抵销，金融资产和金融负债应该分别按照500万元确认。

（2）"应收分保保险责任准备金"科目用于核算企业（再保险分出人）从事再保险业务应向再保险接受人摊回的保险责任准备金，包括未决赔款准备金、寿险责任准备金、长期健康险责任准备金。而相关保险责任准备金相当于一项或有负债，两者不能相互抵销。金融资产和金融负债应该分别按照900万元确认。

（3）因为交易对手相同，而且风险相同，在将来是可以以支付的价款和享有权利（金融资产）取得的价款的差额进行结算的，因此可以抵销。金融资产应该按照50万元确认。

（4）由于投保方发生损失，B保险公司按合同赔偿100万元，但是保险公司认为侵权责任也需要有第三方的C公司承担，因此向这个第三方要求补偿。这个预计的损失100万元和预计收到的补偿需要单独反映，不能抵销。金融资产和金融负债应该分别按照100万元确认。

31.3 如何对金融资产的风险进行定性披露

案例与问题

【例31-3】假定B公司的主要金融工具包括货币资金、股权投资、债权投资、借款、应收账款、应付账款及可转换债券等，其在日常活动中面临各种风险，主要包括信用风险、流动性风险、市场风险（包括汇率风险、利率风险和商品价格风险）。

【问题】B公司如何披露金融资产的风险？

规范与要求

《企业会计准则第37号——金融工具列报》做了以下规定。

第七十五条　企业应当披露与各类金融工具风险相关的定性和定量信息，以便财务报表使用者评估报告期末金融工具产生的风险的性质和程度，更好地评价企业所面临的风险敞口。相关风险包括信用风险、流动性风险、市场风险等。

第七十六条　对金融工具产生的各类风险，企业应当披露下列定性信息：

（一）风险敞口及其形成原因，以及在本期发生的变化；

（二）风险管理目标、政策和程序以及计量风险的方法及其在本期发生的变化。

解析与说明

B应参考如下内容对金融工具的风险进行定性披露：

（1）风险管理：本公司在日常活动中面临各种金融工具的风险，主要包括信用风险、流动性风险、市场风险（包括汇率风险、利率风险和商品价格风险）。本公司的主要金融工具包括货币资金、股权投资、债权投资、借款、应收账款、应付账款及可转换债券等。与这些金融工具相关的风险，以及本集团为降低这些风险所采取的风险管理政策如下所述：

董事会负责规划并建立本集团的风险管理架构，制定本公司的风险管理政策和相关指引并监督风险管理措施的执行情况。本公司已制定风险管理政策以识别和分析本公司所面临的风险。这些风险管理政策对特定风险进行了明确规定，涵盖了市场风险、信用风险和流动性风险管理等诸多方面。本公司定期评估市场环境及本公司经营活动的变化以决定是否对风险管理政策及系统进行更新。本公司的风险管理由风险管理委员会按照董事会批准的政策开展。风险管理委员会通过与本公司其他业务部门的紧密合作来识别、评价和规避相关风险。本公司内部审计部门就风险管理控制及程序进行定期的审核，并将审核结果上报本公司的审计委员会。

本公司通过适当的多样化投资及业务组合来分散金融工具风险，并通过制定相应的风险管理政策减少集中于单一行业、特定地区或特定交易对手的风险。

（2）信用风险：信用风险是指交易对手未能履行合同义务而导致本公司产生财务损失的风险。本集团只与信用良好的交易对手合作并在必要时获取足够的抵押品，以此缓解因交易对手未能履行合同义务而产生财务损失的风险。本公司只与被评定为等同于投资级别或以上的主体进行交易。评级信息由独立评级机构提供，如不能获得此类信息，本公司将利用其他可公开获得的财务信息及自身的交易记录对主要顾客进行评级。本公司持续监控所面临的风险敞口及众多交易对手的信用评级。信用风险敞口通过对交易对手设定额度加以控制，且每年经风险管理委员会复核和审批。

应收账款的债务人为大量分布于不同行业和地区的客户。本公司持续对应收账款债务人的财务状况实施信用评估，并在适当时购买信用担保保险。由于货币资金和衍生金融工具的交易对手是声誉良好并拥有较高信用评级的银行，这些金融工具信用风险较低。

（3）流动性风险：流动性风险是指本公司在履行以交付现金或其他金融资产结算的义务时遇到的资金短缺的风险。本公司下属成员企业各自负责其现金流量预测。公司下属财务公司基于各成员企业的现金流量预测结果，在公司层面监控长短期资金需求。本公司通过在大型银行业金融机构设立的资金池计划统筹调度公司内的盈余资金，并确保各成员企业拥有充裕的现金储备以履行到期结算的付款义务。此外，本公司与主要业务往来银行订立融资额度授信协议，为本公司履行与商业票据相关的义务提供支持。

（4）汇率风险：本公司以人民币编制合并财务报表并以多种外币开展业务，因此面临汇率风险，该风险对本公司的交易及境外经营的业绩和净资产的折算均构成影响。若采用套期会计，本公司将记录相关套期活动并持续评估套期有效性。

对于境外经营净投资，本公司通过指定持有的外币净借款并使用外币互换及远期合同对境外经营因美元汇率波动而面临的大部分风险敞口进行套期。

对于本公司外汇交易形成的外汇风险净敞口，本公司的套期政策是寻求对预期交易的外汇风险进行 80%~100% 的套期（以 24 个月期限的远期合同为限）。

对于外币债务，本公司使用交叉货币利率互换对外币借款相关的汇率风险进行套期。

本公司预计，已进行的套期将持续有效，因此套期无效性不会对利润表构成重大影响。

（5）利率风险：本公司的利率风险敞口主要源自人民币、美元、欧元和英镑的利率波动。为了对利率风险进行管理，本公司于董事会批准限额范围内通过使用利率衍生工具管理付息负债的固定利率及浮动利率敞口的比例。这些风险管理的措施有助于减少本公司财务业绩的波动程度。为便于业务操作及运用套期会计，本公司的政策旨在将固定利率借款占预计净借款的比例维持在 40%~60% 之间。本公司大部分现有利率衍生工具均被指定为套期工具且预计该类套期是有效的。

（6）商品价格风险：本公司使用商品期货合约对特定商品的价格风险进行套期。所有商品期货合约均对预期在未来发生的原材料采购进行套期。本公司采用商品价格风险总敞口动态套期的策略，根据预期原材料采购的总敞口的变化动态调整期货合约持仓量，总敞口与期货持仓量所代表的商品数量基本保持一致（由于期货合约商品数量为整数，造成少量净敞口）。

31.4　对金融资产转移应该如何披露

案例与问题

【例 31–4】假定 B 公司有一项金融资产，12 月 31 日转移了其所产生的现金流的 40%。

【问题】在财务报表中如何对该项金融资产的转移进行披露？

规范与要求

《企业会计准则第 37 号——金融工具列报》做了以下规定。

第九十八条　企业应当就资产负债表日存在的所有未终止确认的已转移金融资产，以及对已转移金融资产的继续涉入，按本准则要求单独披露。

本章所述的金融资产转移，包括下列两种情形：

（一）企业将收取金融资产现金流量的合同权利转移给另一方。

（二）企业保留了收取金融资产现金流量的合同权利，但承担了将收取的现金流量支付给一个或多个最终收款方的合同义务。

第九十九条　企业对于金融资产转移所披露的信息，应当有助于财务报表使用者了解未整体终止确认的已转移金融资产与相关负债之间的关系，评价企业继续涉入已终止确认金融资产的性质和相关风险。

企业按照本准则第一百零一条和第一百零二条所披露信息不能满足本条前款要求的，应当披露其他补充信息。

第一百条　本章所述的继续涉入，是指企业保留了已转移金融资产中内在的合同权利或义务，或者取得了与已转移金融资产相关的。

新合同权利或义务。转出方与转入方签订的转让协议或与第三方单独签订的与转让相关的协议，都有可能形成对已转移金融资产的继续涉入。如果企业对已转移金融资产的未来业绩不享有任何利益，也不承担与已转移金融资产相关的任何未来支付义务，则不形成继续涉入。

下列情形不形成继续涉入。

（一）与转移的真实性以及合理、诚信和公平交易等原则有关的常规声明和保证，这些声明和保证可能因法律行为导致转移无效。

（二）以公允价值回购已转移金融资产的远期、期权和其他合同。

（三）使企业保留了收取金融资产现金流量的合同权利但承担了将收取的现金流量支付给一个或多个最终收款方的合同义务的安排，且这类安排满足《企业会计准则第 23 号——金融资产转移》第六条（二）中的三个条件。

第一百零一条　对于已转移但未整体终止确认的金融资产，企业应当按照类别披露下列信息。

（一）已转移金融资产的性质；

（二）仍保留的与所有权有关的风险和报酬的性质；

（三）已转移金融资产与相关负债之间关系的性质，包括因转移引起的对企业使用已转移金融资产的限制；

（四）在转移金融资产形成的相关负债的交易对手方仅对已转移金融资产有追索权的情况下，应当以表格形式披露所转移金融资产和相关负债的公允价值以及净头寸，即已转移金融资产和相关负债公允价值之间的差额；

（五）继续确认已转移金融资产整体的，披露已转移金融资产和相关负债的账面价值；

（六）按继续涉入程度确认所转移金融资产的，披露转移前该金融资产整体的账面价值、按继续涉入程度确认的资产和相关负债的账面价值。

第一百零二条　对于已整体终止确认但转出方继续涉入已转移金融资产的，企业应当至少按照类别披露下列信息：

（一）因继续涉入确认的资产和负债的账面价值和公允价值，以及在资产负债表中对应的项目。

（二）因继续涉入导致企业发生损失的最大风险敞口及确定方法。

（三）应当或可能回购已终止确认的金融资产需要支付的未折现现金流量（如期权协议中的行权价格）或其他应向转入方支付的款项，以及对这些现金流量或款项的到期期限分析。如果到期期限可能为一个区间，应当以企业必须或可能支付的最早日期为依据归入相应的时间段。到期期限分析应当分别反映企业应当支付的现金流量（如远期合同）、企业可能支付的现金流量（如签出看跌期权）以及企业可选择支付的现金流量（如购入看涨期权）。在现金流量不固定的情形下，上述金额应当基于每个资产负债表日的情况披露。

（四）对本条（一）至（三）定量信息的解释性说明，包括对已转移金融资产、继续涉入的性质和目的，以及企业所面临风险的描述等。其中，对企业所面临风险的描述包括下列各项。

1. 企业对继续涉入已终止确认金融资产的风险进行管理的方法；

2. 企业是否应先于其他方承担有关损失，以及先于本企业承担损失的其他方应承担损失的顺序及金额；

3. 企业向已转移金融资产提供财务支持或回购该金融资产的义务的触发条件。

（五）金融资产转移日确认的利得或损失，以及因继续涉入已终止确认金融资产当期和累计确认的收益或费用（如衍生工具的公允价值变动）。

（六）终止确认产生的收款总额在本期分布不均衡的（例如大部分转移金额在临近报告期末发生），企业应当披露本期最大转移活动发生的时间段、该段期间所确认的金额（如相关利得或损失）和收款总额。

企业在披露本条所规定的信息时，应当按照其继续涉入面临的风险敞口类型分类汇总披露。例如，可按金融工具类别（如附担保或看涨期权继续涉入方式）或转让类型（如应收账款保理、证券化和融券）分类汇总披露。企业对某项终止确认的金融资产存在多种继续涉入方式的，可按其中一类汇总披露。

解析与说明

B公司只转移了一项金融资产所产生的现金流量的40%部分，因此，B公司应该判断该部分金融资产是否满足终止确认的条件。

如果该部分的金融资产不满足终止确认的条件，因而未全部终止确认该部分金融资产，那么在这种情况下，这部分的金融资产需要按照上述对于已转移但未整体终止确认的金融资产的披露要求进行相应的披露。

如果该部分的金融资产满足终止确认的条件，可以被终止确认，则这部分的金融资产不需要按照上述对于已转移但未整体终止确认的金融资产的披露要求进行相应的披露，但是要考虑企业是否继续涉入该部分已转移金融资产，并按照上述对于已整体终止确认但转出方继续涉入已转移金融资产的披露要求进行披露。

对于剩余的60%的金融资产，无论是在以上哪种假设情况下，都不涉及金融资产的转移，因而也无需按照上述规定进行披露。

B企业可以按照表31-1所示的方式披露金融资产转移。

表 31-1　披露金融资产转移的方式

单位：万元

<table>
<tr><td rowspan="2"></td><td colspan="2">以公允价值计量且其变动计入当期损益的金融资产</td><td colspan="2">以摊余成本计量的金融资产</td><td>以公允价值计量且其变动计入其他综合收益的金融资产</td></tr>
<tr><td>交易性金融资产</td><td>衍生工具</td><td>抵押贷款</td><td>消费贷款</td><td>债权投资</td></tr>
<tr><td>已转移金融资产的账面价值</td><td></td><td></td><td></td><td></td><td></td></tr>
<tr><td>相关负债的账面价值</td><td></td><td></td><td></td><td></td><td></td></tr>
<tr><td colspan="6">仅对已转移资产有追索权的交易：</td></tr>
<tr><td>已转移金融资产的公允价值</td><td></td><td></td><td></td><td></td><td></td></tr>
<tr><td>相关负债的公允价值</td><td></td><td></td><td></td><td></td><td></td></tr>
<tr><td>净头寸</td><td></td><td></td><td></td><td></td><td></td></tr>
</table>

第 32 章
企业会计准则第 25 号——保险合同

32.1　新准则下保险合同如何进行确认?

规范与要求

《企业会计准则第 25 号——保险合同》做了以下的规定。

第二条　保险合同，是指企业（合同签发人）与保单持有人约定，在特定保险事项对保单持有人产生不利影响时给予其赔偿，并因此承担源于保单持有人重大保险风险的合同。

解析与说明

从保险合同确认的定义来看,其中一个至关重要的判断标准就是“重大保险风险”，也就是说，企业应当评估各单项合同的保险风险是否“重大”，据此判断该合同是否为保险合同。

对于重大的解释，下面引用了国际会计准则 IFRS17 的相关阐述:

（1）当且仅当保险事故发生时，保险公司需要支付重大附加利益，而且只要在保险期限内任一时点满足“保险事故发生、支付重大附加利益”这一要求，该保险风险就是“重大”的（significant），不具有商业实质的情形（即保险风险对交易的经济意义没有可辨认的影响）除外。

（2）支付附加利益，是指保险公司需要支付比未发生保险事故情况下更多的金额或额外金额，附加利益或额外金额包括理赔处理费用和损失评估费用。而且，附加利益或额外金额的计算应考虑货币时间价值的影响，是双方现值的差额。显然，支付附加利益意味着保险公司承担了实质性的保险风险，在保险事故发生时遭受了实质性的损失。以寿险产品为例，附加利益 = 保险事故发生时的给付金额 - 无事故时可以给付的金额（保单现金价值或退保额），或，附加利益 = 死亡或全残给付 - 退保金，这个差额显然已经考虑了货币时间价值的影响。

（3）前面所指的保险事故，其发生概率无论多低都可以，这意味着，即便保单的风险保费远低于总保费（如两全型或返还型意外险，甚至是两全型航空意外险等），也可通过重大保险风险评估。

（4）判断保险风险重大与否，是以单项合同而非合同组合或合同组（portfolio or group of contract）为基础，即，保险人是对单项合同可能支付附加利益，而非对合同组合或合同组可能支付附加利益。原因是：保障通常只在各个单项合同上存在，在合同组合或和合同组层面上很可能不存在，因为在大数定律作用下，合同组合或合同组的总赔付超出总纯保费的可能性通常很小，附加利益很可能不存在。

（5）支付年金直至被保险人死亡的年金保险属于保险合同。

总结来说，可以被认为保险风险“重大”的保险合同一方面需要满足支付的附加利益足够大，也就是“以合理概率（reasonable probability）发生显著损失（significant loss）”；同时，支付附加利益的情形要具备商业实质，即保险风险要对交易的经济意义有可辨认的影响。只有满足这些确认条件的保单才能通过重大保险风险评估，进而被确认为保险合同。

32.2 新准则下保险合同如何进行分拆？

规范与要求

《企业会计准则第 25 号——保险合同》做了以下规定。

第九条　保险合同中包含多个组成部分的，企业应当将下列组成部分予以分拆，并分别适用相关会计准则：

（一）符合《企业会计准则第 22 号——金融工具确认和计量》分拆条件的嵌入衍生工具，适用金融工具相关会计准则。

（二）可明确区分的投资成分，适用金融工具相关会计准则，但与投资成分相关的合同条款符合具有相机参与分红特征的投资合同定义的，应当适用本准则。

（三）可明确区分的商品或非保险合同服务的承诺，适用《企业会计准则第 14 号——收入》。

保险合同经上述分拆后的剩余组成部分，适用本准则。

解析与说明

从修订保险合同准则的初衷来看，进行保险合同分拆的最终目的是希望通过新的规定来将保险合同中的较为明确的非保险部分分拆出来，帮助厘清保险合同中的水分，只有剩余的较为“纯正”的保险部分适用新保险会计准则。

这里之所以说“较为”纯正，是指剩余的适用新保险会计准则的保险部分也并不一定是纯粹保障性保险，而是包含“不可明确区分的投资成分”和“不可明确区分的商品或非保险合同服务的承诺”。

一般而言，保险公司开展保险业务时，开展的工作或服务可能包括如下两大类，其中涉及的分拆问题也不尽相同：

其中第一类，是客户感受不到的保险公司的中、后台的各类工作，如人力资源管理、财务会计、信息系统管理、风险管理、为监管机构报送各种数据等工作。如前所述，这类工作并未将服务直接提供到保单持有人那里，即便有非保险服务成分，也无需拆除。

而第二类，是客户可以感受到的，或保险公司提供给客户的各种产品或服务，包括：

（1）保险销售、保险咨询、核保、理赔等保险服务。这些显然属于“纯正”的保险服务，不能分拆出去。

（2）为销售保单而向客户赠送的产品，如交通卡、购物卡、加油卡、食用油等，这些产品显然属于“可明确区分的商品或非保险合同服务”，理论上应该从保险合同中分拆出去，但是，由于这种赠送属于“给予客户保险合同利益以外的利益”的违规行为，公司通常会隐蔽进行，不会主动将其列明并分拆出去；

（3）为使客户有更好的服务体验，提高客户对公司的忠诚度，保险公司还会在保险合同中提供或赠送保险相关服务，例如，与车险业务相关的道路救援、划痕补漆、酒后代驾等服务，与旅行保险相关的紧急救援服务，与健康险相关的专家预约服务，与部分财产险和责任险相关的防灾防损服务等。这些服务与保险合同密切相关，且是与保险服务整合在一起提供给客户的，属于“不可明确区分的商品或非保险合同服务”，无需拆分。

（4）保险公司可能会将其他服务（如体检、洗牙、购药等健康管理服务）与保险服务组合成一个大保险合同销售给客户，客户显然可以从如健康管理这样的服务中单独获益，但这种服务的现金流和风险并非与保险部分密切相关，而且市场上甚至保险公司就有类似的单独业务在单独出售，此时可以将这类服务从保险合同中拆分出去。

（5）在现有客户资源或现有业务基础上，保险公司可能在保险合同之外提供医疗、养老、殡葬等服务。既然已在保险合同之外，就不存在是否要拆分的问题。

32.3 保险合同负债的初始计量

案例与问题

【例 32-1】假设在第 0 年末，某寿险公司同时签发了 100 张 3 年期保单，保单签发的同时，保单责任期开始了。每张保单的价格均为趸交保费 9 元，公司预期合同签发后即可收到保费 900 元。A 将这 100 张保单视为一个合同组。

为简化分析，假设在保险期限结束前所有保单均未失效。

为了能在该案例中同时讨论盈利和亏损两种情形，假定 A 寿险公司对这组保单的未来赔付（期望值）有如下两种估计：

第一种赔付估计（盈利组）：未来三年中，每年末赔付支出 200 元，共计赔付 600 元，A 公司根据合同组现金流特征、货币时间价值和金融风险确定折现率为 5%，将三期赔付支出折现后的现值之和为 545 元；

第二种赔付估计（亏损组）：未来三年中，每年末赔付支出 400 元，共计赔付 1200 元，折现率仍为 5%，将三期赔付支出折现后的现值之和为 1089 元；

另外，上述两种情形下，合同组初始确认时估计的非金融风险调整均为 120 元。

【问题】忽略所有其他费用，请帮助 A 寿险公司对该合同组进行初始计量，即：计算保险合同负债，展示其内部结构；如有亏损，立即确认为当期损益。

规范与要求

一、关于保险合同组确认的时点

《企业会计准则第 25 号——保险合同》做了以下规定。

第十二条　企业应当在下列时点中的最早时点确认其签发的合同组：

（一）责任期开始日；

（二）保单持有人首付款到期日，或者未约定首付款到期日时企业实际收到首付款日；

（三）发生亏损时。

合同组合中的合同符合上述时点要求时，企业应当根据本准则第三章相关规定评估其归属的合同组，后续不再重新评估。

二、关于保险合同负债的初始计量

《企业会计准则第 25 号——保险合同》做了以下规定。

第二十条　企业应当以合同组作为计量单元。

企业应当在合同组初始确认时按照履约现金流量与合同服务边际之和对保险合同负债进行初始计量。

第二十一条　履约现金流量包括下列各项：

（一）与履行保险合同直接相关的未来现金流量的估计；

（二）货币时间价值及金融风险调整；

（三）非金融风险调整。

第二十三条　未来现金流量的估计应当符合下列要求：

（一）未来现金流量估计值为无偏的概率加权平均值；

（二）有关市场变量的估计应当与可观察市场数据一致；

（三）以当前可获得的信息为基础，反映计量时存在的情况和假设；

（四）与货币时间价值及金融风险调整分别估计，估计技术适合合并估计的除外。

第二十五条　企业应当采用适当的折现率对履约现金流量进行货币时间价值及金融风险调整，以反映货币时间价值及未包含在未来现金流量估计中的有关金融风险。适当的折现率应当同时符合下列要求：

（一）反映货币时间价值、保险合同现金流量特征以及流动性特征；

（二）基于与保险合同具有一致现金流量特征的金融工具当前可观察市场数据确定，且不考虑与保险合同现金流量无关但影响可观察市场数据的其他因素。

第二十七条　企业应当在合同组初始确认时计算下列各项之和：

（一）履约现金流量；

（二）在该日终止确认保险获取现金流量资产以及其他相关资产或负债对应的现金流量；

（三）合同组内合同在该日产生的现金流量。

上述各项之和反映为现金净流入的，企业应当将其确认为合同服务边际；反映为现金净流出的，企业应当将其作为首日亏损计入当期损益。

三、当合同组在初始确认时发生或新增亏损时

《企业会计准则第 25 号——保险合同》做了以下规定。

第四十六条　合同组在初始确认时发生首日亏损的，或合同组合中的合同归入其所属亏损合同组而新增亏损的，企业应当确认亏损并计入当期保险服务费用，同时将该亏损部分增加未到期责任负债账面价值。

初始确认时，亏损合同组的保险合同负债账面价值等于其履约现金流量。

第四十七条　发生下列情形之一导致合同组在后续计量时发生亏损的，企业应当确认亏损并计入当期保险服务费用，同时将该亏损部分增加未到期责任负债账面价值：

（一）因与未来服务相关的未来现金流量或非金融风险调整的估计发生变更，导致履约现金流量增加额超过合同服务边际账面价值。

（二）对于具有直接参与分红特征的保险合同组，其基础项目公允价值中企业享有份额的减少额超过合同服务边际账面价值。

四、关于保险合同负债的披露

《企业会计准则第 25 号——保险合同》做了以下规定。

第八十七条　对于未采用保费分配法的保险合同，企业应当在附注中分别就签发的保险合同和分出的再保险合同，单独披露履约现金流量和合同服务边际余额调节表，以反映与保险合同账面价值变动有关的下列信息：

（一）保险合同负债和保险合同资产（或分出再保险合同资产和分出再保险合同负债）的期初和期末余额及净额，及净额调节情况；

（二）未来现金流量现值当期变动情况；

（三）非金融风险调整当期变动情况；

（四）合同服务边际当期变动情况；

（五）与当期服务相关的变动情况，包括合同服务边际的摊销、非金融风险调整的变动、当期经验调整；

（六）与未来服务相关的变动情况，包括当期初始确认的保险合同影响金额、调整合同服务边际的估计变更、不调整合同服务边际的估计变更；

（七）与过去服务相关的变动情况，包括已发生赔款负债（或分保摊回已发生赔款资产）相关履约现金流量变动；

（八）与当期服务无关但影响保险合同账面价值的金额，包括当期现金流量、再保险分入人不履约风险变动额、保险合同金融变动额、其他与保险合同

账面价值变动有关的金额。当期现金流量应分别披露收到保费（或支付分出保费）、支付保险获取现金流量、支付赔款及其他相关费用（或收到摊回赔款及其他相关费用）。

解析与说明

根据《保险合同相关会计处理规定》（2009）和《企业会计准则第 25 号——原保险合同》（2006）（以下简称旧准则）中的相关规定，旧准则下的初始计量通常是在确认保费收入（趸交保费或期交首期保费）时进行的，而且，保费收入同时满足下列条件的，才能予以确认：

（一）原保险合同成立并承担相应保险责任；

（二）与原保险合同相关的经济利益很可能流入；

（三）与原保险合同相关的收入能够可靠地计量。可以大致认为，旧准则下的初始计量是在收到保费且合同责任期开始时进行的。

根据上述第 1 部分的分析，新准则实施后：

第一，那些在保单责任尚未开始时已提前收取保费的合同，将要在收到保费时确认并进行初始计量。如电话车险业务、寿险业的部分开门红业务等；

第二，那些亏损合同将会在保单签发日就进行初始计量，当保单签发日早于责任期开始日时，亏损将要被提前确认。

由于当前寿险公司的开门红业务会在保险责任期开始前提前签单和/或提前收费，上述两点很可能会迫使寿险公司将按当前模式运行的开门红业务提前确认和提前初始计量，例如，可能要将 2024 年的开门红业务在 2023 年第四季度进行确认和初始计量，这些 2024 年开门红业务的合同服务边际、新业务价值、新单亏损等就会提前影响 2023 年的公司业绩。当然，如果寿险公司认为这样的结果不可接受，新准则的实施可能会使寿险公司对开门红业务的运作模式进行一定的调整。

（1）初始确认时点或初始计量时点。

本案例中，签发日、保单责任开始日和保费付款日应该是同一天，但严格来讲，签发时点和保单责任开始时点在同一时刻，且均略早于保费付款时点，因此，可以把保单责任开始时点（或保单签发时点）作为初始确认时点或初始计量时点。

此外，考虑到该合同组在第二种赔付估计情形下是亏损组，保单签发时点就应该发现亏损，因此应以保单签发时点（与保单责任开始时点重合）作为初始确认时点或初始计量时点。

（2）保险负债的初始计量。

初始计量时点是保单责任开始时点，此时尚未收到900元保费，计量结果如表32-1所示。

表32-1　保险合同组负债的初始计量

单位：元

		第一种赔付估计（盈利组）	第二种赔付估计（亏损组）
保险合同负债的初始计量	①未来现金流量现值	（355）	189
	未来现金流入的现值	（900）	（900）
	未来现金流出的现值	545	1089
	②非金融风险调整	120	120
	③履约现金流量（=①+②）	665	309
	④合同服务边际	235	0
	⑤保险合同负债（=③+④）	900	309
初始计量对利润表的影响	保险服务费用	–	（309）
	当期确认的亏损	–	（309）

注：①未来现金流入通常只有保费，但未来现金流出不一定只有赔付，这里是案例简化的结果；

②保险合同负债=履约现金流量+合同服务边际。

③表内数据是否带括号（括号表示负值）的问题。表中之所以选择“现金流入为负、现金流出为正”，是因为要保证“盈利合同组的合同服务边际为正，亏损合同组的合同服务边际为零”：

当合同组盈利（第一种赔付估计）时，上述选择就使履约现金流量为负，体现合同组盈利，合同服务边际=–履约现金流量，进而保证了合同服务边际为正；当合同组亏损（第二种赔付估计）时，上述选择就使履约现金流量为正，体现合同组亏损，合同服务边际记为零。

④关于亏损合同组的计量对利润表的影响：当合同组亏损（第二种赔付估计）时，未收到保费条件下履约现金流量为正的309元，意味着该合同组考虑风险调整后亏损了309元，初始确认的保险合同负债就记为309元。相当于合同组刚签发，就欠了客户309元（现值），要记在负债表中。这309元从哪儿来呢？显然无法从该合同组来，只能从股东兜里掏出309元补上。于是，这309元就作为利润表中的支出，记在了“保险服务费用”里，相当于确认了当期亏损309元。

（3）收到900元保费时的负债计量。

收到900元保费后，合同组的账面价值会有变化，结果如表32-2所示。

表 32-2　收到保费后的合同组负债计量

	第一种赔付估计（盈利组）	第二种赔付估计（亏损组）
①未来现金流量现值	545	1 089
未来现金流入的现值（保费）	0	0
未来现金流出的现值（赔付）	545	1 089
②非金融风险调整	120	120
③履约现金流量（=①+②）	665	1 209
④合同服务边际	235	0
⑤保险合同负债（=③+④）	900	1 209

需要注意的是：

①已收到保费，意味着未来现金流入变为 0。现金流入减少 900 元，就使未来现金流量现值增加 900 元，履约现金流量也增加 900（从 -235 变为 665）元。由于合同服务边际不变，保险合同负债相应增加 900 元。

②合同组初始确认后即收到保费，几乎没有时间差，保费流入属于预期的现金流入，因此不会改变合同组的合同服务边际。

③保险合同负债 = 履约现金流量 + 合同服务边际 = 未来现金流量现值 + 非金融风险调整 + 合同服务边际，收到保费后，盈利组的保险合同负债结构为 900=665+235=(545+120)+235，亏损组的保险合同负债的结构为 1209=1209+0=(1089+120)+0。

④对于亏损组而言，合同组的首日亏损已经在收到保费前被确认为保险服务费用，这里无需再次重复确认。

32.4　保险合同负债的后续计量

案例与问题

假设在第 0 年末，A 寿险公司同时签订了 100 张 3 年期保单，保单签订即生效，每张保单趸交保费 9 元，公司预期合同签订即可收到保费 900 元。A 公司将这 100 张保单视为一个合同组。为简化分析，假设在保险期限结束前所有保单均未失效。

初始计量时，A 寿险公司对这组保单（盈利组）的未来赔付（期望值）预计为，未来三年中，每年末赔付支出200元，共计赔付600元，A公司根据合同组现金流特征、货币时间价值和金融风险确定折现率为5%，将三期赔付支出折现后的现值为545元（这些现金流量不会因任何基础项目回报的变化而变化，该合同组为不具有参与分红特征的保险合同组）；

另外，合同组初始确认时估计的非金融风险调整为120元。假设保险公司选择将货币时间价值及金融风险的影响导致的非金融风险调整变动额不作为保险合同金融变动额，且将在未来保险期限内的每个年度平均释放并确认损益，这意味着：未来每年释放非金融风险调整40元，且无需考虑其折现和计息问题。

（1）假设第1年，所有事件均按预期发生，而且，年末时保险公司不改变与未来相关的所有假设。

（2）假设第2年末，保险公司不但发现当年的已发生赔款与预期不一致，且改变了对第三年履约现金流的预期（履约现金流量发生有利变化，合同组预期盈利能力上升）：

① 第2年的实际赔付金额为150元，比期初预期少了50元；

② 第2年末，保险公司改变了对第3年的现金流出（赔付支出）的预期，预计赔付140元（现值133元），取代了第1年末的预计赔付200元（现值191元），这将使第2年末的未来现金流出现值减少58（=191−133）元；

③ 第2年末，保险公司改变了与第3年现金流估计相关的非金融风险调整的预期，预计的非金融风险调整为30元，取代了期初预计的40元，降低了10元。

（3）第3年末，保险公司发现年底赔付金额确实是140元，与第2年末时预计的相同，同时合同组的3年保险期限结束了。

（4）假设所有事故均发生在年末，且事故发生即刻支付赔款，即所有赔款均发生在年末，且期末不存在已发生赔款负债。

【问题】忽略所有其他费用，请在第二节合同组（盈利组）初始计量结果基础上，帮助A寿险公司进行后续计量，并按照新准则第八十七条展示保险合同负债及其分项的余额调节表。

规范与要求

一、关于保险合同负债的后续计量

《企业会计准则第25号——保险合同》做了以下规定。

第二十八条　企业应当在资产负债表日按照未到期责任负债与已发生赔款负债之和对保险合同负债进行后续计量。

未到期责任负债包括资产负债表日分摊至保险合同组的、与未到期责任有关的履约现金流量和当日该合同组的合同服务边际。

已发生赔款负债包括资产负债表日分摊至保险合同组的、与已发生赔案及其他相关费用有关的履约现金流量。

企业会计准则第 25 号保险合同准则第二十九条规定：对于不具有直接参与分红特征的保险合同组，资产负债表日合同组的合同服务边际账面价值应当以期初账面价值为基础，经下列各项调整后予以确定：

（一）当期归入该合同组的合同对合同服务边际的影响金额；

（二）合同服务边际在当期计提的利息，计息利率为该合同组内合同确认时、不随基础项目回报变动的现金流量所适用的加权平均利率；

（三）与未来服务相关的履约现金流量的变动金额，但履约现金流量增加额超过合同服务边际账面价值所导致的亏损部分，以及履约现金流量减少额抵销的未到期责任负债的亏损部分除外；

（四）合同服务边际在当期产生的汇兑差额；

（五）合同服务边际在当期的摊销金额。

二、当合同组发生或新增亏损时

《企业会计准则第 25 号——保险合同》做了以下规定。

第四十八条　企业在确认合同组的亏损后，应当将未到期责任负债账面价值的下列变动额，采用系统合理的方法分摊至未到期责任负债中的亏损部分和其他部分：

（一）因发生保险服务费用而减少的未来现金流量的现值；

（二）因相关风险释放而计入当期损益的非金融风险调整的变动金额；

（三）保险合同金融变动额。

分摊至亏损部分的金额不得计入当期保险服务收入。

第四十九条　企业在确认合同组的亏损后，应当按照下列规定进行后续计量：

（一）将因与未来服务相关的未来现金流量或非金融风险调整的估计变更所导致的履约现金流量增加额，以及具有直接参与分红特征的保险合同组的基础项目公允价值中企业享有份额的减少额，确认为新增亏损并计入当期保险服务费用，同时将该亏损部分增加未到期责任负债账面价值。

（二）将因与未来服务相关的未来现金流量或非金融风险调整的估计变更

所导致的履约现金流量减少额，以及具有直接参与分红特征的保险合同组的基础项目公允价值中企业享有份额的增加额，减少未到期责任负债的亏损部分，冲减当期保险服务费用；超出亏损部分的金额，确认为合同服务边际。

解析与说明

后续计量，就是在合同组初始计量之后的保险期限内的每个资产负债表日对保险合同负债进行计量，并确认相关的当期损益。此时的保险负债往往既有未到期责任负债，也有已发生赔款负债。

讨论未到期责任负债后续计量可以分两步：第一步，先讨论未来所有参数均与初始计量时的预期完全一致时的未到期责任负债计量，简称“参数与预期完全一致时的未到期责任负债后续计量”；第二步，将可能发生的各种变化考虑进去，讨论未来参数与初始计量时的预期不一致情况下的后续计量，简称“参数与预期不一致时的未到期责任负债后续计量”。

其中，如果未来所有参数（如保费、赔付、费用、非金融风险、折现率等）都与初始计量时的假设一致，就可以将未到期责任负债视为一个蓄水池，预期的现金流入（保费流入、利息增加等）会使未到期责任负债增加，预期的现金流出（赔付、退保、费用支出等）、非金融调整释放和合同服务边际摊销会使未到期责任负债减少，这些未来的流入、流出、释放和摊销均与初始计量时的预期或假设相同。以资产负债表日为初始计量后的1年末为例，过去1年内的（合同边界内的）任何现金流入，如保费、未到期责任负债的利息等会增加未到期责任负债，1年内的（合同边界内的）任何现金流出（如赔付、退保、费用支出）、非金融风险调整释放和合同服务边际摊销都会减少未到期责任负债。在期初未到期责任负债账面价值基础上，将上述所有流入、流出、释放和摊销都算进去后，就得到了1年末的未到期责任负债账面价值。

现实会复杂一些的是，初始确认日之后，未来各种参数都可能发生变化，这会导致，对于每一会计期间，到期末（资产负债表日）算账时，保险公司还需要考虑三类与期初预期的不一致或偏差：①当期现金流入流出与期初预期的不一致，简称“当期经验调整”；②期末对未来现金流的估计与期初预期的不一致，简称“未来现金流预期偏差”；③期末折现率与期初预期的不一致，简称“折现率预期偏差”。

同时，需要注意的是，未到期责任负债计量中有几点较为特殊，包括保险合同金融变动额的选择性会计处理、非金融风险调整的简化处理以及合同服务边际的当期变化。

在本案例中，从案例描述可知，该合同组的保单签发日、责任期开始日和收到保费日，均在同一日，为方便后续分析，这里直接使用收到保费时的合同组负债计量结果（如表 32-3）作为初始计量结果（以下案例分析均采用这一模式）。表 32-3 给出了保险合同负债初始计量结果及初始预期的后续每年末的履约现金流。

表 32-3　初始计量结果及对后续每年末的履约现金流量估计

单位：元

	初始计量结果	初始预期的后续每年末履约现金流		
		第一年末	第二年末	第三年末
①未来现金流量现值	0	–	–	–
未来现金流入的现值	545	372	191	–
未来现金流出的现值	545	372	191	
②非金融风险调整	120	80	40	–
③履约现金流量（=①+②）	665	452	231	–
④合同服务边际	235			
⑤保险合同负债（=③+④）	900			

注：① 预期的未来现金流量现值 = 预期的未来现金流入现值 + 预期的未来现金流出现值。

② 履约现金流量 = 预期的未来现金流量现值 + 非金融风险调整。

③ 保险合同负债 = 履约现金流量 + 合同服务边际。

④ 372、191 为折现计算后的数字。

⑤ 数据已做四舍五入处理，后面表格也是这样。

（1）第 1 年末的保险合同负债计量。

由于事故发生时立即支付赔款，所以，本合同组 3 年内均没有已发生赔款负债，或者说，已发生赔款负债仅在事故发生后很短时间内存在，迅速赔款后就消失了，这里计量的保险合同负债其实就是指未到期责任负债。

第 1 年末，保险合同负债（未到期责任负债）及其分项（未来现金流量现值、非金融风险调整、合同服务边际）的余额调节如表 32-4 所示。

表 32-4　第 1 年的保险合同负债及其分项余额调节表

单位：元

	预期的未来现金流量现值	非金融风险调整	合同服务边际	保险合同负债
期初余额	545	120	235	900
与未来服务相关的变化	–	–	–	–
现金流入量	–	–	–	–
保险合同金融变动额	27	–	12	39
与当期服务相关的变化	–	（40）	（82）	（122）
现金流出量	（200）	–	–	（200）
期末余额	372	80	165	617

注：没有已发生赔款负债，意味着没有“与过去服务相关的变化”，后面的表格同。

①与未来服务相关的变化：第 1 年末时，保险公司不改变与未来相关的所有假设，因此，没有与未来服务相关的变化。

②当期现金流入量和现金流出量：它们属于与当期服务无关但影响保险合同账面价值的金额，现金流入为零，现金流出 200 元（赔付）会使保险合同负债减少 200 元。

③保险合同金融变动额：如前所述，非金融风险调整不计利息，剩余的保险合同负债按期初假设折现率 5% 计息，包括：未来现金流量 545 元按 5% 计息 27 元，合同服务边际 235 元按 5% 计息 12 元，合计形成 39 元保险合同金融变动额，使保险合同负债增加 39 元。（并且，这 39 元利息会在利润表中形成等额的当期保险财务费用。）

④与当期服务相关的变化，是指当期营运偏差、非金融调整释放和合同服务边际摊销，它们会使保险合同负债额发生相应变化。其中，当期赔付与期初预计一致，无当期营运偏差；非金融风险调整按预期释放 40 元；当期合同服务边际摊销 82 元（计算方法在（5）中专述），合并起来，保险合同负债因此减少 122 元。

⑤合同服务边际摊销：如上一节所述，按照新准则，保险公司应当根据本期责任单元数量在“本期责任单元数量和未来责任期内责任单元数量之和”中的占比，对调整后的合同服务边际，即对“期初合同服务边际 + 组内新增合同的影响 + 当期利息 + 吸收的履约现金流量变动 + 当期汇兑差额”进行摊销，确定计入当期损益的合同服务边际当期摊销额，将剩余的合同服务边际计入未到期责任负债。合同组中责任单元的数量，是指该组内所有合同提供的保险合同服务的数量。在本合同组的第 1

年中，期初合同服务边际为 235，组内新增合同的影响为 0，当期利息为 12 元，吸收的履约现金流量变动为 0，当期汇兑差额为 0，则，调整后的合同服务边际为 247（=235+0+12+0+0）元。此外，如案例描述所述，合同组保险责任期限为 3 年，每张保单都不会提前失效，且每张保单在每一年均提供相同的（预期）给付数量，这意味着合同组在每一年均提供相同数量的保险服务，或每一年的责任单元数量均相同。因此，第 1 年的合同服务边际当期摊销额为 82（=247/3）元，剩余的留在期末保险合同负债里的合同服务边际为 165（=247−82）元。

⑥等到 1 年末时，期末未来现金流量现值 =545+27−200=372 元，期末非金融风险调整 =120−40=80 元，期末合同服务边际 =235+12−82=165 元，期末保险合同负债 =372+80+165=617 元。也可从最后一列数据得到期末保险合同负债 =900+39−122−200=617 元。

（2）第 2 年末的保险合同负债计量。

第 2 年末，保险公司不但发现当年的已发生赔款与预期不一致，且改变了对第三年履约现金流的预期：

① 第 2 年的实际赔付金额为 150 元，比期初预期少了 50 元。

② 第 2 年末，保险公司改变了对第 3 年的现金流出（赔付支出）的预期，预计赔付 140 元（现值 133 元），取代了第 1 年末的预计赔付 200 元（现值 191 元），这将使第 2 年末的未来现金流出现值减少 58（=191−133）元。

③ 第 2 年末，保险公司改变了与第 3 年现金流估计相关的非金融风险调整的预期，预计的非金融风险调整为 30 元，取代了期初预计的 40 元，降低了 10 元。

由此，第 2 年末，保险公司修正了对履约现金流量的估计，如表 32–5 中的第 3 列数据所示。

表 32–5　第 2 年末的修正后的履约现金流量估计

单位：元

	初始计量结果	初始预期的后续每年末履约现金流		
		第一年末	第二年末	第三年末
①未来现金流量现值	0	–	–	–
未来现金流入的现值	545	372	133	–
未来现金流出的现值	545	372	133	–
②非金融风险调整	120	80	30	–

续表

	初始计量结果	初始预期的后续每年末履约现金流		
		第一年末	第二年末	第三年末
③履约现金流量（=①+②）	665	452	163	–
④合同服务边际	235			
⑤保险合同负债（=③+④）	900			

第 2 年，保险合同负债（未到期责任负债）及其分项（未来现金流量现值、非金融风险调整、合同服务边际）的余额调节如表 32-6 所示。

表 32-6　第 2 年的保险合同负债及其分项余额调节表

	预期的未来现金流量现值	非金融风险调整	合同服务边际	保险合同负债
期初余额	372	80	165	617
与未来服务相关的变化	19	–	8	27
现金流入量	–	–	–	–
保险合同金融变动额	（58）	（10）	68	–
与当期服务相关的变化	（50）	（40）	（121）	（211）
现金流出量	（150）	–	–	（150）
期末余额	133	30	120	283

注：表中数据经过了四舍五入的处理。

①期初余额是上年末（第 1 年末）的期末余额。

②与第 1 年一致，保险合同金融变动额仅考虑未来现金流量现值的利息和合同服务边际的利息，非金融风险调整不计息，计息利率仍为 5%，保险合同金融变动额会使保险合同负债增加，是正数。

③第 2 年没有保费流入，现金流入量为 0。

④与未来服务相关的变化：第 2 年末，保险公司改变了对第 3 年履约现金流的预期，一是第 3 年的赔付支出会减少，导致未来现金流出现值比上年末预计的降低了 58 元；二是与第 3 年现金流相关的非金融风险调整会降低，比上年末预计的降低了 10 元。按照新准则，与未来服务相关的履约现金流变动应被合同服务边际吸收，于是，合同服务边际增加了 68（=58+10）元。这些变化只是调整了保险合同负债的内部分项的

各自金额，不会对保险合同负债总额造成影响。

⑤与当期服务相关的变化：一是当期赔付少了 50 元（属于正向营运偏差）；二是非金融风险调整在当期释放 40 元；三是合同服务边际在当期摊销 121 元（计算方法在（4）中专述）。这三项变化除影响保险合同负债外，还会被计入当期损益。

⑥合同服务边际摊销额：按照新准则，摊销前的第 2 年末的合同服务边际总额为 241（= 期初数 + 当期利息 + 吸收未来履约现金流量变动 =165+8+68）元，然后，基于第 2、3 年的责任单元数量相同，保险公司将其平均分配至第 2 年和第 3 年，于是，第 2 年的摊销额为 121（=241/2）元，余额为 120 元。

⑦现金流出量：容易理解，现金流出量 150 元是指当期赔付，现金流出会使保险合同负债减少，故为负数。

⑧本质而言，我们应该将现金流出量 150 元和当期少赔额 50 元合并理解为：保险合同负债按期初预计的当期赔付额 200 元释放，其中，150 元体现为赔付支出（计入保险服务费用），50 元体现为营运偏差（创造保险服务利润）。

⑨第 2 年末，期末未来现金流量现值 =372+19−58−50−150=133 元，期末非金融风险调整 =80−10−40=30 元，期末合同服务边际 =165+8+68−121=120 元，期末保险合同负债 =133+30+120=283 元。也可按照最后一列数据计算，期末保险合同负债 =617+27−211−150=283 元。

（3）第 3 年末的保险合同负债计量

第 3 年末，保险公司发现年底赔付金额确实是 140 元，与第 2 年末时预计的相同，同时合同组 3 年保险期限结束了，剩余合同服务边际 30 元被确认为利润。

根据相关信息和数据，第 3 年，保险合同负债（未到期责任负债）及其分项（未来现金流量现值、非金融风险调整、合同服务边际）的余额调节表如表 32−7。

表 32−7　第 3 年的保险合同负债及其分项余额调节表

	预期的未来现金流量现值	非金融风险调整	合同服务边际	保险合同负债
期初余额	133	30	120	283
与未来服务相关的变化	7	–	6	13
现金流入量	–	–	–	–
保险合同金融变动额	–	–	–	–
与当期服务相关的变化	–	（30）	（126）	（156）

续表

	预期的未来现金流量现值	非金融风险调整	合同服务边际	保险合同负债
现金流出量	(140)	–	–	（140）
期末余额	–	–	–	–

注：表中数据经过了四舍五入的处理。

①期初余额是上年末（第 2 年末）的期末余额。

②保险合同金融变动额中，按照 5% 的利率，期初未来现金流量现值 133 元在当期产生 7 元利息，期初合同服务边际 120 元在当期产生 6 元利息，非金融风险调整不计利息。

③第 3 年没有现金流入，所以现金流入量为 0。

④第 3 年末已经没有未来了，所以与未来服务相关的变化均为 0。

⑤与当期服务相关的变化中：当期现金流出与期初预期一致，所以未来现金流量现值的当期变化为 0；非金融风险调整 30 元全部释放，进入当期损益；合同服务边际 126 元全部释放，进入当期损益。这些变动导致保险合同负债相应减少 156 元。

⑥保险合同负债及其分项的期末余额均为 0，说明计算正确。具体而言，期初保险合同负债 283 元，期间产生 13 元利息，赔付支出 140 元，剩余的 156 元全部释放，进入当期损益，期末保险合同负债为 0。

（4）该合同组对资产负债表和利润表的影响。

上述保险合同负债计量结果及其对损益的影响将会体现在保险公司的资产负债表和利润表中，如表 32-8 所示。

表 32-8　该合同组对保险公司资产负债表和利润表的影响

单位：元

对资产负债表的影响				
	第 0 年末	第 1 年末	第 2 年末	第 3 年末
资产	（900）	（700）	（550）	（410）
保险合同负债	900	617	283	0
股东权益	0	83	267	410

续表

对利润表的影响				
	第 0 年末	第 1 年末	第 2 年末	第 3 年末
与当期服务相关的变化	122	211	156	489
保险财务费用	（39）	（27）	（13）	（79）
利润	83	184	143	410

注：第 0 年末的保险合同负债，实际是从 0 变为 900，即该合同组在收到保费前的负债是 0，但收到 900 元保费后，负债立即变为 900。

①鉴于这里仅展示 IFRS17 计量，不展示各类投资资产的计量，因此，表 32-8 仅考虑了保险负债按期初假设折现率计息，未考虑资产的实际投资收益，利润表中没有投资收益科目。

②资产额是由保险合同负债与股东权益之和计算出来的。如，第 1 年末的资产额 700 元是由 617 元保险合同负债与 83 元股东权益相加得到的。

③合同组对每年末股东权益的影响额，来源于每年的累积利润：第 1 年末的股东权益为第 1 年的合同组利润 83 元，第 2 年末的股东权益为第 1、2 年的累积利润 267（=83+184）元，第 3 年末的股东权益为第 1、2、3 年的累积利润 410（=267+143）元。

④与当期服务相关的变化其实代表了当期保险服务业绩：如第二章第三节所述，保险服务业绩 =（当期营运偏差 + 当期非金融风险调整释放额 + 当期合同服务边际摊销额）－已发生赔款负债相关履约现金流量变动－亏损部分的确认和转回。本案例中，“已发生赔款负债相关履约现金流量变动”和“亏损部分的确认和转回”均为零，而与当期服务相关的变化正好来自于当期营运偏差、非金融风险调整释放和合同服务边际摊销。因此，与当期服务相关的变化正好形成了当期保险服务业绩。

⑤由于每期末折现率均未发生变动，本案例中的保险合同金融变动额，均为保险合同负债按期初折现率实现的利息增值，假定将其全部计入保险财务损益，就会形成等额的保险财务费用。保险公司在计算投资业绩时，会将资产投资收益作为收入（这里不考虑），将保险财务损益（这里仅有保险财务费用）作为支出，因此，保险财务费用是负值。

32.5　如何确认保险获取现金流量

案例与问题

A保险公司签发了一组3年期保险合同，保单签发后保险责任期立即开始。

合同组初始确认时，A保险公司的预期如下。

（1）未来现金流入（保费）为900元，初始确认后即可收到。

（2）未来现金流出包括：①每年赔付200元，合计赔付600元；②保单责任开始时支付保险获取现金流120元，其中，可直接归属于其对应合同组合的保险获取现金流为90元，剩余30元是公司层面开销的无法归属其对应合同组合的获取成本支出。

（3）非金融风险调整为15元，A公司预期将在3年保险期限内均匀地释放在利润表中。

为简化处理，进一步假设如下五点：

①未来所有费用收支均与初始预期一致；

②整个3年保险期限内，没有任何一张保单会失效；

③合同组内没有投资成分；

④可直接归属于其对应合同组合的90元保险获取现金流，就是为获取该合同组的各项合同而直接花掉的；

⑤忽略其他因素的任何影响，包括折现率的影响。

【问题】请帮助A保险公司分析，如何将该合同组的保险获取现金流摊销并反映在利润表或利润表附注中。

规范与要求

《企业会计准则第25号——保险合同》做了以下规定。

第十七条　企业应当将合同组确认前已付或应付的、系统合理分摊至相关合同组的保险获取现金流量，确认为保险获取现金流量资产。

保险获取现金流量，是指因销售、核保和承保已签发或预计签发的合同组而产生的，可直接归属于其对应合同组合的现金流量。

第十八条　合同组合中的合同归入其所属合同组时，企业应当终止确认该合同对应的保险获取现金流量资产。

第三十二条　企业应当将合同组内的保险获取现金流量，随时间流逝进行系统摊销，计入责任期内各个期间的保险服务费用，同时确认为保险服务收入，以反映该类现金流量所对应的保费的收回。

解析与说明

保险获取现金流量，可分为“合同边界内的保险获取现金流量”和“合同边界外的保险获取现金流量”。

其中，合同边界外的保险获取现金流量，属于“无法直接归属于包含合同组的合同组合的成本”，其损益确认方式为：无论发生在合同组确认前还是确认后，都在费用发生时直接计入损益。而且，由于这部分费用不在合同组内，因此，它应该被记在保险服务费用之外，不会影响保险服务业绩。

按照新准则第 32 条，保险公司应当将合同组内的保险获取现金流量，无论发生于确认前、确认时还是确认后，随时间流逝进行系统摊销，计入责任期内各个期间的保险服务费用，同时确认为保险服务收入，以反映该类现金流量所对应的保费的收回。更具体地，对于发生在合同组确认前的边界内保险获取现金流量，保险公司应该按照新准则第 17 条先将其确认为“保险获取现金流量资产”，等到合同组确认时，再按照新准则第 18 条终止确认，将其进行系统摊销处理。

从目的来看，对保险获取现金流量进行系统摊销的原因，是为了贯彻权责发生制。关于保险获取费用的处理，旧准则下，保险公司是将当期支出的保险获取费用直接计入当期营业支出，体现为手续费及佣金支出和部分业务及管理费用。这样处理简单便捷，却未遵守权责发生制。尤其是对于长期保险，其大部分保险获取费用都会在首年支出，第二、三年也会支出一些，之后的保险获取费用支出就非常少了，将集中在前几年发生的保险获取费用直接计入当期营业支出与长期保险所提供的长期保险服务高度不匹配。因此，新准则规定：“企业应当将合同组内的保险获取现金流量，随时间流逝进行系统摊销，计入责任期内各个期间的保险服务费用，同时确认为保险服务收入”。

可以预见的是，新准则实施后，保险公司的每期保险服务收入和保险服务费用中都有保险获取现金流量摊销额，而且是该公司历史上所有销售出去且未到期的保单的保险获取现金流量的当期摊销额之和。

本案例的特点是增加了保险获取现金流量，从案例内容可以看出，该合同组的合同边界内的保险获取现金流量为 90 元，合同边界外的保险获取现金流量为 30 元，均在保单责任开始时支出。

初始确认时，A 保险公司对该合同组的初始计量结果，以及未来每年末的履约现金流量估计如表 32-9 所示。

表 32-9　未来每年末的履约现金流量估计表

单位：元

	初始计量	第 1 年末	第 2 年末	第 3 年末
预期的未来现金流入现值	（900）	—	—	—
预期的未来现金流出现值	690	400	200	—
预期的未来现金流量现值	（210）	400	200	—
非金融风险调整	15	10	5	—
履约现金流量	（195）	410	205	—
合同服务边际	195			
初始确认时的保险合同负债	—			

注：初始计量时的“预期的未来现金流出现值 690 元”，包括未来赔付支出 600 元（不考虑折现率）和合同边界内的保险获取现金流量 90 元。另外 30 元的保险获取现金流量不在合同边界内，不计入保险负债的未来现金流量。

（1）每年的合同服务边际摊销和保险获取现金流摊销。

由此，在保单期限 3 年内，在利润表或其附注中，A 公司每年确认的合同服务边际摊销额和保险获取现金流量摊销额如表 32-10 所示。

表 32-10　边际摊销金额表

单位：元

损益确认	第 1 年	第 2 年	第 3 年	合计
合同服务边际摊销	65	65	65	195
保险获取现金流量摊销	30	30	30	90

①合同服务边际摊销：由于保单实际运行状况与初始计量时的预期完全一致，且不考虑折现率因素，这意味着在每期期末，合同服务边际都无需调整，只需摊销。而且，由于合同组中的合同在 3 年内均不会失效，且每期保险责任相同，每期提供的保险责任单元数量都是相同的，因此，可以直接将初始计量时的合同服务边际 195 元在 3 年内均分，得到每年摊销的合同服务边际 65 元。

②保险获取现金流量摊销：首先，摊销的是合同组边界内的保险获取现金流量 90 元；其次，这个合同组的保险责任期限是 3 年，每年提供的保险服务数量完全相等，因此，每年摊销的保险获取现金流量为 30（=90÷3）元。

（2）每年的保险服务收入。

保险服务收入包括与提供当期保险服务相关的未到期责任负债减少额（也称为“与未到期责任负债变动相关的保险服务收入）和保险获取现金流量的摊销，与未到期责任负债变动相关的保险服务收入包括期初预计当期发生的保险服务费用、非金融风险调整的变动或释放、合同服务边际的摊销，如表 32-11、表 32-12 所示。

表 32-11　保险服务收入的组成

单位：元

	第 1 年	第 2 年	第 3 年	合计
与未到期责任负债变动相关的金额	270	270	270	810
期初预计当期发生的保险服务费用	200	200	200	600
合同服务边际摊销	65	65	65	195
非金融风险调整的变动	5	5	5	15
保险获取现金流量的摊销	30	30	30	90
保险服务收入	300	300	300	900

可以看出，合同边界内的保险获取现金流量 90 元被摊销后，将每期摊销额 30 元计入各期保险服务收入。

表 32-12　保险服务业绩的组成

单位：元

损益确认	第 1 年	第 2 年	第 3 年	合计
保险服务收入	300	300	300	900
保险服务费用	230	230	230	690
赔付支出	200	200	200	600
保险获取现金流量摊销	30	30	30	90
保险服务业绩	70	70	70	210
其他费用	30	—	—	30
利润	40	70	70	180

（3）利润表或其附注中确认的相关损益。

①合同边界内的保险获取现金流量 90 元被摊销后，将每期摊销额 30 元计入各期保险服务费用。

②合同边界外保险获取现金流量 30 元，被计入保险服务业绩之外的其他费用。

32.6 如何确认保险服务损益?

案例与问题

假设在第0年末，A寿险公司同时签订了100张3年期保单，保单签订即生效，每张保单趸交保费9元，公司预期合同签订即可收到保费900元。A公司将这100张保单视为一个合同组。为简化分析，假设在保险期限结束前所有保单均未失效。

初始计量时，A寿险公司对这组保单（盈利组）的未来赔付（期望值）预计为，未来三年中，每年末赔付支出200元，共计赔付600元，A公司根据合同组现金流特征、货币时间价值和金融风险确定折现率为5%，将三期赔付支出折现后的现值为545元（这些现金流量不会因任何基础项目回报的变化而变化，该合同组为不具有参与分红特征的保险合同组）；

另外，合同组初始确认时估计的非金融风险调整为120元。假设保险公司选择将货币时间价值及金融风险的影响导致的非金融风险调整变动额不作为保险合同金融变动额，且将在未来保险期限内的每个年度平均释放并确认损益，这意味着：未来每年释放非金融风险调整40元，且无需考虑其折现和计息问题。

（1）假设第1年，所有事件均按预期发生，而且，年末时保险公司不改变与未来相关的所有假设。

（2）第2年末，保险公司不但发现当年的已发生赔款与预期不一致，且改变了对第三年履约现金流的预期（履约现金流量发生有利变化，合同组预期盈利能力上升）：

①第2年的实际赔付金额为150元，比期初预期少了50元；

②第2年末，保险公司改变了对第3年的现金流出（赔付支出）的预期，预计赔付140元（现值133元），取代了第1年末的预计赔付200元（现值191元），这将使第2年末的未来现金流出现值减少58（=191−133）元；

③第2年末，保险公司改变了与第3年现金流估计相关的非金融风险调整的预期，预计的非金融风险调整为30元，取代了期初预计的40元，降低了10元。

（3）第3年末，保险公司发现年底赔付金额确实是140元，与第2年末时预计的相同，同时合同组3年保险期限结束了。

（4）假设所有事故均发生在年末，且事故发生即刻支付赔款，即所有赔款均发生在年末，且期末不存在已发生赔款负债。与上一章对该案例的描述唯一不同的是，这里假设保险公司每年赔付给客户的金额中均包含100元的投资成分。

【问题】忽略所有其他费用，请帮助保险公司列示每年的未到期责任负债和已发生赔款负债余额调节表。

规范与要求

《企业会计准则第 25 号——保险合同》对保险合同中保费服务收入及费用的确认做了以下规定：

第三十一条　企业因当期提供保险合同服务导致未到期责任负债账面价值的减少额，应当确认为保险服务收入；因当期发生赔案及其他相关费用导致已发生赔款负债账面价值的增加额，以及与之相关的履约现金流量的后续变动额，应当确认为保险服务费用。企业在确认保险服务收入和保险服务费用时，不得包含保险合同中的投资成分。

第三十二条　企业应当将合同组内的保险获取现金流量，随时间流逝进行系统摊销，计入责任期内各个期间的保险服务费用，同时确认为保险服务收入，以反映该类现金流量所对应的保费的收回。

第八十六条　企业应当在附注中分别就签发的保险合同和分出的再保险合同，单独披露未到期责任负债（或分保摊回未到期责任资产）和已发生赔款负债（或分保摊回已发生赔款资产）余额调节表，以反映与保险合同账面价值变动有关的下列信息：

（一）保险合同负债和保险合同资产（或分出再保险合同资产和分出再保险合同负债）的期初和期末余额及净额，及净额调节情况；

（二）未到期责任负债（或分保摊回未到期责任资产）当期变动情况，亏损部分（或亏损摊回部分）应单独披露；

（三）已发生赔款负债（或分保摊回已发生赔款资产）当期变动情况，采用保费分配法的保险合同应分别披露未来现金流量现值和非金融风险调整；

（四）当期保险服务收入；

（五）当期保险服务费用，包括当期发生赔款及其他相关费用、保险获取现金流量的摊销、亏损部分的确认及转回和已发生赔款负债相关履约现金流量变动；

（六）当期分出保费的分摊；

（七）当期摊回保险服务费用，包括摊回当期发生赔款及其他相关费用、亏损摊回部分的确认及转回和分保摊回已发生赔款资产 29 相关履约现金流量变动；

（八）不计入当期损益的投资成分，保费返还可以在此项合并披露；

（九）与当期服务无关但影响保险合同账面价值的金额，包括当期现金流量、再保险分入人不履约风险变动额、保险合同金融变动额、其他与保险合同账面价值变动有关的金额。当期现金流量应分别披露收到保费（或支付分出保费）、支付保险获取现金流量、支付赔款及其他相关费用（或收到摊回赔款及其他相关费用）。

解析与说明

保险公司主要提供保险服务和投资服务，并在利润表中形成保险服务业绩和投资业绩，保险服务业绩 = 保险服务收入 − 保险服务费用，投资业绩 = 资产投资收益 − 保险财务损益。其中，资产投资收益与新保险会计准则无关，因此，这里讨论的合同组保险损益确认，主要指保险服务收入、保险服务费用和保险财务损益的确认。

（1）第 1 年的保险合同负债余额调节表。

第 1 年末，按照新准则第八十六条，保险公司提供的未到期责任负债和已发生赔款负债余额调节表大致如表 32−13 所示。

表 32−13　保险合同负债余额调节表

单位：元

	未到期责任负债	已发生赔款负债	保险合同负债
期初余额	900	—	900
现金流入量	—	—	—
保险服务收入	（222）	—	（222）
保险服务费用	—	100	100
投资成分	（100）	100	—
保险合同金融变动额	39	—	39
现金流出量	—	（200）	（200）
期末余额	617	—	617

①保险服务收入 222 元的核算：根据第二章第三节的论述，不考虑保险获取现金流量摊销额，保险服务收入是指保险公司提供当期保险服务导致的未到期责任负债减少额，且不能包含任何投资成分，包括期初预计的当期保险服务费用（赔付及其他保险服务费用）、当期非金融风险调整释放和当期合同服务边际摊销。因此，参考上一

章表 32-13 中的相关数据，第 1 年的保险服务收入，等于（扣除投资成分 100 元之后的）预计当期赔付 100 元、当期非金融调整释放 40 元与当期合同服务边际摊销 82 元之和，即 222 元。

②保险服务费用 100 元的核算：根据第二章第三节的论述，不考虑保险获取现金流量摊销额、已发生赔款负债相关履约现金流量的当期变动、亏损部分的确认和转回，保险服务费用是指当期发生赔款及其他已发生保险服务费用（需剔除赔款中包含的投资成分）。因此，用赔付支出 200 元扣除投资成分 100 元，就可得到保险服务费用 100 元。

③已发生赔款负债的当期变动过程：保险事故一发生，就会产生 200 元的已发生赔款负债，可分解为 100 元的风险赔付支出（属于保险服务费用）和 100 元的投资成分支出。200 元支付给客户后，已发生赔款负债归零。

④保险合同金融变动额 39 元的核算：保险合同金融变动额是货币时间价值及金融风险的影响导致的未到期责任负债和已发生赔款负债在当期的变动额。如表 32-13 所示，未到期责任负债中，期初的未来现金流量现值 545 元产生当期利息 27 元，期初合同服务边际 235 元产生当期利息 12 元，合计 39 元。已发生赔款负债中，事故发生后立即赔款，利息为零。

⑤未到期责任负债的变动过程：保险服务收入 222 元和投资成分 100 元都是从未到期责任负债中释放出去的，222 元进了利润表，100 元投资成分进了客户兜里（但不进利润表），因此都是负数；39 元是当期的未到期责任负债的利息增加，是正数。

（2）第 2 年的保险合同负债余额调节表。

第 2 年末，按照新准则第八十六条，保险公司提供的第 2 年的未到期责任负债和已发生赔款负债余额调节表大致如表 32-14 所示。

表 32-14　保险合同负债的计算过程

单位：元

	未到期责任负债	已发生赔款负债	保险合同负债
期初余额	617	—	617
现金流入量	—	—	—
保险服务收入	（261）	—	（261）
保险服务费用	—	50	50
投资成分	（100）	100	—

续表

	未到期责任负债	已发生赔款负债	保险合同负债
保险合同金融变动额	27	—	27
现金流出量	—	(150)	(150)
期末余额	283	—	283

①保险服务收入 261 元的核算：不考虑保险获取现金流量摊销额，保险服务收入是指保险公司提供当期保险服务导致的未到期责任负债减少额，且不能包含任何投资成分，包括期初预计的当期保险服务费用（赔付及其他保险服务费用）、当期非金融风险调整释放和当期合同服务边际摊销。因此，参考表 32-11 中的数据，第 2 年的保险服务收入，等于（扣除投资成分 100 元之后的）预计当期赔付 100 元、当期非金融调整释放 40 元与当期合同服务边际摊销 121 元之和，即 261 元。

②保险服务费用 50 元的核算：不考虑保险获取现金流量摊销额、已发生赔款负债相关履约现金流量的当期变动、亏损部分的确认和转回，保险服务费用是指当期发生赔款及其他已发生保险服务费用（需剔除括赔款中包含的投资成分）。因此，用实际赔付支出 150 元扣除投资成分 100 元，就可得到保险服务费用 50 元。

③已发生赔款负债的变动过程：保险事故一发生，就产生了 150 元的已发生赔款负债，可分解为 50 元的风险赔付支出（属于保险服务费用）和 100 元的投资成分支出。150 元支付给客户后，已发生赔款负债归零。

④保险合同金融变动额 27 元的核算：保险合同金融变动额是货币时间价值及金融风险的影响导致的未到期责任负债和已发生赔款负债在当期的变动额。如表 32-12 所示，未到期责任负债中，期初的未来现金流量现值 372 元产生当期利息 19 元，期初合同服务边际 165 元产生当期利息 8 元，合计 27 元。已发生赔款负债中，事故发生后立即赔款，利息为零。

⑤未到期责任负债的变动过程：保险服务收入 261 元和投资成分 100 元都是从未到期责任负债中释放出去的，261 元进了利润表，100 元投资成分进了客户兜里（但不进利润表），因此都是负数；27 元是当期的未到期责任负债的利息增加，是正数。

（3）第 3 年的保险合同负债余额调节表。

第 3 年末，按照新准则第 86 条，保险公司提供的第 3 年的未到期责任负债和已发生赔款负债余额调节表大致如表 32-15 所示。

表 32-15　保险合同负债计算表

单位：元

	未到期责任负债	已发生赔款负债	保险合同负债
期初余额	283	—	283
现金流入量	—	—	—
保险服务收入	（196）	—	（196）
保险服务费用	—	40	40
投资成分	（100）	100	—
保险合同金融变动额	13	—	13
现金流出量	—	（140）	（140）
期末余额	—	—	—

①保险服务收入 196 元的核算：参看表 3-8 中的相关数据，保险服务收入，等于（扣除投资成分 100 元之后的）预计当期赔付 40 元、当期非金融调整释放 30 元与当期合同服务边际摊销 126 元之和。

②保险服务费用 40 元的核算：由实际赔付支出 140 元扣除投资成分 100 元得到。

③已发生赔款负债的变动过程：保险事故一发生，就产生了 140 元的已发生赔款负债，可分解为 40 元的风险赔付支出（属于保险服务费用）和 100 元的投资成分支出。140 元支付给客户后，已发生赔款负债归零。

④保险合同金融变动额 13 元的核算：如表 32-7 所示，未到期责任负债中，期初的未来现金流量现值 133 元产生当期利息 7 元，期初合同服务边际 120 元产生当期利息 6 元，合计 13 元。已发生赔款负债中，事故发生后立即赔款，利息为零。

⑤未到期责任负债的变动过程：保险服务收入 196 元和投资成分 100 元都是从未到期责任负债中释放出去的，196 元进了利润表，100 元投资成分进了客户兜里（但不进利润表），因此都是负数；13 元是当期的未到期责任负债的利息增加，是正数。

32.7　保险合同金融变动额的处理

案例与问题

A 保险公司签发了 100 张保险期限为 3 年的保单，这些合同提供固定保额的死亡保障，被确认为保险合同，但不满足具有直接参与分红特征的保险合同的三个必备条件，因此属于不具有直接参与分红特征的保险合同。

这 100 张保单组成一个合同组，本案例就以该合同组为例进行分析，但在未来实践中，下述处理是在合同组合层面进行的。

为突出分析保险合同金融变动额的损益确认，案例分析中作如下简化：

①忽略任何死亡给付（尽管合同提供死亡保障）。

②为突出市场利率的影响效果，忽略其他任何因素的影响，包括保险获取现金流、退保、非金融风险调整等。

③仅考虑来源于履约现金流量的保险合同金融变动额，不考虑来源于合同服务边际的保险合同金融变动额。

（1）合同组初始确认时的信息。

①保险公司收到趸交保费 1500 元，其中，每张保单趸交 15 元；

②保险公司将 1500 元保费投资在了 2 年期固定收益证券上，预期年度回报率 10%。2 年后，保险公司预计会将到期资金全数再投资于类似金融工具，预期年度回报率也是 10%。

③保险公司预计在第 3 年末向保单持有人给付 1890 元（按 10% 折现的现值为 1420 元），这一给付额是按保单条款中的约定计算出来的。假定保险公司可以将相关保单条款设计成如下两种给付方式：

方式一：第 3 年末保单到期时，保险公司将 1500 元保费形成的投资资产的账户累积价值的 94.54% 给付给保单持有人（这样，如果未来 3 年的年度投资回报率均为 10%，则第 3 年末保单持有人将得到 1890 元，$1890=1500\times1.10^3\times94.54\%$）。

方式二：保单期限 3 年内，每年的预期结算利率为 8%，保单持有人账户金额将按年结算利率 8% 增值，3 年末保单到期时，保单持有人获得保单持有人账户金额（这样，如果未来 3 年的年度投资回报率均为 10%，则第 3 年末保单持有人将得到 1890 元，$1890=1500\times1.08^3$）。

（2）市场利率发生变动。

第 1 年末，市场年利率从 10% 跌到了 5%，于是，保险公司改变了对第 3 年末给付金额的预期。

（3）分析任务。

【问题】请分别分析，第 1 年末，在给付方式分别为方式一、方式二条件下，保险公司如何分解保险合同金融变动额，以便“削峰填谷”，平滑利润。

准则规定

《企业会计准则第 25 号——保险合同》做了以下规定。

第二十五条　企业应当采用适当的折现率对履约现金流量进行货币时间价值及金融风险调整，以反映货币时间价值及未包含在未来现金流量估计中的有关金融风险。适当的折现率应当同时符合下列要求：

（一）反映货币时间价值、保险合同现金流量特征以及流动性特征；

（二）基于与保险合同具有一致现金流量特征的金融工具当前可观察市场数据确定，且不考虑与保险合同现金流量无关但影响可观察市场数据的其他因素。

第二十六条　企业在估计履约现金流量时应当考虑非金融风险调整，以反映非金融风险对履约现金流量的影响。

企业应当单独估计非金融风险调整，不得在未来现金流量和折现率的估计中隐含非金融风险调整。

第三十三条　企业应当将货币时间价值及金融风险的影响导致的未到期责任负债和已发生赔款负债账面价值变动额，作为保险合同金融变动额。

企业可以选择将货币时间价值及金融风险的影响导致的非金融风险调整变动额不作为保险合同金融变动额。

第三十四条　企业应当考虑持有的相关资产及其会计处理，在合同组合层面对保险合同金融变动额的会计处理做出下列会计政策选择：

（一）将保险合同金融变动额全额计入当期保险财务损益。

（二）将保险合同金融变动额分解计入当期保险财务损益和其他综合收益。选择该会计政策的，企业应当在合同组剩余期限内，采用系统合理的方法确定计入各个期间保险财务损益的金额，其与保险合同金融变动额的差额计入其他综合收益。

保险财务损益，是指计入当期及以后期间损益的保险合同金融变动额。保险财务损益包括企业签发的保险合同的承保财务损益和分出的再保险合同的分出再保险财务损益。

第三十五条　企业应当将非金融风险调整账面价值变动中除保险合同金融变动额以外的金额计入当期及以后期间损益。

解析与说明

具体而言，在任一会计期内，保险合同金融变动额可分解为两项：一是未到期责任负债和已发生赔款负债的利息增值，包括履约现金流量按上期末计量用折现率实现的当期利息增值，和合同服务边际按初始计量用折现率实现的当期利息增值；二是期末折现率变动导致的保险合同负债变动，具体是指期末折现率变动导致的履约现金流量变动，合同服务边际并不随折现率的变动而变动。

关于保险负债的利息增值对公司利润的影响，如前面的案例所示，第一，它会形成当期保险服务收入，也会随赔付而部分形成保险服务费用，进而提升保险服务业绩；第二，它会形成当期保险财务费用，降低公司的投资业绩。总体而言，保险负债的利息增值会对公司利润造成一定的负面影响。

关于期末折现率变动导致的保险负债变动，在新准则下会形成保险财务损益，进而直接影响投资业绩和公司利润。具体而言，当期末市场利率下降（上升）导致期末折现率下降（上升），进而导致保险合同负债上升（下降）时，会形成保险财务费用（保险财务收益），降低（提升）公司利润。我们知道，无论在旧准则还是新准则下，由于寿险公司往往具有规模庞大的期末保险责任准备金或保险合同负债，期末折现率的小幅变化往往会导致期末保险责任准备金或保险合同负债账面价值发生巨大的变化，进而对公司利润水平产生巨大影响。

将保险合同金融变动额全额计入当期保险财务损益，显然可能使保险公司尤其是寿险公司利润波动过大，因此，寿险公司很可能会选择将保险合同金融变动额分解计入当期保险财务损益和其他综合收益。这个处理方法的目的，是想通过某种“削峰填谷”的模式，降低市场利率变动导致的折现率变动对利润的影响。也就是说，影响还是那么多，只不过被“平滑”了一些。因此，实施其他综合收益选择权后，在任一保险合同组合的当期及剩余保险期限内，上述的每期计入其他综合收益的部分之和必然为零。

本案例中，合同组初始确认时，保险负债的终值是 1 890 元，初值为 1 420 元，固定利率为 10%[=（1 890÷1 420）1/3-1]，因此，第 1 年末，保险合同负债账面价值中包含的未来现金流量现值为 1562（=1 420×1.10）元。

第 1 年末，市场年利率从 10% 掉到了 5%，因此，保险公司改变了对未来现金流的预期：

（1）前 2 年的年回报率已通过 2 年期固定收益证券锁定在了 10%，第 2 年末将到期投资资产再投资后，预期年回报率为 5%（而不是之前预期的 10%），因此，第 3 年末的投资资产总额为 1 906（=1 500×1.1×1.1×1.05）元。

（2）于是，第3年末，按照合同约定，保险公司将向客户给付投资资产累积值的94.54%，即1802（=1 906×94.54%）元，而不是原来预计的1 890元。

第1年末市场利率下降，意味着折现率下降，意味着第1年末保险负债的增加，自然意味着第1年的保险合同金融变动额的增加。本案例中，尽管第3年末预期给付额从1 890减少至1 802元，但由于第1年末的折现率从10%降至5%，导致第1年末的保险负债现值仍会大幅上升，从1 562（$1\ 890/1.10^2$）元升至1635（$=1\ 802/1.05^2$）元，进而导致第1年的保险合同金融变动额大幅上升73（=1 635−1 562）元。若选择将保险合同金融变动额全部计入当期保险财务损益（这里是记为保险财务费用），会使该合同组第1年的利润大幅减少。

为降低第1年的利润波动，第1年末，保险公司改变了用于分摊预期保险财务损益的固定利率，即在保证3年总保险财务损益等于3年总保险合同金融变动额的基础上，通过改变固定利率，对总保险财务损益进行平滑分摊。

（1）修改后的固定利率按如下方法计算：第1年末的保险合同负债中的未来现金流量现值为1 562元，第3年末预计给付额为1 802元，因此，修改后的固定年利率为7.42%(=(1 802÷1 562)1/2−1)。

（2）于是，保险公司使用固定利率7.42%，为第1年末的保险合同负债中的未来现金流量现值1562元在未来2年内累积生息，这样就修改和平滑了每年的保险财务损益金额，进而可降低市场利率下降对公司利润波动的影响。

见表32-16、表32-17。

表32-16　未来现金流量现值计算表

单位：元

	初始确认	第1年末	第2年末	第3年末
预期的第3年末现金流量	1 890	1 802	1 802	1 802
按当时市场利率确定折现率条件下的预期未来现金流量现值（A）	1 420（折现率10%）	1 635（折现率5%）	1 716（折现率5%）	1 802（—）
按固定利率（constant rate）估计的未来现金流量现值（B）	1 420（固定利率10%）	1 562（固定利率7.42%）	1 678（固定利率7.42%）	1 802（—）

表 32–17　保险合同金额变动额计算表

单位：元

	第 1 年	第 2 年	第 3 年
保险合同金额变动额	（215）	（81）	（86）
计入当期保险财务损益的部分	（142）	（116）	（124）
计入当期其他综合收益的部分	（73）	35	38

32.8　关于具有直接分红特征的保险合同组的会计处理

准则规定

《企业会计准则第 25 号——保险合同》做了以下规定。

第三十九条　企业应当在合同开始日评估一项合同是否为具有直接参与分红特征的保险合同，后续不再重新评估。

第四十条　具有直接参与分红特征的保险合同，是指在合同开始日同时符合下列条件的保险合同：

（一）合同条款规定保单持有人参与分享清晰可辨认的基础项目；

（二）企业预计将基础项目公允价值变动回报中的相当大部分支付给保单持有人；

（三）预计应付保单持有人金额变动中的相当大部分将随基础项目公允价值的变动而变动。

第四十一条　企业应当按照基础项目公允价值扣除浮动收费的差额，估计具有直接参与分红特征的保险合同组的履约现金流量。

浮动收费，是指企业因代保单持有人管理基础项目并提供投资相关服务而取得的对价，等于基础项目公允价值中企业享有份额减去不随基础项目回报变动的履约现金流量。

第四十二条　对于具有直接参与分红特征的保险合同组，资产负债表日合同组的合同服务边际账面价值应当以期初账面价值为基础，经下列调整后予以确定：

（一）当期归入该合同组的合同对合同服务边际的影响金额。

（二）基础项目公允价值中企业享有份额的变动金额，但以下情形除外：

1. 企业使用衍生工具或分出再保险合同管理与该金额变动相关金融风险时，对符合本准则规定条件的，可以选择将该金额变动中由货币时间价值及金融风险的影响导致的部分计入当期保险财务损益。但企业将分出再保险合同的保险合同金融变动额分解计入当期保险财务损益和其他综合收益的，该金额变动中的相应部分也应予以分解。

2. 基础项目公允价值中企业享有份额的减少额超过合同服务边际账面价值所导致的亏损部分。

3. 基础项目公允价值中企业享有份额的增加额抵销的未到期责任负债的亏损部分。

（三）与未来服务相关且不随基础项目回报变动的履约现金流量的变动金额，但以下情形除外：

1. 企业使用衍生工具、分出再保险合同或以公允价值计量且其变动计入当期损益的非衍生金融工具管理与该履约现金流量变动相关金融风险时，对符合本准则规定条件的，可以选择将该履约现金流量变动中由货币时间价值及金融风险的影响导致的部分计入当期保险财务损益。但企业将分出再保险合同的保险合同金融变动额分解计入当期保险财务损益和其他综合收益的，该履约现金流量变动中的相应部分也应予以分解。

2. 该履约现金流量的增加额超过合同服务边际账面价值所导致的亏损部分。

3. 该履约现金流量的减少额抵销的未到期责任负债的亏损部分。

（四）合同服务边际在当期产生的汇兑差额。

（五）合同服务边际在当期的摊销金额。企业应当按照提供保险合同服务的模式，合理确定合同组在责任期内各个期间的责任单元，并据此对根据本条（一）至（四）调整后的合同服务边际账面 15 价值进行摊销，计入当期及以后期间保险服务收入。

企业可以对本条（二）和（三）中的变动金额进行合并调整。

第四十三条　企业采用风险管理措施对具有直接参与分红特征的保险合同产生的金融风险予以缓释时，同时符合下列条件的，对于本准则第四十二条（二）和（三）相关金额变动中由货币时间价值及金融风险的影响导致的部分，可以选择不调整合同服务边际：

（一）企业制定了关于风险管理目标和策略的书面文件；

（二）保险合同与用于风险管理的衍生工具、分出再保险合同或以公允价值计量且其变动计入当期损益的非衍生金融工具之间存在经济抵销关系；（三）经济抵销关系产生的价值变动中，信用风险的影响不占主导地位。

企业不再符合上述条件时，应当自不符合之日起，将本准则第四十二条（二）和（三）相关金额变动中由货币时间价值及金融风险的影响导致的部分调整合同服务边际，之前已经计入保险财务损益的金额不予调整。

第四十四条　对于企业不持有基础项目的具有直接参与分红特征的保险合同组，企业应当根据本准则第三十四条规定，对保险合同金额变动额进行会计处理。

对于企业持有基础项目的具有直接参与分红特征的保险合同组，企业根据本准则第三十四条规定，选择将保险合同金融变动额分解计入当期保险财务损益和其他综合收益的，计入当期保险财务损益的金额应当等于其持有的基础项目按照相关会计准则规定计入当期损益的金额。

解析与说明

（1）直接分红保险合同组的负债计量。

总体来看，直接分红保险合同的计量思路仍然是通用模型法的计量思路，即保险合同负债仍然等于“履约现金流量（含未来现金流量现值和非金融风险调整）+合同服务边际”，并不断释放和调整，但其产品特征导致其计量有一些特别之处。

除了直接分红保险合同本身的特征之外，直接分红保险合同主要通过以公允价值计量的基础项目进行投资，所以，保险公司因提供投资相关服务而收取的费用会随基础项目公允价值的变动而变动，称为“浮动收费”，即：

公司利益＝浮动收费＝基础项目公允价值中企业享有份额－不随基础项目回报变动的履约现金流量。

由于直接分红合同以投资为主、保障成分通常很少，因此，经营直接分红保险合同，保险公司实质上主要是为客户提供投资相关服务，并收取参照基础项目公允价值确定的费用作为提供服务的对价。

同时，由于直接分红保险合同的一大特征是，企业预计将基础项目公允价值变动回报中的相当大部分支付给保单持有人。这意味着，尽管浮动收费是按照基础项目公允价值的某个比例收取的，但其实也可以理解成，浮动收费是从基础项目公允价值变动回报中收取的。也就是说，基础项目投资的本金是客户提供的，对于本金所产生的公允价值变动回报，客户利益占比通常比公司利益占比要大得多。

（2）直接分红保险合同组的损益计量。

与通用模型法的思路一致，直接分红保险合同组的损益也包括保险服务业绩和投资业绩：

①保险服务业绩。

保险服务业绩＝保险服务收入－保险服务费用。

其中，保险服务费用＝当期发生赔款及其他相关费用＋保险获取现金流量的摊销＋已发生赔款负债相关履约现金流量变动＋亏损部分的确认和转回；

保险服务收入＝期初预计的当期会发生的保险服务费用＋当期非金融调整释放额＋当期合同服务边际摊销额＋保险获取现金流量摊销额。

从费用来看，对直接分红保险合同如投连险而言，一是投资成分占比很大且以公允价值计量，导致其扣除投资成分后的赔付额很低，已发生赔款负债相关履约现金流量变动也很低；二是盈利以收取资产管理费或浮动收费为主导致其亏损的可能性极小。因此，“赔付支出（扣除投资成分）＋已发生赔款负债相关履约现金流量变动＋亏损部分的确认和转回”很低。可以预计，直接分红保险合同的保险服务费用通常很低，主要包括扣除投资成分后的风险赔付额、其他相关费用和获取现金流量摊销。

从收入来看，对直接分红保险合同如投连险而言，一是扣除投资成分后的预期赔付很低；二是保险成分很少会导致非金融风险调整较低。因此，保险服务收入主要包括预期的其他相关费用、合同服务边际摊销和保险获取现金流量摊销。

综合来看，直接分红保险合同的保险服务业绩，主要就是合同服务边际摊销。

②投资业绩。

投资业绩＝资产投资收益－保险财务损益。其中，保险财务损益是指计入损益的保险合同金融变动额，通常（不采用其他综合收益选择权时）：

保险财务损益＝保险合同金融变动额＝保险负债的计息增值折现率变动导致的履约现金流量变动。

最终，投资业绩＝（资产投资收益－保险负债的计息增值）折现率变动导致的履约现金流量变动＝资产负债利差 ± 折现率变动导致的履约现金流量变动。

在主要提供投资相关服务的直接分红保险合同的运营过程中，保险合同负债形成的投资资产就是基础项目，基础项目以公允价值计量，因此，任一会计期内，资产投资收益＝当期的基础项目公允价值变动额；而保险财务损益＝保险合同金融变动额＝保险负债的计息增值＋折现率变动导致的履约现金流量变动。

32.9 关于亏损保险合同组的会计处理

案例与问题

B 保险公司签发了 100 张保险合同，保险期限均为 3 年，组成一个合同组。保单签发后保险责任期立即开始。

初始确认时，保险公司预计：

（1）合同组初始确认后即可收到 800 元保费（每张保单 8 元）。

（2）每年末的现金流出（赔付支出）400 元，3 年共计流出 1 200 元，公司预计事故发生时赔款立即支付。使用每年 5% 的折现率（该折现率反映了赔付现金流的特征），可得 3 年流出额的现值之和为 1 089 元。

（3）初始确认时的非金融风险调整为 240 元，假定非金融风险调整将在未来 3 年保险期限内（随保险风险的释放而）均匀释放。

合同组运行过程如下：

（1）第 1 年，所有事件的发生均与初始确认时的预期一致。

（2）第 2 年，所有事件的发生均与初始确认时的预期一致。

（3）第 2 年末，B 公司修正了对第 3 年的现金流出的预期，原来预计第 3 年末流出 400 元，改成了流出 100 元（现金流出现值下降了 286 元）。但是，对与第 3 年现金流相关的非金融风险调整，B 保持原来的预期不变。

（4）第 3 年，所有事件的发生均与第 2 年末的预期一致。

为简化计量工作，

①假设所有保险合同都不会在第 3 年底前失效；

②假设不存在任何投资成分；

③忽略任何其他因素和其他变化。

【问题】请帮助 B 保险公司对该合同组进行负债计量和损益确认，以反映该合同组在其保险期限 3 年内对 B 公司负债表和利润表的影响。

准则规定

《企业会计准则第 25 号——保险合同》做了如下规定：

第四十六条　合同组在初始确认时发生首日亏损的，或合同组合中的合同归入其所属亏损合同组而新增亏损的，企业应当确认亏损并计入当期保险服务费用，同时将该亏损部分增加未到期责任负债账面价值。

初始确认时，亏损合同组的保险合同负债账面价值等于其履约现金流量。

第四十七条　发生下列情形之一导致合同组在后续计量时发生亏损的，企业应当确认亏损并计入当期保险服务费用，同时将该亏损部分增加未到期责任负债账面价值：

（一）因与未来服务相关的未来现金流量或非金融风险调整的估计发生变更，导致履约现金流量增加额超过合同服务边际账面价值。

（二）对于具有直接参与分红特征的保险合同组，其基础项目公允价值中企业享有份额的减少额超过合同服务边际账面价值。

第四十八条　企业在确认合同组的亏损后，应当将未到期责任负债账面价值的下列变动额，采用系统合理的方法分摊至未到期责任负债中的亏损部分和其他部分：

（一）因发生保险服务费用而减少的未来现金流量的现值；

（二）因相关风险释放而计入当期损益的非金融风险调整的变动金额；

（三）保险合同金融变动额。

分摊至亏损部分的金额不得计入当期保险服务收入。

第四十九条　企业在确认合同组的亏损后，应当按照下列规定进行后续计量：

（一）将因与未来服务相关的未来现金流量或非金融风险调整的估计变更所导致的履约现金流量增加额，以及具有直接参与分红特征的保险合同组的基础项目公允价值中企业享有份额的减少额，确认为新增亏损并计入当期保险服务费用，同时将该亏损部分增加未到期责任负债账面价值。

（二）将因与未来服务相关的未来现金流量或非金融风险调整的估计变更所导致的履约现金流量减少额，以及具有直接参与分红特征的保险合同组的基础项目公允价值中企业享有份额的增加额，减少未到期责任负债的亏损部分，冲减当期保险服务费用；超出亏损部分的金额，确认为合同服务边际。

解析与说明

所谓亏损合同，是指在保单盈利性评估中，在考虑现金流入、流出及现金流不确定性基础上，综合评估结果（指现值）为净流出的合同。新准则要求，保险公司不得将签发时间间隔超过 1 年的合同归入同一合同组，于是，保险公司会将每一会计年度确认的同一组合内的亏损合同均归为一个亏损合同组。

在初始计量时，亏损合同组的未到期责任负债 = 未到期责任负债的其他部分 +

未到期责任负债的亏损部分＝履约现金流量。而在后续计量中，亏损合同组可能会出现亏损继续扩大的情形，也可能出现亏损缩小甚至变为盈利的情形。

亏损合同组计量最大的特色，就是在未到期责任负债中建立了“亏损部分”，进而将亏损合同组的未到期责任负债一分为二，分成“未到期责任负债的亏损部分”和“未到期责任负债的其他部分”。

在未来保险期限内，未到期责任负债会逐期产生利息增值，因提供保险服务而逐期释放并形成保险服务收入。本来，未到期责任负债会逐期产生利息增值、逐期释放（期初预计的当期会发生的保险服务费用、当期非金融风险调整释放额）并形成保险服务收入。但是，对于亏损合同组而言，由于“未到期责任负债的亏损部分”是由股东出资形成的，而非因提供保险服务从客户手里获得的收入，因此，其计息增值后的释放额不应计入保险服务收入。

在初始计量及后续计量时，从损益来看，所有预期亏损（包括初始亏损和后续亏损）都要计入当期的保险服务费用；从负债来看，要将预期亏损同时计入“未到期责任负债的亏损部分”。计入“未到期责任负债的亏损部分”中的，是为确保客户利益而短缺的“履约现金流量”（包括“未来现金流量现值”和“非金融风险调整”）。

（1）第 1 年负债计量和损益确认。

初始确认时，B 公司对合同组进行了初始计量，并估计了每年末的履约现金流量，如表 32-18 所示。

表 32-18　每年末的履约现金流量计算表

单位：元

	初始计量	第 1 年末	第 2 年末	第 3 年末
预期的未来现金流入现值	（800）	—	—	—
预期的未来现金流出现值	1 089	743	381	—
预期的未来现金流量现值	289	743	381	—
非金融风险调整	240	160	80	—
履约现金流量	529	903	461	—
合同服务边际	—			
初始确认时的保险合同负债	529			

可以看到，初始计量时，按照新准则第四十六条规定：第一，由于合同组亏损，合同服务边际为零，保险合同负债的账面价值等于履约现金流量 529 元；第二，保险

合同负债的窟窿 529 元，将通过计入损益（计入当期保险服务费用）的方式由股东出资填补。

（2）第 1 年的保险合同负债余额调节表（按新准则第八十七条）。

第 1 年，保险合同负债（等于未到期责任负债）及其分项（未来现金流量现值、非金融风险调整、合同服务边际）的余额调节表如表 32-19 所示，该表可以满足新准则第八十七条规定的披露要求。

表 32-19　保险合同负债的余额调节表

单位：元

	预期的未来现金流量现值	非金融风险调整	合同服务边际	保险合同负债
期初余额	289	240	—	529
与未来服务相关的变化：新合同加入	—	—	—	—
现金流入量	800	—	—	800
保险合同金融变动额	54	—	—	54
与当期服务相关的变化	0	（80）	—	（80）
现金流出量	（400）	—	—	（400）
期末余额	743	160	—	903

①期初余额：数据来自表 6-2 中的初始计量结果。

②保险合同金融变动额：54=（289+800）×5%。

其内在含义是，该合同组一进入保险公司，即给保险公司造成了 529 元的亏损，这些亏损要由公司股东出钱填充入保险合同负债中，以保证客户利益，其中 289 元填入未来现金流量现值部分，240 元填入非金融风险调整部分。紧接着（几乎同时），保险公司收到了 800 元保费，于是，1 089（=289+800）元在第 1 年内将会按照期初假设折现率 5%，产生 54（=1 089×5%）元利息。另外，案例描述中提到“假定金融风险调整将在未来 3 年保险期限内（随保险风险的释放而）均匀释放”，意味着本合同组计量适用新准则 33 条第 2 款“保险公司选择将货币时间价值及金融风险的影响导致的非金融风险调整变动额不作为保险合同金融变动额”，因此，240 元非金融风险调整在未来 3 年内将不产生利息，只是均匀地每年释放 80 元。

③与当期服务相关的变化：第 1 年，所有事件的发生均与预期一致，当期现金流

没有变化，合同服务边际为零无需摊销，只有非金融风险调整按预期释放80元。

④最后，我们通过最后一列数据来理解一下保险合同负债的变化过程：初始确认的保险合同负债为529元，然后流入800元保费，当期产生54元利息，释放80元非金融风险调整，流出赔款400元，剩余保险合同负债903元。

32.10 关于保险合同组计量的简化处理——保费分配法

案例与问题

B保险公司于2023年6月30日签发了一个保险合同组，该合同组：

（1）保险责任期间为12个月；

（2）保费为1200元，在合同开始时全额交清，保费中没有投资成分；

（3）初始确认时的折现率为5%，B公司决定调整未到期责任负债以反映货币时间价值和金融风险的影响；

（4）保险合同的承保风险在责任期内是随时间流逝为主释放的；

（5）为简化分析，本案例忽略保险获取现金流量的影响。

在资产负债表日2023年12月31日前，该合同组未发生任何赔案。

【问题】请帮助B公司对该合同组进行2023年6月30日的初始计量和2023年12月31日的后续计量，并确认相关损益。

准则规定

《企业会计准则第25号——原保险合同》做了如下规定：

第十三条　保险人应当在确认寿险保费收入的当期，按照保险精算确

定的金额，提取寿险责任准备金、长期健康险责任准备金，并确认寿险责任准

备金、长期健康险责任准备金负债。

解析与说明

（1）2023年6月30日的初始计量。

合同组初始确认时，忽略保险获取现金流量，则：

初始计量的未到期责任负债 = 已收保费 =1200（元）

（2）2023年底确认的当期（2023年）保险服务收入。

考虑货币时间价值和金融风险的影响，未到期责任负债在2023年会增加：

针对融资成分的调整 =1200×(1+0.05×6/12)-1200=30（元）

待摊保费 = 已收和预计收取的保费 − 投资成分 + 针对重大融资成分的当期调整 = 1200-0+30=1230（元）

当期保险服务收入 = 待摊保费分摊在当期的部分 =1230×6/12=615（元）

（3）2023 年 12 月 31 日的未到期责任负债。

在不考虑保险获取现金流量，没有后续保费流入，没有投资成分，且当期没有发生赔案的条件下，

期末未到期责任负债 = 期初未到期责任负债 + 当期已收保费 − 当期发生的保险获取现金流量（选择在发生时计入当期损益的除外）+ 当期确认为保险服务费用的保险获取流量摊销金额（选择在发生时计入当期损益的除外）+ 针对融资成分的调整 − 因当期提供保险服务而被确认的保险服务收入 − 当期已付或转入已发生赔款负债中的投资成分

=1200+0-0+0+30-615-0

=615（元）

（4）截至 2023 年 12 月 31 日为止的 6 个月期间的损益表。

当期保险服务收入 =615 元；

当期保险服务费用 = 当期发生的赔款及其他相关费用 +（摊销处理时的）保险获取现金流量摊销额或（非摊销处理时的）保险获取现金流量发生额 + 亏损确认额 + 已发生赔款负债相关履约现金流量变动 =0+0+0+0=0；

当期保险财务费用 =30 元

则，不考虑投资收益，利润 =（615-0）+（0-30）=585（元）。

（5）关于预期亏损的延伸讨论：

假定 2023 年 12 月 31 日，相关事实和情况表明该合同组亏损，B 公司采用通用模型法计量当时的履约现金流量为 800 元，而采用保费分配法计量的未到期责任负债仅有 615 元，此时，保险公司需要确认损失并相应增加未到期责任负债账面价值：

确认损失额 = 未到期责任负债增加额 =800-615=185（元）

由此：第一，B 公司在损益表中确认亏损合同组的亏损 185 元，计入保险服务费用，当期利润减少 185 元；第二，同时将这 185 元增加 2023 年 12 月 31 日确认的未到期责任负债，考虑亏损后的未到期责任负债为 800 元。

32.11 关于分出的再保险合同组的会计处理

案例与问题

假设甲保险公司与乙再保险公司签订了一个再保险合同，甲保险公司向乙再保险公司支付固定保费，乙公司将承担对应原保险合同组的每笔赔付金额的30%，并且，甲公司向乙公司转移了对应原保险合同组的30%的非金融风险。

为简化计算，忽略折现率的影响，忽略瑞丽再保险公司的违约风险，忽略所有其他变量。

甲保险公司将该分出再保险合同确认为一个分出再保险合同组。

在该分出再保险合同组初始确认后的抵达1年末的最后时刻，在未来预期没有发生变化的条件下，甲保险公司对该分出再保险合同组和对应原保险合同组进行了后续计量，计量结果如表32-20所示。

表32-20 保险合同后续计量表

单位：元

	原保险合同负债	再保险合同资产
履约现金流量（未来预期未发生变化）	300	（90）
合同服务边际	100	（25）
保险合同负债/再保险合同资产	400	（115）

①逼近1年末的最后时刻，分出再保险合同的合同服务边际为-25元，意味着分出再保险合同组此时的净成本是25元。

②在原保险合同负债及其结构已知的条件下，根据案例介绍，分出再保险合同的履约现金流量应该是原保险合同组的履约现金流量的30%，因此，90=300×30%。按照这一逻辑推下去，分出再保险合同的合同服务边际也应该是原保险合同组的合同服务边际的30%，但是，由于再保险与原保险的定价水平有一定的区别，导致分出再保险合同的合同服务边际不是100元的30%，而且，由于原保险合同组盈利，按照上述比例逻辑，当定价水平相同时，分出再保险合同对分出人来说通常是亏损的，基于这两个原因，分出再保险合同组的合同服务边际实际是-25元。

第1年末，甲保险公司修改了其对原保险合同组的履约现金流量的预期：

（1）情形A（原保险合同组仍盈利）：甲估计的原保险合同组的履约现金流量增加了50元，相应地，合同服务边际降低了50元。这说明，原保险合同组并未因此而变为亏损合同。

（2）情形 B（原保险合同组变亏损）：甲估计的原保险合同组的履约现金流量增加了 160 元，这一悲观预期使原保险合同组变成了亏损合同，于是，原保险合同组的合同服务边际从 100 降为 0，不仅如此，甲还得将 60 元亏损确认在损益表中。

【问题】在上述修改预期下，请帮助甲保险公司对第 1 年末的保险合同负债和分出再保险合同资产进行后续计量。

准则规定

《企业会计准则第 25 号——保险合同》做了以下规定。

第五十八条　企业对分出的再保险合同组进行确认和计量，除本章另有规定外，应当按照本准则有关保险合同的其他相关规定进行处理，但本准则第五章关于亏损合同组计量的相关规定不适用于分出的再保险合同组。

第五十九条　企业应当将同一分出的再保险合同组合至少分为下列合同组：

（一）初始确认时存在净利得的合同组；

（二）初始确认时无显著可能性在未来产生净利得的合同组；

（三）该组合中剩余合同组成的合同组。

企业可以按照净成本或净利得水平以及初始确认后在未来产生净利得的可能性等，对分出的再保险合同组作进一步细分。企业不得将分出时间间隔超过一年的合同归入同一分出的再保险合同组。

第六十条　企业应当在下列时点中的最早时点确认其分出的再保险合同组：

（一）分出的再保险合同组责任期开始日；

（二）分出的再保险合同组所对应的保险合同组确认为亏损合同组时。

第六十一条　分出的再保险合同组分出成比例责任的，企业应当在下列时点中的最早时点确认该合同组：

（一）分出的再保险合同组责任期开始日和任一对应的保险合同初始确认时点中较晚的时点；

（二）分出的再保险合同组所对应的保险合同组确认为亏损合同组时。

第六十二条　企业在初始确认其分出的再保险合同组时，应当按照履约现金流量与合同服务边际之和对分出再保险合同资产进行初始计量。

分出再保险合同组的合同服务边际，是指企业为在未来获得再保险分入人提供的保险合同服务而产生的净成本或净利得。

第六十三条　企业在估计分出的再保险合同组的未来现金流量现值时，采用的相关假设应当与计量所对应的保险合同组保持一致，并考虑再保险分入人的不履约风险。

第六十四条　企业应当根据分出的再保险合同组转移给再保险分入人的风险，估计非金融风险调整。

第六十五条　企业应当在分出的再保险合同组初始确认时计算下列各项之和：

（一）履约现金流量；

（二）在该日终止确认的相关资产或负债对应的现金流量；

（三）分出再保险合同组内合同在该日产生的现金流量；

（四）分保摊回未到期责任资产亏损摊回部分的金额。企业应当将上述各项之和所反映的净成本或净利得，确认为合同服务边际。净成本与分出前发生的事项相关的，企业应当将其确认为费用并计入当期损益。

第六十六条　企业应当在资产负债表日按照分保摊回未到期责任资产与分保摊回已发生赔款资产之和对分出再保险合同资产进行后续计量。

分保摊回未到期责任资产包括资产负债表日分摊至分出的再保险合同组的、与未到期责任有关的履约现金流量和当日该合同组的合同服务边际。

分保摊回已发生赔款资产包括资产负债表日分摊至分出的再保险合同组的、与已发生赔款及其他相关费用的摊回有关的履约现金流量。

第六十七条　对于订立时点不晚于对应的保险合同确认时点的分出的再保险合同，企业在初始确认对应的亏损合同组或者将对应的亏损保险合同归入合同组而确认亏损时，应当根据下列两项的乘积确定分出再保险合同组分保摊回未到期责任资产亏损摊回部分的金额：

（一）对应的保险合同确认的亏损；

（二）预计从分出再保险合同组摊回的对应的保险合同赔付的比例。

企业应当按照上述亏损摊回部分的金额调整分出再保险合同组的合同服务边际，同时确认为摊回保险服务费用，计入当期损益。企业在对分出的再保险合同组进行后续计量时，应当调整亏损摊回部分的金额以反映对应的保险合同亏损部分的变化，调整后的亏损摊回部分的金额不应超过企业预计从分出再保险合同组摊回的对应的保险合同亏损部分的相应金额。

第六十八条　资产负债表日分出的再保险合同组的合同服务边际账面价值应当以期初账面价值为基础，经下列各项调整后予以确定：

（一）当期归入该合同组的合同对合同服务边际的影响金额；

（二）合同服务边际在当期计提的利息，计息利率为该合同组内合同确认时、不随基础项目回报变动的现金流量所适用的加权平均利率；

（三）根据本准则第六十七条第一款计算的分保摊回未到期责任资产亏损摊回部分的金额，以及与分出再保险合同组的履约现金流量变动无关的分保摊回未到期责任资产亏损摊回部分的转回；

（四）与未来服务相关的履约现金流量的变动金额，但分摊至对应的保险合同组且不调整其合同服务边际的履约现金流量变动而导致的变动，以及对应的保险合同组采用保费分配法计量时因确认或转回亏损而导致的变动除外；

（五）合同服务边际在当期产生的汇兑差额；

（六）合同服务边际在当期的摊销金额。企业应当按照取得保险合同服务的模式，合理确定分出再保险合同组在责任期内各个期间的责任单元，并据此对根据本条（一）至（五）调整后的合同服务边际账面价值进行摊销，计入当期及以后期间损益。

第六十九条　再保险分入人不履约风险导致的履约现金流量变动金额与未来服务无关，企业不应当因此调整分出再保险合同组的合同服务边际。

第七十条　企业因当期取得再保险分入人提供的保险合同服务而导致分保摊回未到期责任资产账面价值的减少额，应当确认为分出保费的分摊；因当期发生赔款及其他相关费用的摊回导致分保摊回已发生赔款资产账面价值的增加额，以及与之相关的履约现金流量的后续变动额，应当确认为摊回保险服务费用。

企业应当将预计从再保险分入人收到的不取决于对应的保险合同赔付的金额，作为分出保费的分摊的减项。企业在确认分出保费的分摊和摊回保险服务费用时，不得包含分出再保险合同中的投资成分。

第七十一条　符合下列条件之一的，企业可以采用保费分配法简化分出的再保险合同组的计量：

（一）企业能够合理预计采用保费分配法与不采用保费分配法计量分出再保险合同组的结果无重大差异。企业预计履约现金流量在赔案发生前将发生重大变化的，表明该合同组不符合本条件。

（二）该分出的再保险合同组内各项合同的责任期不超过一年。

第七十二条　企业采用保费分配法计量分出的再保险合同组时，根据本准则第六十七条第一款计算的亏损摊回部分的金额应当调整分出再保险合同组的分保摊回未到期责任资产账面价值，同时确认为摊回保险服务费用，计入当期损益。

解析与说明

（1）情形A下1年末的后续计量。

第1年末,在甲保险公司估计的原保险合同组的履约现金流量增加50元的条件下，魏莱保险公司对保险合同负债和分出再保险合同资产进行计量，如表32-21所示。

表32-21　保险合同后续计量表

单位：元

	原保险合同负债	再保险合同资产
履约现金流量（包含了未来预期的变化）	350	（105）
合同服务边际	50	（10）
第1年末的保险合同负债/再保险合同资产	400	（115）
预期变动对损益表的影响：第1年末确认的损益	—	—

①原保险合同负债：履约现金流量增加50元至350元，相应地，合同服务边际减少50元至50元，一升一降且升降额相等，第1年末的保险合同负债不变。

②再保险合同资产中的履约现金流量：本来是90元，原保险合同组的履约现金流量增加50元，于是，再保险合同的履约现金流量数额增加15（=50×30%）元，变成了105（=90+15）元。

③再保险合同资产中的合同服务边际：本来是-25元，与未来相关的履约现金流量数额增加15元,合同服务边际随之调整,增加15元,于是变成了-10(=-25+15)元。

需要注意的是，仅就分出再保险合同而言，与未来相关的履约现金流量数额增加会导致分入人支付的履约现金流量数额增多，对分出人而言，在分出保费不变的条件下，分出再保险合同的合同服务边际其实是增加了，或者潜在亏损（净成本）其实是减少了，从亏损25元变成了亏损10元。

（2）情形B下1年末的后续计量。

第1年末，在甲保险公司估计的原保险合同组的履约现金流量增加160元的条件下，魏莱保险公司对保险合同负债和分出再保险合同资产进行计量，如表32-22所示。

表 32–22　保险合同后续计量表

单位：元

	原保险合同负债	再保险合同资产
履约现金流量（包含了未来预期的变化）	460	（138）
合同服务边际	—	5
第 1 年末的保险合同负债 / 再保险合同资产	460	（133）
预期变动对损益表的影响：第 1 年末确认的损益	（60）	18

①原保险合同负债：履约现金流量增加 160 元至 460 元，履约现金流量增加额 160 元“干掉”所有合同服务边际 100 元后，还差 60 元，只能通过计入损益的方式由股东出钱来弥补，客户利益即履约现金流量是必须保证的，原保险合同负债 = 履约现金流量 =460 元。

②再保险合同资产中的履约现金流量：本来是 90 元，原保险合同组的履约现金流量增加 160 元，于是，再保险合同的履约现金流量数额相应增加 48（=160×30%）元，变成了 138（=90+48）元。

③再保险合同资产中的合同服务边际：

原保险合同组的履约现金流量增加了 160 元，其中，100 元通过在保险合同负债内部调减合同服务边际 100 元来解决，剩余 60 元则通过计入损益的方式由股东出资来弥补。

相应地，分出再保险合同的与未来相关的履约现金流量增加了 48 元，该如何调整分出再保险合同的合同服务边际呢？根据新准则第 68 条，与未来服务相关的履约现金流量的变动金额，应该相应调整合同服务边际，但“分摊至对应的保险合同组且不调整其合同服务边际的履约现金流量变动而导致的变动”除外。显然，48 元履约现金流量变动中，18（=60×30%）元属于“分摊至对应的保险合同组且不调整其合同服务边际的履约现金流量变动而导致的变动”，这 18 元的履约现金流量变动无需调整合同服务边际，剩余 30（=100×30%）元的履约现金流量变动则要调整合同服务边际。

具体调整：原保险合同组履约现金流量增加，带来的是分出再保险合同组的履约现金流量数额增加，这会使分出再保险合同组的合同服务边际增加。因此，分出再保险合同组的合同服务边际从之前的 −25 元增加 30 元，变成了 5（=−25+30）元。

④相关损益确认：原保险合同组由于履约现金流量大幅增加而亏损 60 元（也就是不调整合同服务边际的履约现金流量变动额），应将该亏损计入当期损益，确认为

当期保险服务费用，称为“亏损部分的确认”。相应地，分出再保险合同组履约现金流量增加总额48元中，未计入合同服务边际的18元，应被计入当期损益，确认为当期的摊回保险服务费用，称为“亏损摊回部分的确认”。需要注意的是，摊回保险服务费用本质上是公司的收入项，因此，这18元没有括号。

第 33 章
企业会计准则第 21 号——租赁

33.1　租赁识别

案例与问题

【例 33-1】(1) A 公估公司同 B 保险公司签订一份公估协议。协议规定，A 公估公司采用“包人包车”的模式向 B 公司提供单证收集、理算、复勘验车、旧件回收服务。

(2) C 保险公司为在销售过程中提升服务质量，同其员工签订私车公用协议。C 保险公司拟使用员工及员工直系亲属车辆，为客户提供上门服务，包括签订合同、收取保费、配送保单、收取理赔等服务。协议约定，C 公司仅承担车辆在办理业务过程中实际发生的燃油费、路桥费、停车洗车费，不负责车辆保养、违章罚单、年检保险费、维修费、过户费等费用。

【问题】该私车公用中的“车”是否适用《企业会计准则第 21 号——租赁》?

规范与要求

《企业会计准则第 21 号——租赁》(简称租赁准则)做了以下规定。

第四条　在合同开始日，企业应当评估合同是否为租赁或者包含租赁。如果合同中一方让渡了在一定期间内控制一项或多项已识别资产使用的权利以换取对价，则该合同为租赁或者包含租赁。

除非合同条款和条件发生变化，企业无需重新评估合同是否为租赁或者包含租赁。

第五条　为确定合同是否让渡了在一定期间内控制已识别资产使用的权利，企业应当评估合同中的客户是否有权获得在使用期间内因使用已识别资产所产生的几乎全部经济利益，并有权在该使用期间主导已识别资产的使用。

第六条　已识别资产通常由合同明确指定，也可以在资产可供客户使用时隐性指定。但是，即使合同已对资产进行指定，如果资产的供应方在整个使用期间拥有对该资产的实质性替换权，则该资产不属于已识别资产。

同时符合下列条件时，表明供应方拥有资产的实质性替换权：

（一）资产供应方拥有在整个使用期间替换资产的实际能力；

（二）资产供应方通过行使替换资产的权利将获得经济利益。

企业难以确定供应方是否拥有对该资产的实质性替换权的，应当被视为供应方没有对该资产的实质性替换权。

如果资产的某部分产能或其他部分在物理上不可区分，则该部分不属于已识别资产，除非其实质上代表该资产的全部产能，从而使客户获得因使用该资产所产生的几乎全部经济利益。

第七条　在评估是否有权获得因使用已识别资产所产生的几乎全部经济利益时，企业应当在约定的客户可使用资产的权利范围内考虑其所产生的经济利益。

第八条　存在下列情况之一的，可视为客户有权主导对已识别资产在整个使用期间内的使用。

（一）客户有权在整个使用期间主导已识别资产的使用目的和使用方式。

（二）已识别资产的使用目的和使用方式在使用期开始前已预先确定，并且客户有权在整个使用期间自行或主导他人按照其确定的方式运营该资产，或者客户设计了已识别资产并在设计时已预先确定了该资产在整个使用期间的使用目的和使用方式。

案例分析

根据上述规定，可以总结出图 33-1 所示的租赁决策树：

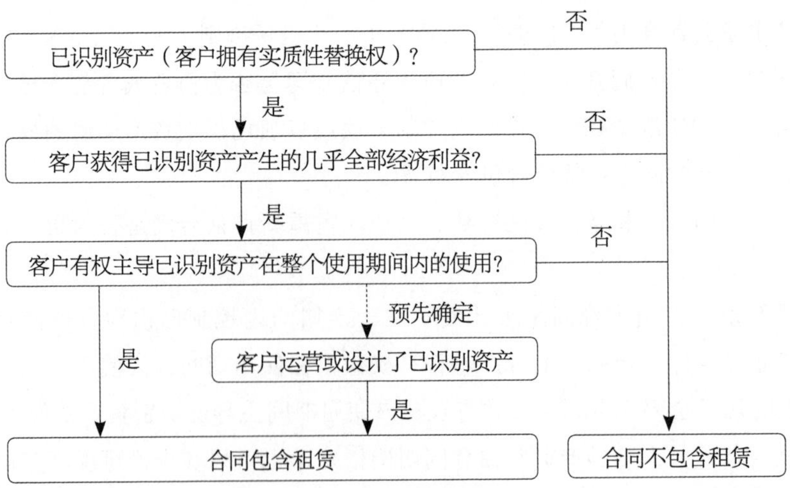

图 33-1　租赁决策树

（1）公估协议中的“车”，不适用租赁准则。由于在不同的案件中，A 公司既可以派出车辆甲，也可以派出车辆乙进行公估；原则上 B 公司无权干涉，A 公司对“车”拥有在整个使用期间替换资产的实际能力，即供应方拥有资产的实质性替换权。同时，客户 B 保险公司也不会运行指示要求 A 公估公司的车辆只能为 B 所用；否则，不符合 B 公司“控制特定资产”的要求。因此，该合同属于一个服务合同而非租赁合同。

（2）私车公用协议中的“车”，同样不适用租赁准则。该私车公用协议并不涉及给员工或员工直系亲属的对价，仅承担车辆使用期间据实发生的车辆使用费。该协议中的车辆并不由 C 公司在协议期间“控制”，无法指令要求员工必须使用该车辆进行销售服务，也无法强制要求非车主或非车主直系亲属使用，使用的方法不能完全控制。C 公司并未获得相关车辆在协议期间“几乎所有的经济利益”。相关车辆主要是员工和员工亲属自用。

33.2　租赁合同的分拆、合并

案例与问题

【例 33-2】A 公司同 B 公司签订一份协议。协议规定，A 公司同时向 B 公司提供租赁和物业服务，合计 2 000 万元，市场公允价值分别为 1800 万元和 300 万元。

A 公司同 C 农产品公司签订一份协议。协议规定，A 公司向 C 公司提供租赁房产和农产品价格、天气等保险（衍生金融工具）服务。

【问题】A 公司应当对协议中涉及的租赁作何处理？

规范与要求

《企业会计准则第 21 号——租赁》做了以下规定。

第九条　合同中同时包含多项单独租赁的，承租人和出租人应当将合同予以分拆，并分别各项单独租赁进行会计处理。

合同中同时包含租赁和非租赁部分的，承租人和出租人应当将租赁和非租赁部分进行分拆，除非企业适用本准则第十二条的规定进行会计处理，租赁部分应当分别按照本准则进行会计处理，非租赁部分应当按照其他适用的企业会计准则进行会计处理。

第十条　同时符合下列条件的，使用已识别资产的权利构成合同中的一项单独租赁。

（一）承租人可从单独使用该资产或将其与易于获得的其他资源一起使用中获利；

（二）该资产与合同中的其他资产不存在高度依赖或高度关联关系。

第十一条　在分拆合同包含的租赁和非租赁部分时，承租人应当按照各租赁部分单独价格及非租赁部分的单独价格之和的相对比例分摊合同对价，出租人应当根据《企业会计准则第 14 号——收入》关于交易价格分摊的规定分摊合同对价。

第十二条　为简化处理，承租人可以按照租赁资产的类别选择是否分拆合同包含的租赁和非租赁部分。承租人选择不分拆的，应当将各租赁部分及与其相关的非租赁部分分别合并为租赁，按照本准则进行会计处理。但是，对于按照《企业会计准则第 22 号——金融工具确认和计量》应分拆的嵌入衍生工具，承租人不应将其与租赁部分合并进行会计处理。

第十三条　企业与同一交易方或其关联方在同一时间或相近时间订立的两份或多份包含租赁的合同，在符合下列条件之一时，应当合并为一份合同进行会计处理。

（一）该两份或多份合同基于总体商业目的而订立并构成一揽子交易，若不作为整体考虑则无法理解其总体商业目的。

（二）该两份或多份合同中的某份合同的对价金额取决于其他合同的定价或履行情况。

（三）该两份或多份合同让渡的资产使用权合起来构成一项单独租赁。

案例分析

根据上述第九条及第十二条规定，A 公司同 B 公司签订的协议中提及的租赁和物业可以拆分入账，也可以简化入账。如果选择简化入账，则将租赁和物业均作为租赁进行会计处理。如果选择拆分，则根据上述第十一条规定，应根据价格相对比例进行拆分，租赁等于 2 000×[1 800/（1 800+300）]=1714.29 万元。

根据准则第九条及第十二条规定，由于保险服务属于衍生金融产品，A 公司同 C 公司签订的协议中，租赁房产与农产品价格、天气等保险服务，应该拆分处理。

33.3　使用权资产及租赁负债的确认

案例与问题

【例 33-3】2×19 年 12 月 28 日，A 公司与 B 公司签订了一份租赁合同。合同的主要条款如下：

（1）租赁标的物：自由大楼。

（2）租赁期开始日：2×20 年 1 月 1 日。

（3）租赁期：从租赁期开始日算起 5 年（即 2×20 年 1 月 1 日～2×24 年 12 月 31 日）。

（4）租金支付方式：租赁开始日，发生直接费用 100 万元；2×20 年 12 月 31 日支付 250 万元；2×21 年 12 月 31 日，支付 300 万元；2×22 年 12 月 31 日，支付 350 万元；2×23 年 12 月 31 日，支付 400 万元；2×24 年 12 月 31 日，支付 450 万元。

（5）折现率为 5%。

【问题】如果 A 公司将自由大楼用作办公场所，则其应当如何对该租赁进行初始计量?

规范与要求

《企业会计准则第 21 号——租赁》做了以下规定。

第十四条　在租赁期开始日，承租人应当对租赁确认使用权资产和租赁负债，应用本准则第三章第三节进行简化处理的短期租赁和低价值资产租赁除外。

使用权资产，是指承租人可在租赁期内使用租赁资产的权利。

租赁期开始日，是指出租人提供租赁资产使其可供承租人使用的起始日期。

第十五条　租赁期，是指承租人有权使用租赁资产且不可撤销的期间。

承租人有续租选择权，即有权选择续租该资产，且合理确定将行使该选择权的，租赁期还应当包含续租选择权涵盖的期间。

承租人有终止租赁选择权，即有权选择终止租赁该资产，但合理确定将不会行使该选择权的，租赁期应当包含终止租赁选择权涵盖的期间。

发生承租人可控范围内的重大事件或变化，且影响承租人是否合理确定将行使相应选择权的，承租人应当对其是否合理确定将行使续租选择权、购买选择权或不行使终止租赁选择权进行重新评估。

第十六条　使用权资产应当按照成本进行初始计量。该成本包括以下 4 项。

（一）租赁负债的初始计量金额；

（二）在租赁期开始日或之前支付的租赁付款额，存在租赁激励的，扣除已享受的租赁激励相关金额；

（三）承租人发生的初始直接费用；

（四）承租人为拆卸及移除租赁资产、复原租赁资产所在场地或将租赁资产恢复至租赁条款约定状态预计将发生的成本。前述成本属于为生产存货而发生的，适用《企业会计准则第 1 号——存货》。

承租人应当按照《企业会计准则第 13 号——或有事项》对本条第（四）项所述成本进行确认和计量。

租赁激励，是指出租人为达成租赁向承租人提供的优惠，包括出租人向承租人支付的与租赁有关的款项、出租人为承租人偿付或承担的成本等。

初始直接费用，是指为达成租赁所发生的增量成本。增量成本是指若企业不取得该租赁，则不会发生的成本。

第十七条　租赁负债应当按照租赁期开始日尚未支付的租赁付款额的现值进行初始计量。

在计算租赁付款额的现值时，承租人应当采用租赁内含利率作为折现率；无法确定租赁内含利率的，应当采用承租人增量借款利率作为折现率。

租赁内含利率，是指使出租人的租赁收款额的现值与未担保余值的现值之和等于租赁资产公允价值与出租人的初始直接费用之和的利率。

承租人增量借款利率，是指承租人在类似经济环境下为获得与使用权资产价值接近的资产，在类似期间以类似抵押条件借入资金须支付的利率。

第十八条　租赁付款额，是指承租人向出租人支付的与在租赁期内使用租赁资产的权利相关的款项，包括：

（一）固定付款额及实质固定付款额，存在租赁激励的，扣除租赁激励相关金额；

（二）取决于指数或比率的可变租赁付款额，该款项在初始计量时根据租赁期开始日的指数或比率确定；

（三）购买选择权的行权价格，前提是承租人合理确定将行使该选择权；

（四）行使终止租赁选择权需支付的款项，前提是租赁期反映出承租人将行使终止租赁选择权；

（五）根据承租人提供的担保余值预计应支付的款项。

实质固定付款额，是指在形式上可能包含变量但实质上无法避免的付款额。

可变租赁付款额，是指承租人为取得在租赁期内使用租赁资产的权利，向出租人支付的因租赁期开始日后的事实或情况发生变化（而非时间推移）而变动的款项。取决于指数或比率的可变租赁付款额包括与消费者价格指数挂钩的款项、与基准利率挂钩的款项和为反映市场租金费率变化而变动的款项等。

第十九　担保余值，是指与出租人无关的一方向出租人提供担保，保证在租赁结束时租赁资产的价值至少为某指定的金额。

未担保余值，是指租赁资产余值中，出租人无法保证能够实现或仅由与出租人有关的一方予以担保的部分。

案例分析

A 公司租赁付款额现值 =250×(*P*/*F*,5%,1)+300×(*P*/*F*,5%,2)+350×(*P*/*F*,5%,3)+400×(*P*/*F*,5%,4)+450×(*P*/*F*,5%,5)=1 494.22（万元）

A 公司应确认的租赁负债 =1 494.22（万元）

A 公司应确认的使用权资产 = 租赁负债 + 初始直接费用 − 租赁激励 + 其他

=1 494.22+100=1 594.22（万元）

A 公司的账务处理如下：

借：使用权资产　　1 594.22

　贷：租赁负债　　1 494.22

　　　银行存款　　100

33.4　使用权资产的折旧减值

案例与问题

【例 33-4】续【例 33-3】。A 公司对固定资产采用年限平均法计提折旧。2×22 年 12 月 31 日，A 公司发现，该项使用权资产的公允价值 600 万元。

【问题】A 公司应如何对使用权资产进行账务处理?

规范与要求

《企业会计准则第 21 号——租赁》做了以下规定。

第二十条　在租赁期开始日后，承租人应当按照本准则第二十一条、第二十二条、第二十七条及第二十九条的规定，采用成本模式对使用权资产进行后续计量。

第二十一条　承租人应当参照《企业会计准则第 4 号——固定资产》有关折旧规定，对使用权资产计提折旧。

承租人能够合理确定租赁期届满时取得租赁资产所有权的，应当在租赁资产剩余使用寿命内计提折旧。无法合理确定租赁期届满时能够取得租赁资产所有权的，应当在租赁期与租赁资产剩余使用寿命两者孰短的期间内计提折旧。

第二十二条　承租人应当按照《企业会计准则第 8 号——资产减值》的规定，确定使用权资产是否发生减值，并对已识别的减值损失进行会计处理。

第二十四条　未纳入租赁负债计量的可变租赁付款额应当在实际发生时计入当期损益。按照《企业会计准则第 1 号——存货》等其他准则规定应当计入相关资产成本的，从其规定。

案例分析

使用权资产主要遵从历史成本计量原则，于每一会计年度末，视同固定资产计提折旧并实施减值测试。因此，该项使用权资产按照年限平均法计提折旧，每年末应当计提的折旧额 =1 594.22÷5=318.844（万元）。

（1）2×20 年 12 月 31 日

借：管理费用　318.844

　　贷：累计折旧　318.844

（2）2×21 年 12 月 31 日

借：管理费用　318.844

　　贷：累计折旧　318.844

（3）2×22 年 12 月 31 日

借：管理费用　318.844

　　贷：累计折旧　318.844

（4）2×22 年 12 月 31 日

该项使用权资产的账面价值 =1 594.22−318.844×3=637.688（万元）

计提的减值准备 =637.688−600=37.688（万元）

借：资产减值损失　37.688

　　贷：使用权资产减值准备　37.688

（5）2×23 年 12 月 31 日

应计提的折旧额 =600÷2=300（万元）

借：管理费用　　300

　　贷：累计折旧　　300

（6）2×24 年 12 月 31 日

借：管理费用　　300

　　贷：累计折旧　　300

33.5　租赁负债的摊销

案例与问题

【例 33-5】续【例 21-3】。A 公司后续应当如何对租赁负债进行账务处理？

规范与要求

《企业会计准则第 21 号——租赁》做了以下规定。

第二十三条　承租人应当按照固定的周期性利率计算租赁负债在租赁期内各期间的利息费用，并计入当期损益。按照《企业会计准则第 17 号——借款费用》等其他准则规定应当计入相关资产成本的，从其规定。

该周期性利率，是按照本准则第十七条规定所采用的折现率，或者按照本准则第二十五条、二十六条和二十九条规定所采用的修订后的折现率。

案例分析

租赁负债的相关分摊情况如表 33-1 所示。

表 33-1　租赁负债分摊表（实际利率法）

2×20 年 12 月 31 日　　　　单位：万元

日期	期初摊余成本（a^{*}=a−e）	实际利率 b	利息（c=a^{*}×b）	租金 d	偿还租赁负债（e=d−c）
（1）2×20 年 12 月 31 日	1 494.22	5%	74.71	250	175.29
（2）2×21 年 12 月 31 日	1 318.93	5%	65.95	300	234.05
（3）2×22 年 12 月 31 日	1 084.88	5%	54.24	350	295.76
（4）2×23 年 12 月 31 日	789.12	5%	39.46	400	360.54
（5）2×24 年 12 月 31 日	428.58	5%	21.43	450	428.57
合计				1 750	1 494.22

* 期初摊余成本 = 上期期末摊余成本

A公司的账务处理为：

（1）2×20年12月31日

借：租赁负债　　175.29

　　财务费用　　74.71

　　贷：银行存款　　250

（2）2×21年12月31日

借：租赁负债　　234.05

　　财务费用　　65.95

　　贷：银行存款　　300

（3）2×22年12月31日

借：租赁负债　　295.76

　　财务费用　　54.24

　　贷：银行存款　　350

（4）2×23年12月31日

借：租赁负债　　360.54

　　财务费用　　39.46

　　贷：银行存款　　400

（5）2×24年12月31日

借：租赁负债　　428.57

　　财务费用　　21.43

　　贷：银行存款　　450

33.6 租赁选择权的变动

规范与要求

《企业会计准则第21号——租赁》做了以下规定。

第二十五条　在租赁期开始日后，发生下列情形的，承租人应当重新确定租赁付款额，并按变动后租赁付款额和修订后的折现率计算的现值重新计量租赁负债：

（一）因依据本准则第十五条第四款规定，续租选择权或终止租赁选择权的评估结果发生变化，或者前述选择权的实际行使情况与原评估结果不一致等导致租赁期变化的，应当根据新的租赁期重新确定租赁付款额；

（二）因依据本准则第十五条第四款规定，购买选择权的评估结果发生变化的，应当根据新的评估结果重新确定租赁付款额。

在计算变动后租赁付款额的现值时，承租人应当采用剩余租赁期间的租赁内含利率作为修订后的折现率；无法确定剩余租赁期间的租赁内含利率的，应当采用重估日的承租人增量借款利率作为修订后的折现率。

33.7　余值担保的变动

案例与问题

【例 33-6】按照在 2×19 年 1 月 1 日签订的某 5 年租赁合同，承租方认定租赁资产的初始确认金额等于租赁负债 1 000 万元，每年年末分别付款 100 万元、150 万元、250 万元、250 万元、550 万元。到第四年年末，租赁资产余额为 200 万元，租赁负债余额为 500 万元。由于余值担保预计的应付金额发生变动，因此，承租方在折现率不变的情况下，预计租赁负债为 250 万元。

【问题】承租方应当如何进行会计处理?

规范与要求

《企业会计准则第 21 号——租赁》做了以下规定。

第二十六条　在租赁期开始日后，根据担保余值预计的应付金额发生变动，或者因用于确定租赁付款额的指数或比率变动而导致未来租赁付款额发生变动的，承租人应当按照变动后租赁付款额的现值重新计量租赁负债。在这些情形下，承租人采用的折现率不变；但是，租赁付款额的变动源自浮动利率变动的，使用修订后的折现率。

第二十七条　承租人在根据本准则第二十五条、第二十六条或因实质固定付款额变动重新计量租赁负债时，应当相应调整使用权资产的账面价值。使用权资产的账面价值已调减至零，但租赁负债仍需进一步调减的，承租人应当将剩余金额计入当期损益。

案例分析

根据上述规定，承租方此时需要将租赁负债冲减至 250 万元，因此，需要冲减租赁负债和租赁资产 250（500−250）万元。但由于租赁资产此时账面数为 200 万元，将租赁资产调减至 0 后，仍需将多余的 50 万元计入当年损益。最终，租赁资产余额为 0，租赁负债月余额为 250 万元。

33.8 租赁变更

案例与问题

【例 33–7】租赁双方协商后决定缩小租赁范围。相关租赁物用于日常办公。缩减范围的承租人账面上对应的使用权资产为 100 万元，租赁负债为 80 万元。

【问题】承租人应当如何进行会计处理?

规范与要求

《企业会计准则第 21 号——租赁》做了以下规定。

第二十八条　租赁发生变更且同时符合下列条件的，承租人应当将该租赁变更作为一项单独租赁进行会计处理：

（一）该租赁变更通过增加一项或多项租赁资产的使用权而扩大了租赁范围；

（二）增加的对价与租赁范围扩大部分的单独价格按该合同情况调整后的金额相当。

租赁变更，是指原合同条款之外的租赁范围、租赁对价、租赁期限的变更，包括增加或终止一项或多项租赁资产的使用权，延长或缩短合同规定的租赁期等。

第二十九条　租赁变更未作为一项单独租赁进行会计处理的，在租赁变更生效日，承租人应当按照本准则第九条至第十二条的规定分摊变更后合同的对价，按照本准则第十五条的规定重新确定租赁期，并按照变更后租赁付款额和修订后的折现率计算的现值重新计量租赁负债。

在计算变更后租赁付款额的现值时，承租人应当采用剩余租赁期间的租赁内含利率作为修订后的折现率；无法确定剩余租赁期间的租赁内含利率的，应当采用租赁变更生效日的承租人增量借款利率作为修订后的折现率。租赁变更生效日，是指双方就租赁变更达成一致的日期。

租赁变更导致租赁范围缩小或租赁期缩短的，承租人应当相应调减使用权资产的账面价值，并将部分终止或完全终止租赁的相关利得或损失计入当期损益。其他租赁变更导致租赁负债重新计量的，承租人应当相应调整使用权资产的账面价值。

案例分析

根据上述规定，缩小租赁范围时，承租方应当冲减相应的租赁资产与租赁负债。会计处理如下：

借：租赁负债　　80

　　管理费用　　20

　　贷：使用权资产　　100

33.9　短期租赁和低价值资产租赁的租赁豁免

规范与要求

《企业会计准则第 21 号——租赁》做了以下规定。

第三十条　短期租赁，是指在租赁期开始日，租赁期不超过 12 个月的租赁。

包含购买选择权的租赁不属于短期租赁。

第三十一条　低价值资产租赁，是指单项租赁资产为全新资产时价值较低的租赁。

低价值资产租赁的判定仅与资产的绝对价值有关，不受承租人规模、性质或其他情况影响。低价值资产租赁还应当符合本准则第十条的规定。

承租人转租或预期转租租赁资产的，原租赁不属于低价值资产租赁。

第三十二条　对于短期租赁和低价值资产租赁，承租人可以选择不确认使用权资产和租赁负债。

作出该选择的，承租人应当将短期租赁和低价值资产租赁的租赁付款额，在租赁期内各个期间按照直线法或其他系统合理的方法计入相关资产成本或当期损益。其他系统合理的方法能够更好地反映承租人的受益模式的，承租人应当采用该方法。

第三十三条　对于短期租赁，承租人应当按照租赁资产的类别作出本准则第三十二条所述的会计处理选择。

对于低价值资产租赁，承租人可根据每项租赁的具体情况作出本准则第三十二条所述的会计处理选择。

第三十四条　按照本准则第三十二条进行简化处理的短期租赁发生租赁变更或者因租赁变更之外的原因导致租赁期发生变化的，承租人应当将其视为一项新租赁进行会计处理。

33.10 融资租赁开始日，出租人对融资租赁的会计处理

案例与问题

【例 33-8】2×18 年 12 月 28 日，A 公司与 B 公司签订了一份租赁合同，合同的主要条款如下。

（1）租赁标的物：程控生产线。

（2）租赁期开始日：租赁物运抵 B 公司生产车间之日（即 2×19 年 1 月 1 日）。

（3）租赁期：从租赁期开始日算起 36 个月（即 2×19 年 1 月 1 日—2×21 年 12 月 31 日）。

（4）租金支付方式：自租赁期开始日起每年年末支付租金 1 000 000 元。

（5）该生产线在 2×19 年 1 月 1 日 B 公司的公允价值为 2 600000 元。

（6）租赁合同规定的利率为 8%（年利率）。

（7）该生产线为全新设备，估计使用年限为 5 年。

（8）2×20 年和 2×21 年两年，B 公司每年按该生产线所生产的产品——微波炉的年销售收入的 1% 向 A 公司支付经营分享收入。

A 公司的有关资料如下：

（1）该程控生产线的账面价值为 2 600 000 元。

（2）发生初始直接费用 100 000 元。

（3）采用实际利率法确认本期应分配的未实现融资收益。

（4）2×20 年、2×21 年 B 公司分别实现微波炉销售收入 10 000 000 元和 15 000 000 元。根据合同规定，这两年 A 公司取得的经营分享收入分别为 100 000 元和 150 000 元。

（5）2×21 年 12 月 31 日，从 B 公司收回该生产线。

【问题】A 公司应当如何进行会计处理?

规范与要求

《企业会计准则第 21 号——租赁》做了以下规定。

第三十五条　出租人应当在租赁开始日将租赁分为融资租赁和经营租赁。

租赁开始日，是指租赁合同签署日与租赁各方就主要租赁条款作出承诺日中的较早日期。

融资租赁，是指实质上转移了与租赁资产所有权有关的几乎全部风险和报酬的租赁。其所有权最终可能转移，也可能不转移。

经营租赁，是指除融资租赁以外的其他租赁。

在租赁开始日后，出租人无需对租赁的分类进行重新评估，除非发生租赁变更。租赁资产预计使用寿命、预计余值等会计估计变更或发生承租人违约等情况变化的，出租人不对租赁的分类进行重新评估。

第三十六条　一项租赁属于融资租赁还是经营租赁取决于交易的实质，而不是合同的形式。如果一项租赁实质上转移了与租赁资产所有权有关的几乎全部风险和报酬，出租人应当将该项租赁分类为融资租赁。

一项租赁存在下列一种或多种情形的，通常分类为融资租赁：

（一）在租赁期届满时，租赁资产的所有权转移给承租人。

（二）承租人有购买租赁资产的选择权，所订立的购买价款与预计行使选择权时租赁资产的公允价值相比足够低，因而在租赁开始日就可以合理确定承租人将行使该选择权。

（三）资产的所有权虽然不转移，但租赁期占租赁资产使用寿命的大部分。

（四）在租赁开始日，租赁收款额的现值几乎相当于租赁资产的公允价值。

（五）租赁资产性质特殊，如果不作较大改造，只有承租人才能使用。

一项租赁存在下列一项或多项迹象的，也可能分类为融资租赁：

（一）若承租人撤销租赁，撤销租赁对出租人造成的损失由承租人承担。

（二）资产余值的公允价值波动所产生的利得或损失归属于承租人。

（三）承租人有能力以远低于市场水平的租金继续租赁至下一期间。

第三十八条　在租赁期开始日，出租人应当对融资租赁确认应收融资租赁款，并终止确认融资租赁资产。

出租人对应收融资租赁款进行初始计量时，应当以租赁投资净额作为应收融资租赁款的入账价值。

租赁投资净额为未担保余值和租赁期开始日尚未收到的租赁收款额按照租赁内含利率折现的现值之和。

租赁收款额，是指出租人因让渡在租赁期内使用租赁资产的权利而应向承租人收取的款项，包括：

（一）承租人需支付的固定付款额及实质固定付款额，存在租赁激励的，扣除租赁激励相关金额；

（二）取决于指数或比率的可变租赁付款额，该款项在初始计量时根据租赁期开始日的指数或比率确定；

（三）购买选择权的行权价格，前提是合理确定承租人将行使该选择权；

（四）承租人行使终止租赁选择权需支付的款项，前提是租赁期反映出承租人将行使终止租赁选择权；

（五）由承租人、与承租人有关的一方以及有经济能力履行担保义务的独立第三方向出租人提供的担保余值。

在转租的情况下，若转租的租赁内含利率无法确定，转租出租人可采用原租赁的折现率（根据与转租有关的初始直接费用进行调整）计量转租投资净额。

第四十一条　出租人取得的未纳入租赁投资净额计量的可变租赁付款额应当在实际发生时计入当期损益。

第四十二条　生产商或经销商作为出租人的融资租赁，在租赁期开始日，该出租人应当按照租赁资产公允价值与租赁收款额按市场利率折现的现值两者孰低确认收入，并按照租赁资产账面价值扣除未担保余值的现值后的余额结转销售成本。

生产商或经销商出租人为取得融资租赁发生的成本，应当在租赁期开始日计入当期损益。

案例分析

租赁开始日，A 公司的账务处理如下。

第一步，计算租赁内含利率。

租赁内含利率是指在租赁开始日，使最低租赁收款额的现值与未担保余值的现值之和等于租赁资产的公允价值与出租人的初始直接费用之和的折现率。

由于本案例中不存在独立于承租人和出租人的第三方对出租人担保的资产余值，因此，最低租赁收款额等于最低租赁付款额，即租金 × 期数 + 承租人担保余值 = 1 000 000×3+0=3 000 000（元）。因此，有 1 000 000×(*P*/*A*, *R*, 3)=2 600 000+100 000=2 700 000（元）（租赁资产的公允价值 + 初始直接费用）。

经查表，可得表 33-2 所示的数据。

表 33-2　年金系数

年金系数	利率
2.7232	5%
2.7	R
2.6730	6%

$$\frac{2.7232-2.7}{2.7232-2.6730}=\frac{5\%-R}{5\%-6\%}$$

R=5.46%

即，租赁内含利率为 5.46%。

第二步，计算租赁开始日最低租赁收款额及其现值和未实现融资收益。

最低租赁收款额 + 未担保余值 =（最低租赁付款额 + 第三方担保的余值）+ 未担保余值

=[（各期租金之和 + 承租人担保余值）+ 第三方担保余值]+ 未担保余值

=[（1 000 000×3+0）+0]+0=3 000 000（元）

最低租赁收款额 =1 000 000×3=3 000 000（元）

最低租赁收款额的现值 =1 000 000×(*P*/*A*,5.46%,3)

=2 700 000（元）

未实现融资收益 =（最低租赁收款额 + 未担保余值）-（最低租赁收款额的现值 + 未担保余值的现值）

=3 000 000-2 700 000

=300 000（元）

第三步，判断租赁类型。

本案例中，租赁期（3 年）占租赁资产尚未可使用年限（5 年）的 60%，没有满足融资租赁的第 3 条标准；另外，最低租赁收款额的现值为 2 700 000 元，大于租赁资产原账面价值的 90%，即 2 340 000（2 600 000×90%）元。因此，B 公司应当将该项租赁认定为融资租赁。

第四步，账务处理。

2×19 年 1 月 1 日，租出程控生产线，发生初始直接费用：

借：长期应收款——应收融资租赁款　　3 000 000

　　贷：融资租赁资产　　2 600 000

　　　　银行存款　　100 000

　　　　未实现融资收益　　300 000

33.11 融资租赁期内，出租方未实现融资收益的账务处理

案例与问题

【例 33-9】沿用【例 21-8】。

【问题】租赁期内（2×19 年 1 月 1 日~2×21 年 12 月 31 日），A 公司应当如何进行账务处理？

规范与要求

《企业会计准则第 21 号——租赁》做了以下规定。

第三十九条　出租人应当按照固定的周期性利率计算并确认租赁期内各个期间的利息收入。该周期性利率，是按照本准则第三十八条规定所采用的折现率，或者按照本准则第四十四条规定所采用的修订后的折现率。

案例分析

（1）租金收入的账务处理

第一步，计算租赁期内各租金收取期应分配的未实现融资收益（见表 33-3）。

表 33-3　应分配的未实现融资收益

2×19 年 1 月 1 日　　　　单位：元

日 期 ①	租金 ②	确认的融资收入 ③ = 期初 ⑤ ×5. 46%	租赁投资净额减少额 ④ = ② - ③	租赁投资净额余额 期末⑤ = 期初⑤ - ④
（1）2×19 年 1 月 1 日				2 700 000
（2）2×19 年 12 月 31 日	1 000 000	147 420	852 580	1 847 420
（3）2×20 年 12 月 31 日	1 000 000	100 869. 13	899 130. 87	948 289. 13
（4）2×21 年 12 月 31 日	1 000 000	51 710. 87*	948 289. 13*	0
合计	3 000 000	300 000	2 700 000	

* 作尾数调整：51710.87=1 000 000 - 948 289.13
948 289.13= 948 289. 13 -0

第二步，账务处理。

2×19 年 12 月 31 日，收到第 1 期租金：

借：银行存款　　　　1 000 000

　　贷：长期应收款——应收融资租赁款　　　　1 000 000

2×19年1—12月，每月确认融资收入时：

借：未实现融资收益　　（147 420÷12）12 285

　　贷：租赁收入　　12 285

2×20年12月31日，收到第2期租金：

借：银行存款　　1 000 000

　　贷：长期应收款——应收融资租赁款　　1 000 000

2×20年1—12月，每月确认融资收入时：

借：未实现融资收益　　（100 869.13÷12）8 405.76

　　贷：租赁收入　　8 405.76

2×21年12月31日，收到第3期租金：

借：银行存款　　1 000 000

　　贷：长期应收款——应收融资租赁款　　1 000 000

2×21年1—12月，每月确认融资收入时：

借：未实现融资收益　　（51 710.87÷12）4 309.24

　　贷：租赁收入　　4 309.24

（2）或有租金的账务处理

2×19年12月31日，根据合同规定，应向B公司收取经营分享收入100 000元：

借：应收账款——B公司　　100 000

　　贷：租赁收入　　100 000

2×20年12月31日，根据合同规定，应向B公司收取经营分享收入150 000元：

借：应收账款——B公司　　150 000

　　贷：租赁收入　　150 000

33.12　融资租赁期满时，出租方的账务处理

案例与问题

【例33-10】沿用【例33-8】。

【问题】租赁期满时（2×21年12月31日），A公司应当如何进行账务处理？

规范与要求

《企业会计准则第21号——租赁》做了以下规定。

第四十条　出租人应当按照《企业会计准则第 22 号——金融工具》和《企业会计准则第 23 号——金融资产转移》的规定，对应收融资租赁款的终止确认和减值进行会计处理。

出租人将应收融资租赁款或其所在的处置组划分为持有待售类别的，应当按照《企业会计准则第 42 号——持有待售的非流动资产、处置组和终止经营》进行会计处理。

案例分析

本案例中，期满时，A 公司未将生产线卖给 B 公司，因此无需对该资产进行重分类。2×21 年 12 月 31 日，将该生产线从 B 公司收回，作备查登记。

如果租赁期届满，B 公司享有优惠购买该机器的选择权，购买价为 100 元。那么在 2×21 年 12 月 31 日，A 公司应当将该生产线划分为持有待售类别并按照《企业会计准则第 42 号——持有待售的非流动资产、处置组和终止经营》进行会计处理。

33.13　出租人对经营租赁的会计处理

案例与问题

【例 33–11】 2×19 年 1 月 1 日，A 公司向 B 公司出租办公设备一台，租期为 3 年。设备价值为 1 000 000 元，预计使用年限为 10 年。租赁合同规定，租赁开始日（2×19 年 1 月 1 日），B 公司向 A 公司一次性预付租金 150 000 元，第 1 年年末支付租金 150 000 元，第 2 年年末支付租金 200 000 元，第 3 年年末支付租金 250 000 元。租赁期届满后，A 公司收回设备。3 年的租金总额为 750 000 元。假定 A 公司和 B 公司均在年末确认租金收入和租金费用，并且不存在租金逾期支付的情况。

【问题】在出租期内，出租方 A 公司的会计应当如何处理？

规范与要求

《企业会计准则第 21 号——租赁》做了以下规定。

第四十五条　在租赁期内各个期间，出租人应当采用直线法或其他系统合理的方法，将经营租赁的租赁收款额确认为租金收入。其他系统合理的方法能够更好地反映因使用租赁资产所产生经济利益的消耗模式的，出租人应当采用该方法。

第四十六条　出租人发生的与经营租赁有关的初始直接费用应当资本化，

在租赁期内按照与租金收入确认相同的基础进行分摊，分期计入当期损益。

第四十七条　对于经营租赁资产中的固定资产，出租人应当采用类似资产的折旧政策计提折旧；对于其他经营租赁资产，应当根据该资产适用的企业会计准则，采用系统合理的方法进行摊销。

出租人应当按照《企业会计准则第 8 号——资产减值》的规定，确定经营租赁资产是否发生减值，并进行相应会计处理。

第四十八条　出租人取得的与经营租赁有关的未计入租赁收款额的可变租赁付款额，应当在实际发生时计入当期损益。

案例分析

此项租赁没有满足融资租赁的任何一条标准，因此应作为经营租赁处理。确认租金收入时，不能依据各期实际支付的租金确定，而应采用直线法分摊确认各期的租金收入。此项租赁租金收入总额为 750 000 元，按直线法计算，每年应分摊确认的租金收入为 250 000 元。

A 公司的会计处理如下：

（1）2×19 年 1 月 1 日

借：银行存款　　150 000

　　贷：其他应收款　　150 000

（2）2×19 年 12 月 31 日

借：银行存款　　150 000

　　其他应收款　　100 000

　　贷：租赁收入　　250 000

（3）2×20 年 12 月 31 日

借：银行存款　　200 000

　　其他应收款　　50 000

　　贷：租赁收入　　250 000

（4）2×21 年 12 月 31 日

借：银行存款　　250 000

　　贷：租赁收入　　250 000

同时，A 公司应当保持该办公设备的原有折旧政策计提折旧，并按照《企业会计准则第 8 号——资产减值》的规定，确定经营租赁资产是否发生减值，并进行相应会计处理。

33.14　售后租回交易的会计处理

案例与问题

【例 33-12】A 公司以现金 130 万元的价格向 B 公司出售一栋建筑物。交易前，该建筑物的账面成本是 80 万元。同时，A 公司同 B 公司签订合同，取得了该栋建筑物 10 年的使用权，年付款额为 14 万元，于每年年末支付。该建筑物在销售当日的公允价值为 120 万元。A 公司可直接确定租赁内含年利率为 4.5%，且其对固定资产采用直线法计提折旧。该建筑物用于车间生产。B 公司将建筑物的租赁分类为经营租赁。

【问题】A 公司与 B 公司应当分别如何进行处理?

规范与要求

《企业会计准则第 21 号——租赁》做了以下规定。

第五十条　承租人和出租人应当按照《企业会计准则第 14 号——收入》的规定，评估确定售后租回交易中的资产转让是否属于销售。

第五十一条　售后租回交易中的资产转让属于销售的，承租人应当按原资产账面价值中与租回获得的使用权有关的部分，计量售后租回所形成的使用权资产，并仅就转让至出租人的权利确认相关利得或损失；出租人应当根据其他适用的企业会计准则对资产购买进行会计处理，并根据本准则对资产出租进行会计处理。

如果销售对价的公允价值与资产的公允价值不同，或者出租人未按市场价格收取租金，则企业应当将销售对价低于市场价格的款项作为预付租金进行会计处理，将高于市场价格的款项作为出租人向承租人提供的额外融资进行会计处理；同时，承租人按照公允价值调整相关销售利得或损失，出租人按市场价格调整租金收入。

在进行上述调整时，企业应当基于以下两者中更易于确定的项目：销售对价的公允价值与资产公允价值之间的差额、租赁合同中付款额的现值与按租赁市价计算的付款额现值之间的差额。

第五十二条　售后租回交易中的资产转让不属于销售的，承租人应当继续确认被转让资产，同时确认一项与转让收入等额的金融负债，并按照《企业会计准则第 22 号——金融工具确认和计量》对该金融负债进行会计处理；出租人不确认被转让资产，但应当确认一项与转让收入等额的金融资产，并按照《企业会计准则第 22 号——金融工具确认和计量》对该金融资产进行会计处理。

案例分析

A 公司和 B 公司首先应当按照《企业会计准则第 14 号——收入》的规定，评估确定售后租回交易中的资产转让是否属于销售。

（1）对于卖方兼承租方 A 公司而言：

①如果根据交易的条款和条件，卖方兼承租人转让建筑物属于销售，则处理方法如下：

该建筑物的销售对价 130 万元，高于公允价值 120 万元。根据上述第五十一条，两者的差额 10 万元，作为买方兼出租人向卖方兼承租人提供的额外融资进行确认。

A 公司可直接确定租赁内含年利率为 4.5%，年付款额现值（*P/A*,4.5%,10）=110.79*（万元），其中，10 万元与额外融资相关，100.79 万元与租赁相关。

（* 根据结果做尾数调整，不影响整体解题思路。）

租赁开始日，A 公司按原资产账面价值中与所保留使用权有关的部分，计量售后租回所形成的使用权资产。

售后租回所形成的使用权资产 = 资产账面价值 ÷ 公允价值 × 使用权资产的租赁付款额现值

=80÷120×100.79=67.19（万元）

A 公司出售该建筑物的利得 = 建筑物公允价 − 账面价 =120−80=40（万元）

其中，与 A 公司保留的该建筑物使用权相关的利得 =40÷120×100.79 ≈ 33.60（万元）

与转让至买方兼出租人权利相关的利得 =40÷120×（120−100.79）≈ 6.40（万元）

会计处理如下（会计分录以万元为单位）：

	借方	贷方
借：固定资产清理	80	
贷：固定资产		80
借：银行存款	130	
使用权资产	67.19	
贷：固定资产清理		80
长期应付款		110.79
营业外收入——处置非流动资产损益		6.4

第一年年末的会计处理：

摊销长期应付款：

借：财务费用　　　　　　　　　　（110.79×4.5%）4.99

　　长期应付款　　　　　　　　　　　　　　　9.01

　　贷：银行存款　　　　　　　　　　　　　　　　14

对使用权资产计提折旧：

借：制造费用　　　　　　　　　　　　　　　6.719

　　贷：累计折旧　　　　　　　　（67.19/10）6.719

第二年年末的会计处理：

摊销长期应付款：

借：财务费用　　　　　[（110.79−9.01）×4.5%]4.58

　　长期应付款　　　　　　　　　　　　　　　9.42

　　贷：银行存款　　　　　　　　　　　　　　　　14

对使用权资产计提折旧：

借：制造费用　　　　　　　　　　　　　　　6.719

　　贷：累计折旧　　　　　　　　　　　　　　　6.719

以后八年以此类推。

②如果根据交易的条款和条件，卖方兼承租人转让建筑物不属于销售，则处理方法如下：

根据上述第五十二条，售后租回交易中的资产转让不属于销售的，承租人应当继续确认被转让资产，同时确认一项与转让收入等额的金融负债，并按照《企业会计准则第 22 号——金融工具确认和计量》对该金融负债进行会计处理。本案例中，A 公司应当将收到的款项 130 万元作为长期应付款，且 A 公司每年年末偿还 14 万元。适用利率计算如下：

$130=14\times(P/A,i,10)$

$(P/A,i,10)=9.2857$

$(P/A,1.35\%,10)=9.2959$

$(P/A,1.38\%,10)=9.2811$

由插值法得：

$i=1.3707\%$

A 公司的会计处理如下：

收到出售款时：

借：银行存款　　　　　　　　　　　　　　　130

贷：长期应付款 130

第一年年末：

借：财务费用 （130×1.3707%）1.7819

长期应付款 12.2181

贷：银行存款 14

第二年年末：

借：财务费用 [（130−12.2181）×1.3707%]1.6144

长期应付款 12.3856

贷：银行存款 14

往后七年以此类推，最后一年倒挤。

（2）对于买方兼出租方B公司而言：

①如果根据交易的条款和条件，转让建筑物属于销售，则处理方法如下：

根据上述第五十一条的规定，出租人应当根据其他适用的企业会计准则对资产购买进行会计处理，并根据本准则对资产出租进行会计处理。

A公司可直接确定租赁内含年利率为4.5%，年付款额现值为110.79万元，其中，10万元与额外融资相关，100.79万元与租赁相关。因此，每年支付的14万元中，与租赁相关的付款额=14×（100.79/110.79）≈12.7363（万元）。该付款额应确认为B公司每年的租金收入。与融资相关的付款额=14×（10/110.79）≈1.2637（万元），于每年末冲减B公司的长期应收款。

由于该建筑物的销售对价130万元，高于公允价值120万元。根据上述第五十一条，两者的差额10万元，作为买方兼出租人向卖方兼承租人提供的额外融资进行确认，并计算利息。

由于出租人将该租赁分类为经营租赁，所以B公司的会计处理如下：

租赁开始日：

借：固定资产 120

长期应收款 10

贷：银行存款 130

第一年年末：

借：银行存款 14

贷：租赁收入 12.7363

财务费用 （10×4.5%）0.45

长期应收款 0.8137

第二年年末：

借：银行存款　14

　　贷：租赁收入　12.7363

　　　　财务费用　[（10-0.8137）×4.5%]0.4134

　　　　长期应收款　（1.2637-0.4134）0.8503

往后七年以此类推，最后一年倒挤。

②如果根据交易的条款和条件，转让建筑物不属于销售，则处理方法如下：

根据上述第五十二条的规定，转让建筑物不属于销售，出租人不确认被转让资产，但应当确认一项与转让收入等额的金融资产，并按照《企业会计准则第 22 号——金融工具确认和计量》对该金融资产进行会计处理。

B 公司的会计处理如下：

支付购买价款时：

借：长期应收款　130

　　贷：银行存款　130

第一年年末：

借：银行存款　14

　　贷：财务费用 *　1.7819

　　　　长期应付款　12.2181

（* 财务费用的计算，同不属于销售时 A 公司的计算方式，此处略，下同。）

第二年年末：

借：银行存款　14

　　贷：财务费用 *　1.6144

　　　　长期应付款　12.3856

往后七年以此类推，最后一年倒挤。

总结售后租回的会计处理思路如下：

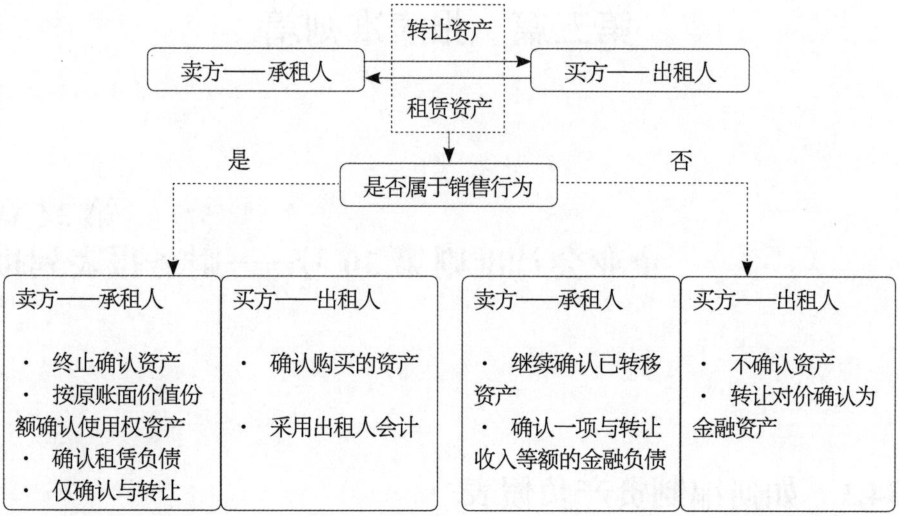
转让资产
卖方——承租人
买方——出租人
租赁资产
是
否
是否属于销售行为
卖方——承租人
· 终止确认资产
· 按原账面价值份额确认使用权资产
· 确认租赁负债
· 仅确认与转让
买方——出租人
· 确认购买的资产
· 采用出租人会计
卖方——承租人
· 继续确认已转移资产
· 确认一项与转让收入等额的金融负债
买方——出租人
· 不确认资产
· 转让对价确认为金融资产

第五篇　报表准则篇

第 34 章
企业会计准则第 30 号——财务报表列报

34.1　如何编制资产负债表

案例与问题

【例 34-1】天华股份有限公司 2×17 年 12 月 31 日的资产负债表（年初余额略）及 2×18 年 12 月 31 日的科目余额表分别见表 34-1 和表 34-2。假设天华股份有限公司 2×18 年度除计提固定资产减值准备导致固定资产的账面价值与其计税基础存在可抵扣暂时性差异外，其他资产和负债项目的账面价值均等于其计税基础。假定天华公司未来很可能获得足够的应纳税所得额用来抵扣可抵扣暂时性差异，适用的所得税税率为 25%。

【问题】请根据给定材料编制天华股份有限公司 2×18 年 12 月 31 日的资产负债表。

表 34-1　资产负债表

会企 01 表

编制单位：天华股份有限公司　　　　2×17 年 12 月 31 日　　　　单位：元

资产	期末余额	上年年末余额	负债和所有者权益（或股东权益）	期末余额	上年年末余额
流动资产：			流动负债：		
货币资金	1 406 300		短期借款	300 000	
交易性金融资产	15 000		交易性金融负债	0	
衍生金融资产	0		衍生金融负债	0	
应收票据	246 000		应付票据	200 000	

续表

资产	期末余额	上年年末余额	负债和所有者权益（或股东权益）	期末余额	上年年末余额
应收账款	299 100		应付账款	953 800	
应收款项融资	0		预收款项		
预付款项	100 000		合同负债		
其他应收款	5 000		应付职工薪酬	110 000	
存货	2 580 000		应交税费	36 600	
合同资产	0		其他应付款	51 000	
持有待售资产	0		持有待售负债		
一年内到期的非流动资产	0		一年内到期的非流动负债	1 000 000	
其他流动资产	100 000		其他流动负债		
流动资产合计	4 751 400		流动负债合计	2 651 400	
非流动资产：			非流动负债：		
债权投资	0		长期借款	600 000	
其他债权投资	0		应付债券		
长期应收款	0		其中：优先股		
长期股权投资	250 000		永续债		
其他权益工具投资	0		租赁负债		
其他非流动金融资产	0		长期应付款		
投资性房地产	0		预计负债		
固定资产	1 100 000		递延收益		
在建工程	1 500 000		递延所得税负债		
生产性生物资产	0		其他非流动负债		
油气资产	0		非流动负债合计	600 000	
使用权资产	0		负债合计	3 251 400	

续表

资产	期末余额	上年年末余额	负债和所有者权益（或股东权益）	期末余额	上年年末余额
无形资产	600 000		所有者权益（或股东权益）:		
开发支出			实收资本（或股本）	5 000 000	
商誉			其他权益工具		
长期待摊费用			其中：优先股		
递延所得税资产			永续债		
其他非流动资产	200 000		资本公积		
非流动资产合计	3 650 000		减：库存股		
			其他综合收益		
			专项储备		
			盈余公积	100 000	
			未分配利润	50 000	
			所有者权益（或股东权益）合计	5 150 000	
资产总计	8 401 400		负债和所有者权益（或股东权益）总计	8 401 400	

表 34–2 科目余额表

会企 01 表

编制单位：天华股份有限公司　　2×18 年 12 月 31 日　　单位：元

资产	期末余额	上年年末余额	负债和所有者权益（或股东权益）	期末余额	上年年末余额
流动资产：			流动负债：		
货币资金	815 131	1 406 300	短期借款	50 000	300 000
交易性金融资产	0	15 000	交易性金融负债	0	0
衍生金融资产	0	0	衍生金融负债	0	0
应收票据	66 000	246 000	应付票据	100 000	200 000
应收账款	598 200	299 100	应付账款	953 800	953 800
应收款项融资	0	0	预收款项	0	0

续表

资产	期末余额	上年年末余额	负债和所有者权益（或股东权益）	期末余额	上年年末余额
预付款项	100 000	100 000	合同负债	0	0
其他应收款	5 000	5 000	应付职工薪酬	180 000	110 000
存货	2 484 700	2 580 000	应交税费	226 731	36 600
合同资产	0	0	其他应付款	82215.85	51000
持有待售资产	0	0	持有待售负债	0	0
一年内到期的非流动资产	0	0	一年内到期的非流动负债	0	1 000 000
其他流动资产	100 000	100 000	其他流动负债	0	0
流动资产合计	4 169 031	4 751 400	流动负债合计	1 592 746.85	2 651 400
非流动资产：			非流动负债：		
债权投资	0	0	长期借款	1 148 000	600 000
其他债权投资	0	0	应付债券	0	0
长期应收款	0	0	其中：优先股	0	0
长期股权投资	262 000	250 000	永续债	0	0
其他权益工具投资	0	0	租赁负债	0	0
其他非流动金融资产	0	0	长期应付款	0	0
投资性房地产	0	0	预计负债	0	0
固定资产	2 201 000	1 100 000	递延收益	0	0
在建工程	428 000	1 500 000	递延所得税负债	0	0
工程物资	300 000	0	其他非流动负债	0	0
生产性生物资产	0	0	非流动负债合计	1 148 000	600 000
油气资产	0	0	负债合计	2 740 746.85	3 251 400
使用权资产	0	0	所有者权益（或股东权益）：		

续表

资产	期末余额	上年年末余额	负债和所有者权益（或股东权益）	期末余额	上年年末余额
无形资产	540 000	600 000	实收资本（或股本）	5 000 000	5 000 000
开发支出	0	0	其他权益工具	0	0
商誉	0	0	其中：优先股	0	0
长期待摊费用	0	0	永续债	0	0
递延所得税资产	7 500	0	资本公积	0	0
其他非流动资产	188 000	200 000	减：库存股	0	0
非流动资产合计	3 926 500	3 650 000	其他综合收益	12 000	0
			专项储备	0	0
			盈余公积	124 770.4	100 000
			未分配利润	218 013.75	50 000
			所有者权益（或股东权益）合计	5 354 784.15	5 150 000
资产总计	8 095 531	8 401 400	负债和所有者权益（或股东权益）总计	8 095 531	8 401 400

规范与要求

《企业会计准则第 30 号——财务报表列报》做了以下规定。

第十六条　资产和负债应当分别流动资产和非流动资产、流动负债和非流动负债列示。

第十七条　资产满足下列条件之一的，应当归类为流动资产：

（一）预计在一个正常营业周期中变现、出售或耗用。

（二）主要为交易目的而持有。

（三）预计在资产负债表日起一年内变现。

（四）自资产负债表日起一年内，交换其他资产或清偿负债的能力不受限制的现金或现金等价物。

正常营业周期，是指企业从购买用于加工的资产起至实现现金或现金等价物的期间。正常营业周期通常短于一年。因生产周期较长等导致正常营业周期长于一年的，尽管相关资产往往超过一年才变现、出售或耗用，仍应当划分为流动资产。正常营业周期不能确定的，应当以一年（12 个月）作为正常营业周期。

第十八条　流动资产以外的资产应当归类为非流动资产，并应按其性质分类列示。被划分为持有待售的非流动资产应当归类为流动资产。

第十九条　负债满足下列条件之一的，应当归类为流动负债：

（一）预计在一个正常营业周期中清偿。

（二）主要为交易目的而持有。

（三）自资产负债表日起一年内到期应予以清偿。

（四）企业无权自主地将清偿推迟至资产负债表日后一年以上。负债在其对手方选择的情况下可通过发行权益进行清偿的条款与负债的流动性划分无关。

企业对资产和负债进行流动性分类时，应当采用相同的正常营业周期。企业正常营业周期中的经营性负债项目即使在资产负债表日后超过一年才予清偿的，仍应当划分为流动负债。经营性负债项目包括应付账款、应付职工薪酬等，这些项目属于企业正常营业周期中使用的营运资金的一部分。

第二十条　流动负债以外的负债应当归类为非流动负债，并应当按其性质分类列示。被划分为持有待售的非流动负债应当归类为流动负债。

第二十一条　对于在资产负债表日起一年内到期的负债，企业有意图且有能力自主地将清偿义务展期至资产负债表日后一年以上的，应当归类为非流动负债；不能自主地将清偿义务展期的，即使在资产负债表日后、财务报告批准报出日前签订了重新安排清偿计划协议，该项负债仍应当归类为流动负债。

第二十二条　企业在资产负债表日或之前违反了长期借款协议，导致贷款人可随时要求清偿的负债，应当归类为流动负债。

贷款人在资产负债表日或之前同意提供在资产负债表日后一年以上的宽限期，在此期限内企业能够改正违约行为，且贷款人不能要求随时清偿的，该项负债应当归类为非流动负债。

其他长期负债存在类似情况的，比照上述第一款和第二款处理。

第二十三条　资产负债表中的资产类至少应当单独列示反映下列信息的项目：

（一）货币资金；

（二）以公允价值计量且其变动计入当期损益的金融资产；

（三）应收款项；

（四）预付款项；

（五）存货；

（六）被划分为持有待售的非流动资产及被划分为持有待售的处置组中的资产；

（七）可供出售金融资产；

（八）持有至到期投资；

（九）长期股权投资；

（十）投资性房地产；

（十一）固定资产；

（十二）生物资产；

（十三）无形资产；

（十四）递延所得税资产。

第二十四条　资产负债表中的资产类至少应当包括流动资产和非流动资产的合计项目，按照企业的经营性质不切实可行的除外。

第二十五条　资产负债表中的负债类至少应当单独列示反映下列信息的项目：

（一）短期借款；

（二）以公允价值计量且其变动计入当期损益的金融负债；

（三）应付款项；

（四）预收款项；

（五）应付职工薪酬；

（六）应交税费；

（七）被划分为持有待售的处置组中的负债；

（八）长期借款；

（九）应付债券；

（十）长期应付款；

（十一）预计负债；

（十二）递延所得税负债。

第二十六条　资产负债表中的负债类至少应当包括流动负债、非流动负债和负债的合计项目，按照企业的经营性质不切实可行的除外。

第二十七条　资产负债表中的所有者权益类至少应当单独列示反映下列信息的项目：

（一）实收资本（或股本，下同）；

（二）资本公积；

（三）盈余公积；

（四）未分配利润。

在合并资产负债表中，应当在所有者权益类单独列示少数股东权益。

第二十八条　资产负债表中的所有者权益类应当包括所有者权益的合计项目。

第二十九条　资产负债表应当列示资产总计项目，负债和所有者权益总计项目。

解析与说明

资产负债表中的“期末余额”栏内的各项数字，一般应根据资产、负债和所有者权益类科目的期末余额填列。主要包括以下方式：

（1）根据总账科目的余额填列。“交易性金融资产”“短期借款”“应付票据”“递延收益”“资本公积”等项目，应根据有关总账科目的余额填列。有些项目则应根据几个总账科目的余额计算填列，如“货币资金”项目，需根据“库存现金”“银行存款”“其他货币资金”三个总账科目余额的合计数填列。

（2）根据明细账科目的余额计算填列。“应付账款”项目，应根据“应付账款”和“预付账款”科目所属的相关明细科目的期末贷方余额合计数填列；“预收款项”项目，应根据“预收账款”和“应收账款”科目所属各明细科目的期末贷方余额合计数填列；“应付职工薪酬”项目，应根据“应付职工薪酬”科目的明细科目期末余额分析填列。

（3）根据总账科目和明细账科目的余额分析计算填列。“长期借款”项目，应根据“长期借款”总账科目余额扣除“长期借款”科目所属的明细科目中将在资产负债表日起一年内到期且企业不能自主地将清偿义务展期的长期借款后的金额计算填列；“其他非流动负债”项目，应根据有关科目的期末余额减去将于一年内（含一年）到期偿还数后的金额填列。

（4）根据有关科目余额减去其备抵科目余额后的净额填列。“长期股权投资”“在建工程”“商誉”等项目，应根据相关科目的期末余额填列，已计提减值准备的，还应扣减相应的减值准备；“长期应收款”项目，应根据“长期应收款”科目的期末余额，减去相应的“未实现融资收益”科目和“坏账准备”科目所属相关明细科目期末余额后的金额填列。

（5）综合运用上述填列方法分析填列。“应收账款”项目，应根据“应收账款”和“预收账款”科目所属各明细科目的期末借方余额合计数，减去“坏账准备”科目中有关应收账款计提的坏账准备期末余额后的金额填列；“存货”项目，应根据“材料采购”“原材料”“发出商品”“库存商品”“生产成本”等科目的期末余额及“合同履约成本”科目的明细科目中初始确认时摊销期限不超过一年或一个正常营业周期的期末余额合计，减去“存货跌价准备”科目期末余额及“合同履约成本减值准备”科目中相应的期末余额后的金额填列，材料采用计划成本核算，以及库存商品采用计划成本核算或售价核算的企业，还应按加或减材料成本差异、商品进销差价后的金额填列。

编制完成的资产负债表如表 34-3 所示。

表 34-3　资产负债表

会企 01 表

编制单位：天华股份有限公司　　2×18 年 12 月 31 日　　单位：元

资产	期末余额	年初余额	负债和所有者权益（或股东权益）	期末余额	年初余额
流动资产：			流动负债：		
货币资金	815 131	1 406 300	短期借款	50 000	300 000
交易性金融资产	0	15 000	经营性金融负债	0	0
衍生金融资产	0	0	衍生金融负债	0	0
应收票据	66 000	246 000	应付票据	100 000	200 000
应收账款	598 200	299 100	应付账款	953 800	953 800
预付款项	100 000	100 000	合同负债	0	0
应收利息	0	0	预收款项	0	0
应收股利	0	0	应付职工薪酬	180 000	110 000
其他应收款	5 000	5 000	应交税费	226 731	36 600
存货	2 484 700	2 580 000	应付利息	0	1 000
合同资产	0	0	应付股利	32 215. 85	0
持有待售的资产	0	0	其他应付款	50 000	50 000
一年内到期的非流动资产	0	0	划分为持有待售的负债	0	0
其他流动资产	100 000	100 000	一年内到期的非流动负债	0	1 000 000

续表

资产	期末余额	年初余额	负债和所有者权益（或股东权益）	期末余额	年初余额
流动资产合计	4 169 031	4 751 400	其他流动负债	0	0
非流动资产：			流动负债合计	1 592 746. 85	2 651 400
债权投资	0	0	非流动负债：		
其他债权投资	0	0	长期借款	1 148 000	600 000
长期应收款	0	0	应付债券	0	0
长期股权投资	262 000	250 000	长期应付款	0	0
投资性房地产	0	0	专项应付款	0	0
固定资产	2 201 000	1 100 000	预计负债	0	0
在建工程	428 000	1 500 000	递延收益	0	0
工程物资	300 000	0	递延所得税负债	0	0
固定资产清理	0	0	其他非流动负债	0	0
生产性生物资产	0	0	非流动负债合计	1 148 000	600 000
油气资产	0	0	负债合计	2 740 746. 85	3 251 400
无形资产	540 000	600 000	所有者权益（或股东权益）：		
开发支出	0	0	实收资本（或股本）	5 000 000	5 000 000
商誉	0	0	资本公积	0	0
长期待摊费用	0	0	减：库存股	0	0
递延所得税资产	7 500	0	其他综合收益	12 000	0
其他非流动资产	188 000	200 000	盈余公积	124 770.4	100 000
非流动资产合计	3 926 500	3 650 000	未分配利润	218 013. 75	50 000
			所有者权益（或股东权益）合计	5 354 784. 15	5 150 000

续表

资产	期末余额	年初余额	负债和所有者权益（或股东权益）	期末余额	年初余额
资产总计	8 095 531	8 401 400	负债和所有者权益（或股东权益）总计	8 095 531	8 401 400

以货币资金、应付账款、固定资产、存货项目为例讲解资产负债表科目期末余额的填列。

货币资金期末余额 = 库存现金科目余额 + 银行存款科目余额 + 其他货币资金科目余额 =2 000+805 831+7 300=815 131（元）

应付账款期末余额 = 应付账款贷方余额 + 预付账款贷方余额 =953 800+0=953 800（元）

固定资产期末余额 = 固定资产科目余额 − 累计折旧 − 固定资产减值准备 =240 1 000−170 000−30 000=2 201 000（元）

存货期末余额 = 材料采购科目余额 + 原材料科目余额 + 周转材料科目余额 + 库存商品科目余额 + 材料成本差异 =275 000+45 000+38 050+2 122 400+4 250=2 484 700（元）

34.2 如何编制利润表

案例与问题

【例 34–2】天华股份有限公司 2×18 年度损益类科目和“其他综合收益科目”明细科目的本年累计发生净额分别如表 34–4 和表 34–5 所示。

【问题】请根据给定材料编制天华股份有限公司 2×18 年度的利润表。

表 34–4 天华股份有限公司损益类科目 2×18 年度累计发生净额

单位：元

科目名称	借方发生额	贷方发生额
主营业务收入		1 250 000
主营业务成本	750 000	

续表

科目名称	借方发生额	贷方发生额
税金及附加	2 000	
销售费用	20 000	
管理费用	157 100	
财务费用	41 500	
资产减值损失	30 900	
投资收益		31 500
营业外收入		50 000
营业外支出	19 700	
所得税费用	85 300	

表 34–5　天华股份有限公司“其他综合收益”明细科目 2×18 年度累计发生净额

单位：元

明细科目名称	借方发生额	贷方发生额
权益法下在被投资单位以后将重分类进损益的其他综合收益中享有的份额*		12 000
合计	0	12 000

* 天华公司持有乙公司 30% 的股份，能够对乙公司施加重大影响。2×18 年度，乙公司因持有可供出售金融资产公允价值发生变动而计入资本公积的金额为 40 000 元。假定天华公司与乙公司适用的会计政策、会计期间相同，投资时乙公司有关资产、负债的公允价值与其账面价值相同，双方在当期及以前期间未发生任何内部交易，并且假定不考虑交易费用及其他相关因素。

规范与要求

《企业会计准则第 30 号——财务报表列报》做了以下规定。

第三十条　企业在利润表中应当对费用按照功能分类，分为从事经营业务发生的成本、管理费用、销售费用和财务费用等。

第三十一条　利润表至少应当单独列示反映下列信息的项目，但其他会计准则另有规定的除外：

（一）营业收入；

（二）营业成本；

（三）税金及附加；

（四）管理费用；

（五）销售费用；

（六）财务费用；

（七）投资收益；

（八）公允价值变动损益；

（九）资产减值损失；

（十）非流动资产处置损益；

（十一）所得税费用；

（十二）净利润；

（十三）其他综合收益各项目分别扣除所得税影响后的净额；

（十四）综合收益总额。

金融企业可以根据其特殊性列示利润表项目。

第三十二条　综合收益，是指企业在某一期间除与所有者以其所有者身份进行的交易之外的其他交易或事项所引起的所有者权益变动。综合收益总额项目反映净利润和其他综合收益扣除所得税影响后的净额相加后的合计金额。

第三十三条　其他综合收益，是指企业根据其他会计准则规定未在当期损益中确认的各项利得和损失。

其他综合收益项目应当根据其他相关会计准则的规定分为下列两类列报：

（一）以后会计期间不能重分类进损益的其他综合收益项目，主要包括重新计量设定受益计划净负债或净资产导致的变动、按照权益法核算的在被投资单位以后会计期间不能重分类进损益的其他综合收益中所享有的份额等；

（二）以后会计期间在满足规定条件时将重分类进损益的其他综合收益项目，主要包括按照权益法核算的在被投资单位以后会计期间在满足规定条件时将重分类进损益的其他综合收益中所享有的份额、可供出售金融资产公允价值变动形成的利得或损失、持有至到期投资重分类为可供出售金融资产形成的利得或损失、现金流量套期工具产生的利得或损失中属于有效套期的部分、外币财务报表折算差额等。

第三十四条　在合并利润表中，企业应当在净利润项目之下单独列示归属于母公司所有者的损益和归属于少数股东的损益，在综合收益总额项目之下单独列示归属于母公司所有者的综合收益总额和归属于少数股东的综合收益总额。

解析与说明

根据《企业会计准则第 30 号——财务报表列报》，企业应当采用多步式列报利润表，将不同性质的收入和费用类别进行对比，从而得出一些中间性的利润数据，便于使用者理解企业经营成果的不同来源。

企业可以分如下四个步骤编制利润表。

第一步，以营业收入为基础，减去营业成本、营业税金及附加、销售费用、管理费用、财务费用、资产减值损失，加上公允价值变动收益（减去公允价值变动损失）和投资收益（减去投资损失），计算出营业利润；

第二步，以营业利润为基础，加上营业外收入，减去营业外支出，计算出利润总额；

第三步，以利润总额为基础，减去所得税费用，计算出净利润（或净亏损）；

第四步，以净利润为基础，减去其他综合收益的税后净额，计算出综合收益总额。

其中，其他综合收益包括以后会计期间不能重分类进损益的其他综合收益项目和以后会计期间在满足规定条件时将重分类进损益的其他综合收益项目两类。

普通股或潜在普通股已公开交易的企业，以及正处于公开发行普通股或潜在普通股过程中的企业，还应当在利润表中列示每股收益信息。

本案例中，编制完成的天华股份有限公司 2×18 年度利润表如表 34-6 所示。

表 34-6　利润表

会企 02 表

编制单位：天华股份有限公司　　2×18 年度　　单位：元

项目	本期金额	上期金额(略)
一、营业收入	1 250 000	
减：营业成本	750 000	
营业税金及附加	2 000	
销售费用	20 000	
管理费用	157 100	
研发费用		
财务费用	41 500	
其中：利息费用		
利息收入		

续表

项目	本期金额	上期金额(略)
加：其他收益		
投资收益（损失以“–”号填列）	31 500	
其中：对联营企业和合营企业的投资收益	0	
以摊余成本计量的金融资产终止确认收益（损失以“–”号填列）		
净敞口套期收益（损失以“–”号填列）		
公允价值变动收益（损失以“–”号填列）	0	
信用减值损失（损失以“–”号填列）		
资产减值损失（损失以“–”号填列）	30 900	
资产处置收益（损失以“–”号填列）		
二、营业利润（亏损以“–”号填列）	280 000	
加：营业外收入	50 000	
减：营业外支出	19 700	
三、利润总额（亏损总额以“–”号填列）	310 300	
减：所得税费用	85 300	
四、净利润（净亏损以“–”号填列）	225 000	
（一）持续经营净利润（净亏损以“–”号填列）		
（二）终止经营净利润（净亏损以“–”号填列）		
五、其他综合收益的税后净额	12 000	
（一）不能重分类进损益的其他综合收益	0	
1. 重新计量设定受益计划变动额		
2. 权益法下不能转损益的其他综合收益		
3. 其他权益工具投资公允价值变动		
4. 企业自身信用风险公允价值变动		
……		
（二）将重分类进损益的其他综合收益	12 000	
1. 权益法下可转损益的其他综合收益	12 000	

续表

项目	本期金额	上期金额（略）
2. 其他债权投资公允价值变动		
3. 金融资产重分类计入其他综合收益的金额		
4. 其他债权投资信用减值准备		
5. 现金流量套期储备		
6. 外币财务报表折算差额		
……		
六、综合收益总额	237 000	
七、每股收益：		
（一）基本每股收益	（略）	
（二）稀释每股收益	（略）	

34.3　如何编制所有者权益变动表

案例与问题

【例 34-3】沿用【例 29-1】和【例 34-2】的资料。天华股份有限公司其他相关资料为：提取盈余公积 24 770.4 元，向投资者分配现金股利 32 215.85 元。

【问题】请根据给定资料编制天华股份有限公司 2×18 年度的所有者权益变动表。

规范与要求

《企业会计准则第 30 号——财务报表列报》做了以下规定。

第三十五条　所有者权益变动表应当反映构成所有者权益的各组成部分当期的增减变动情况。综合收益和与所有者（或股东，下同）的资本交易导致的所有者权益的变动，应当分别列示。

与所有者的资本交易，是指企业与所有者以其所有者身份进行的、导致企业所有者权益变动的交易。

第三十六条　所有者权益变动表至少应当单独列示反映下列信息的项目：

（一）综合收益总额，在合并所有者权益变动表中还应单独列示归属于母公司所有者的综合收益总额和归属于少数股东的综合收益总额；

（二）会计政策变更和前期差错更正的累积影响金额；

（三）所有者投入资本和向所有者分配利润等；

（四）按照规定提取的盈余公积；

（五）所有者权益各组成部分的期初和期末余额及其调节情况。

解析与说明

所有者权益变动表“本年金额”栏内各项数字一般应根据“实收资本（或股本）”“资本公积”“盈余公积”“其他综合收益”“利润分配”“库存股”“以前年度损益调整”等科目及其明细科目的发生额分析填列，如表 34-7 所示。

表 34–7　所有者权益变动表

会企 04 表

编制单位：天华股份有限公司　　　　2×18 年度　　　　单位：元

项目	本年金额							上年金额（略）						
	实收资本（或股本）	资本公积	减：库存股	其他综合收益	盈余公积	未分配利润	所有者权益合计	实收资本（或股本）	资本公积	减：库存股	其他综合收益	盈余公积	未分配利润	所有者权益合计
一、上年年末余额	5 000 000	0	0	0	100 000	50 000	5 150 000							
加：会计政策变更														
前期差错更正														
二、本年年初余额	5 000 000	0	0	0	100 000	50 000	5 150 000							
三、本年增减变动金额（减少以“–”号填列）														
（一）综合收益总额				12 000		225 000	237 000							
（二）所有者投入和减少资本														
1. 所有者投入资本														

续表

项目	本年金额							上年金额（略）						
	实收资本（或股本）	资本公积	减：库存股	其他综合收益	盈余公积	未分配利润	所有者权益合计	实收资本（或股本）	资本公积	减：库存股	其他综合收益	盈余公积	未分配利润	所有者权益合计
2. 股份支付计入所有者权益的金额														
3. 其他														
（三）利润分配														
1. 提取盈余公积					24 770.40	–24 770.40	0							
2. 对所有者（或股东）的分配						–32 215. 85	–32 215. 85							
3. 其他														
（四）所有者权益内部结转														
1. 资本公积转增资本（或股本）														
2. 盈余公积转增资本（或股本）														
3. 盈余公积弥补亏损														

续表

项目	本年金额							上年金额（略）						
	实收资本（或股本）	资本公积	减：库存股	其他综合收益	盈余公积	未分配利润	所有者权益合计	实收资本（或股本）	资本公积	减：库存股	其他综合收益	盈余公积	未分配利润	所有者权益合计
4. 设定收益计划变动额结转留存收益														
四、本年年末余额	5 000 000	0	0	12 000	124770.40	218 013.75	5 354 784.15							

第 35 章
企业会计准则第 31 号——现金流量表

35.1 销售商品、提供劳务收到的现金的会计处理

案例与问题

【例 35-1】甲企业本期销售一批商品，开出的增值税专用发票上注明的销售价款为 2 500 000 元，增值税销项税额为 325 000 元，以银行存款收讫；应收票据的期初余额为 300 000 元，期末余额为 40 000 元；应收账款的期初余额为 800 000 元，期末余额为 400 000 元；年度内核销的坏账损失为 5 000 元。另外，本期因商品质量问题而引发的退货，导致甲企业退回价款 50 000 元，货款已通过银行转账支付。

【问题】计算甲企业本期因销售商品、提供劳务而收到的现金数额。

规范与要求

《企业会计准则第 31 号——现金流量表》做了以下规定。

第八条　企业应当采用直接法列示经营活动产生的现金流量。经营活动，是指企业投资活动和筹资活动以外的所有交易和事项。直接法，是指通过现金收入和现金支出的主要类别列示经营活动的现金流量。

第九条　有关经营活动现金流量的信息，可以通过下列途径之一取得：

（一）企业的会计记录。

（二）根据下列项目对利润表中的营业收入、营业成本以及其他项目进行调整：当期存货及经营性应收和应付项目的变动；固定资产折旧、无形资产摊销、计提资产减值准备等其他非现金项目；属于投资活动或筹资活动现金流量的其他非现金项目。

第十条　经营活动产生的现金流量至少应当单独列示反映下列信息的项目。

（一）销售商品、提供劳务时收到的现金；

（二）收到的税费返还；

（三）收到其他与经营活动有关的现金；

（四）购买商品、接受劳务时支付的现金；

（五）支付给职工以及为职工支付的现金；

（六）支付的各项税费；

（七）支付其他与经营活动有关的现金。

解析与说明

本期销售商品、提供劳务收到的现金计算如下：

本期销售商品收到的现金	2 825 000
加：本期收到前期的应收票据	（300 000−40 000）260 000
本期收到前期的应收账款	（800 000−400 000−5 000）395 000
减：本期因销售退回支付的现金	50 000
本期销售商品、提供劳务收到的现金	3 430 000

35.2　收到的税收返还的现金流量

案例与问题

【例 35-2】甲企业前期出口商品一批，已交纳增值税，按规定应退增值税 6 800 元，前期未退，本期以转账方式收讫；本期收到的教育费附加返还款 33 000 元，款项已存入银行。

【问题】计算甲企业收到的税收返还的现金数额。

规范与要求

《企业会计准则第 31 号——现金流量表》做了以下规定。

第八条　企业应当采用直接法列示经营活动产生的现金流量。经营活动，是指企业投资活动和筹资活动以外的所有交易和事项。计算本期收到的税收返还的现金。直接法，是指通过现金收入和现金支出的主要类别列示经营活动的现金流量。

第九条　有关经营活动现金流量的信息，可以通过下列途径之一取得：

（一）企业的会计记录。

（二）根据下列项目对利润表中的营业收入、营业成本以及其他项目进行调整：当期存货及经营性应收和应付项目的变动；固定资产折旧、无形资产摊销、计提资产减值准备等其他非现金项目；属于投资活动或筹资活动现金流量的其他非现金项目。

第十条　经营活动产生的现金流量至少应当单独列示反映下列信息的项目：

（一）销售商品、提供劳务收到的现金；

（二）收到的税费返还；

（三）收到其他与经营活动有关的现金；

（四）购买商品、接受劳务支付的现金；

（五）支付给职工以及为职工支付的现金；

（六）支付的各项税费；

（七）支付其他与经营活动有关的现金。

解析与说明

本期收到的税费返还计算如下。

本期收到的出口退增值税额	6 800
加：收到的退教育费附加返还额	33 000
本期收到的税费返还	39 800

35.3　购买商品、接受劳务支付的现金流量的会计处理

案例与问题

【例 35-3】甲公司本期购买原材料，收到的增值税专用发票上注明的材料价款为 180 000 元，增值税进项税额为 23 400 元，款项已通过银行转账支付；本期支付应付票据 160 000 元；购买工程用物资 130 000 元，货款已通过银行转账支付。

【问题】计算甲公司本期购买商品、接受劳务时支付的现金数额。

规范与要求

《企业会计准则第 31 号——现金流量表》做了以下规定。

第八条　企业应当采用直接法列示经营活动产生的现金流量。经营活动，是指企业投资活动和筹资活动以外的所有交易和事项。直接法，是指通过现金收入和现金支出的主要类别列示经营活动的现金流量。

第九条　有关经营活动现金流量的信息，可以通过下列途径之一取得：

（一）企业的会计记录。

（二）根据下列项目对利润表中的营业收入、营业成本以及其他项目进行调整：当期存货及经营性应收和应付项目的变动；固定资产折旧、无形资产摊销、计提资产减值准备等其他非现金项目；属于投资活动或筹资活动现金流量的其他非现金项目。

第十条　经营活动产生的现金流量至少应当单独列示反映下列信息的项目：

（一）销售商品、提供劳务收到的现金；

（二）收到的税费返还；

（三）收到其他与经营活动有关的现金；

（四）购买商品、接受劳务支付的现金；

（五）支付给职工以及为职工支付的现金；

（六）支付的各项税费；

（七）支付其他与经营活动有关的现金。

解析与说明

本期购买商品、接受劳务支付的现金计算如下：

本期购买原材料支付的价款	180 000
加：本期购买原材料支付的增值税进项税额	23 400
本期支付的应付票据	160 000
购买工程用物资	130 000
本期购买商品、接受劳务支付的现金	493 400

35.4　支付的各项税费

案例与问题

【例 35–4】甲企业本期向税务机关交纳增值税 68 000 元；本期发生的 3 300 000 元的所得税已全部交纳；企业期初未交所得税 310 000 元，期末未交所得税 180 000 元。

【问题】计算甲企业本期支付的各项税费总额。

规范与要求

《企业会计准则第 31 号——现金流量表》做了以下规定。

第八条　企业应当采用直接法列示经营活动产生的现金流量。经营活动，是指企业投资活动和筹资活动以外的所有交易和事项。直接法，是指通过现金收入和现金支出的主要类别列示经营活动的现金流量。

第九条　有关经营活动现金流量的信息，可以通过下列途径之一取得：

（一）企业的会计记录。

（二）根据下列项目对利润表中的营业收入、营业成本以及其他项目进行调整：当期存货及经营性应收和应付项目的变动；固定资产折旧、无形资产摊销、计提资产减值准备等其他非现金项目；属于投资活动或筹资活动现金流量的其他非现金项目。

第十条　经营活动产生的现金流量至少应当单独列示反映下列信息的项目：

（一）销售商品、提供劳务收到的现金；

（二）收到的税费返还；

（三）收到其他与经营活动有关的现金；

（四）购买商品、接受劳务支付的现金；

（五）支付给职工以及为职工支付的现金；

（六）支付的各项税费；

（七）支付其他与经营活动有关的现金。

解析与说明

本期支付的各项税费计算如下。

本期支付的增值税额	68 000
加：本期发生并交纳的所得税额	3 300 000
前期发生本期交纳的所得税额	（310 000-180 000）130 000
本期支付的各项税费	3 498 000

35.5　吸收投资收到的现金

案例与问题

【例 35-5】甲企业对外公开募集股份 1 000 000 股，每股 1 元，发行价每股 1.1 元，代理发行的证券公司为其支付的各种费用，共计 17 000 元。此外，甲企业为建设一新项目，批准发行 1 800 000 元的长期债券。与证券公司签署的协议规定：该批长期债券委托证券公司代理发行，发行手续费为发行总额的 3.5%，宣传及印刷费由证券公司代为支付，并从发行总额中扣除。该企业至委托协议签署为止，已支付咨询费、公证费等 6 300 元。证券公司按面值发行，价款全部收到，支付宣传及印刷费等各种费用 14 070 元。按协议将发行款划至企业在银行的存款账户上。

【问题】计算甲企业本期因吸收投资而收到的现金数额。

规范与要求

《企业会计准则第 31 号——现金流量表》做了以下规定。

第十四条　筹资活动，是指导致企业资本及债务规模和构成发生变化的活动。

第十五条　筹资活动产生的现金流量至少应当单独列示反映下列信息的项目：

（一）吸收投资收到的现金；

（二）取得借款收到的现金；

（三）收到其他与筹资活动有关的现金；

（四）偿还债务支付的现金；

（五）分配股利、利润或偿付利息支付的现金；

（六）支付其他与筹资活动有关的现金。

解析与说明

甲企业本期因吸收投资而收到的现金数额的计算如下：

发行股票取得的现金		1 083 000
其中：发行总额	（1 000 000×1.1）	1 100 000
减：发行费用		17 000
发行债券取得的现金		1 737 000
其中：发行总额		1 800 000
减：发行手续费	（1 800 000×3.5%）	63 000
本期吸收投资收到的现金		2 820 000

本案例中，已支付的咨询费、公证费等 6 300 元，应在“支付的其他与筹资活动有关的现金”项目中反映。

35.6　分配股利、利润或偿付利息支付的现金

案例与问题

【例 35-6】甲企业期初应付现金股利 14 000 元，本期宣布并发放现金股利 37 000 元，

期末应付现金股利 8 000 元。计算甲企业本期因分配股利、利润或偿付利息而耗费的现金数额。

规范与要求

《企业会计准则第 31 号——现金流量表》做了以下规定。

第十四条　筹资活动，是指导致企业资本及债务规模和构成发生变化的活动。

第十五条　筹资活动产生的现金流量至少应当单独列示反映下列信息的项目：

（一）吸收投资收到的现金；

（二）取得借款收到的现金；

（三）收到其他与筹资活动有关的现金；

（四）偿还债务支付的现金；

（五）分配股利、利润或偿付利息支付的现金；

（六）支付其他与筹资活动有关的现金。

解析与说明

甲企业因本期分配股利、利润或偿付利息而耗费的现金数额的计算如下。

本期宣布并发放的现金股利		37 000
加：本期支付的前期应付股利	（14 000-8 000）	6 000
本期分配股利、利润或偿付利息支付的现金		43 000

35.7　收回投资收到的现金流量的会计处理

案例与问题

【例 35-7】甲企业出售某项长期股权投资，收回的全部投资金额为 510 000 元；出售某项长期债权性投资，收回的全部投资金额为 270 000 元，其中，20 000 元是债券利息。计算甲企业因本期收回投资而收到的现金数额。

规范与要求

《企业会计准则第 31 号——现金流量表》做了以下规定。

第十二条　投资活动，是指企业长期资产的购建和不包括在现金等价物范围的投资及其处置活动。

第十三条　投资活动产生的现金流量至少应当单独列示反映下列信息的项目：

（一）收回投资收到的现金；

（二）取得投资收益收到的现金；

（三）处置固定资产、无形资产和其他长期资产收回的现金净额；

（四）处置子公司及其他营业单位收到的现金净额；

（五）收到其他与投资活动有关的现金；

（六）购建固定资产、无形资产和其他长期资产时支付的现金；

（七）投资支付的现金；

（八）取得子公司及其他营业单位支付的现金净额；

（九）支付其他与投资活动有关的现金。

解析与说明

甲企业本期因收回投资而收到的现金数额的计算如下。

收回长期股权投资金额		510 000
加：收回长期债权性投资本金	（270 000−20 000）	250 000
本期收回投资所收到的现金		760 000

35.8　取得投资收益收到的现金流量的会计处理

案例与问题

【例 35-8】甲企业期初长期股权投资的余额 2 400 000 元，其中 1 600 000 元投资于联营企业 A 企业，占其股本的 25%，采用权益法核算，另外 300 000 元和 500 000 元分别投资于 B 企业和 C 企业，各占接受投资企业总股本的 5% 和 10%，采用成本法核算；当年 A 企业盈利 2 500 000 元，分配现金股利 900 000 元，B 企业亏损没有分配股利，C 企业盈利 500 000 元，分配现金股利 100 000 元。企业已如数收到现金股利。

【问题】计算甲企业本期取得投资收益时收到的现金。

规范与要求

《企业会计准则第 31 号——现金流量表》做了以下规定。

第十二条　投资活动，是指企业长期资产的购建和不包括在现金等价物范围的投资及其处置活动。

第十三条　投资活动产生的现金流量至少应当单独列示反映下列信息的项目。

（一）收回投资收到的现金；

（二）取得投资收益收到的现金；

（三）处置固定资产、无形资产和其他长期资产收回的现金净额；

（四）处置子公司及其他营业单位收到的现金净额；

（五）收到其他与投资活动有关的现金；

（六）购建固定资产、无形资产和其他长期资产支付的现金；

（七）投资支付的现金；

（八）取得子公司及其他营业单位支付的现金净额；

（九）支付其他与投资活动有关的现金。

解析与说明

甲企业本期取得投资收益时收到的现金数额的计算如下。

取得A企业实际分回的投资收益	（900 000×25%）	225 000
加：取得B企业实际分回的投资收益		0
取得C企业实际分回的投资收益	（100 000×10%）	10 000
本期取得投资收益收到的现金		235 000

35.9　如何编制现金流量表

案例与问题

【例 35-9】天华股份有限公司 2×17 年 12 月 31 日的资产负债表（年初余额略）及 2×18 年 12 月 31 日的科目余额表分别见表 35-1 和表 35-2。假设天华股份有限公司 2×18 年度除计提固定资产减值准备导致固定资产的账面价值与其计税基础存在可抵扣暂时性差异外，其他资产和负债项目的账面价值均等于其计税基础。假定天华公司未来很可能获得足够的应纳税所得额用来抵扣可抵扣暂时性差异，适用的所得税税率为 25%。

表 35-1　资产负债表

编制单位：天华股份有限公司　　2×17 年 12 月 31 日　　单位：元

资产	期末余额	上年年末余额	负债和所有者权益（或股东权益）	期末余额	上年年末余额
流动资产：			流动负债：		
货币资金	1 406 300		短期借款	300 000	
交易性金融资产	15 000		交易性金融负债	0	
衍生金融资产	0		衍生金融负债	0	
应收票据	246 000		应付票据	200 000	
应收账款	299 100		应付账款	953 800	
应收款项融资	0		预收款项	0	
预付款项	100 000		合同负债	0	
其他应收款	5 000		应付职工薪酬	110 000	
存货	2 580 000		应交税费	36 600	
合同资产	0		其他应付款	51 000	
持有待售资产	0		持有待售负债	0	
一年内到期的非流动资产	0		一年内到期的非流动负债	1 000 000	
其他流动资产	100 000		其他流动负债	0	
流动资产合计	4 751 400		流动负债合计	2 651 400	
非流动资产：			非流动负债：		
债权投资	0		长期借款	600 000	
其他债权投资	0		应付债券	0	
长期应收款	0		其中：优先股	0	
长期股权投资	250 000		永续债	0	
其他权益工具投资	0		租赁负债	0	
其他非流动金融资产	0		长期应付款	0	
投资性房地产	0		预计负债	0	
固定资产	1 100 000		递延收益	0	

续表

资产	期末余额	上年年末余额	负债和所有者权益（或股东权益）	期末余额	上年年末余额
在建工程	1 500 000		递延所得税负债	0	
生产性生物资产	0		其他非流动负债	0	
油气资产	0		非流动负债合计	600 000	
使用权资产	0		负债合计	3 251 400	
无形资产	600 000		所有者权益（或股东权益）：		
开发支出	0		实收资本（或股本）	5 000 000	
商誉	0		其他权益工具	0	
长期待摊费用	0		其中：优先股	0	
递延所得税资产	0		永续债	0	
其他非流动资产	200 000		资本公积	0	
非流动资产合计	3 650 000		减：库存股	0	
			其他综合收益	0	
			专项储备	0	
			盈余公积	100 000	
			未分配利润	50 000	
			所有者权益（或股东权益）合计	5 150 000	
资产总计	8 401 400		负债和所有者权益（或股东权益）总计	8 401 400	

表 35-2　科目余额表

单位：元

科目名称	借方余额	科目名称	贷方余额
库存现金	2 000	短期借款	50 000
银行存款	805 831	应付票据	100 000
其他货币资金	7 300	应付账款	953 800

续表

科目名称	借方余额	科目名称	贷方余额
交易性金融资产	0	其他应付款	50 000
应收票据	66 000	应付职工薪酬	180 000
应收账款	600 000	应交税费	226 731
坏账准备	−1 800	应付利息	0
预付账款	100 000	应付股利	32 215. 85
其他应收款	5 000	递延所得税负债	0
材料采购	275 000	递延收益	0
原材料	45 000	长期借款	1 148 000
周转材料	38 050	股本	5 000 000
库存商品	2 122 400	资本公积	0
材料成本差异	4 250	其他综合收益	12 000
其他流动资产	100 000	盈余公积	124 770.4
债权投资	0	利润分配（未分配利润）	218 013. 75
其他债权投资	0		
其他权益工具投资	0		
长期股权投资	262 000		
固定资产	2 401 000		
累计折旧	−170 000		
固定资产减值准备	− 30 000		
工程物资	300 000		
在建工程	428 000		
无形资产	600 000		
累计摊销	−60 000		
递延所得税资产	7 500		
其他长期资产	188 000		
合计	8 095 531	合计	8 095 531

天华股份有限公司 2×18 年度损益类科目和“其他综合收益科目”明细科目的本

年累计发生净额分别如表 35-3 和表 35-4 所示。

表 35-3　天华股份有限公司损益类科目 2×18 年度累计发生净额

单位：元

科目名称	借方发生额	贷方发生额
主营业务收入		1 250 000
主营业务成本	750 000	
税金及附加	2 000	
销售费用	20 000	
管理费用	157 100	
财务费用	41 500	
资产减值损失	30 900	
投资收益		31 500
营业外收入		50 000
营业外支出	19 700	
所得税费用	85 300	

表 35-4　天华股份有限公司“其他综合收益”明细科目 2×18 年度累计发生净额

单位：元

明细科目名称	借方发生额	贷方发生额
权益法下在被投资单位以后将重分类进损益的其他综合收益中享有的份额*		12 000
合计	0	12 000

*天华公司持有乙公司 30% 的股份，能够对乙公司施加重大影响。2×18 年度，乙公司因持有可供出售金融资产公允价值发生变动而计入资本公积的金额为 40 000 元。假定天华公司与乙公司适用的会计政策、会计期间相同，投资时乙公司有关资产、负债的公允价值与其账面价值相同，双方在当期及以前期间未发生任何内部交易，并且假定不考虑交易费用及其他相关因素。

1.2×18 年度利润表有关项目的明细资料

（1）管理费用的组成：职工薪酬 17 100 元，无形资产摊销 60 000 元，折旧费 20 000 元，支付其他费用 60 000 元。

（2）财务费用的组成：计提借款利息 11 500 元，支付应收票据（银行承兑汇票）

贴现利息30 000元。

（3）资产减值损失的组成：计提坏账准备900元，计提固定资产减值准备30 000元。上年年末坏账准备余额为900元。

（4）投资收益的组成：收到股息收入30 000元，与本金一起收回的交易性股票投资收益500元，自公允价值变动损益结转投资收益1 000元。

（5）营业外收入的组成：处置固定资产净收益50 000元（其所处置固定资产原价为400 000元，累计折旧为150 000元，收到处置收入300 000元）。假定不考虑与固定资产处置有关的税费。

（6）营业外支出的组成：报废固定资产净损失19 700元（其所报废固定资产原价为200 000元，累计折旧为180 000元，支付清理费用500元，收到残值收入800元）。

（7）所得税费用的组成：当期所得税费用92 800元，递延所得税收益7 500元。

除上述项目外，利润表中的销售费用20 000元至期末已经支付。

2.资产负债表有关项目的明细资料

（1）本期收回交易性股票投资本金15 000元、公允价值变动1 000元，同时实现投资收益500元。

（2）存货中生产成本、制造费用的组成：职工薪酬324 900元，折旧费80 000元。

（3）应交税费的组成：本期增值税进项税额42 466元，增值税销项税额212 500元，已交增值税100 000元；应交所得税期末余额为20 097元，应交所得税期初余额为0；应交税费期末数中应由在建工程负担的部分为100 000元。

（4）应付职工薪酬的期初数无应付在建工程人员的部分，本期支付在建工程人员职工薪酬200 000元。应付职工薪酬的期末数中应付在建工程人员的部分为28 000元。

（5）应付利息均为短期借款利息，其中本期计提利息11 500元，支付利息12 500元。

（6）本期用现金购买固定资产101 000元，购买工程物资300 000元。

（7）本期用现金偿还短期借款250 000元，偿还一年内到期的长期借款1 000 000元；借入长期借款560 000元。

【问题】根据以上资料，采用分析填列的方法，编制天华股份有限公司2×18年度的现金流量表。

规范与要求

《企业会计准则第31号——现金流量表》做了以下规定。

第四条　现金流量表应当分别经营活动、投资活动和筹资活动列报现金流量。

第五条　现金流量应当分别按照现金流入和现金流出总额列报。

但是，下列各项可以按照净额列报：

（一）代客户收取或支付的现金。

（二）周转快、金额大、期限短项目的现金流入和现金流出。

（三）金融企业的有关项目，包括短期贷款发放与收回的贷款本金、活期存款的吸收与支付、同业存款和存放同业款项的存取、向其他金融企业拆借资金以及证券的买入与卖出等。

第六条　自然灾害损失、保险索赔等特殊项目，应当根据其性质，分别归并到经营活动、投资活动和筹资活动现金流量类别中单独列报。

第七条　外币现金流量以及境外子公司的现金流量，应当采用现金流量发生日的即期汇率或按照系统合理的方法确定的、与现金流量发生日即期汇率近似的汇率折算。汇率变动对现金的影响额应当作为调节项目，在现金流量表中单独列报。

解析与说明

1. 天华股份有限公司 2×18 年度现金流量表中各项目的金额

（1）销售商品、提供劳务收到的现金

= 主营业务收入 + 应交税费（应交增值税——销项税额）+（应收账款年初余额 − 应收账款期末余额）+（应收票据年初余额 − 应收票据期末余额）− 当期计提的坏账准备 − 票据贴现的利息

=1 250 000+212 500+（299 100−598 200）+（246 000−66 000）−900−30 000

=1 312 500（元）

（2）购买商品、接受劳务支付的现金

= 主营业务成本 + 应交税费（应交增值税——进项税额）−（存货年初余额 − 存货期末余额）+（应付账款年初余额 − 应付账款期末余额）+（应付票据年初余额 − 应付票据期末余额）+（预付账款期末余额 − 预付账款年初余额）− 当期列入生产成本、制造费用的职工薪酬 − 当期列入生产成本、制造费用的折旧费和固定资产修理费

=750 000+42 466−（2 580 000−2 484 700）+（953 800−953 800）+（200 000−100 000）+（100 000−100 000）−324 900−80 000

=392 266（元）

（3）支付给职工以及为职工支付的现金

=生产成本、制造费用、管理费用中职工薪酬+（应付职工薪酬年初余额-应付职工薪酬期末余额）-[应付职工薪酬（在建工程）年初余额-应付职工薪酬（在建工程）期末余额]

=324 900+17 100+（110 000-180 000）-（0-28 000）

=300 000（元）

（4）支付的各项税费

=当期所得税费用+税金及附加+应交税费（应交增值税——已交税金）-（应交所得税期末余额-应交所得税期初余额）

=92 800+2 000+100 000-（20 097-0）

=174 703（元）

（5）支付其他与经营活动有关的现金

=其他管理费用+销售费用

=60 000+20 000

=80 000（元）

（6）收回投资收到的现金

=交易性金融资产贷方发生额+与交易性金融资产一起收回的投资收益

=16 000+500

=16 500（元）

（7）取得投资收益收到的现金

=收到的股息收入

=30 000（元）

（8）处置固定资产收回的现金净额

=300 000+（800-500）

=300 300（元）

（9）购建固定资产支付的现金

=用现金购买的固定资产、工程物资+支付给在建工程人员的薪酬

=101 000+300 000+200 000

=601 000（元）

（10）取得借款收到的现金=560 000（元）

（11）偿还债务支付的现金

=250 000+1 000 000

=1 250 000（元）

（12）偿付利息支付的现金 =12 500（元）

2. 将净利润调节为经营活动现金流量

（1）资产减值准备 =900+30 000=30 900（元）

（2）固定资产折旧 =20 000+80 000=100 000（元）

（3）无形资产摊销 =60 000（元）

（4）处置固定资产、无形资产和其他长期资产的损失（减：收益）=−50 000（元）

（5）固定资产报废损失 =19 700（元）

（6）财务费用 =11 500（元）

（7）投资损失（减：收益）=−31 500（元）

（8）递延所得税资产减少 =0−7 500=−7 500（元）

（9）存货的减少 =2 580 000−2 484 700=95 300（元）

（10）经营性应收项目的减少

=（246 000−66 000）+（299 100+900−598 200−1 800）=−120 000（元）

（11）经营性应付项目的增加

=（100 000−200 000）+（953 800−953 800）+[（180 000−28 000）−110 000]+[（226 731−100 000）−36 600]

=32 131（元）

3. 编制现金流量表及其补充资料

根据上述数据，编制现金流量表（见表 35-5）及其补充资料（见表 35-6）。

表 35-5　现金流量表

企业 03 表

编制单位：天华股份有限公司　　　　2×18 年度　　　　单位：元

项　目	本期金额	上期金额（略）
一、经营活动产生的现金流量：		
销售商品、提供劳务收到的现金	1 312 500	
收到的税费返还	0	
收到其他与经营活动有关的现金	0	

续表

项　目	本期金额	上期金额(略)
经营活动现金流入小计	1 312 500	
购买商品、接受劳务支付的现金	392 266	
支付给职工以及为职工支付的现金	300 000	
支付的各项税费	174 703	
支付其他与经营活动有关的现金	80 000	
经营活动现金流出小计	946 969	
经营活动产生的现金流量净额	365 531	
二、投资活动产生的现金流量:		
收回投资收到的现金	16 500	
取得投资收益收到的现金	30 000	
处置固定资产、无形资产和其他长期资产收回的现金净额	300 300	
处置子公司及其他营业单位收到的现金净额	0	
收到其他与投资活动有关的现金	0	
投资活动现金流入小计	346 800	
购建固定资产、无形资产和其他长期资产支付的现金	601 000	
投资支付的现金	0	
取得子公司及其他营业单位支付的现金净额	0	
支付其他与投资活动有关的现金	0	
投资活动现金流出小计	601 000	
投资活动产生的现金流量净额	-254 200	
三、筹资活动产生的现金流量:		
吸收投资收到的现金	0	
取得借款收到的现金	560 000	
收到其他与筹资活动有关的现金	0	
筹资活动现金流入小计	560 000	
偿还债务支付的现金	1 250 000	

续表

项 目	本期金额	上期金额(略)
分配股利、利润或偿付利息支付的现金	12 500	
支付其他与筹资活动有关的现金	0	
筹资活动现金流出小计	1 262 500	
筹资活动产生的现金流最净额	– 702 500	
四、汇率变动对现金及现金等价物的影响	0	
五、现金及现金等价物净增加额	– 591 169	
加：期初现金及现金等价物余额	1 406 300	
六、期末现金及现金等价物余额	815 131	

表 35–6　现金流量表补充资料

单位：元

补充资料	本期金额	上期金额（略）
1. 将净利润调节为经营活动现金流量：		
净利润	225 000	
加：资产减值准备	30 900	
固定资产折旧、油气资产折耗、生产性生物资产折旧	100 000	
无形资产摊销	60 000	
长期待摊费用摊销	0	
处置固定资产、无形资产和其他长期资产的损失（收益以“–”号填列）	– 50 000	
固定资产报废损失（收益以“–”号填列）	19 700	
公允价值变动损失（收益以“–”号填列）	0	
财务费用（收益以“–”号填列）	11 500	
投资损失（收益以“–”号填列）	– 31 500	
递延所得税资产减少（增加以“–”号填列）	–7 500	
递延所得税负债增加（减少以“–”号填列）	0	
存货的减少（增加以“–”号填列）	95 300	

续表

补充资料	本期金额	上期金额（略）
经营性应收项目的减少（增加以“–”号填列）	−120 000	
经营性应付项目的增加（减少以“–”号填列）	32 131	
其他	0	
经营活动产生的现金流量净额	365 531	
2. 不涉及现金收支的重大投资和筹资活动：		
债务转为资本	0	
一年内到期的可转换公司债券	0	
融资租入固定资产	0	
3. 现金及现金等价物净变动情况：		
现金的期末余额	815 131	
减：现金的期初余额	1 406 300	
加：现金等价物的期末余额	0	
减：现金等价物的期初余额	0	
现金及现金等价物净增加额	– 591 169	

第 36 章
企业会计准则第 29 号——资产负债表日后事项

36.1 资产负债表日后事项涵盖的期间如何确定

案例与问题

【例 36-1】某上市公司 2×18 年的年度财务报告于 2×19 年 2 月 20 日编制完成。注册会计师完成年度财务报表审计工作并签署审计报告的日期为 2×19 年 4 月 16 日。董事会批准财务报告对外公布的日期为 2×19 年 4 月 17 日。财务报告实际对外公布的日期为 2×19 年 4 月 23 日。召开股东大会的日期为 2×19 年 5 月 10 日。

【问题】该公司资产负债表日后事项涵盖期间的范围是?

规范与要求

《企业会计准则第 29 号——资产负债表日后事项》做了以下规定。

第一条　为了规范资产负债表日后事项的确认、计量和相关信息的披露，根据《企业会计准则——基本准则》，制定本准则。

第二条　资产负债表日后事项，是指资产负债表日至财务报告批准报出日之间发生的有利或不利事项。财务报告批准报出日，是指董事会或类似机构批准财务报告报出的日期。

资产负债表日后事项包括资产负债表日后调整事项和资产负债表日后非调整事项。

资产负债表日后调整事项，是指对资产负债表日已经存在的情况提供了新的或进一步证据的事项。

资产负债表日后非调整事项，是指表明资产负债表日后发生的情况的事项。

第三条　资产负债表日后事项表明持续经营假设不再适用的，企业不应当在持续经营基础上编制财务报表。

解析与说明

《企业会计准则讲解》针对资产负债表日后事项涵盖的期间进行了详细说明。资产负债表日后事项涵盖的期间是自资产负债表日次日起至财务报告批准报出日止的一段时间，具体是指：报告年度次年的 1 月 1 日或报告期下一期间的第一天至董事会或类似机构批准财务报告对外公布的日期。财务报告批准报出以后、实际报出之前又发生与资产负债表日后事项有关的事项，并由此影响财务报告对外公布日期的，应以董事会或类似机构再次批准财务报告对外公布的日期为截止日期。

本案例中，该公司 2×18 年年报资产负债表日后事项涵盖的期间为 2×19 年 1 月 1 日至 2×19 年 4 月 17 日。如果在 4 月 17 日至 23 日之间发生了重大事项，需要调整财务报表相关项目的数字或需要在财务报表附注中披露，经调整或说明后的财务报告再经董事会批准报出的日期为 2×19 年 4 月 25 日，实际报出的日期为 2×19 年 4 月 30 日，则资产负债表日后事项涵盖的期间为 2×19 年 1 月 1 日至 2×19 年 4 月 25 日。

36.2　资产负债表日后调整事项的处理

案例与问题

【例 36-2】甲公司因产品质量问题被消费者起诉，但到 2×18 年 12 月 31 日，法院尚未判决。考虑到消费者的胜诉要求，甲公司认为自身败诉的可能性较大，故其确认了 500 万元的预计负债。2×19 年 2 月 20 日，在甲公司 2×18 年度财务报告对外报出之前，法院判决消费者胜诉，要求甲公司支付赔偿款 700 万元。

【问题】甲公司如何对该事项进行处理？

规范与要求

《企业会计准则第 29 号——资产负债表日后事项》做了以下规定。

第四条　企业发生的资产负债表日后调整事项，应当调整资产负债表日的财务报表。

第五条　企业发生的资产负债表日后调整事项，通常包括下列各项：

（一）资产负债表日后诉讼案件结案，法院判决证实了企业在资产负债表日已经存在现时义务，需要调整原先确认的与该诉讼案件相关的预计负债，或确认一项新负债。

（二）资产负债表日后取得确凿证据，表明某项资产在资产负债表日发生了减值或者需要调整该项资产原先确认的减值金额。

（三）资产负债表日后进一步确定了资产负债表日前购入资产的成本或售出资产的收入。

（四）资产负债表日后发现了财务报表舞弊或差错。

解析与说明

资产负债表日后调整事项，是指对资产负债表日已经存在的情况提供了新的或进一步证据的事项。

如果资产负债表日及所属会计期间已经存在某种情况，但当时并不知道其存在或者不能知道确切结果，资产负债表日后发生的事项能够证实该情况的存在或者确切结果，则该事项属于资产负债表日后事项中的调整事项。调整事项能对资产负债表日的存在情况提供追加的证据，并会影响编制财务报表过程中的内在估计。

企业在生产经营中可能存在一些不确定的因素，会计人员只能根据专业知识做出估计和判断。如果资产负债表日后事项对资产负债表日的情况提供了进一步的证据，且证据表明的情况与原来的估计和判断不完全一致,则需要对原来的会计处理进行调整。

本案例中，甲公司在2×18年12月31日结账时已经知道消费者胜诉的可能性较大，但不能知道法院判决的确切结果，因此确认了500万元的预计负债。2×19年2月20日，法院判决结果为甲公司预计负债的存在提供了进一步的证据。此时，按照2×18年12月31日编制的财务报表所提供的信息已不能真实反映企业的实际情况，应据此对财务报表相关项目的数字进行调整。

36.3 资产负债表日后诉讼案件的会计处理

案例与问题

【例 36-3】甲公司因违约，于2×18年12月被乙公司告上法庭，被要求赔偿80万元。2×18年12月31日，法院尚未判决，甲公司按《企业会计准则第13号——或有事项》对该诉讼事项确认预计负债50万元。2×19年3月10日，经法院判决甲应赔偿160万元，甲、乙双方均服从判决。判决当日，甲向乙支付赔偿款60万元。甲、乙两公司2×18年所得税汇算清缴工作在2×19年4月10日完成（假定该项预计负债产生的损失不允许税前扣除）。

【问题】甲公司、乙公司应如何对该事项进行处理？

规范与要求

《企业会计准则第 29 号——资产负债表日后事项》做了以下规定。

第四条　企业发生的资产负债表日后调整事项，应当调整资产负债表日的财务报表。

第五条　企业发生的资产负债表日后调整事项，通常包括下列各项：

（一）资产负债表日后诉讼案件结案，法院判决证实了企业在资产负债表日已经存在现时义务，需要调整原先确认的与该诉讼案件相关的预计负债，或确认一项新负债。

（二）资产负债表日后取得确凿证据，表明某项资产在资产负债表日发生了减值或者需要调整该项资产原先确认的减值金额。

（三）资产负债表日后进一步确定了资产负债表日前购入资产的成本或售出资产的收入。

（四）资产负债表日后发现了财务报表舞弊或差错。

解析与说明

这一情况是指导致诉讼的事项虽在资产负债表日之前已经发生，但尚不具备确认负债的条件而未确认。资产负债表日后至财务报告批准报出日之间诉讼案件结案，法院判决证实了企业在资产负债表日已经存在现时义务，因此需要调整原先确认的与该诉讼案件相关的预计负债，或确认一项新负债。

具体会计处理如下：

（1）根据需要确认的新负债金额或者需要调整的负债金额，借记“以前年度损益调整”科目，贷记“其他应付款”科目；计提这部分负债应缴纳的所得税费用，借记“应交税费——应交所得税”科目，贷记“以前年度损益调整”科目；计提资产负债表日前已确认的负债应缴纳的所得税，借记“应交税费——应交所得税”科目，贷记“以前年度损益调整”科目；因资产负债表日前对已确认的预计负债计提了递延所得税资产，日后事项发生后递延所得税资产不复存在，故应冲销相应记录，借记“以前年度损益调整”科目，贷记“递延所得税资产”科目；同时，将已确认的预计负债转至其他应付款。编制会计分录如下所示：

借：以前年度损益调整

　　贷：其他应付款

借：应交税费——应交所得税

　　贷：以前年度损益调整

借：以前年度损益调整

　　贷：递延所得税资产

借：预计负债

　　贷：其他应付款

（2）将“以前年度损益调整”科目余额转入未分配利润，并调整盈余公积。编制的会计分录如下：

借：利润分配——未分配利润

　　贷：以前年度损益调整

借：盈余公积

　　贷：利润分配——未分配利润

（3）调整报告年度财务报表。

资产负债表日后诉讼案件结案，法院判决证实了企业在资产负债表日已经存在现时义务，因此，企业需要调整原先确认的与该诉讼案件相关的预计负债，或确认一项新负债。

本案例中，法院在2×19年3月10的判决证实了甲、乙两公司在资产负债表日（即2×18年12月31日）分别存在现时赔偿义务和获赔权利，因此两公司都应将“法院判决”这一事项作为调整事项进行处理。

1. 甲公司的账务处理

（1）2×19年3月10日，记录支付的赔款，并调整递延所得税资产

借：以前年度损益调整	100 000	
贷：其他应付款		100 000
借：应交税费——应交所得税	33 000	
贷：以前年度损益调整		（100 000×33%）33 000
借：应交税费——应交所得税	165 000	
贷：以前年度损益调整		165 000
借：以前年度损益调整	165 000	
贷：递延所得税资产		165 000
借：预计负债	500 000	
贷：其他应付款		500 000

借：其他应付款　　600 000

　　贷：银行存款　　600 000

注：①资产负债表日后事项如果涉及货币资金收支项目，均不调整报告年度资产负债表的货币资金项目和现金流量表各项目的数字。本案例中，虽然当日已经支付了赔偿款，但在调整财务报表相关数字时，只需调整上述前五笔分录，第六笔分录应作为 2×19 年的会计事项处理。

② 2×18 年末因确认预计负债 50 万元时已确认相应的递延所得税资产，日后事项发生后递延所得税资产不复存在，故应冲销相应记录。

（2）将“以前年度损益调整”科目余额转入未分配利润

借：利润分配——未分配利润　　67 000

　　贷：以前年度损益调整　　67 000

（3）因净利润变动，调整盈余公积

借：盈余公积　　（67 000×10%）6 700

　　贷：利润分配——未分配利润　　6 700

（4）调整报告年度报表（略）

2. 乙企业的账务处理

（1）2×19 年 3 月 10 日，记录收到的赔款

借：银行存款　　600 000

　　贷：以前年度损益调整　　600 000

借：以前年度损益调整　　（600 000×33%）198 000

　　贷：应交税费——应交所得税　　198 000

（2）将“以前年度损益调整”科目余额转入未分配利润

借：以前年度损益调整　　402 000

　　贷：利润分配——未分配利润　　402 000

（3）因净利润增加，补提盈余公积

借：利润分配——未分配利润　　40 200

　　贷：盈余公积　　（402 000×10%）40 200

（4）调整报告年度报表（略）

36.4　资产负债表日后资产发生减值时的会计处理

案例与问题

【例 36-4】2×18 年 4 月，甲公司销售给乙公司一批产品，货款为 58 000 元（含增值税），乙公司于 5 月份收到所购物资并验收入库。按合同规定，乙公司应于收到所购物资后一个月内付款。由于乙公司财务状况不佳，到 2×18 年 12 月 31 日仍未付款。甲公司于 12 月 31 日编制 2×18 年度财务报表时，已为该项应收账款提取坏账准备 2 900 元，12 月 31 日资产负债表中的“应收账款”项目的金额为 76 000 元，其中 55 100 元为该项应收账款。甲公司于 2×19 年 2 月 2 日（所得税汇算清缴前）收到法院通知，乙公司已宣告破产清算，无力偿还所欠部分货款。甲公司预计可收回应收账款的 40%。

【问题】甲公司应如何进行会计处理？

规范与要求

《企业会计准则第 29 号——资产负债表日后事项》做了以下规定。

第四条　企业发生的资产负债表日后调整事项，应当调整资产负债表日的财务报表。

第五条　企业发生的资产负债表日后调整事项，通常包括下列各项：

（一）资产负债表日后诉讼案件结案，法院判决证实了企业在资产负债表日已经存在现时义务，需要调整原先确认的与该诉讼案件相关的预计负债，或确认一项新负债。

（二）资产负债表日后取得确凿证据，表明某项资产在资产负债表日发生了减值或者需要调整该项资产原先确认的减值金额。

（三）资产负债表日后进一步确定了资产负债表日前购入资产的成本或售出资产的收入。

（四）资产负债表日后发现了财务报表舞弊或差错。

解析与说明

资产负债表日后资产发生减值是指在资产负债表日，根据当时的资料判断某项资产可能发生了损失或减值，但没有最后确定是否会发生，因而按照当时的最佳估计金额反映在财务报表中；但在资产负债表日至财务报告批准报出日之间，取得确凿证据，表明某项资产在资产负债表日发生了减值或者需要调整该项资产原先确认的减值金额，如图 36-1 所示。

根据确定的金额调整资产减值准备（或坏账准备等科目），借记“以前年度损益调整”科目，贷记“资产减值准备（或坏账准备）”科目；同时，根据新确认的减值准备调整递延所得税资产，即借记“递延所得税资产”科目，贷记“以前年度损益调整”科目。编制会计分录如下所示：

借：以前年度损益调整

　　贷：资产减值准备（或坏账准备）

借：递延所得税资产

　　贷：以前年度损益调整

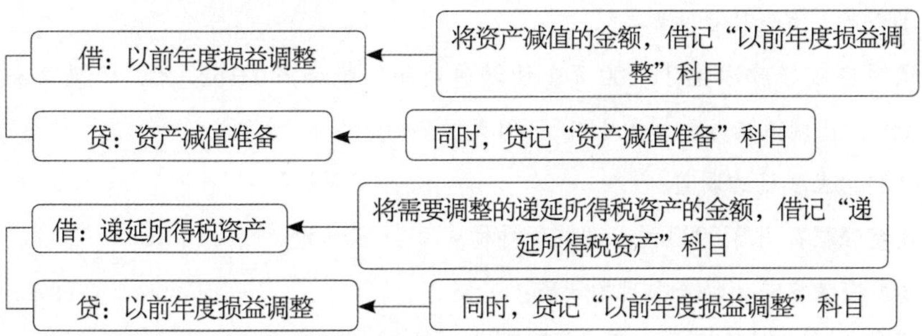

图 36-1　计提减值

将“以前年度损益调整”科目余额转入未分配利润，并调整盈余公积。编制会计分录如下所示：

借：利润分配——未分配利润

　　贷：以前年度损益调整

借：盈余公积

　　贷：利润分配——未分配利润

资产负债表日后取得确凿证据，表明某项资产在资产负债表日发生了减值或者需要调整，则该项资产原先确认的减值金额，属于资产负债表日后调整事项。

本案例中，甲公司在收到法院通知后，首先可判断该事项属于资产负债表日后调整事项，然后应根据调整事项的处理原则进行处理。具体过程如下：

（1）补提坏账准备

应补提的坏账准备 =58 000×60%−2 900=31 900（元）

借：以前年度损益调整　　　　31 900

　　贷：坏账准备　　　　31 900

（2）调整递延所得税资产

借：递延所得税资产　　　　10 527

贷：以前年度损益调整　　　　　　　　　　　　（31 900×33%）10 527

（3）将“以前年度损益调整”科目的余额转入利润分配

借：利润分配——未分配利润　　　　　　　　　　　　　21 373

贷：以前年度损益调整　　　　　　　　　　　（31 900−10 527）21 373

（4）调整利润分配有关数字

借：盈余公积　　　　　　　　　　　　　　　　　　　2 137.30

贷：利润分配——未分配利润　　　　　　　　（21 373×10%）2 137.30

（5）调整报告年度财务报表相关项目的数字

①资产负债表项目的调整：

调减应收账款净值 31 900 元；调增递延所得税资产 10 527 元；调减盈余公积 2 137.30 元；调减未分配利润 19 235.70 元。

②利润表项目的调整：

调增管理费用 31 900 元；调减所得税费用 10 527 元。

③所有者权益变动表项目的调整：

调减净利润 21 373 元，调减提取盈余公积 2 137.30 元。

（6）调整 2×19 年 2 月资产负债表相关项目的年初数

甲公司在编制 2×19 年 1 月的资产负债表时，按照调整前 2×18 年 12 月 31 日的资产负债表的数字作为资产负债表的年初数，由于发生了资产负债表日后调整事项，甲公司除了调整 2×18 年年度资产负债表中的相关项目的数字外，还应当调整 2×19 年 2 月及以后月份资产负债表中的相关项目的年初数，其年初数按照 2×18 年 12 月 31 日调整后的数字填列。

36.5　所得税清缴之前销售退回的会计处理

案例与问题

【例 36–5】甲公司于 2×18 年 12 月 20 日销售一批商品给丙企业，取得收入 100 000 元（不含税，增值税税率 13%）。甲公司发出商品后，按照正常情况已确认收入，并结转成本 80 000 元。此笔货款到年末尚未收到，甲公司按应收账款的 4% 计提了坏账准备 4 520 元。2×19 年 1 月 18 日，由于产品质量问题，这批货物被退回。按税法规定，并经税务机关批准，在应收款项余额 5‰ 的范围内计提的坏账准备可以在税前扣除。本年度除应收丙企业账款计提的坏账准备外，甲公司无其他纳税调整事项。甲公司于 2×19 年 2 月 28 日完成 2×18 年所得税汇算清缴。

【问题】甲公司应如何进行会计处理？

规范与要求

《企业会计准则第 29 号——资产负债表日后事项》做了以下规定。

第四条　企业发生的资产负债表日后调整事项，应当调整资产负债表日的财务报表。

第五条　企业发生的资产负债表日后调整事项，通常包括下列各项：

（一）资产负债表日后诉讼案件结案，法院判决证实了企业在资产负债表日已经存在现时义务，需要调整原先确认的与该诉讼案件相关的预计负债，或确认一项新负债。

（二）资产负债表日后取得确凿证据，表明某项资产在资产负债表日发生了减值或者需要调整该项资产原先确认的减值金额。

（三）资产负债表日后进一步确定了资产负债表日前购入资产的成本或售出资产的收入。

（四）资产负债表日后发现了财务报表舞弊或差错。

解析与说明

所得税清缴之前的销售退回属于调整事项，其包括两方面的内容。

（1）若资产负债表日前购入的资产已经按暂估金额等入账，资产负债表日后获得证据，可以进一步确定该资产的成本，则应该对已入账的资产成本进行调整。

（2）企业在资产负债表日已根据收入确认条件确认资产销售收入，但资产负债表日后获得关于资产收入的进一步证据，如发生销售退回等，此时也应调整财务报表相关项目的金额。

需要说明的是，资产负债表日后发生的销售退回，既包括报告年度或报告中期销售的商品在资产负债表日后发生的销售退回，也包括以前期间销售的商品在资产负债表日后发生的销售退回。

资产负债表所属期间或以前期间所售商品在资产负债表日后退回的，应作为资产负债表日后调整事项处理。发生于资产负债表日后至财务报告批准报出日之间的销售追回事项，可能发生于年度所得税汇算清缴之前，也可能发生于年度所得税汇算清缴之后。

涉及报告年度所属期间的销售退回发生于报告年度所得税汇算清缴之前，应调整报告年度利润表的收入、成本等，并相应调整报告年度的应纳税所得额以及报告年度应缴纳的所得税等。

本案例中，销售退回业务发生在资产负债表日后事项涵盖的期间内，应属于资产负债表日后调整事项。

甲公司的账务处理如下：

（1）2×19年1月18日，调整销售收入

借：以前年度损益调整　100 000

　　应交税费——应交增值税（销项税额）　13 000

　　贷：应收账款　113 000

（2）调整坏账准备余额

借：坏账准备　4 520

　　贷：以前年度损益调整　4 520

（3）调整销售成本

借：库存商品　80 000

　　贷：以前年度损益调整　80 000

（4）调整应缴纳的所得税

借：应交税费——应交所得税　4 858.75

　　贷：以前年度损益调整　4 858.75

注：4 858.75=（100 000−80 000−113 000×5‰）×25%

（5）调整已确认的递延所得税资产

借：以前年度损益调整　988.75

　　贷：递延所得税资产　988.75

注：988.75=（4 520−113 000×5‰）×25%

（6）将“以前年度损益调整”科目余额转入未分配利润

借：利润分配——未分配利润　11 610

　　贷：以前年度损益调整　11 610

注：11 610=100 000−80 000−4 520−4 858.75+988.75

（7）调整盈余公积

借：盈余公积　1 161

　　贷：利润分配——未分配利润　1 161

36.6　所得税清缴之后销售退回的会计处理

案例与问题

【例 36-6】沿用【例 36-5】的资料。假定销售退回的时间改为 2×19 年 3 月 5 日（即报告期所得税汇算清缴后）。

【问题】甲公司应如何进行会计处理？

解析与说明

资产负债表日后事项中涉及报告年度所属期间的销售退回发生于报告年度所得税汇算清缴之后，企业应调整报告年度会计报表中的收入、成本等，但按照税法规定在此期间的销售退回所涉及的应缴所得税，应作为本年度的纳税调整事项。

甲公司的账务处理如下。

（1）2×19 年 3 月 5 日，调整销售收入

借：以前年度损益调整　　100 000

　　应交税费——应交增值税（销项税额）　　13 000

　　贷：应收账款　　113 000

（2）调整坏账准备余额

借：坏账准备　　4 520

　　贷：以前年度损益调整　　4 520

（3）调整销售成本

借：库存商品　　80 000

　　贷：以前年度损益调整　　80 000

（4）调整所得税费用

借：应交税费——应交所得税　　4 858.75

　　贷：所得税费用　　4 858.75

（5）调整已确认的递延所得税资产

借：以前年度损益调整　　988.75

　　贷：递延所得税资产　　988.75

（6）将“以前年度损益调整”科目余额转入未分配利润

借：利润分配——未分配利润　　16 468.75

　　贷：以前年度损益调整　　16 468.75

注：16 671.35=100 000+1 351.35−80 000−4 680

（7）调整盈余公积

借：盈余公积　　1 646.88

　　贷：利润分配——未分配利润　　1 646.88

36.7　资产负债表日后发生重要事项

案例与问题

【例 36-7】甲公司 2×18 年度财务报告经董事会批准后于 2×19 年 3 月 20 日对外公布。2×19 年 2 月 25 日，甲公司与乙银行签订了 80 000 000 元的贷款合同，用于生产设备的购置，贷款期限自 2×19 年 3 月 1 日起至 2×19 年 12 月 31 日止。

【问题】甲公司对该事项应进行怎么样的处理？

规范与要求

《企业会计准则第 29 号——资产负债表日后事项》做了以下规定。

第六条　企业发生的资产负债表日后非调整事项，不应当调整资产负债表日的财务报表。

第七条　企业发生的资产负债表日后非调整事项，通常包括下列各项：

（一）资产负债表日后发生重大诉讼、仲裁、承诺。

（二）资产负债表日后资产价格、税收政策、外汇汇率发生重大变化。

（三）资产负债表日后因自然灾害导致资产发生重大损失。

（四）资产负债表日后发行股票和债券以及其他巨额举债。

（五）资产负债表日后资本公积转增资本。

（六）资产负债表日后发生巨额亏损。

（七）资产负债表日后发生企业合并或处置子公司。

第八条　资产负债表日后，企业利润分配方案中拟分配的以及经审议批准宣告发放的股利或利润，不确认为资产负债表日的负债，但应当在附注中单独披露。

解析与说明

本案例中，甲公司向银行贷款的事项发生在 2×19 年度，且在公司 2×18 年度财务报告尚未批准对外公布的期间内，即该事项发生在资产负债表日后事项所涵盖的期间内。该事项在 2×18 年 12 月 31 日尚未发生，与资产负债表日存在的状况无关，不影响资产负债表日企业的财务报表数字。但是，该事项属于重要事项，会影响公司以后期间的财务状况和经营成果，因此，需要在附注中予以披露。

第 37 章 企业会计准则第 33 号——合并财务报表

37.1 合并日资产负债表的编制

案例与问题

【例 37–1】 M 股份有限公司（以下简称“M 公司”）是一家从事新能源产业开发的上市公司。2×18 年 1 月 1 日，M 公司以定向增发普通股股票的方式，从非关联方处购买取得了 N 股份有限公司（以下简称“N 公司”）70% 的股权，并于同日通过产权交易所完成了与该项股权相关的转让程序，且完成了工商变更登记。M 公司定向增发普通股股票 5 000 万股，每股面值为 1 元，每股市场价格为 2.95 元。M 公司与 N 公司属于非同一控制下的企业。

N 公司 2×18 年 1 月 1 日（购买日）资产负债表中的有关项目信息列示如下：

（1）股东权益总额为 16 000 万元。其中：股本为 10 000 万元，资本公积为 4 000 万元，盈余公积为 600 万元，未分配利润为 1 400 万元。

（2）应收账款的账面价值为 1 960 万元，经评估的公允价值为 1 560 万元；存货的账面价值为 10 000 万元，经评估的公允价值为 11 000 万元；固定资产的账面价值为 9 000 万元，经评估的公允价值为 12 000 万元，固定资产评估增值为公司办公楼增值，该办公楼采用年限平均法计提折旧，剩余折旧年限为 15 年。

M 公司取得的 N 公司的可辨认资产、负债和所有者权益在购买日的公允价值备查簿见表 37–1；2×18 年 1 月 1 日，M 公司资产负债表、N 公司资产负债表及资产负债公允价值见表 37–2。

假定 M 公司、N 公司均是中国境内公司；M 公司计划长期持有 N 公司的股权；不考虑上述合并事项中所发生的审计、评估、股票发行以及法律服务等相关费用；N 公司的会计政策和会计期间与 M 公司一致；购买日，N 公司资产和负债的公允价值与其计税基础之间形成的暂时性差异均符合确认递延所得税资产或递延所得税负债的条件；不考虑 M 公司、N 公司除企业合并和编制合并财务报表之外的其他税费；两家公司适用的所得税税率均为 25%。除非有特别说明，本案例中的资产和负债的账面价值与计税基础相同（本案例的会计分录以万元表示）。

表 37-1　M 公司购买股权备查簿 -N 公司

单位：万元

购买日：2×18 年 1 月 1 日　　购买价：14 750 万元　　本次交易后累计持股：70%

项目	购买日账面价值	购买日公允价值	公允价值与账面价值的差额	合并报表调整	公允价值增加额计提折旧或摊销后余额	备注
流动资产	17 500	18 100	600			
其中：应收账款	1 960	1 560	–400			
存货	10 000	11 000	1 000			
非流动资产	11 500	14 500	3 000			
其中：固定资产——N 办公楼	1 000	4 000	3 000			
资产总计	29 000	32 600	3 600			
流动负债	10 500	10 500	0			
非流动负债	2 500	2 500	0			
负债合计	1 300	1 300	0			
股本	10 000	10 000	0			
资本公积	4 000					
盈余公积	600	600	0			
未分配利润	1 400	1 400	0			
股东权益合计	16 000	19 000	3 600			
负债和股东权益总计	29 000	32 600	3 600			

表 37-2　资产负债表（简表）

编制单位：M 公司　　　　2×18 年 1 月 1 日　　　　单位：万元

资产	M 公司	N 公司		负债和所有者权益（或股东权益）	M 公司	N 公司	
		账面价值	公允价值			账面价值	公允价值
流动资产：				流动负债：			
货币资金	4 500	2 100	2 100	短期借款	6 000	2 500	2 500
交易性金融资产	5 000	1 600	1 600	交易性金融负债	1 900	0	0
衍生金融资产				衍生金融负债			
应收票据	2 350	1 500	1 500	应付票据	5 000	1 500	1 500
应收账款	2 900	1 960	1 560	应付账款	9 000	2 100	2 100
应收款项融资				预收款项	1 500	650	650
预付款项	1 000	440		合同负债			
其他应收款	2 100	0	0	应付职工薪酬	3 000	800	800
存货	15 500	10 000	11 000	应交税费	1 000	600	600
合同资产				其他应付款	2 000	2 000	2 000
持有待售资产				持有待售负债			
一年内到期的非流动资产				一年内到期的非流动负债			
其他流动资产	650	600	600	其他流动负债	600	350	350
流动资产合计	34 000	18 200	18 800	流动负债合计	30 000	10 500	10 500
非流动资产：				非流动负债：			
债权投资	5 500	0	0	长期借款	2 000	1 500	1 500
其他债权投资				应付债券	10 000	1 000	1 000
长期应收款	0	0	0	其中：优先股			
长期股权投资	16 000	0	0	永续债			
其他权益工具投资				租赁负债			

续表

资产	M 公司	N 公司		负债和所有者权益（或股东权益）	M 公司	N 公司	
		账面价值	公允价值			账面价值	公允价值
其他非流动金融资产				长期应付款	1 000	0	0
投资性房地产				预计负债			
固定资产	10 500	9 000	12 000	递延收益			
在建工程	10 000	1 000	1 000	递延所得税负债	0	0	0
生产性生物资产				其他非流动负债	0	0	0
油气资产				非流动负债合计	13 000	2 500	2 500
使用权资产				负债合计	43 000	13 000	13 000
无形资产	2 000	800	800	所有者权益（或股东权益）：			
开发支出				实收资本（或股本）	20 000	10 000	10 000
商誉	0	0	0	其他权益工具			
长期待摊费用	0	0	0	其中：优先股			
递延所得税资产	0	0	0	永续债			
其他非流动资产	0	0	0	资本公积	5 000	4 000	7 600
非流动资产合计	44 000	10 800	13 800	减：库存股	0	0	0
				其他综合收益	0	0	0
				专项储备			
				盈余公积	5 500	600	600
				未分配利润	4 500	1 400	1 400
				所有者权益（或股东权益）合计	35 000	16 000	19 600
资产总计	78 000	29 000	32 600	负债和所有者权益（或股东权益）总计	78 000	29 000	32 600

【问题】M、N 公司应如何编制合并资产负债表?

规范与要求

《企业会计准则第 33 号——合并财务报表》做了以下规定。

第二十六条　母公司应当以自身和其子公司的财务报表为基础，根据其他有关资料，编制合并财务报表。

母公司编制合并财务报表，应当将整个企业集团视为一个会计主体，依据相关企业会计准则的确认、计量和列报要求，按照统一的会计政策，反映企业集团整体财务状况、经营成果和现金流量。

（一）合并母公司与子公司的资产、负债、所有者权益、收入、费用和现金流等项目。

（二）抵销母公司对子公司的长期股权投资与母公司在子公司所有者权益中所享有的份额。

（三）抵销母公司与子公司、子公司相互之间发生的内部交易的影响。内部交易表明相关资产发生减值损失的，应当全额确认该部分损失。

（四）站在企业集团角度对特殊交易事项予以调整。

第二十七条　母公司应当统一子公司所采用的会计政策，使子公司采用的会计政策与母公司保持一致。

子公司所采用的会计政策与母公司不一致的，应当按照母公司的会计政策对子公司财务报表进行必要的调整；或者要求子公司按照母公司的会计政策另行编报财务报表。

第二十八条　母公司应当统一子公司的会计期间，使子公司的会计期间与母公司保持一致。

子公司的会计期间与母公司不一致的，应当按照母公司的会计期间对子公司财务报表进行调整;或者要求子公司按照母公司的会计期间另行编报财务报表。

第二十九条　在编制合并财务报表时，子公司除了应当向母公司提供财务报表外，还应当向母公司提供下列有关资料：

（一）采用的与母公司不一致的会计政策及其影响金额；

（二）与母公司不一致的会计期间的说明；

（三）与母公司、其他子公司之间发生的所有内部交易的相关资料；

（四）所有者权益变动的有关资料；

（五）编制合并财务报表所需要的其他资料。

第三十条　合并资产负债表应当以母公司和子公司的资产负债表为基础，在抵销母公司与子公司、子公司相互之间发生的内部交易对合并资产负债表的影响后，由母公司合并编制。

（一）母公司对子公司的长期股权投资与母公司在子公司所有者权益中所享有的份额应当相互抵销，同时抵销相应的长期股权投资减值准备。

子公司持有母公司的长期股权投资，应当视为企业集团的库存股，作为所有者权益的减项，在合并资产负债表中所有者权益项目下以“减：库存股”项目列示。

子公司相互之间持有的长期股权投资，应当比照母公司对子公司的股权投资的抵销方法，将长期股权投资与其对应的子公司所有者权益中所享有的份额相互抵销。

（二）母公司与子公司、子公司相互之间的债权与债务项目应当相互抵销，同时抵销相应的减值准备。

（三）母公司与子公司、子公司相互之间销售商品（或提供劳务，下同）或其他方式形成的存货、固定资产、工程物资、在建工程、无形资产等所包含的未实现内部销售损益应当抵销。

对存货、固定资产、工程物资、在建工程和无形资产等计提的跌价准备或减值准备与未实现内部销售损益相关的部分应当抵销。

（四）母公司与子公司、子公司相互之间发生的其他内部交易对合并资产负债表的影响应当抵销。

（五）因抵销未实现内部销售损益导致合并资产负债表中资产、负债的账面价值与其在所属纳税主体的计税基础之间产生暂时性差异的，在合并资产负债表中应当确认递延所得税资产或递延所得税负债，同时调整合并利润表中的所得税费用，但与直接计入所有者权益的交易或事项及企业合并相关的递延所得税除外。

第三十一条　子公司所有者权益中不属于母公司的份额，应当作为少数股东权益，在合并资产负债表中所有者权益项目下以“少数股东权益”项目列示。

第三十二条　母公司在报告期内因同一控制下企业合并增加的子公司以及业务，编制合并资产负债表时，应当调整合并资产负债表的期初数，同时应当对比较报表的相关项目进行调整，视同合并后的报告主体自最终控制方开始控制时点起一直存在。

因非同一控制下企业合并或其他方式增加的子公司以及业务，编制合并资产负债表时，不应当调整合并资产负债表的期初数。

解析与说明

本案例中，M公司因购买N公司的股权而形成了非同一控制下的企业合并，而按照上述规定，非同一控制下的企业合并，母公司应当编制购买日的合并资产负债表，因企业合并而取得的被购买方的各项可辨认资产、负债应当以公允价值列示；母公司应当设置备查簿，记录其在企业合并中取得的子公司的各项可辨认资产、负债在购买日的公允价值。

1.母公司、子公司个别资产负债表的调整

（1）调整母公司长期股权投资的入账价值。M公司将取得的N公司70%的股权作为长期股权投资入账：

借：长期股权投资——N公司　　（2.95×5 000）14 750（1）

　　贷：股本　　5 000

　　　　资本公积　　9 750

（2）调整子公司的资产和负债的公允价值。

编制购买日，M公司在编制合并资产负债表时，应根据股权备查簿中登记的N公司的资产和负债的评估增值或减值，分别调增或调减相关资产和负债项目的金额。

根据税法规定，在购买日，子公司N公司的资产和负债的计税基础还是原来的账面价值。购买日，子公司的资产和负债的公允价值与其计税基础之间的差异，形成暂时性差异。在符合有关原则和确认条件的情况下，M公司在编制购买日合并财务报表时，需要对该暂时性差异确认相应的递延所得税资产或递延所得税负债。

本案例中，N公司应收账款的公允价值低于其计税基础的金额为400（1 960-1 560）万元，形成可抵扣暂时性差异，应当对其确认递延所得税资产100（400×25%）万元；存货的公允价值高于其计税基础的金额为1 000（11 000-10 000）万元，形成应纳税暂时性差异，应当对其确认递延所得税负债250（1 000×25%）万元；固定资产中的办公楼的公允价值高于其计税基础的金额为3 000（4 000-1 000）万元，形成应纳税暂时性差异，应当对其确认递延所得税负债750（3 000×25%）万元。合并工作底稿中的调整分录如下：

借：存货　　1 000（2）

　　固定资产　　3 000

　　递延所得税资产　　100

贷：应收账款　400

　　递延所得税负债　（250+750）1 000

　　资本公积　2 700

2. 母公司长期股权投资与子公司所有者权益的抵销处理

经过对 N 公司的资产和负债的公允价值调整后，N 公司所有者权益总额 =16 000+2 700=18 700（万元），M 公司所拥有的 N 公司的所有者权益数额为 13 090 万元（18700×70%），M 公司对 N 公司长期股权投资的金额为 14 750 万元，因此合并商誉为 1 660 万元（14 750-13 090）。M 公司因购买 N 公司股权而形成的商誉，在 M 公司个别财务报表中表示对 N 公司长期股权投资的一部分，而在编制合并财务报表时，将长期股权投资与在子公司所有者权益中所拥有的份额相抵销，其抵销差额在合并资产负债表中则表现为商誉。

M 公司长期股权投资与其所拥有的 N 公司的所有者权益数额的抵销分录如下：

借：股本　10 000（3）

　　资本公积　6 700

　　盈余公积　600

　　未分配利润　1 400

　　商誉　1 660

　　贷：长期股权投资——N 公司　14 750

　　　　少数股东权益　5 610

根据上述调整分录和抵销分录，M 公司编制的购买日合并资产负债表工作底稿见表 37-3。

表 37-3　合并资产负债表工作底稿（简表）

编制单位：M 公司　　2×18 年 1 月 1 日　　单位：万元

项目	M 公司	N 公司	合计金额	调整分录		抵销分录		合并金额
				借方	贷方	借方	贷方	
流动资产：								
货币资金	4 500	2 100	6 600					6 600
交易性金融资产	5 000	1 600	6 600					6 600
衍生金融资产			0					

续表

项目	M公司	N公司	合计金额	调整分录		抵消分录		合并金额
				借方	贷方	借方	贷方	
应收票据	2 350	1 500	3 850					3 850
应收账款	2 900	1 960	4 860		(2) 400			4 460
应收款项融资			0					
预付款项	1 000	440	1 440					1 440
其他应收款	2 100	0	2 100					2 100
存货	15 500	10 000	25 500	(2) 1 000				26 500
合同资产			0					
持有待售资产			0					
一年内到期的非流动资产			0					
其他流动资产	650	600	1 250					1 250
流动资产合计	34 000	18 200	52 200	1000	400	0	0	52 800
非流动资产：			0					
债权投资	5 500	0	5 500					5 500
其他债权投资			0					
长期应收款			0					
长期股权投资	16 000		16 000	(1) 14 750			(3) 14 750	16 000
其他权益工具投资			0					
其他非流动金融资产			0					
投资性房地产			0					
固定资产	10 500	9 000	19 500	(2) 3 000				22 500
在建工程	10 000	1 000	11 000					11 000

续表

项目	M公司	N公司	合计金额	调整分录		抵消分录		合并金额
				借方	贷方	借方	贷方	
生产性生物资产			0					
油气资产			0					
使用权资产			0					
无形资产	2 000	800	2 800					2 800
开发支出			0					
商誉			0			(3) 1 600		1 600
长期待摊费用			0					
递延所得税资产			0	(2) 100				100
其他非流动资产			0					
非流动资产合计	44 000	10 800	54 800	17 850	0	1 660	14 750	59 560
资产总计	78 000	29 000	107 000	18 850	400	1 660	14 750	112 360
流动负债:			0					
短期借款	6 000	2 500	8 500					8 500
交易性金融负债	1 900	0	1 900					1 900
衍生金融负债			0					
应付票据	5 000	1 500	6 500					6 500
应付账款	9 000	2 100	11 100					11 100
预收款项	1 500	650	2 150					2 150
合同负债			0					
应付职工薪酬	3 000	800	3 800					3 800
应交税费	1 000	600	1 600					1 600

续表

项目	M公司	N公司	合计金额	调整分录		抵消分录		合并金额
				借方	贷方	借方	贷方	
其他应付款	2 000	2 000	4 000					4 000
持有待售负债			0					
一年内到期的非流动负债			0					
其他流动负债	600	350	950					950
流动负债合计	30 000	10 500	40 500					40 500
非流动负债：			0					
长期借款	2 000	1 500	3 500					3 500
应付债券	10 000	1 000	11 000					11 000
其中：优先股			0					
永续债			0					
租赁负债			0					
长期应付款	1 000	0	1 000					1 000
预计负债			0					
递延收益			0					
递延所得税负债	0	0	0		(2) 1 000			1 000
其他非流动负债	0	0	0					0
非流动负债合计	13 000	2 500	15 500		1 000			16 500
负债合计	43 000	13 000	56 000		1 000			57 000
所有者权益（或股东权益）：			0					
实收资本（或股本）	20 000	10 000	30 000		(1) 5 000	(3) 1 000		25 000
其他权益工具			0					

续表

项目	M公司	N公司	合计金额	调整分录		抵消分录		合并金额
				借方	贷方	借方	贷方	
其中：优先股			0					
永续债			0					
资本公积	5 000	4 000	9 000		(1) 9 750 (2) 2 700	(3) 6 700		14 750
减：库存股			0					
其他综合收益	0	0	0					0
专项储备			0					
盈余公积	5 500	600	6 100			(3) 600		5 500
未分配利润	4 500	1 400	5 900			(3) 1 400		4 500
所有者权益（或股东权益）合计	35 000	16 000	51 000		17 450	18 700	5 610	55 360
负债和所有者权益（或股东权益）总计	78 000	29 000	107 000	0	18 450	18 700	5 610	112 360

37.2　购买日后初次编制合并财务报表时应收账款与应付账款的抵销处理

案例与问题

【例 37-2】P 公司为 S 公司的母公司。P 公司 2×18 年个别资产负债表中应收票据及应收账款 475 万元（假定不含增值税，下同）为 2×18 年向 S 公司销售商品发生的应收销货款的账面价值，P 公司对该笔应收账款计提的坏账准备为 25 万元。S 公司 2×18 年个别资产负债表中应付票据及应付账款 500 万元系 2×18 年从 P 公司购买商品时发生的应付购货款。

【问题】如何编制抵销分录？

规范与要求

《企业会计准则第 33 号——合并财务报表》做了以下规定。

第三十条　合并资产负债表应当以母公司和子公司的资产负债表为基础，在抵销母公司与子公司、子公司相互之间发生的内部交易对合并资产负债表的影响后，由母公司合并编制。

（一）母公司对子公司的长期股权投资与母公司在子公司所有者权益中所享有的份额应当相互抵销，同时抵销相应的长期股权投资减值准备。

子公司持有母公司的长期股权投资，应当视为企业集团的库存股，作为所有者权益的减项，在合并资产负债表中所有者权益项目下以“减：库存股”项目列示。

子公司相互之间持有的长期股权投资，应当比照母公司对子公司的股权投资的抵销方法，将长期股权投资与其对应的子公司所有者权益中所享有的份额相互抵销。

（二）母公司与子公司、子公司相互之间的债权与债务项目应当相互抵销，同时抵销相应的减值准备。

（三）母公司与子公司、子公司相互之间销售商品（或提供劳务，下同）或其他方式形成的存货、固定资产、工程物资、在建工程、无形资产等所包含的未实现内部销售损益应当抵销。

对存货、固定资产、工程物资、在建工程和无形资产等计提的跌价准备或减值准备与未实现内部销售损益相关的部分应当抵销。

（四）母公司与子公司、子公司相互之间发生的其他内部交易对合并资产负债表的影响应当抵销。

（五）因抵销未实现内部销售损益导致合并资产负债表中资产、负债的账面价值与其在所属纳税主体的计税基础之间产生暂时性差异的，在合并资产负债表中应当确认递延所得税资产或递延所得税负债，同时调整合并利润表中的所得税费用，但与直接计入所有者权益的交易或事项及企业合并相关的递延所得税除外。

解析与说明

某一会计期间坏账准备的金额是以当期应收账款为基础计提的。在编制合并财务报表时，随着内部应收账款的抵销，与此相联系，也须将内部应收账款计提的坏账准备予以抵销。内部应收账款抵销时，其抵销分录为：借记“应付账款”项目，贷记“应收账款”项目。内部应收账款计提的坏账准备抵销时，其抵销分录为：借记“应收账款——坏账准备”项目，贷记“资产减值损失”项目。

因此，本案例中，P公司在编制合并财务报表时，应将内部应收账款与应付账款相互抵销；同时还应将内部应收账款计提的坏账准备予以抵销，其抵销分录为：

借：应付账款　　5 000 000
　　贷：应收账款　　5 000 000
借：应收账款——坏账准备　　250 000
　　贷：资产减值损失　　250 000

37.3　购买日后编制合并财务报表时其他债权与债务的抵销处理

案例与问题

【例 37-3】P公司为S公司的母公司。P公司2×18年个别资产负债表中预收款项100万元为S公司预付账款；应收票据及应收账款中有400万元为S公司在2×18年从P公司购买3 500万元的商品时开具的票面金额为400万元的商业承兑汇票。S公司2×18年个别资产负债表中应付债券200万元为P公司所持有（P公司划归为持有至到期投资）。

【问题】P公司应如何编制抵销分录？

规范与要求

《企业会计准则第 33 号——合并财务报表》做了以下规定。

第三十条　合并资产负债表应当以母公司和子公司的资产负债表为基础，在抵销母公司与子公司、子公司相互之间发生的内部交易对合并资产负债表的影响后，由母公司合并编制。

（一）母公司对子公司的长期股权投资与母公司在子公司所有者权益中所享有的份额应当相互抵销，同时抵销相应的长期股权投资减值准备。

子公司持有母公司的长期股权投资，应当视为企业集团的库存股，作为所有者权益的减项，在合并资产负债表中所有者权益项目下以“减：库存股”项目列示。

子公司相互之间持有的长期股权投资，应当比照母公司对子公司的股权投资的抵销方法，将长期股权投资与其对应的子公司所有者权益中所享有的份额相互抵销。

（二）母公司与子公司、子公司相互之间的债权与债务项目应当相互抵销，同时抵销相应的减值准备。

（三）母公司与子公司、子公司相互之间销售商品（或提供劳务，下同）或其他方式形成的存货、固定资产、工程物资、在建工程、无形资产等所包含的未实现内部销售损益应当抵销。

对存货、固定资产、工程物资、在建工程和无形资产等计提的跌价准备或减值准备与未实现内部销售损益相关的部分应当抵销。

（四）母公司与子公司、子公司相互之间发生的其他内部交易对合并资产负债表的影响应当抵销。

（五）因抵销未实现内部销售损益导致合并资产负债表中资产、负债的账面价值与其在所属纳税主体的计税基础之间产生暂时性差异的，在合并资产负债表中应当确认递延所得税资产或递延所得税负债，同时调整合并利润表中的所得税费用，但与直接计入所有者权益的交易或事项及企业合并相关的递延所得税除外。

解析与说明

在编制合并资产负债表时，应编制如下抵销分录。

将内部预收账款与内部预付账款抵销时，应编制如下抵销分录。

借：预收款项　　1 000 000

　　贷：预付款项　　1 000 000

将内部应收票据与内部应付票据抵销时，应编制如下抵销分录：

借：应付票据　　4 000 000

　　贷：应收票据　　4 000 000

将持有至到期投资下的债券投资与应付债券抵销时，应编制如下抵销分录：

借：应付债券　　2 000 000

　　贷：持有至到期投资　　2 000 000

37.4　购买日后编制合并财务报表时对当期内部购进商品并形成存货的事项的抵销处理

案例与问题

【例 37-4】P 公司为 S 公司的母公司。S 公司 2×18 年向 P 公司销售商品 1 000 万元，其销售成本为 800 万元。该商品的销售毛利率为 20%。P 公司购进的该商品 2×18 年全部未实现对外销售而形成期末存货。

【问题】应如何编制抵销分录？

规范与要求

《企业会计准则第 33 号——合并财务报表》做了以下规定。

第三十条　合并资产负债表应当以母公司和子公司的资产负债表为基础，在抵销母公司与子公司、子公司相互之间发生的内部交易对合并资产负债表的影响后，由母公司合并编制。

（一）母公司对子公司的长期股权投资与母公司在子公司所有者权益中所享有的份额应当相互抵销，同时抵销相应的长期股权投资减值准备。

子公司持有母公司的长期股权投资，应当视为企业集团的库存股，作为所有者权益的减项，在合并资产负债表中所有者权益项目下以“减：库存股”项目列示。

子公司相互之间持有的长期股权投资，应当比照母公司对子公司的股权投资的抵销方法，将长期股权投资与其对应的子公司所有者权益中所享有的份额相互抵销。

（二）母公司与子公司、子公司相互之间的债权与债务项目应当相互抵销，同时抵销相应的减值准备。

（三）母公司与子公司、子公司相互之间销售商品（或提供劳务，下同）或其他方式形成的存货、固定资产、工程物资、在建工程、无形资产等所包含的未实现内部销售损益应当抵销。

对存货、固定资产、工程物资、在建工程和无形资产等计提的跌价准备或减值准备与未实现内部销售损益相关的部分应当抵销。

（四）母公司与子公司、子公司相互之间发生的其他内部交易对合并资产负债表的影响应当抵销。

（五）因抵销未实现内部销售损益导致合并资产负债表中资产、负债的账面价值与其在所属纳税主体的计税基础之间产生暂时性差异的，在合并资产负债表中应当确认递延所得税资产或递延所得税负债，同时调整合并利润表中的所得税费用，但与直接计入所有者权益的交易或事项及企业合并相关的递延所得税除外。

解析与说明

针对在企业集团内部购进并且在会计期末形成存货的事项，母公司在编制合并财务报表时应做到两方面：一方面将销售企业实现的内部销售收入及其相对应的销售成本予以抵销，另一方面将内部购进形成的存货价值中包含的未实现的内部销售损益予以抵销。

借：营业收入　　10 000 000

　　贷：营业成本　　10 000 000

借：营业成本　　2 000 000

　　贷：存货　　2 000 000

37.5 购买日后编制合并报表时对因内部交易形成的固定资产的抵销处理

案例与问题

【例 37-5】P 公司为 S 公司的母公司。S 公司 2×18 年以 300 万元的价格将其生产的产品销售给 P 公司，其销售成本为 270 万元，因该内部固定资产交易实现的销售利润为 30 万元。P 公司将该产品作为管理用固定资产使用，按 300 万元入账。假设 P 公司对该固定资产按 3 年的使用寿命采用年限平均法计提折旧，预计净残值为 0。该固定资产的交易时间为 2×18 年 1 月 1 日。为简化抵销处理，假定 P 公司 2×18 年对该固定资产按 12 个月计提折旧。

【问题】应如何编制抵销分录？

规范与要求

《企业会计准则第 33 号——合并财务报表》做了以下规定。

第三十条　合并资产负债表应当以母公司和子公司的资产负债表为基础，在抵销母公司与子公司、子公司相互之间发生的内部交易对合并资产负债表的影响后，由母公司合并编制。

（一）母公司对子公司的长期股权投资与母公司在子公司所有者权益中所享有的份额应当相互抵销，同时抵销相应的长期股权投资减值准备。

子公司持有母公司的长期股权投资，应当视为企业集团的库存股，作为所有者权益的减项，在合并资产负债表中所有者权益项目下以“减：库存股”项目列示。

子公司相互之间持有的长期股权投资，应当比照母公司对子公司的股权投资的抵销方法，将长期股权投资与其对应的子公司所有者权益中所享有的份额相互抵销。

（二）母公司与子公司、子公司相互之间的债权与债务项目应当相互抵销，同时抵销相应的减值准备。

（三）母公司与子公司、子公司相互之间销售商品（或提供劳务，下同）或其他方式形成的存货、固定资产、工程物资、在建工程、无形资产等所包含的未实现内部销售损益应当抵销。

对存货、固定资产、工程物资、在建工程和无形资产等计提的跌价准备或减值准备与未实现内部销售损益相关的部分应当抵销。

（四）母公司与子公司、子公司相互之间发生的其他内部交易对合并资产负债表的影响应当抵销。

（五）因抵销未实现内部销售损益导致合并资产负债表中资产、负债的账面价值与其在所属纳税主体的计税基础之间产生暂时性差异的，在合并资产负债表中应当确认递延所得税资产或递延所得税负债，同时调整合并利润表中的所得税费用，但与直接计入所有者权益的交易或事项及企业合并相关的递延所得税除外。

解析与说明

购进固定资产时，买方企业在其个别资产负债表中以支付的价款作为该固定资产的原价列示，因此，首先就必须将该固定资产原价中包含的未实现内部销售损益予以抵销。其次，买方企业对该固定资产计提了折旧，折旧费计入相关资产的成本或当期损益。由于买方企业以该固定资产的取得成本作为原价计提折旧，取得成本中包含未实现内部销售损益，在相同的使用寿命下，各期计提的折旧费要大于（或小于，下同）不包含未实现内部销售损益时计提的折旧费，因此，还必须将当期多计提（或少计提，下同）的折旧额从该固定资产当期计提的折旧费中予以抵销。相关抵销处理程序如下：

①将与内部交易形成的固定资产相关的销售收入、销售成本以及原价中包含的未实现内部销售损益予以抵销。

②将内部交易形成的固定资产当期多计提的折旧费和累计折旧予以抵销。从单个企业来说，对计提折旧进行会计处理时，一方面增加当期的费用或计入相关资产的成本，另一方面形成累计折旧。因此，对内部交易形成的固定资产当期多计提的折旧费抵销时，应按当期多计提的折旧额，借记“固定资产——累计折旧”项目，贷记“管理费用”等项目。

本案例有关抵销处理如下：

与该固定资产相关的销售收入、销售成本以及原价中包含的未实现内部销售损益的抵销。

借：营业收入　　3 000 000

　　贷：营业成本　　2 700 000

　　　　固定资产——原价　　300 000

该固定资产当期多计提折旧额的抵销。

该固定资产折旧年限为3年，原价为300万元，预计净残值为0。2×13年计提的折旧额为100万元，而按抵销其原价中包含的未实现内部销售损益后的原价，则2×13年计提的折旧额为90万元，当期多计提的折旧额为10万元。本案例中应当按10万元分别抵销管理费用和累计折旧。

借：固定资产——累计折旧　　100 000

　　贷：管理费用　　100 000

通过上述抵销分录，在合并工作底稿中，固定资产累计折旧额减少10万元，管理费用减少10万元；在合并财务报表中，该固定资产的累计折旧为90万元，该固定资产当期计提的折旧费为90万元。

37.6 购买日后编制合并报表，对于企业集团内部企业将自身的固定资产出售给企业集团内的其他企业作为固定资产使用，由此形成的固定资产在购入当期的抵销处理

案例与问题

【例37-6】P公司为S公司的母公司。假设P公司将其账面价值为130万元的

某项固定资产以120万元的价格出售给S公司作为管理用固定资产使用。P公司因该内部固定资产交易发生处置损失10万元。假设S公司以120万元作为该项固定资产的成本入账，S公司对该固定资产按5年的使用寿命采用年限平均法计提折旧，预计净残值为0。该固定资产的交易时间为2×18年7月1日。为简化处理，假定S公司2×18年对该固定资产按6个月计提折旧。

【问题】应如何编制抵销分录?

规范与要求

《企业会计准则第33号——合并财务报表》做了以下规定。

第三十条　合并资产负债表应当以母公司和子公司的资产负债表为基础，在抵销母公司与子公司、子公司相互之间发生的内部交易对合并资产负债表的影响后，由母公司合并编制。

（一）母公司对子公司的长期股权投资与母公司在子公司所有者权益中所享有的份额应当相互抵销，同时抵销相应的长期股权投资减值准备。

子公司持有母公司的长期股权投资，应当视为企业集团的库存股，作为所有者权益的减项，在合并资产负债表中所有者权益项目下以“减：库存股”项目列示。

子公司相互之间持有的长期股权投资，应当比照母公司对子公司的股权投资的抵销方法，将长期股权投资与其对应的子公司所有者权益中所享有的份额相互抵销。

（二）母公司与子公司、子公司相互之间的债权与债务项目应当相互抵销，同时抵销相应的减值准备。

（三）母公司与子公司、子公司相互之间销售商品（或提供劳务，下同）或其他方式形成的存货、固定资产、工程物资、在建工程、无形资产等所包含的未实现内部销售损益应当抵销。

对存货、固定资产、工程物资、在建工程和无形资产等计提的跌价准备或减值准备与未实现内部销售损益相关的部分应当抵销。

（四）母公司与子公司、子公司相互之间发生的其他内部交易对合并资产负债表的影响应当抵销。

（五）因抵销未实现内部销售损益导致合并资产负债表中资产、负债的账面价值与其在所属纳税主体的计税基础之间产生暂时性差异的，在合并资产负债表中应当确认递延所得税资产或递延所得税负债，同时调整合并利润表中的所得税费用，但与直接计入所有者权益的交易或事项及企业合并相关的递延所得税除外。

解析与说明

企业集团内部企业将其自用的固定资产出售给集团内部的其他企业时，其个别资产负债表表现为固定资产的减少，同时其个别利润表表现为资产处置损益：当处置收入大于该固定资产的账面价值时，表现为本期营业外收入；当处置收入小于固定资产的账面价值时，表现为本期营业外支出。对于买方企业来说，其个别资产负债表则表现为固定资产的增加，其固定资产原价中既包含该固定资产在原销售企业中的账面价值，也包含卖方企业因该固定资产出售所实现的损益。但从整个企业集团来看，这一交易属于集团内部固定资产调拨性质，它既不能产生收益，也不会发生损失，固定资产既不能增值也不会减值。因此，集团在制定合并报表时必须将卖方企业因该内部交易所实现的固定资产处置损益予以抵销，同时将买方企业固定资产原价中包含的未实现内部销售损益的金额予以抵销。抵销后，合并财务报表中的该固定资产的原价仍然以售方企业的原账面价值反映。

本案例有关抵销处理如下：

该固定资产的处置损失与固定资产的原价中包含的未实现内部销售损益的抵销。

借：固定资产——原价　　100 000

　　贷：营业外支出　　100 000

该固定资产当期少计提折旧额的抵销。

该固定资产折旧年限为5年，原价为120万元，预计净残值为0；2×13年计提的折旧额为12万元，而按抵销其原价中包含的未实现内部销售损益后的原价；2×13年应计提的折旧额为13万元，当期少计提的折旧额为1万元。本案例中应当按1万元分别抵销管理费用和累计折旧。

借：管理费用　　10 000

　　贷：固定资产——累计折旧　　10 000

通过上述抵销分录，在合并工作底稿中，固定资产累计折旧额增加1万元，管理费用增加1万元；在合并财务报表中，该固定资产的累计折旧为13万元，该固定资产当期计提的折旧费为13万元。

37.7　编制合并利润表内部交易期末全部实现对外销售的情况的抵销处理

案例与问题

【例 37–7】P 公司为 S 公司的母公司。假设 P 公司 2×18 年利润表的营业收入中有 3 500 万元，系向 S 公司销售产品取得的销售收入。该产品的销售成本为 3 000 万元。S 公司在本期将该产品全部售出，其销售收入为 5 000 万元，销售成本为 3 500 万元。

【问题】应如何编制抵销分录？

规范与要求

《企业会计准则第 33 号——合并财务报表》做了以下规定。

第三十四条　合并利润表应当以母公司和子公司的利润表为基础，在抵销母公司与子公司、子公司相互之间发生的内部交易对合并利润表的影响后，由母公司合并编制。

（一）母公司与子公司、子公司相互之间销售商品所产生的营业收入和营业成本应当抵销。

母公司与子公司、子公司相互之间销售商品，期末全部实现对外销售的，应当将购买方的营业成本与销售方的营业收入相互抵销。

母公司与子公司、子公司相互之间销售商品，期末未实现对外销售而形成存货、固定资产、工程物资、在建工程、无形资产等资产的，在抵销销售商品的营业成本和营业收入的同时，应当将各项资产所包含的未实现内部销售损益予以抵销。

（二）在对母公司与子公司、子公司相互之间销售商品形成的固定资产或无形资产所包含的未实现内部销售损益进行抵销的同时，也应当对固定资产的折旧额或无形资产的摊销额与未实现内部销售损益相关的部分进行抵销。

（三）母公司与子公司、子公司相互之间持有对方债券所产生的投资收益、利息收入及其他综合收益等，应当与其相对应的发行方利息费用相互抵销。

（四）母公司对子公司、子公司相互之间持有对方长期股权投资的投资收益应当抵销。

（五）母公司与子公司、子公司相互之间发生的其他内部交易对合并利润表的影响应当抵销。

解析与说明

对于售方企业来说，其向企业集团内其他企业销售商品时的会计处理与其向企业集团外部企业销售商品时的会计处理相同，即在本期确认销售收入、结转销售成本、计算销售商品损益，并在其个别利润表中反映；对于买方企业来说，其一方面要确认向企业集团外部企业销售商品时的收入，另一方面要结转销售内部购进商品的成本，在其个别利润表中分别作为营业收入和营业成本反映，并确认销售损益。也就是说，对于同一购销业务，在售方企业和买方企业的个别利润表中都有所反映。但从整个企业集团来看，这一购销业务只是实现了一次对外销售，其销售收入只是买方企业向企业集团外部企业销售该产品的销售收入，其销售成本只是售方企业向买方企业销售该商品的成本。售方企业向买方企业销售该商品时实现的收入属于内部销售收入。相应地，买方企业向企业集团外部企业销售该商品时的销售成本则属于内部销售成本。因此，在编制合并利润表时，就必须将重复反映的内部营业收入与内部营业成本予以抵销。

对此，在编制合并利润表时，母公司应编制如下抵销分录：

借：营业收入　　35 000 000

　　贷：营业成本　　35 000 000

37.8　编制合并利润表时内部持有债券的收益与其相对应的发行方利息费用相互抵销

案例与问题

【例 37-8】P 公司为 S 公司的母公司。假设 S 公司 2×18 年确认的应向 P 公司支付的债券利息费用的总额为 20 万元（假定该债券的票面利率与实际利率相差较小，发生的债券利息费用不符合资本化条件）。

【问题】S 公司应如何进行会计处理？

规范与要求

《企业会计准则第 33 号——合并财务报表》做了以下规定。

第三十四条　合并利润表应当以母公司和子公司的利润表为基础，在抵销母公司与子公司、子公司相互之间发生的内部交易对合并利润表的影响后，由母公司合并编制。

（一）母公司与子公司、子公司相互之间销售商品所产生的营业收入和营业成本应当抵销。

母公司与子公司、子公司相互之间销售商品，期末全部实现对外销售的，应当将购买方的营业成本与销售方的营业收入相互抵销。

母公司与子公司、子公司相互之间销售商品，期末未实现对外销售而形成存货、固定资产、工程物资、在建工程、无形资产等资产的，在抵销销售商品的营业成本和营业收入的同时，应当将各项资产所包含的未实现内部销售损益予以抵销。

（二）在对母公司与子公司、子公司相互之间销售商品形成的固定资产或无形资产所包含的未实现内部销售损益进行抵销的同时，也应当对固定资产的折旧额或无形资产的摊销额与未实现内部销售损益相关的部分进行抵销。

（三）母公司与子公司、子公司相互之间持有对方债券所产生的投资收益、利息收入及其他综合收益等，应当与其相对应的发行方利息费用相互抵销。

（四）母公司对子公司、子公司相互之间持有对方长期股权投资的投资收益应当抵销。

（五）母公司与子公司、子公司相互之间发生的其他内部交易对合并利润表的影响应当抵销。

解析与说明

在持有母公司或子公司发行的企业债券（或公司债券，下同）的情况下，发行债券的企业将其支付的利息费用作为财务费用处理，并在其个别利润表“财务费用”项目中列示；而持有债券的企业，将购买的债券在其个别资产负债表“持有至到期投资”（本章为简化合并处理，假定购买债券的企业将该债券投资归类为持有至到期投资）项目中列示，当期获得的利息收入则作为投资收益处理，并在其个别利润表“投资收益”项目中列示。在编制合并财务报表时，应当在抵销内部发行的应付债券和持有至到期投资等内部债权债务的同时，将内部应付债券和持有至到期投资相关的利息费用与投资收益（利息收入）相互抵销，即将内部债券投资收益与内部发行债券的利息费用相互抵销。

本案例中，母公司在编制合并利润表时，应将 P 公司获得的内部债券的投资收益与 S 公司应付的债券利息费用相互抵销，抵销分录为：

借：投资收益　　200 000

　　贷：财务费用　　200 000

37.9 编制合并利润表时对内部持有的长期股权投资的投资收益的抵销

案例与问题

【例 37-9】S 公司为非全资子公司，P 公司拥有其 80% 的股份。在合并工作底稿中，P 公司按权益法调整的对 S 公司的本期投资收益为 627.2（784×80%）万元，S 公司本期少数股东的损益为 156.8（784×0.2）万元。S 公司年初未分配利润为 0 元，S 公司本期计提盈余公积 100 万元、分派现金股利 600 万元、未分配利润 84（784-600-100）万元。

【问题】应如何进行会计处理？

规范与要求

《企业会计准则第 33 号——合并财务报表》做了以下规定。

第三十四条　合并利润表应当以母公司和子公司的利润表为基础，在抵销母公司与子公司、子公司相互之间发生的内部交易对合并利润表的影响后，由母公司合并编制。

（一）母公司与子公司、子公司相互之间销售商品所产生的营业收入和营业成本应当抵销。

母公司与子公司、子公司相互之间销售商品，期末全部实现对外销售的，应当将购买方的营业成本与销售方的营业收入相互抵销。

母公司与子公司、子公司相互之间销售商品，期末未实现对外销售而形成存货、固定资产、工程物资、在建工程、无形资产等资产的，在抵销销售商品的营业成本和营业收入的同时，应当将各项资产所包含的未实现内部销售损益予以抵销。

（二）在对母公司与子公司、子公司相互之间销售商品形成的固定资产或无形资产所包含的未实现内部销售损益进行抵销的同时，也应当对固定资产的折旧额或无形资产的摊销额与未实现内部销售损益相关的部分进行抵销。

（三）母公司与子公司、子公司相互之间持有对方债券所产生的投资收益、利息收入及其他综合收益等，应当与其相对应的发行方利息费用相互抵销。

（四）母公司对子公司、子公司相互之间持有对方长期股权投资的投资收益应当抵销。

（五）母公司与子公司、子公司相互之间发生的其他内部交易对合并利润表的影响应当抵销。

解析与说明

P 公司在对 S 公司 2×18 年分配的利润进行抵销处理时，应编制如下抵销分录：

	借方	贷方
借：投资收益	6 272 000	
少数股东损益	1 568 000	
未分配利润——年初	0	
贷：提取盈余公积		1 000 000
对所有者（或股东）的分配		6 000 000
未分配利润——年末		840 000

37.10　编制合并现金流量表时内部以现金投资或收购股权增加的投资所产生的现金流量应当抵销

案例与问题

【例 37-10】P 公司为 S 公司的母公司。P 公司在购买日（2×18 年 1 月 1 日）支付银行存款 3 000 万元购得 S 公司 80% 的股份，从而取得对 S 公司的控制权，使 S 公司成为其子公司。在该日，S 公司实际持有货币资金 300 万元。

【问题】在编制合并现金流量表时，P 公司应在合并工作底稿中编制哪个抵销分录？

规范与要求

《企业会计准则第 33 号——合并财务报表》做了以下规定。

第四十条　合并现金流量表应当以母公司和子公司的现金流量表为基础，在抵销母公司与子公司、子公司相互之间发生的内部交易对合并现金流量表的影响后，由母公司合并编制。

本准则提及现金时，除非同时提及现金等价物，均包括现金和现金等价物。

第四十一条　编制合并现金流量表应当符合下列要求：

（一）母公司与子公司、子公司相互之间当期以现金投资或收购股权增加的投资所产生的现金流量应当抵销。

（二）母公司与子公司、子公司相互之间当期取得投资收益、利息收入收到的现金，应当与分配股利、利润或偿付利息支付的现金相互抵销。

（三）母公司与子公司、子公司相互之间以现金结算债权与债务所产生的现金流量应当抵销。

（四）母公司与子公司、子公司相互之间当期销售商品所产生的现金流量应当抵销。

（五）母公司与子公司、子公司相互之间处置固定资产、无形资产和其他长期资产收回的现金净额，应当与购建固定资产、无形资产和其他长期资产支付的现金相互抵销。

（六）母公司与子公司、子公司相互之间当期发生的其他内部交易所产生的现金流量应当抵销。

解析与说明

母公司直接以现金对子公司进行的长期股权投资或以现金从子公司的其他所有者（即企业集团内的其他子公司）处收购股权时，表现为母公司现金流出，相关流出额在母公司个别现金流量表中作为投资活动现金流出列示。子公司接受这一投资（或处置投资）时，现金流量表现为现金流入，在其个别现金流量表中反映为筹资活动的现金流入（或投资活动的现金流入）。从企业集团整体来看，母公司以现金对子公司进行的长期股权投资实际上相当于母公司将资本拨付下属核算单位，并不引起整个企业集团现金流量的增减变动（不考虑向银行支付的服务费等其他支出）。因此，编制合并现金流量表时，应当在母公司与子公司现金流量表数据简单相加的基础上，将母公司当期以现金对子公司长期股权投资所产生的现金流量予以抵销。S公司在编制合并现金流量表时，应在合并工作底稿中编制如下抵销分录：

借：取得子公司及其他营业单位支付的现金净额　　3 000 000

　　贷：年初现金及现金等价物余额　　3 000 000

37.11　编制合并现金流量表时内部当期收益应当与分配股利、利润或偿付利息支付的现金相互抵销

案例与问题

【例 37-11】P公司为S公司的母公司。2×18年，P公司收到S公司向其支付的债券利息费用 200 000 元和S公司分派的2×18年的现金股利 4 800 000 元。

【问题】P公司应如何编制会计分录？

规范与要求

《企业会计准则第 33 号——合并财务报表》做了以下规定。

第四十条　合并现金流量表应当以母公司和子公司的现金流量表为基础，在抵销母公司与子公司、子公司相互之间发生的内部交易对合并现金流量表的影响后，由母公司合并编制。

本准则提及现金时，除非同时提及现金等价物，均包括现金和现金等价物。

第四十一条　编制合并现金流量表应当符合下列要求：

（一）母公司与子公司、子公司相互之间当期以现金投资或收购股权增加的投资所产生的现金流量应当抵销。

（二）母公司与子公司、子公司相互之间当期取得投资收益、利息收入收到的现金，应当与分配股利、利润或偿付利息支付的现金相互抵销。

（三）母公司与子公司、子公司相互之间以现金结算债权与债务所产生的现金流量应当抵销。

（四）母公司与子公司、子公司相互之间当期销售商品所产生的现金流量应当抵销。

（五）母公司与子公司、子公司相互之间处置固定资产、无形资产和其他长期资产收回的现金净额，应当与购建固定资产、无形资产和其他长期资产支付的现金相互抵销。

（六）母公司与子公司、子公司相互之间当期发生的其他内部交易所产生的现金流量应当抵销。

解析与说明

在母公司对子公司进行的长期股权投资和债权投资，在持有期间收到子公司分派的现金股利（利润）或债券利息，表现为现金流入，相关流入额在母公司个别现金流量表中作为取得投资收益收到的现金列示。子公司向母公司分派现金股利（利润）或支付债券利息时，表现为现金流出，相关流出量在其个别现金流量表中反映为分配股利、利润或偿付利息支付的现金。从整个企业集团来看，这种投资收益的现金收支，并不引起整个企业集团现金流量的增减变动。因此，编制合并现金流量表时，应当在母公司与子公司现金流量表数据简单相加的基础上，将母公司当期取得投资收益收到的现金与子公司分配股利、利润或偿付利息支付的现金予以抵销。

P 公司应编制如下抵销分录：

借：分配股利、利润或偿付利息支付的现金　　5 000 000
　　贷：取得投资收益收到的现金　　5 000 000

37.12　编制合并现金流量表时内部交易所产生的现金流量应当抵销

案例与问题

【例 37-12】P 公司为 S 公司的母公司。假设 P 公司 2×18 年向 S 公司销售商品的价款 3 500 万元中实际收到 S 公司支付的银行存款 2 600 万元，同时 S 公司还向 P 公司开具了票面金额为 400 万元的商业承兑汇票。S 公司 2×18 年向 P 公司销售商品 1 000 万元的价款全部收到。

【问题】P 公司应如何进行会计处理？

规范与要求

《企业会计准则第 33 号——合并财务报表》做了以下规定。

第四十条　合并现金流量表应当以母公司和子公司的现金流量表为基础，在抵销母公司与子公司、子公司相互之间发生的内部交易对合并现金流量表的影响后，由母公司合并编制。

本准则提及现金时，除非同时提及现金等价物，均包括现金和现金等价物。

第四十一条　编制合并现金流量表应当符合下列要求：

（一）母公司与子公司、子公司相互之间当期以现金投资或收购股权增加的投资所产生的现金流量应当抵销。

（二）母公司与子公司、子公司相互之间当期取得投资收益、利息收入收到的现金，应当与分配股利、利润或偿付利息支付的现金相互抵销。

（三）母公司与子公司、子公司相互之间以现金结算债权与债务所产生的现金流量应当抵销。

（四）母公司与子公司、子公司相互之间当期销售商品所产生的现金流量应当抵销。

（五）母公司与子公司、子公司相互之间处置固定资产、无形资产和其他长期资产收回的现金净额，应当与购建固定资产、无形资产和其他长期资产支付的现金相互抵销。

（六）母公司与子公司、子公司相互之间当期发生的其他内部交易所产生的现金流量应当抵销。

解析与说明

母公司当期因向子公司销售商品（或子公司向母公司销售商品或子公司相互之间销售商品，下同）而收到现金时，表现为现金流入，相关流入额在母公司个别现金流量表中作为销售商品、提供劳务收到的现金列示。子公司向母公司支付购货款时，表现为现金流出，相关流出额在其个别现金流量表中反映为购买商品、接受劳务支付的现金。从整个企业集团来看，这种内部商品购销现金收支，并不会引起整个企业集团现金流量的增减变动。因此，编制合并现金流量表时，母公司应当在母公司与子公司现金流量表数据简单相加的基础上，将母公司与子公司、子公司相互之间当期销售商品所产生的现金流量予以抵销。

应编制如下抵销分录：

借：购买商品、接受劳务支付的现金　　36 000 000

　　贷：销售商品、提供劳务收到的现金　　36 000 000

37.13 编制合并现金流量表时通过内部交易处置资产的抵销处理

案例与问题

【例 37–13】P 公司为 S 公司的母公司。假设 P 公司向 S 公司出售固定资产的价款 120 万元全部收到。

【问题】公司应如何进行抵销处理？

规范与要求

《企业会计准则第 33 号——合并财务报表》做了以下规定。

第四十条　合并现金流量表应当以母公司和子公司的现金流量表为基础，在抵销母公司与子公司、子公司相互之间发生的内部交易对合并现金流量表的影响后，由母公司合并编制。

本准则提及现金时，除非同时提及现金等价物，均包括现金和现金等价物。

第四十一条　编制合并现金流量表应当符合下列要求：

（一）母公司与子公司、子公司相互之间当期以现金投资或收购股权增加的投资所产生的现金流量应当抵销。

（二）母公司与子公司、子公司相互之间当期取得投资收益、利息收入收到的现金，应当与分配股利、利润或偿付利息支付的现金相互抵销。

（三）母公司与子公司、子公司相互之间以现金结算债权与债务所产生的现金流量应当抵销。

（四）母公司与子公司、子公司相互之间当期销售商品所产生的现金流量应当抵销。

（五）母公司与子公司、子公司相互之间处置固定资产、无形资产和其他长期资产收回的现金净额，应当与购建固定资产、无形资产和其他长期资产支付的现金相互抵销。

（六）母公司与子公司、子公司相互之间当期发生的其他内部交易所产生的现金流量应当抵销。

解析与说明

母公司向子公司处置固定资产等非流动资产，表现为现金流入，在母公司个别现金流量表中作为处置固定资产、无形资产和其他长期资产收回的现金净额列示。这时子公司表现为现金流出，相关流出额在其个别现金流量表中反映为购建固定资产、无形资产和其他长期资产支付的现金。从整个企业集团来看，这种固定资产处置与购置的现金收支，并不会引起整个企业集团现金流量的增减变动。因此，在编制合并现金流量表时，母公司应当在母公司与子公司现金流量表数据简单相加的基础上，将母公司与子公司、子公司相互之间处置固定资产、无形资产和其他长期资产收回的现金净额与购建固定资产、无形资产和其他长期资产支付的现金相互抵销。

编制如下抵销分录：

借：购建固定资产、无形资产和其他长期资产支付的现金　　1 200 000

　　贷：处置固定资产、无形资产和其他长期资产收回的现金　　1 200 000

37.14　因子公司的少数股东增资而稀释母公司拥有的股权比例时的处理

案例与问题

【例 37-14】A 公司原持有 B 公司 100% 的股权并控制 B 公司。2×19 年 1 月 1 日，C 公司向 B 公司增资 100 万元，增资前 B 公司净资产账面价值为 900 万元，增资后 B 公司的净资产的账面价值和公允价值均为 1 000 万元。增资后，C 公司占 B 公司 10% 的股权，A 公司仍控制 B 公司（不考虑所得税等影响）。

【问题】A 公司应如何处理？

规范与要求

《企业会计准则第 33 号——合并财务报表》做了以下规定。

子公司的其他股东对子公司进行增资，由此稀释了母公司对子公司的股权比例。在这种情况下，母公司应当按照增资前的母公司股权比例计算其在增资前子公司账面净资产中的份额，该份额与增资后按母公司持股比例计算的在增资后子公司账面净资产份额之间的差额计入资本公积，资本公积不足冲减的，调整留存收益。

解析与说明

本案例中，由于 C 公司增资导致 A 公司持股比例下降。A 公司按原持股比例享有的子公司净资产账面价值的份额 900 万元（900 万元 ×100%）和按新持股比例享有的子公司净资产账面价值 900 万元（1 000 万元 ×90%）份额之间的差额为 0，因此对归属母公司股东的权益不产生影响。

案例与问题

【例 37-15】2×18 年，A 公司和 B 公司分别出资 750 万元和 250 万元设立 C 公司，A 公司、B 公司的持股比例分别为 75% 和 25%。C 公司为 A 公司的子公司。

2×19 年，B 公司对 C 公司增资 500 万元，增资后占 C 公司股权的比例为 35%。交易完成后，A 公司仍控制 C 公司。C 公司自成立日至增资前实现净利润 1 000 万元，除此以外，不存在其他影响 C 公司净资产变动的事项（不考虑所得税等影响）。

【问题】A 公司应做何种处理？

规范与要求

《企业会计准则第 33 号——合并财务报表》做了以下规定。

公司的其他股东对子公司进行增资，由此稀释了母公司对子公司的股权比例，在这种情况下，应当按照增资前的母公司股权比例计算其在增资前子公司账面净资产中的份额，该份额与增资后按母公司持股比例计算的在增资后子公司账面净资产份额之间的差额计入资本公积，资本公积不足冲减的，调整留存收益。

解析与说明

本案例中，A公司对C公司的持股比例原为75%，后来由于少数股东增资而变为65%。增资前，A公司按照75%的持股比例享有的C公司的净资产的账面价值为1 500（2 000×75%）万元；增资后，A公司按照65%的持股比例享有的净资产的账面价值为1 625（2 500×65%）万元。两者之间的差额为125万元，因此，A公司在编制合并资产负债表时应调增资本公积。

第 38 章
企业会计准则第 32 号——中期财务报告

38.1　中期财务报告应以什么为基础进行会计计量

案例与问题

【例 38-1】ABC 公司于 2×17 年 11 月利用专门借款资金开工兴建一项固定资产。2×18 年 3 月 1 日，固定资产建造工程由于资金周转问题而停工。公司预计在一个半月内即可获得补充专门借款，解决资金周转问题，工程可以重新施工。在编制 2×18 年第 1 季度财务报告时，ABC 公司将 3 月发生的符合资本化条件的借款费用继续资本化，计入在建工程。后来的事实发展表明，公司直至 2×18 年 6 月 15 日才获得补充专门借款，工程才重新开工。这样，公司在编制 2×18 年第 2 季度财务报告时，将 4 月 1 日至 6 月 15 日之间所发生的与购建固定资产有关的借款费用继续资本化，计入在建工程。

【问题】请判断 ABC 公司的会计处理是否正确?

规范与要求

《企业会计准则第 17 号——借款费用》做了以下规定。

第十一条　符合资本化条件的资产在购建或者生产过程中发生非正常中断且中断时间连续超过 3 个月的，应当暂停借款费用的资本化。在中断期间发生的借款费用应当确认为费用，计入当期损益，直至资产的购建或者生产活动重新开始。如果中断是所购建或者生产的符合资本化条件的资产达到预定可使用或者可销售状态必要的程序，借款费用的资本化应当继续进行。

《企业会计准则第 32 号——中期财务报告》做了以下规定。

第十二条　中期会计计量应当以年初至本中期末为基础，财务报告的频率不应当影响年度结果的计量。

解析与说明

根据《企业会计准则第 17 号——借款费用》第十一条的规定，在第 1 季度末，ABC 公司考虑到所购建的固定资产的非正常中断时间将短于 3 个月，因此在编制 2×18 年第 1 季度财务报告时将 3 月发生的借款费用继续资本化并计入在建工程的会计处理是正确的。

但是 ABC 公司没有按预期时间获得补充专门借款，直至 2×18 年 6 月 15 日才获得相关资金。如果企业只需编制年度财务报告，那么从全年来看，企业建造固定资产工程发生非正常中断的时间为 3 个半月，按照《企业会计准则第 17 号——借款费用》第十一条的规定，企业应当暂停这 3 个半月内所发生的借款费用的资本化，将其计入当期损益。如果仅仅以每一报告季度作为会计计量的基础，则上述 3 月 1 日至 6 月 15 日之间发生的相关借款费用将继续资本化，计入在建工程，季度计量的结果与年度计量的结果将发生不一致。根据《企业会计准则第 32 号——中期财务报告》第十二条的规定，为了避免企业中期会计计量与年度会计计量的不一致，防止企业因财务报告的频率而影响其年度财务结果的计量，企业应当以年初至本中期末为期间基础进行中期会计计量。也就是说在本案例中，不仅第 2 季度 4 月 1 日至 6 月 15 日之间发生的借款费用应当费用化，计入第 2 季度的损益，而且上一季度已经资本化了的 3 月的借款费用也应当费用化，调减在建工程成本，调增财务费用。这样计量的结果将能够保证中期会计计量的结果与年度会计计量的结果相一致，实现财务报告的频率不影响年度结果计量的目标。

需要说明的是，本案例还涉及会计估计变更事项，因此企业还应当根据中期财务报告准则的规定，在其第 2 季度财务报告附注中进行相应披露。

38.2　应如何确认和计量会计年度中不均匀发生的费用

案例与问题

【例 38-2】ABC 公司根据年度培训计划，在 2×18 年 6 月对员工进行了专业技能和管理知识方面的集中培训，共发生培训费用 30 万元。

【问题】请问 ABC 公司应如何确认和计量上述培训费用？

规范与要求

《企业会计准则第 32 号——中期财务报告》做了以下规定。

第十三条　企业在会计年度中不均匀发生的费用，应当在发生时予以确认和计量，不应在中期财务报表中预提或者待摊，但会计年度末允许预提或者待摊的除外。

解析与说明

按照《企业会计准则第32号——中期财务报告》第十三条的规定，对于本案例中不均匀发生的培训费用，ABC公司应当直接将其计入6月的损益，不能在6月之前预提，也不能在6月之后待摊。

38.3　确定中期合并财务报表的核算范围

案例与问题

【例38-3】XYZ公司成立于2×18年初，公司成立之初没有一家子公司。在2×18年第2季度，XYZ公司并购LLQ公司，获得了后者80%的股份，从而使后者成为其控股子公司。在2×19年第1季度，公司又将LLQ子公司对外出售。

【问题】请问XYZ公司应如何编制中期财务报告及年度报告?

规范与要求

《企业会计准则第32号——中期财务报告》做了以下规定。

第四条　上年度编制合并财务报表的，中期期末应当编制合并财务报表。

上年度财务报告除了包括合并财务报表，还包括母公司财务报表的，中期财务报告也应当包括母公司财务报表。

上年度财务报告包括了合并财务报表，但报告中期内处置了所有应当纳入合并范围的子公司的，中期财务报告只需提供母公司财务报表，但上年度比较财务报表仍应当包括合并财务报表，上年度可比中期没有子公司的除外。

解析与说明

根据《企业会计准则第32号——中期财务报告》第四条的规定，因为XYZ公司在2×18年第1季度没有任何子公司，所以其第1季度只需要提供XYZ公司本身的财务报表即可。2×18年第2季度，XYZ公司因为拥有了控股子公司LLQ公司，就需要同时提供合并财务报表和母公司财务报表。2×18年第3季度财务报告和2×18年年度财务报告也是如此。XYZ公司在2×19年第1季度将LLQ子公司对外出售，在2×19年又没有了子公司，所以尽管公司在上年度财务报告中编制了合并财务报表，但是在2×19年第1季度财务报告中，公司无需编制合并财务报表。由于在上年度第1季度财务报告中公司也没有编制合并财务报表，所以在提供上年度比较财务报表时，除了上年度末的资产负债表仍然应当包括合并财务报表和母公司财务报表之外，其他比较财务报表（包括利润表和现金流量表）都不必提供合并财务报表。在2×19年第2季度，公司仍然没有需要纳入合并财务报表合并范围的子公司，因此仍然不必编制合并财务报表，但是，在提供上年度比较财务报表时，则应当同时提供合并财务报表和母公司财务报表。

38.4 中期财务报告附注应当披露哪些信息

案例与问题

【**例38-4**】ABC公司在2×18年1月1日至6月30日累计实现净利润2 500万元，其中，第2季度实现净利润80万元，公司在第2季度转回前期计提的坏账准备100万元，第2季度末应收账款的余额为800万元。

【问题】请问该坏账准备转回的信息需要在附注中进行披露吗？

规范与要求

《企业会计准则第32号——中期财务报告》做了以下规定。

第七条　中期财务报告中的附注应当以年初至本中期末为基础编制，披露自上年度资产负债表日之后发生的，有助于理解企业财务状况、经营成果和现金流量变化情况的重要交易或者事项。

对于理解本中期财务状况、经营成果和现金流量有关的重要交易或者事项，也应当在附注中作相应披露。

解析与说明

根据《企业会计准则第32号——中期财务报告》第七条的规定，中期财务报告中的附注应当披露自上年度资产负债表日之后发生的，有助于理解企业财务状况、经营成果和现金流量变化情况的重要交易或者事项。本案例中，尽管该公司第2季度转回的坏账准备仅仅占ABC公司1～6月净利润总额的4%（100÷2 500×100%），可能并不重要，但是该项转回金额占第2季度净利润的125%（100÷80×100%），占第2季度末应收账款余额的12.5%，对于理解第2季度（4～6月）经营成果和第2季度末的财务状况而言，属于重要事项，所以ABC公司应当在第2季度财务报告附注中披露该事项。在实务工作中，企业还应当综合考虑资产规模、经营特征等因素，以对重要性做出较为合理的判断。

第 39 章
企业会计准则第 35 号——分部报告

39.1　分部合并的条件

案例与问题

【例 39-1】XYZ 公司是一家全球性公司，总部在美国，主要生产 A、B、C、D 四个品牌的皮箱、各种手提包、公文包、皮带等，同时从事相关产品的运输、销售业务每种产品均由独立的业务部门完成。XYZ 生产的产品主要销往中国、日本、欧洲、美国国内等地。该公司各项业务 2×18 年 12 月 31 日的相关收入、费用、利润等信息如表 39-1 所示（金额单位为万元）。假定经预测，生产皮箱的 4 个部门今后 5 年内的平均销售毛利率与本年度差异不大，并且各品种皮箱的生产过程、客户类型、销售方式等类似，该公司将业务分部作为主要报告形式提供分部信息。

【问题】分部报告的收入、费用和利润各是多少？

表 39-1　XYZ 公司 2018 年的业务信息

单位：万元

项目	品牌 A	品牌 B	品牌 C	品牌 D	手提包	公文包	皮带	销售公司	运输公司	合计
营业收入	106 000	130 000	100 000	95 000	260 000	230 000	69 000	270 000	50 000	1 310 000
对外交易	100 000	120 000	80 000	90 000	180 000	150 000	50 000	270 000	50 000	1 090 000
分部间交易	6 000	10 000	20 000	5 000	80 000	80 000	19 000			220 000

续表

项目	品牌A	品牌B	品牌C	品牌D	手提包	公文包	皮带	销售公司	运输公司	合计
营业费用	74 200	92 300	69 000	66 500	156 000	142 600	55 200	220 000	30 000	905 800
对外交易	60 000	78 300	57 000	62 000	149 000	132 000	47 200	205 000	30 000	820 500
分部间交易	14 200	14 000	12 000	4 500	7 000	10 600	8 000	15 000		85 300
营业利润	31 800	37 700	31 000	28 500	104 000	87 400	13 800	50 000	20 000	
销售毛利率	30%	29%	31%	30%	40%	38%	20%	18.5%	40%	
资产总额	350 000	400 000	300 000	250 000	650 000	590 000	250 000	700 000	300 000	3 790 000
负债总额	150 000	170 000	130 000	100 000	300 000	200 000	150 000	300 000	180 000	1 680 000

规范与要求

《企业会计准则第 35 号——分部报告》做了以下规定。

第四条　企业披露分部信息，应当区分业务分部和地区分部。

第五条　业务分部，是指企业内可区分的、能够提供单项或一组相关产品或劳务的组成部分。该组成部分承担了不同于其他组成部分的风险和报酬。

企业在确定业务分部时，应当结合企业内部管理要求，并考虑下列因素：

（一）各单项产品或劳务的性质，包括产品或劳务的规格、型号、最终用途等；

（二）生产过程的性质，包括采用劳动密集或资本密集方式组织生产、使用相同或者相似设备和原材料、采用委托生产或加工方式等；

（三）产品或劳务的客户类型，包括大宗客户、零散客户等；

（四）销售产品或提供劳务的方式，包括批发、零售、自产自销、委托销售、承包等；

（五）生产产品或提供劳务受法律、行政法规的影响，包括经营范围或交易定价限制等。

第六条　地区分部，是指企业内可区分的、能够在一个特定的经济环境内提供产品或劳务的组成部分。该组成部分承担了不同于在其他经济环境内提供产品或劳务的组成部分的风险和报酬。

企业在确定地区分部时，应当结合企业内部管理要求，并考虑下列因素：

（一）所处经济、政治环境的相似性，包括境外经营所在地区经济和政治的稳定程度等；

（二）在不同地区经营之间的关系，包括在某地区进行产品生产，而在其他地区进行销售等；

（三）经营的接近程度大小，包括在某地区生产的产品是否需在其他地区进一步加工生产等；

（四）与某一特定地区经营相关的特别风险，包括气候异常变化等；

（五）外汇管理规定，即境外经营所在地区是否实行外汇管制；

（六）外汇风险。

第七条　两个或两个以上的业务分部或地区分部同时满足下列条件的，可以予以合并：

（一）具有相近的长期财务业绩，包括具有相近的长期平均毛利率、资金回报率、未来现金流量等；

（二）确定业务分部或地区分部所考虑的因素类似。

解析与说明

从上述资料可以看出，XYZ 公司生产皮箱的部门有 4 个，分别是生产品牌 A、品牌 B、品牌 C、品牌 D 皮箱的部门，其销售毛利率分别是 30%、29%、31%、30%。由于其近 5 年平均销售毛利率差异不大，因此可以认为这 4 个皮箱分部具有相近的长期财务业绩。同时，A、B、C、D 这 4 个部门都生产皮箱，相关生产过程、客户类型、销售方式等类似，符合确定业务分部所考虑因素的相似性。因此，XYZ 公司在确定业务分部时，可以将生产 4 个品牌皮箱的分部予以合并，组成一个“皮箱”分部。合并后，皮箱分部的分部收入为 431 000 万元，分部费用为 302 000 万元，分部利润为 129 000 万元。

39.2 报告分部的确定

案例与问题

【例 39-2】承接【例 39-1】的资料。

【问题】皮箱分部能否被确认为报告分部?

表 39-2 XYZ 公司 2018 年的业务信息

单位：万元

项目	品牌 A	品牌 B	品牌 C	品牌 D	手提包	公文包	皮带	销售公司	运输公司	合计
营业收入	106 000	130 000	100 000	95 000	260 000	230 000	69 000	270 000	50 000	1 310 000
对外交易	100 000	120 000	80 000	90 000	180 000	150 000	50 000	270 000	50 000	1 090 000
分部间交易	6 000	10 000	20 000	5 000	80 000	80 000	19 000			220 000
营业费用	74 200	92 300	69 000	66 500	156 000	142 600	55 200	220 000	30 000	905 800
对外交易	60 000	78 300	57 000	62 000	149 000	132 000	47 200	205 000	30 000	820 500
分部间交易	14 200	14 000	12 000	4 500	7 000	10 600	8 000	15 000		85 300
营业利润	31 800	37 700	31 000	28 500	104 000	87 400	13 800	50 000	20 000	
销售毛利率	30%	29%	31%	30%	40%	38%	20%	18.5%	40%	
资产总额	350 000	400 000	300 000	250 000	650 000	590 000	250 000	700 000	300 000	3790 000
负债总额	150 000	170 000	130 000	100 000	300 000	200 000	150 000	300 000	180 000	1 680 000

规范与要求

《企业会计准则第 35 号——分部报告》做了以下规定。

第八条　企业应当以业务分部或地区分部为基础确定报告分部。

业务分部或地区分部的大部分收入是对外交易收入，且满足下列条件之一的，应当将其确定为报告分部：

1. 该分部的分部收入占所有分部收入合计的 10% 或者以上。

2. 该分部的分部利润（亏损）的绝对额，占所有盈利分部利润合计额或者所有亏损分部亏损合计额的绝对额两者中较大者的 10% 或者以上。

3. 该分部的分部资产占所有分部资产合计额的 10% 或者以上。

解析与说明

皮箱分部合并后，其分部收入合计 431 000 万元，其中对外交易收入合计 390 000 万元。对外交易收入占该分部收入合计的比例为 90%（390 000÷431 000× 100%），大部分收入通过对外交易取得。同时，由于皮箱分部收入占所有分部收入合计的比例为 32.9%（431 000÷1 310 000×100%），满足了不低于 10% 的条件，因此，该企业在确定报告分部时，应当将皮箱分部确定为报告分部。

第 40 章 企业会计准则第 36 号——关联方披露

40.1 关联方的认定

案例与问题

【例 40-1】【问题】提供关键管理人员服务的主体（以下简称服务提供方）与接受该服务的主体（以下简称服务接受方）间是否构成关联方？例如，证券公司与其设立并管理的资产管理计划之间存在提供和接受关键管理人员服务的关系，是否仅因此就构成了关联方？即证券公司在财务报表中是否将资产管理计划作为关联方披露，以及资产管理计划在财务报表中是否将证券公司作为关联方披露？

规范与要求

《企业会计准则第 36 号——关联方披露》做了以下规定。

第三条　一方控制、共同控制另一方或对另一方施加重大影响，以及两方或两方以上同受一方控制、共同控制或重大影响的，构成关联方。

第四条　下列各方构成企业的关联方：

（一）该企业的母公司。

（二）该企业的子公司。

（三）与该企业受同一母公司控制的其他企业。

（四）对该企业实施共同控制的投资方。

（五）对该企业施加重大影响的投资方。

（六）该企业的合营企业。

（七）该企业的联营企业。

（八）该企业的主要投资者个人及与其关系密切的家庭成员。主要投资者个人，是指能够控制、共同控制一个企业或者对一个企业施加重大影响的个人投资者。

（九）该企业或其母公司的关键管理人员及与其关系密切的家庭成员。关键管理人员，是指有权力并负责计划、指挥和控制企业活动的人员。与主要投资者个人或关键管理人员关系密切的家庭成员，是指在处理与企业的交易时可能影响该个人或受该个人影响的家庭成员。

（十）该企业主要投资者个人、关键管理人员或与其关系密切的家庭成员控制、共同控制或施加重大影响的其他企业。

解析与说明

根据《企业会计准则讲解》的解释，关联方关系的存在是以控制、共同控制或重大影响为前提条件的。在判断是否存在关联方关系时，尤其应当遵守实质重于形式的原则。上述第三条是判断关联方关系是否存在的基本标准，界定了构成企业关联方关系的有关方面。

《企业会计准则第36号——关联方披露》具体准则对关联方的范围进行了具体阐释，规定以下企业构成关联方关系。

（一）该企业的母公司

根据《企业会计准则讲解》的具体解释，该企业的母公司，不仅包括直接或间接地控制该企业的其他企业，也包括能够对该企业实施直接或间接控制的单位等，具体如下：

1. 某一个企业直接控制一个或多个企业。例如，母公司控制一个或若干个子公司，则母公司与子公司之间即为关联方关系。

2. 某一个企业通过一个或若干个中间企业间接控制一个或多个企业。例如，母公司通过其子公司，间接控制子公司的子公司，表明母公司与其子公司的子公司存在关联方关系。

3. 一个企业直接地和通过一个或若干中间企业间接地控制一个或多个企业。例如，母公司对某一企业的投资虽然没有达到控股的程度，但由于其子公司也拥有该企业的股份或权益，如果母公司与其子公司对该企业的投资之和达到拥有该企业一半以上表决权资本的控制权，则母公司直接和间接地控制该企业，表明母公司与该企业之间存在关联方关系。

（二）该企业的子公司

《企业会计准则讲解》解释，该企业的子公司，包括直接或间接地被该企业控制的其他企业，也包括直接或间接地被该企业控制的单位、信托基金等。

（三）与该企业受同一母公司控制的其他企业

《企业会计准则讲解》认为，因为两个或多个企业有相同的母公司，对它们都具有控制能力，即两个或多个企业如果有相同的母公司，它们的财务和经营政策都由相同的母公司决定，各个被投资企业之间由于受相同母公司的控制，可能为自身利益而进行的交易受到某种限制。例如，该企业与受其母公司控制的其他公司之间构成关联方关系。

（四）对该企业实施共同控制的投资方

《企业会计准则讲解》解释，这里的共同控制包括直接的共同控制和间接的共同控制。需要强调的是，对企业实施直接或间接共同控制的投资方与该企业之间是关联方关系，但这些投资方之间并不能仅仅因为共同控制了同一家企业而视为存在关联方关系。例如，A、B、C 三个企业共同控制 D 企业，从而 A 和 D、B 和 D 以及 C 和 D 成为关联方关系。如果不存在其他关联方关系，A 和 B、A 和 C 以及 B 和 C 之间不构成关联方关系，如图 40-1 所示。

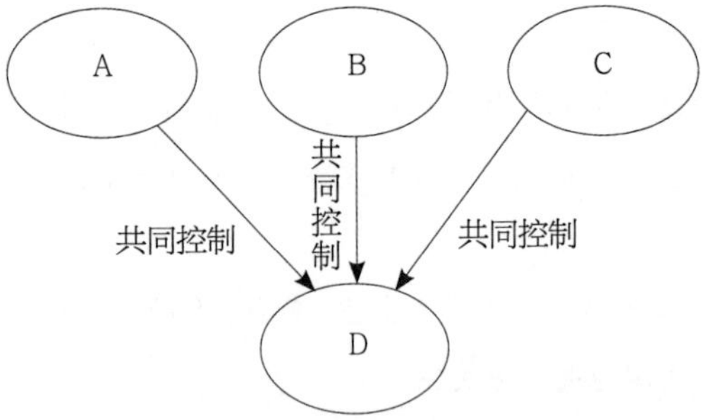

图 40-1　关联方关系图 1

（五）对该企业施加重大影响的投资方

《企业会计准则讲解》对此解释，这里的重大影响包括直接的重大影响和间接的重大影响。对企业实施重大影响的投资方与该企业之间是关联方关系，但这些投资方之间并不能仅仅因为对同一家企业具有重大影响而视为存在关联方关系。例如，A 企业和 C 企业均能够对 B 企业施加重大影响，如果 A 和 C 不存在其他关联方关系，则 A 和 C 不构成关联方关系，如图 40-2 所示。

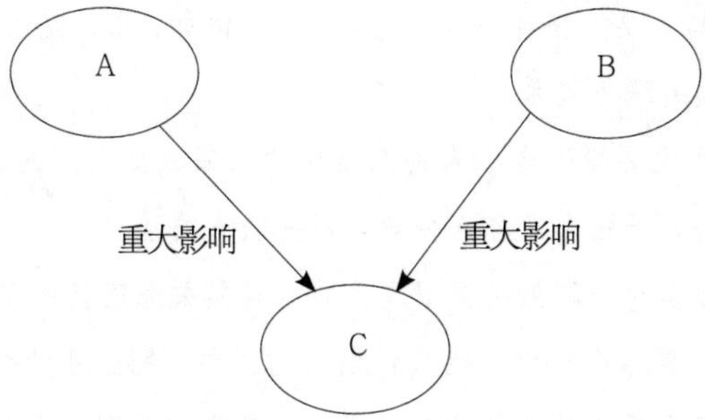

图 40-2　关联方关系图 2

（六）该企业的合营企业

根据《企业会计准则讲解》的解释，合营企业，指按照合同规定经营活动由投资双方或若干方共同控制的企业。合营企业的主要特点在于投资各方均不能对被投资企业的财务和经营政策单独作出决策，必须由投资各方共同作出决策。因此，合营企业是以共同控制为前提的，两方或多方共同控制某一企业时，该企业则为投资者的合营企业。例如，A、B、C、D 企业各占 F 企业表决权资本的 25%，按照合同规定，投资各方按照出资比例控制 F 企业，由于出资比例相同，F 企业由 A、B、C、D 企业共同控制。在这种情况下，A 和 F、B 和 F、C 和 F 以及 D 和 F 之间构成关联方关系，如图 40-3 所示。

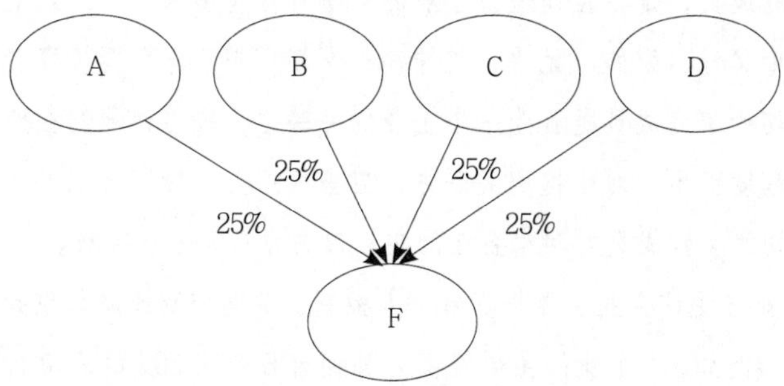

图 40-3　关联方关系图 3

（七）该企业的联营企业

根据《企业会计准则讲解》的解释，联营企业，指投资方对其具有重大影响，但不是投资者的子公司或合营企业的企业。联营企业和重大影响是相联系的，如果投资者能对被投资企业施加重大影响，则该被投资企业视为投资者的联营企业。

（八）该企业的主要投资者个人及与其关系密切的家庭成员

主要投资者个人，是指能够控制、共同控制一个企业或者对一个企业施加重大影响的个人投资者。

1. 某一企业与其主要投资者个人之间的关系。例如，张三是A企业的主要投资者，则A企业与张三构成关联方关系。

2. 某一企业与其主要投资者个人关系密切的家庭成员之间的关系。例如，A企业的主要投资者张三的儿子张小三与A企业构成关联方关系。

（九）该企业或其母公司的关键管理人员及与其关系密切的家庭成员

关键管理人员，是指有权力并负责计划、指挥和控制企业活动的人员。与主要投资者个人或关键管理人员关系密切的家庭成员，是指在处理与企业的交易时可能影响该个人或受该个人影响的家庭成员。

根据《企业会计准则讲解》的解释：

1. 某一企业与其关键管理人员之间的关系。例如，A企业的总经理与A企业构成关联方关系。

2. 某一企业与其关键管理人员关系密切的家庭成员之间的关系。例如，A企业的总经理张三的儿子张小三与A企业构成关联方关系。

（十）该企业主要投资者个人、关键管理人员或与其关系密切的家庭成员控制、共同控制或施加重大影响的其他企业

《企业会计准则讲解》对此做出了详细解释，与主要投资者个人或关键管理人员关系密切的家庭成员，是指在处理与企业的交易时可能影响该个人或受该个人影响的家庭成员，例如父母、配偶、兄弟、姐妹和子女等。判断与主要投资者个人或关键管理人员关系密切的家庭成员是否为一个企业的关联方，应当视他们在处理与企业交易时的互相影响程度而定。对于这类关联方，应当根据主要投资者个人、关键管理人员或与其关系密切的家庭成员对两家企业的实际影响力具体分析判断。

1. 某一企业与受该企业主要投资者个人控制、共同控制或施加重大影响的其他企业之间的关系。例如，A企业的主要投资者H拥有B企业60%的表决权资本，则A和B存在关联方关系。

2. 某一企业与受该企业主要投资者个人关系密切的家庭成员控制、共同控制或施加重大影响的其他企业之间的关系。例如，A企业的主要投资者Y的妻子拥有B企业60%的表决权资本，则A和B存在关联方关系。

3. 某一企业与受该企业关键管理人员控制、共同控制或施加重大影响的其他企业之间的关系。例如，A企业的关键管理人员H控制了B企业，则A和B存在关联方关系。

4. 某一企业与受该企业关键管理人员关系密切的家庭成员控制、共同控制或施加

重大影响的其他企业之间的关系。例如，A企业的财务总监Y的妻子是B企业的董事长，则A和B存在关联方关系。

服务提供方向服务接受方提供关键管理人员服务的，服务接受方在编制财务报表时，应当将服务提供方作为关联方进行相关披露；服务提供方在编制财务报表时，不应仅仅因为向服务接受方提供了关键管理人员服务就将其认定为关联方，而应当判断双方是否构成关联方并进行相应的会计处理。

服务接受方可以不披露服务提供方所支付或应支付给服务提供方有关员工的报酬，但应当披露其接受服务而应支付的金额。

40.2　关于子公司的少数股东的披露

案例与问题

【例 40-2】A公司为C公司的母公司，拥有C公司60%的表决权；B公司为对C公司施加重大影响的投资方，拥有C公司40%的表决权。2×18年，A公司向B公司采购原材料50万元，A公司向C公司采购原材料100万元，C公司向B公司采购原材料200万元。

【问题】A 公司、B 公司与 C 公司之间是否存在关联方关系及其交易？如果存在，在 A 公司 2×18 年度的财务报表附注中应如何进行关联方披露？

规范与要求

《企业会计准则第 36 号——关联方披露》做了以下规定。

第十条　企业与关联方发生关联方交易的，应当在附注中披露该关联方关系的性质、交易类型及交易要素。交易要素至少应当包括：

（一）交易的金额。

（二）未结算项目的金额、条款和条件，以及有关提供或取得担保的信息。

（三）未结算应收项目的坏账准备金额。

（四）定价政策。

第十一条　关联方交易应当分别关联方以及交易类型予以披露。

类型相似的关联方交易，在不影响财务报表阅读者正确理解关联方交易对财务报表影响的情况下，可以合并披露。

解析与说明

对于本案例探讨的问题，业内通常存在以下三种观点。

观点一：A公司2×18年度财务报表附注中仅需披露C公司为A公司的子公司。2×18年，A公司向B公司采购原材料50万元，A公司向C公司采购原材料100万元，C公司向B公司采购原材料200万元，均无需在A公司2×18年度财务报表附注中作为关联方交易进行披露。

观点二：A公司2×18年度财务报表附注中需披露C公司为A公司的子公司，B公司为对A公司的子公司C可施加重大影响的少数股东。A公司向C公司采购原材料100万元，无需在A公司2×18年度财务报表附注中作为关联方交易进行披露；A公司向B公司采购原材料50万元，C公司向B公司采购原材料200万元，均需在A公司2×18年度财务报表附注中作为关联方交易进行披露。

观点三：A公司2×18年度财务报表附注中需披露C公司为A公司的子公司，B公司为对A公司的子公司C可施加重大影响的少数股东。A公司向B公司采购原材料50万元，A公司向C公司采购原材料100万元，均无需在A公司2×18年度财务报表附注中作为关联方交易进行披露；C公司向B公司采购原材料200万元，需在A公司2×18年度财务报表附注中作为关联方交易进行披露。

答：观点三正确。A公司需编制合并财务报表及其附注，C公司作为A公司的子公司在A公司的合并财务报表附注中作为关联方关系披露毋庸置疑，A公司与C公司之间存在的购销100万元的交易已在编制合并财务报表时抵销，因此A公司向C公司采购原材料100万元无需在A公司的合并财务报表附注中作为关联方交易披露。由于合并财务报表附注中的关联方披露是基于合并财务报表进行的，基于实体理论的观点，A公司的子公司C的少数股东B公司也是A公司合并集团的权益持有者，所以少数股东B公司（指对A公司所投资的子公司C具有重大影响）与A公司合并集团之间应当是关联方，但在附注中披露关联方关系时应披露“对子公司C可施加重大影响的少数股东”，并且在界定关联交易时，仅需将该少数股东B公司与其能够施加重大影响的C公司（即A公司的子公司C）之间的交易统计为关联方交易。因此，A公司与B公司之间不存在关联方关系，A公司向B公司采购原材料的事项无需在A公司2×18年度财务报表附注中作为关联方交易进行披露；仅需将C公司向B公司采购原材料200万元在A公司2×18年度财务报表附注中作为关联方交易进行披露。

40.3　关于会计期间发生变化的关联方关系的披露

案例与问题

【例 40–3】2×18 年 1~7 月，A 公司为对 B 公司施加重大影响的投资方，拥有 B 公司 40% 的表决权；2×18 年 8 月 1 日起，A 公司不再拥有 B 公司的任何表决权，对 B 公司无任何影响。2×18 年，A 公司向 B 公司采购原材料 200 万元，其中，1~7 月 A 公司向 B 公司采购原材料 150 万元，8~12 月 A 公司向 B 公司采购原材料 50 万元。

【问题】A 公司与 B 公司之间是否存在关联方关系及其交易？如果存在，在 A 公司 2 × 18 年的财务报表附注中应如何进行关联方披露？

规范与要求

《企业会计准则第 36 号——关联方披露》做了以下规定。

第十条　企业与关联方发生关联方交易的，应当在附注中披露该关联方关系的性质、交易类型及交易要素。交易要素至少应当包括：

（一）交易的金额。

（二）未结算项目的金额、条款和条件，以及有关提供或取得担保的信息。

（三）未结算应收项目的坏账准备金额。

（四）定价政策。

第十一条　关联方交易应当分别关联方以及交易类型予以披露。

类型相似的关联方交易，在不影响财务报表阅读者正确理解关联方交易对财务报表影响的情况下，可以合并披露。

解析与说明

对于本案例探讨的问题，业内通常存在以下三种观点。

观点一：2×18 年，A 公司与 B 公司之间不存在关联方关系并且无任何关联方交易，因此无需在 A 公司 2×18 年度财务报表附注中披露。

观点二：A 公司 2×18 年度财务报表附注中披露 B 公司为 A 公司的联营企业，A 公司向 B 公司采购原材料 200 万元应作为关联方交易披露。

观点三：A 公司 2×18 年度财务报表附注中披露 2×18 年度 1~7 月 B 公司为 A 公司的联营企业，2×18 年度 8~12 月 B 公司与 A 公司之间无任何关联方关系。2×18 年度 1~7 月，A 公司向 B 公司采购原材料的事项应作为关联方交易披露；2×18 年度 8~12 月，A 公司向 B 公司采购原材料的事项不作为关联方交易披露。

答：观点三正确。伴随着A公司对B公司的表决权发生变化，A公司与B公司之间的关联方关系也发生了变化。2×18年度A公司财务报表附注的关联方披露中不能仅按年初时点或年末时点的A公司与B公司之间的关系进行披露。A公司与B公司之间的关系在2×18年度中存在着动态的变化，应按不同的时段动态分析A公司与B公司之间是否存在关联方关系及其交易。2×18年1~7月，A公司拥有B公司40%的表决权。该期限内，B公司为A公司的联营企业。2×18年8月1日起，A公司不再拥有B公司的任何表决权，则B公司与A公司之间无任何关联方关系。因此，A公司2×18年度财务报表附注中的关联方关系及其交易应披露：2×18年1~7月，B公司为A公司的联营企业，在此期间内A公司向B公司采购原材料150万元，为关联方交易；2×18年8~12月，B公司与A公司之间无任何关联方关系，在此期间内A公司向B公司采购原材料50万元，不作为关联方交易。